प्रसाद-काव्य में बिम्ब-योजना

डॉ. रामकृष्ण अग्रवाल

अध्यक्ष हिन्दी विभाग

चिड़ावा कालेज, चिड़ावा (राजस्थान)

लोकभारती प्रकाशन

प्राक्कथन

प्रसाद जी के काव्य का महत्त्व असन्दिग्ध है। उनके काव्य के, विशेषतः उनकी कामायनी के, विविध पक्षों पर अनेक मनीषी विद्वानों ने तलस्पर्शी विचार किया है। उनकी किसी कृतिविशेष अथवा उस कृति के अंगविशेष के बिम्ब-विधान पर पत्र-पत्रिकाओं में प्रकाशित फुटकर लेखों के अतिरिक्त छायावाद अथवा सम्पूर्ण आधुनिक कविता के बिम्ब-विधान का विवेचन करने वाले कुछ ग्रन्थों में प्रासंगिक रूप से प्रसाद जी की बिम्ब-योजना पर भी विचार हुआ है। अभी तक स्वतन्त्र रूप से समग्र प्रसाद-काव्य की बिम्ब-योजना के अध्ययन की आवश्यकता बनी हुई थी। 'प्रसाद-काव्य में बिम्ब-योजना' विषयक प्रस्तुत प्रबन्ध में मैंने प्रसाद-काव्य की बिम्ब-योजना का व्यापक अध्ययन करने का विनम्र प्रयास किया है।

इस प्रबन्ध को सात अध्यायों में विभक्त किया गया है। प्रथम अध्याय में बिम्ब के स्वरूप पर पाश्चात्य दृष्टि से विचार करने के उपरान्त भारतीय काव्यशास्त्र के विभिन्न सिद्धान्तों से उसकी तुलना की गई है। तत्पश्चात् बिम्ब के आधारभूत तत्त्वों, उसकी उपयोगिता एवं कार्यों और उसके वर्गीकरण पर विचार किया गया है। अन्त में कल्पना और भाषा से बिम्ब का सम्बन्ध दिखाया गया है।

द्वितीय अध्याय में प्रसाद-काव्य के बिम्बों का विस्तृत वर्गीकृत अध्ययन किया गया है। उपात्त वस्तु के आधार पर प्रकृति और मानव के क्षेत्र से गृहीत वस्तुओं की विविधता का विस्तृत विवेचन हुआ है। तत्पश्चात् क्रमशः संवेदनाओं, प्रेरक अनुभूतियों और मूर्तता के आधार पर प्रसाद जी के बिम्बों का वर्गीकरण किया गया है।

तृतीय अध्याय में प्रसाद जी के बिम्बों के विकास पर विचार करते हुए उसके तीन चरण निर्धारित किये गये हैं—आरम्भिक काव्य, मध्यवर्ती काव्य और प्रौढ़ काव्य। इनकी व्यावर्तक विशेषताओं को स्पष्ट करने के लिए अध्याय के अन्त में कुछ पुनरावृत्त बिम्बों का विकासात्मक अध्ययन भी प्रस्तुत किया गया है।

चतुर्थ अध्याय में बिम्बगत गुणों के आधार पर प्रसाद जी के बिम्बों की सफलता और असफलता पर विचार किया गया है। तदनन्तर प्रसाद-काव्य के परम्परागत और नवीन बिम्बों का अध्ययन हुआ है।

पंचम अध्याय में बिम्ब के माध्यम से अभिव्यक्त होने वाले, प्रसाद जी के दार्शनिक तथा अन्य विचारों का विवेचन किया गया है। साथ ही कामायनी के रूपक-तत्त्व के निर्वाह में बिम्ब-विधान का कितना योगदान रहा है, इस पर भी विचार हुआ है।

षष्ठ अध्याय में छायावादी काव्य-बिम्बों की उपात्त वस्तु, बिम्बगत संवेदना, मूर्त और अमूर्त बिम्ब-विधान एवं बिम्बगत गुणों का संक्षिप्त विवेचन करते हुए उसमें प्रसाद जी का स्थान निर्धारित किया गया है। तत्पश्चात् बिम्बों में व्यक्त प्रसाद जी के व्यक्तित्व पर विचार किया गया है। सप्तम अध्याय प्रबन्ध का उपसंहार है।

यद्यपि प्रस्तुत विषय की पृष्ठभूमि और प्रामाणिकता के लिए अनेक ग्रन्थों से सहायता ली गई है तथापि मुख्य विषय का विश्लेषण और निष्कर्ष आद्योपान्त मेरे हैं तथा मैंने विषय को यथासम्भव सर्वांगीण रूप में प्रस्तुत करने का प्रयास किया है।

यह प्रबन्ध डॉ० श्री मोहन द्विवेदी, भू० पू० अध्यक्ष हिन्दी विभाग, रा० ब० सिं० कालेज आगरा, के मार्गदर्शन में आगरा विश्वविद्यालय की पी० एच-डी० उपाधि के लिए प्रस्तुत एवं स्वीकृत हुआ था। इसे लिखने में मुझे जिन विद्वान लेखकों के ग्रन्थों से किञ्चिन्मात्र भी सहायता मिली है, उनके प्रति मैं कृतज्ञता ज्ञापित करता हूँ। मुझे समय-समय पर अपने गुरुजन एवं मित्रों से परामर्श, प्रोत्साहन और मार्ग दर्शन प्राप्त हुआ है, विशेषतः गुरुवर डॉ० श्रीमोहन द्विवेदी, बन्धुवर प्रो० विश्वम्भर 'अरुण' (आगरा कालेज, आगरा) एवं डॉ० हरदयाल (श्यामलाल कालेज, दिल्ली) से। मैं सभी के प्रति हृदय से आभारी हूँ।

—रामकृष्ण अग्रवाल

विषय-सूची

प्रथम अध्याय

बिम्ब : सिद्धान्त पक्ष

काव्य अमूर्त और अव्यक्त अनुभूतियों को मूर्त रूप देकर संप्रेषित करने का प्रयास करता है। अतः 'काव्य में अर्थग्रहण मात्र से काम नहीं चल सकता, बिम्बग्रहण अपेक्षित होता है।'[1] यों तो जीवन की नाना भूमियों में से गुजरते हुए सामान्य मनुष्य भी अनेक भावों और विचारों की तरंगों में अवगाहन करता है; किन्तु ये भाव और विचार प्रायः अस्पष्ट और अमूर्त होते हैं। कवि उनको इस प्रकार व्यक्त करता है कि कोई भी संवेदनशील पाठक उनको प्रत्यक्षवत् अनुभव करने लगे। भावों और विचारों के इस काव्यगत संप्रेषण में सबसे बड़ा सहायक तत्त्व होता है—बिम्ब। काव्य में बिम्ब की स्थिति आरम्भ से ही किसी न किसी रूप में रही है, भले ही काव्यशास्त्र में बिम्ब की चर्चा बाद में हुई हो।

1—बिम्ब का स्वरूप

बिम्ब शब्द बहुत व्यापक है। काव्य के अतिरिक्त इस शब्द का प्रयोग मुख्यतः मनोविज्ञान में होता है। मनोविज्ञान में 'इंद्रिय-संवेदना की अनुपस्थिति में ऐन्द्रिय अनुभव के पुनर्जागरण'[2] को बिम्ब के नाम से पुकारा जाता है। ह्यूज़ के अनुसार 'मानसिक बिम्ब ऐन्द्रिय अनुभवों का पुनरुत्पादन है। बिम्ब में ऐन्द्रिय अनुभवों की अपेक्षा विशदता, प्रभावोत्पादकता और स्थिरता कम होती है तथा बिम्ब हमारे चारों ओर की

---

1. रामचन्द्र शुक्ल : चिन्तामणि, प्रथम भाग, इलाहाबाद, 1958 ई०, पृष्ठ 145
2. "a revived sense experience, in the absence of the sensory stimulation."

   James Drever : A Dictionary of Psychology, England, 1964, p, 129.

दुनिया से कटे रहते हैं ।'[1]

काव्य-बिम्ब और मनोविज्ञान में निरूपित बिम्ब के अर्थों में पर्याप्त अन्तर है। मनोविज्ञान में मनोगत बिम्ब का ही अध्ययन किया जाता है। यद्यपि काव्य-बिम्ब का आधार भी यह मानसिक बिम्ब ही होता है तथापि काव्य में उन बिम्बों का अध्ययन किया जाता है जो कवि के मनोदेश से निकलकर कलात्मक शब्दों का आधार लेकर निश्चित रूप ग्रहण कर लेते हैं। दूसरे, मनोविज्ञान में निष्क्रिय बिम्ब की चर्चा होती है जबकि काव्य में रचनात्मक बिम्ब की; क्योंकि काव्य-बिम्ब के मूल में सृजन की प्रेरणा रहती है। तीसरे, मनोविज्ञान जिस बिम्ब का अध्ययन करता है, उसके मूल में भाव की अनिवार्यता नहीं रहती जबकि काव्य-बिम्ब अनिवार्यतः किसी भाव से जुड़ा रहता है; क्योंकि काव्य-बिम्ब जगत् और जीवन के रागात्मक सम्बन्धों को मूर्तित करता है।

पाश्चात्य दृष्टि

बिम्ब की चर्चा सर्वप्रथम पाश्चात्य काव्यशास्त्र में हुई। हिन्दी में बिम्ब शब्द का प्रयोग भी अंग्रेजी 'इमेज' शब्द के पर्याय के रूप में होता है। अतः पहले पाश्चात्य दृष्टि से बिम्ब (इमेज) को समझना आवश्यक है। बिम्ब सम्बन्धी धारणा में समय के साथ-साथ न्यूनाधिक परिवर्तन होता रहा है। बिम्ब की परिभाषा के सम्बन्ध में सभी पाश्चात्य विद्वान पूर्णतः एकमत नहीं हैं। विभिन्न विद्वानों ने बिम्ब के भिन्न-भिन्न पक्षों पर विशेष बल दिया है—किसी ने ऐन्द्रियता पर, किसी ने भाव पर, किसी ने तुलना पर, किसी ने सन्दर्भ पर और किसी ने संयोजन (कम्पोजीशन) पर। आरम्भ में बिम्ब की दृश्यता पर ध्यान दिया गया, किन्तु अनेक विद्वानों के विचारमन्थन और विवेचन के फलस्वरूप बिम्ब को श्रवण, घ्राण, स्पर्श और स्वाद से भी सम्बद्ध माना गया। यही नहीं स्थूल के साथ-साथ सूक्ष्म बिम्बों का अस्तित्व भी स्वीकार किया गया। इस प्रकार युग-चेतना और काव्य-चेतना के परिवर्तन के साथ ही बिम्ब सम्बन्धी धारणा में भी परिवर्तन हुआ।

अंग्रेजी कोशों में बिम्ब के जो अर्थ दिये गये हैं उनमें से प्रमुख इस प्रकार हैं :

---

1. 'Mental Images are reproductions of sense experiences. They differ from these sense experiences, or precepts, in being less vivid and striking, in being less stable and in being detached from the world around us.'

   A. G. Hughes and E. H. Hughes : Learning and Teaching Art, (Introduction to Psychology and Education), London 1957, p. 121.

किसी वस्तु की मानसिक प्रतिच्छाया; किसी ऐन्द्रिय अनुभव अथवा भावसंवलित ऐन्द्रिय अनुभव का पुनर्जागरण या उसकी अनुकृति; स्मृति अथवा कल्पना में दर्शन, स्पर्श, श्रवण आदि की संवेदना का पुनः सृजन; ललित-कल्पना द्वारा अंकित चित्र;[1] स्मृति अथवा कल्पना में प्रस्तुत चित्र या प्रतिच्छाया जिसका चाक्षुष होना अनिवार्य नहीं है।[2]

पाश्चात्य विद्वानों द्वारा बिम्ब के स्वरूप को स्पष्ट करने के अनेक प्रयास किये गये। ब्लिस पेरी के अनुसार काव्य बिम्ब है और बिम्ब संवेदना है, जो मन की रूपान्तरण और सुधार की क्षमता द्वारा न्यूनाधिक मात्रा में परिशुद्ध कर दिये जाते हैं। काव्य का कार्य पदार्थों की संवेदना का सम्प्रेषण करना है, न कि उसका ज्ञान प्रदान करना। बिम्ब केवल शब्द नहीं है, इन्द्रिय संवेदना के उत्तेजक तत्त्व हैं।[3]

स्पष्टतः यहाँ पेरी ने बिम्ब की ऐन्द्रियता पर ही विशेष बल दिया है।

बिम्बवाद के प्रबल समर्थक और उसे अपनी सशक्त आलोचना द्वारा साहित्य क्षेत्र में प्रतिष्ठित करने वाले एजरा पाउण्ड ने मार्च 1913 में 'पोइट्री' नामक पत्रिका में प्रतिष्ठित अपने एक लेख में बिम्ब के सम्बन्ध में अपना मत व्यक्त किया है। उन्होंने

---

1. 'a representation of anything to the mind; a mental revival or initiation of sensible experience together with accompanying teelings; the reproduction in memory or imagination of sensations of sight, touch, hearing etc. ; a picture drawn by the fancy.'

   Webster's New International Dictionary, London, 1928, Vol. I p. 1073.

2. 'a picture or representation (not necessarily visual) in the imagination or memory.'

   Chamber's Twentieth Century Dictionary, London, 1958, p. 527.

3. In the opinion of Bliss Perry 'Poetry is imagery and imagery is sensation, more or less refined by the transforming and modifying power of the mind through which images pass. The function of poetry is to convey the 'sense' or things rather than the knowledge of things'. Perry says 'the images were not made of words at all, but were nacked sense-stimulus'. (A study of Poetry pp. 48, 94—95).

   Richard Herter Fogle: The Imagery of Keats and Shelley, Chaple Hill, 1949, p. 5.

काल की तात्कालिकता, बिम्ब की बौद्धिकता एवं भावात्मकता तथा उसके संश्लिष्ट स्वरूप पर बल देते हुए लिखा है—"बिम्ब वह है जो काल की तात्कालिकता में बौद्धिक भावात्मक संसृष्टि उपस्थित कर देता है।'[1] एजरा पाउण्ड के अनुसार किसी महान काव्य को पढ़ते समय पाठक देश-काल के बन्धन से जिस मुक्ति का और जिस आत्म-विस्तार का अनुभव करता है, उसका श्रेय भी बिम्ब को ही है—"हम महानतम कला-कृतियों की उपस्थिति में जिस आकस्मिक मुक्ति का, देश-काल की सीमाओं से स्वतंत्रता का और आकस्मिक विस्तार का अनुभव करते हैं, हमको वह अनुभव इस बौद्धिक और भावात्मक संसृष्टि की तात्कालिक उपस्थिति के कारण ही होता है।"[2]

इस प्रकार एजरा पाउण्ड ने बिम्ब की विचार और भाव को सम्प्रेषित करने की क्षमता और उसके साथ ही उसके तात्कालिक स्फुरण को विशेष महत्त्व दिया है।

केवल बिम्ब का सैद्धान्तिक विवेचन करने वालों ने ही नहीं वरन् काल-विशेष अथवा कवि-विशेष के कृतित्व को बिम्ब की दृष्टि से परखने वाले आलोचकों ने भी बिम्ब के स्वरूप को स्पष्ट किया। कुमारी कैरोलिन एफ० स्पर्जियन ने बिम्ब की दृष्टि से विशद व्यावहारिक आलोचना प्रस्तुत करने का महत्त्वपूर्ण प्रयास किया। उन्होंने बिम्ब शब्द को व्यापक धरातल पर उपस्थित करते हुए इस शब्द के अन्तर्गत सभी उपमाओं और रूपकों को समाहित किया है और बिम्ब को उन सबका बोध कराने वाला एकमात्र उपलब्ध शब्द माना है।[3] उन्होंने बिम्ब की परिभाषा के सम्बन्ध में विस्तृत

---

1. "....that which Presents an intellectual and emotional complex in an instant of time"....

   Ezra Pound : 'A Few Don'ts' by an imagiste' published in 'Poetry', a magazine of verse; Vol. I, No. 6 March 1913 (Quoted by Glen Hughes in 'Imagism and Imagists', London, 1931, p. 23)

2. "It is the presentation of such a complex instantanuously which gives that sense of sudden liberation; that sense of freedom from time limits and space limits; that sense of sudden growth which we experience in the presence of the great works of Art."

   Ibid p. 29.

3. "I use the term 'image' here asthe only availble word to cover every kind of simile as as well as every kind of what is really compressed simile—metaphor."

   Carolin F. Spurgeon : Shakespear's Imagery and what it tells to us, Cambridge, 1958, p. 5.

विवाद को व्यर्थ बताया है। क्योंकि बिम्ब के, विशेषत: काव्य-बिम्ब के विधायक उपादानों के सम्बन्ध में बहुत ही कम व्यक्ति एकमत हो सकते हैं।[1] फिर भी उन्होंने बिम्ब के स्वरूप को स्पष्ट करने का प्रयास किया है। उनके अनुसार "बिम्ब एक छोटा शब्द-चित्र है जिसका प्रयोग कोई कवि या गद्यकार अपने विचार को स्पष्ट करने या प्रकाश में लाने के लिए करता है। बिम्ब एक वर्णन या विचार है। कवि या लेखक ने अपने वर्ण्य-विषय को जिस ढंग से देखा, सोचा या अनुभव किया है, बिम्ब उसकी समग्रता, गहनता या विशदता के कुछ अंश को अपने द्वारा उद्बुद्ध भावों और अनुषंगों के माध्यम से पाठक तक सम्प्रेषित करता है। वह यह कार्य किसी अन्य वस्तु से उसकी तुलना द्वारा करता है, जिसका कभी तो स्पष्ट उल्लेख होता है और कभी नहीं।[2]

कीट्स और शैली के बिम्ब-विधान का विशेष अध्ययन करने वाले रिचर्ड हर्टर फोगल में बिम्ब के अन्य तत्त्वों के साथ-साथ तुलना पर पर्याप्त बल दिया है। फोगल के अनुसार 'काव्य-बिम्ब, मोटे रूप में, उपमा या तुलना है जिसमें विशेष शक्ति होती है और जिसका तादात्म्य विशेष सौन्दर्यपरक एवं संकेद्रित काव्य-रूप से होता है।[3] और 'बिम्ब-विधान का कार्य एक प्रकार की रचना करना है, विभिन्न वस्तुओं, मनोदशाओं अथवा धारणाओं को समीप लाने से नये सम्बन्धों का अनुसन्धान होता है; विषय और

---

1. 'however one might discuss it, few people would entirely agree as to what constitutes an image, and still fewer as to what constitutes a poetic image.'

Carolin F. Spurgeoni : Shakespear's Imagery and what it tells to us, Cambridge, 1958, P. 8.

2. 'It is as I have already said, the little word-picture used by a poet or prose-writer to illustrate, illuminate or embelish his thought. It is a description or an idea, which by comparison or analogy stated or understood, with something else, transmits to us through the emotions and associations it arouses, something of the 'wholeness', the depth and richness of the way the writer views, conceives or has felt what he is telling us.'

Ibid p. 9.

3. 'Poetic imagery is to be defined broadly as analogy or comparison, having a special force and identity from the peculiarly aesthetic and concentrative form of poetry.'

Richard Harter Fogle : Imagery of Keats and Shelley, Chaple Hill, 1949, p. 22.

विषयी के सम्बन्ध-सूत्र प्रकट होते हैं और प्रकटतः भिन्न प्रतीत होने वाले पदार्थों और विचारों के समन्वय से नये विचार मानो अस्तित्व में आते हैं ।[1] काव्य बिम्ब के स्वरूप को स्पष्ट करते हुए फोगल ने जिन अन्य तत्त्वों एवं गुणों की चर्चा की है वे हैं—उसकी ऐन्द्रियता, समग्रता, भाव की गहराई, वास्तविकता का समायोजन (आर्गेनाइजेशन ऑफ एक्चुअलिटी) वैयक्तिकता, कलात्मक-संक्षिप्तता, उत्तेजकता, अर्थागम की विविधता तथा एकता और अनेकता में समन्वय स्थापित करने की क्षमता ।[2]

'दी वर्ल्ड आफ इमेजरी' के लेखक स्टीफन जे. ब्राउन ने बिम्ब को व्यापक रूप में प्रस्तुत किया है । ब्राउन के अनुसार बिम्ब किन्हीं अन्य भावों या विचारों के लिए लाया गया ऐन्द्रिय-गुणयुक्त वस्तु-विधान है जो शब्दों या वाक्यांशों में प्रकट होता है । बिम्ब वस्तु का क्षणिक स्थानापन्न है जो सादृश्य में भी प्रकट हो सकता है और उसके बिना भी ।[3]

शेक्सपियर के बिम्ब-विधान का विकासात्मक अध्ययन करने वाले डब्लू० एच० क्लेमैन ने बिम्ब के तुलना, उपमा, मानवीकरण आदि के पक्ष को एक सीमा तक स्वीकार

---

1. 'The essential quality and function of imagery is a kind of creation; by bringing together the diverse objects, states of minds or concepts new relationships are discovered, new connections between subject and object become apparent, new thought as it were springs into being born of the fruitful mating of ideas and things apparently disparate and isolated from each other.'

Richard Harter Fogle : Imagery of Keats and Shelley, Chaple Hill, 1949, p. 23.

2. See Ibid pp. 8 to 24.

3. Imagery may be defined as words or phrases denoting a sense-perceptible object......but some other object of thought belonging to a different order and category of being. The sense-perceptible object or image in question becomes a medium for conveying to the mind some notion regarding that other object of thought. The image is momentarily substitute for the object. This substitution may involve a comparison or it may not.'

Stephen J. Brown : The world of Imagery p. 2.

(Quoted by Sudha Saxena : Jayasi Ki Bimb Yojana, Delhi, 1966. p. 37)

करते हुए भी 'सन्दर्भ पर विशेष बल दिया है और लिखा है कि सन्दर्भ ही बि. को सार्थकता प्रदान करता है।[1]

काव्य-बिम्ब का सांगोपांग विवेचन कर उसे व्यापक धरातल पर प्रतिष्ठित करने वाले सी० डे० लीविस ने बिम्ब के आवश्यक तत्त्वों का समाहार करते हुए बिम्ब को इस प्रकार परिभाषित करने का प्रयास किया है—

काव्य बिम्ब शब्दों के माध्यम से व्यक्त होने वाला न्यूनाधिक इन्द्रियपरक चित्र है जो कुछ सीमा तक रूपकात्मक होता है तथा जो अपने सन्दर्भ में मानवीय भावों से युक्त होने के साथ-साथ कवि के विशिष्ट भावों और आवेगों को पाठक में सम्प्रेषित करता है।[2]

आगे चलकर बिम्ब को इस प्रकार परिभाषा के बन्धन में बाँधने के प्रयास को अपर्याप्त बताते हुए उन्होंने स्वतन्त्र रूप से बिम्ब के तत्त्वों, गुणों आदि का विवेचन किया है। उन्होंने बिम्ब का जन्म उपचेतन मन से माना है[3] और सफल बिम्ब के लिए जो गुण अपेक्षित बताए हैं वे हैं—ताज़गी, तीव्रता, भावोत्तेजकता, परिचितता, उर्वरता और औचित्य।[4] लीविस के अनुसार : बिखराव बिम्ब का अनुपकारक है;[5] अत्यधिक ऐन्द्रियता तथा विचार-बोझिलता दोनों ही बिम्ब को निर्बल बनाती हैं;[6] बिम्ब केवल अलंकरण के लिए न हों वरन् उद्देश्य के अनुरूप हों;[7] बिम्ब विषय

---

1. It is solely the context in which the image stands that can offer any information about what a particular formal type may signify 'just here'.

Wolfgang H. Clemen : The Development of Shakespeare's Imagery, London, 1953. (Introduction p. 7).

2. The poetic image is a more or less a sensuous picture in words, to some degree metaphorical, with an undernote of some human emotion in its context but also charged with and releasing into the reader a special poetic emotion or passion..........'

C. Day Lewis : The Poetic Image, London, 1955, p. 22.

3. Ibid. p. 39.

4. Freshness, Intensity. Evocative power, Familiarity, Fertility and congruity. Ibid pp. 40 to 46.

5. Ibid p. 51.

6. Ibid p. 53.

7. Ibid p. 55.

को प्रतिबिम्बित ही नहीं करते वरन् उसे सजीवता और आकार भी प्रदान करते हैं;[1] लीविस ने बिम्ब-चयन का सम्बन्ध कवि की वर्तमान पीढ़ी से जोड़ा है[2] तथा बिम्ब के लिए तीन स्थूल तत्त्व अपेक्षित माने हैं। वे हैं—भाव, ऐन्द्रियता तथा तर्कसूत्र[3]। इस प्रकार लीविस ने बिम्ब के विविध पक्षों का विवेचन करते हुए एक सफल काव्य-बिम्ब के स्वरूप को स्पष्ट किया है।

● बिम्ब के स्वरूप के सन्दर्भ में, उसके विभिन्न पक्षों और रूपों को देखकर 'कालरिज आन इमैजिनेशन' में व्यक्त, कालरिज का बिम्ब सम्बन्धी मत बहुत सटीक प्रतीत होता है। उन्होंने जान लिविंग्स्टन लोज के कल्पना सम्बन्धी मत की आलोचना करते हुए बिम्ब के स्वरूप पर प्रकाश डाला है। उनके अनुसार बिम्ब कुछ भी हो सकता है—एक दृश्य-चित्र, संवेदना की एक प्रतिकृति, एक विचार, कोई मानसिक घटना, कोई अलंकार अथवा तुलना के लिए प्रस्तुत दो इकाइयाँ।[4]

● समग्रत: निष्कर्ष यह है कि पाश्चात्य विद्वानों ने बिम्ब की परिभाषा के सम्बन्ध में एकमत न होते हुए भी, कुछ ऐसी विशेषताओं को प्रत्यक्ष अथवा परोक्ष रूप से स्वीकार किया है जिनसे बिम्ब का स्वरूप स्पष्ट हो सकता है। नीचे उनका क्रमिक उल्लेख किया जा रहा है।

● बिम्ब एक छोटा शब्द-चित्र है जिसका चाक्षुष होना अनिवार्य नहीं है। वह श्रव्यस्पृश्य, घ्रातव्य और रस्य भी हो सकता है। हम चाहें तो इसके लिए 'मानस-छवि' शब्द का प्रयोग कर सकते हैं।

● बिम्ब के लिए इन्द्रिय-संवेद्यता आवश्यक है। बिम्ब केवल किसी वस्तु का ज्ञान ही नहीं कराता, वरन् उसका मानस-प्रत्यक्ष कराता है, जो अनिवार्यतः किसी न किसी सीमा तक इन्द्रिय-संवेद्य होता है।

● बिम्ब रचनाकार के भाव या विचार का संवाहक होता है। कवि या लेखक

---

1. C. Day Lewis The Poetic Image, london, 1955. p. 80.
2. Ibid p. 92.
3. Ibid p. 133.
4. 'An image may be, for example; a visual image, a copy of sensation, or it may be an idea, any event in mind which represents something, or it may be a figure of speech, a double unit involving comparison.

I. A. Richards, Coleridge on Imagination, London, 1934, pp. 32-33.

वर्ण्य-विषय को जिस समग्रता, गहराई और विशदता से देखता, सोचता और अनुभव करता है, बिम्ब उसका कुछ न कुछ अंश प्रमाता तक संप्रेषित करता है। यह संप्रेषण, बिम्ब द्वारा प्रमाता के मन में उद्बुद्ध भावों और अनुषंगों के माध्यम से होता है।

● बिम्ब में प्रायः किसी न किसी रूप में तुलना विद्यमान रहती है। इस तुलना और साम्य के आधार पर बिम्ब पाठक के मन में अनुषंग उद्बुद्ध करता है। किन्तु उपमा या रूपक के समान इस तुलना का स्पष्ट या निर्दिष्ट होना अनिवार्य नहीं है, यहाँ तक कि कभी-कभी तुलना के बिना भी बिम्ब हो सकता है। परन्तु, सामान्यतः जब कवि या लेखक भिन्न-भिन्न पदार्थों, मनोदशाओं या धारणाओं को एक साथ लाता है तो इससे नये सम्बन्ध सूत्र उद्बुद्ध होते हैं, प्रमाता और वस्तु के नये सम्बन्ध जुड़ते हैं और नये विचारों का जन्म होता है जिससे नयी भंगिमा के साथ एक मानस-छवि जाग्रत होती है।

● बिम्ब-योजना में सन्दर्भ का महत्त्वपूर्ण स्थान है। इसका अभिप्राय यह है कि बिम्ब अपने में एक सम्पूर्ण परिवेश और सन्दर्भ को समेटे हुए चलता है।

पाश्चात्य दृष्टि से बिम्ब के स्वरूप को देख लेने के पश्चात् हम भारतीय काव्य शास्त्र में बिम्ब के स्वरूप पर दृष्टिपात करेंगे।

भारतीय दृष्टि

भारतीय काव्यशास्त्र का अपना विशिष्ट दृष्टिकोण रहा है और उसमें बिम्ब का स्पष्ट उल्लेख एवं विवेचन नहीं किया गया है, तथापि उसमें बिम्ब-विषयक संकेत और बिम्ब की निकटवर्ती काव्य-दृष्टि अवश्य मिलती है। भारतीय काव्य में बिम्बों के सुन्दर उदाहरण पद-पद पर प्राप्त होते ही हैं। आचार्य शुक्ल के शब्दों में काव्य में बिम्ब स्थापना (इमेजरी) प्रधान वस्तु है। वाल्मीकि, कालिदास आदि प्राचीन कवियों में यह पूर्णता को प्राप्त है।[1] वस्तुतः काव्य के कुछ तत्त्व हैं जो सभी कालों और देशों के काव्य में किसी न किसी रूप में उपलब्ध होते हैं। संवेद्य तत्त्व और सम्मूर्तन-क्रिया ये दो ऐसे ही तत्त्व हैं[2] जिनको प्रकारान्तर से अनुभूति और अभिव्यक्ति, भावपक्ष और कलापक्ष आदि अनेक नामों से अभिहित किया जाता है। यद्यपि तात्विक दृष्टि से संवेद्य और सम्मूर्तन-क्रिया में भेद वांछनीय नहीं है तथापि व्यावहारिक दृष्टि से विचार करते समय इनमें भेद करना आवश्यक हो जाता है। विभिन्न देशों और कालों में काव्य के इन मूल तत्त्वों को विभिन्न रूपों में प्रस्तुत किया गया है। अलग-अलग भाषाओं के काव्यशास्त्रों में इनके नाम और इनके विवेचन की पद्धतियाँ भले ही अलग-अलग रही

1. रामचन्द्र शुक्ल : रस मीमांसा, काशी नागरी प्रचारिणी सभा, संवत् 2011, पृ० 358.
2. डॉ० नगेन्द्र : काव्य बिम्ब, पृ० 39

हों, किन्तु वहाँ इनका अस्तित्व अवश्य रहा है। बिम्ब अथवा बिम्ब-योजना का सम्बन्ध मुख्यतः सम्मूर्तन-क्रिया से है। अतः भारतीय काव्यशास्त्र में भी किसी न किसी रूप में में बिम्ब सम्बन्धी संकेतों का मिलना सर्वथा स्वाभाविक है।

प्राचीन भारतीय काव्यशास्त्र के इतिहास में जो विभिन्न काव्य-सिद्धान्त उभरे, बिम्ब की दृष्टि से उनका अनुशीलन करने पर हम सहज ही इस निष्कर्ष पर पहुँच सकते हैं कि उनमें से अनेक का बिम्ब से निकट का सम्बन्ध है। उदाहरणार्थ अलंकार, वक्रोक्ति, ध्वनि और रस बिम्ब के निकटवर्ती काव्य सिद्धान्त हैं। इनको हम क्रमशः देख सकते हैं।

अलंकार

भारतीय काव्यशास्त्र में अलंकारों का व्यापक विवेचन हुआ है। आचार्य भामह अलंकार-सम्प्रदाय के प्रवर्तक माने जाते हैं। दण्डी, उद्भट आदि अन्य अनेक आचार्यों ने भी अलंकार को पर्याप्त महत्त्व देते हुए उनका विशद् विवेचन किया है।

अलंकारों को कुछ आचार्यों ने काव्य का आवश्यक धर्म स्वीकार किया है और कुछ ने उन्हें काव्य का अस्थायी धर्म बताकर काव्य में उनकी अनिवार्यता को अस्वीकृत कर दिया है। उदाहरणार्थ प्रथम कोटि के आचार्यों में से चन्द्रालोककार जयदेव अलंकारों को काव्य का उसी प्रकार नित्य धर्म मानते हैं जिस प्रकार उष्णता अग्नि का नित्य धर्म है।[1] दूसरी ओर द्वितीय कोटि के आचार्यों में अलंकार को हारवत्[2] या अंगदवत्[3] काव्य का अनित्य और बाह्यारोपित तत्त्व माना है। जो भी हो, दोनों कोटियों के आचार्यों में दृष्टिकोण का अन्तर अवश्य है। प्रथम कोटि में आने वाले आचार्यों ने अलंकार को बहुत व्यापक रूप में देखा और रसवत्, प्रेयस् आदि अलंकारों के माध्यम से काव्य के रस, भाव आदि प्रायः अन्य सम्पूर्ण अंगों को भी अलंकारों में समाहित कर लिया है। दूसरी कोटि के आचार्यों ने अलंकारों को ध्वनि, रस आदि के उपकारक उपादानों के रूप में ही स्वीकृति दी है।

---

1. अंगीकरोति यः काव्यं शब्दार्थावनलंकृती।
   असौ न मन्यते कस्मादनुष्णमनलंकृती॥
   जयदेव : चन्द्र लोक 1/8
2. उपकुर्वन्ति तं सन्तं येऽङ्गद्वारेण जातुचित्।
   हारादिवदलंकारास्तेऽ नुप्रासोपमादयः॥
   मम्मट : काव्य प्रकाश 8/67
3. शब्दार्थयोरस्थिरा ये धर्मा शोभातिशायिनः।
   रसादीनुपकुर्वन्तोऽ लंकारास्तेऽ ङ्गदादिवत्॥
   विश्वनाथ : साहित्य दर्पण 10/1

अलंकार शब्द 'अलम्' पूर्वक 'कृ' धातु से 'घञ्' प्रत्यय लगकर निष्पन्न हुआ है और इसका व्युत्पत्तिगत अर्थ है—अलंकृत या सुशोभित करने वाला।[1] रुद्रट के मतानुसार अलंकार कथन के विशेष प्रकार हैं।[2] किन्तु अलंकार के शोभाकारक धर्म को ही अधिकांश काव्यशास्त्रियों ने मान्यता दी है।[3]

अलंकार और बिम्ब में निकट सम्बन्ध है। यों तो कुछ अलंकारों के विवेचन में बिम्ब शब्द का प्रयोग भी हुआ है; उदाहरण के लिये दृष्टान्त अलंकार की परिभाषा-दृष्टान्तस्तु सधर्मस्य वस्तुनः प्रतिबिम्बनम्[4] (जहाँ उपमेय उपमान और साधारण धर्म का बिम्ब प्रतिबिम्ब भाव हो वहाँ दृष्टान्त अलंकार होता है),[5] अथवा निदर्शना अलंकार की परिभाषा—'यत्र बिम्बानुबिम्बत्वं बोधयेत् सा निदर्शना[6] (जहाँ वस्तुओं का परस्पर सम्बन्ध उनके बिम्ब प्रतिबिम्ब भाव का बोध करे)[7]—में 'बिम्ब' शब्द का प्रयोग हुआ है, किन्तु यहाँ बिम्ब शब्द आधुनिक बिम्ब के अर्थ में प्रयुक्त नहीं हुआ। इन परिभाषाओं में बिम्ब शब्द मूल वस्तु या मूल भाव का बोधक है। यहाँ बिम्ब शब्द के साथ 'प्रतिबिम्ब' शब्द का भी प्रयोग हुआ है। यह 'प्रतिबिम्ब' आज के बिम्ब शब्द के बहुत निकट है। यहाँ 'प्रतिबिम्ब' मूल भाव को प्रतिबिम्बित करने वाले मूर्ति-विधान का बोधक है।

यदि शब्द के प्रयोग को छोड़कर अलंकार के स्वरूप पर ध्यान दें तो उसमें बिम्ब सम्बन्धी संकेत पर्याप्त मात्रा में मिलेंगे; विशेषतः सादृश्यमूलक अलंकारों का अनुशीलन इस दृष्टि से उपयोगी होगा। सादृश्यमूलक अलंकार अप्रस्तुत-योजना पर निर्भर है। अप्रस्तुत-योजना में प्रस्तुत को अधिक प्रभावशाली और संप्रेषणीय बनाने के लिए कल्पनात्मक साम्य के आधार पर अप्रस्तुत उपकरणों का प्रयोग किया जाता है। ये उपकरण प्रस्तुत न होकर कल्पना-प्रसूत होते हैं। अभीष्ट प्रभाव की सृष्टि में मूर्तीकरण की क्रिया भी अंशतः सन्निहित रहती है। प्रायः व्यवहाराधिक्य के कारण घिसकर शब्दों की मूर्तिमत्ता का गुण लुप्त हो जाता है। इन शब्दों में पुनः मूर्तिमत्ता का

---

1. अलंकरोति इति अलंकार :
   अथवा अलंक्रियते अनेन इति अलंकारः।
2. अभिधानप्रकारविशेषा एव चालंकाराः—रुद्रट : काव्यालंकार
3. सौन्दर्यमलंकार : —वामन। काव्यालंकारसूत्र
   काव्यशोभाकरान् धर्मानलंकारान् प्रचक्षते। —दण्डी : काव्यादर्श 2/1
4. आचार्य विश्वनाथ : साहित्यदर्पण 10/51
5. रामदहिन मिश्र : काव्यदर्पण, ग्रन्थमाला कार्यालय, बाँकीपुर, 1947 पृ० 490
6. आचार्य विश्वनाथ : साहित्य दर्पण 10/52
7. रामदहिन मिश्र : काव्यदर्पण, पृ० 421

गुण अलंकारों की सहायता से प्रतिष्ठापित किया जाता है। इस प्रकार अलंकार, विशेषकर साम्यमूलक अलंकार, की सहायता से अमूर्त भी गोचर होकर हृदय को प्रभावित करने में सक्षम हो जाता है। यहीं अलंकार बिम्ब के निकट आ जाता है। अनेक अलंकार बिम्ब रूप होते हैं। प्राचीन भारतीय काव्य में जो बिम्ब मिलते हैं, प्रायः अलंकार रूप में ही मिलते हैं। जो अलंकार केवल बाह्य चमत्कार के लाया जाता है वह बिम्ब से दूर रहता है किन्तु जो अलंकार भाव से प्रेरित होकर उसको मूर्तित करने के लिए काव्य में निबद्ध होता है वह बिम्ब रूप होकर आता है, चाहे वह उत्प्रेक्षा हो, उपमा हो, रूपक हो अथवा अन्य कोई सादृश्य-मूलक अलंकार। ये बिम्ब प्रायः उपलक्षित बिम्ब होते हैं। शब्दालंकारों में से अनुप्रास में ध्वनिबिम्ब की संभावनाएँ निहित रहती हैं। इसी प्रकार स्वभावोक्ति अलंकार में प्रायः लक्षित बिम्ब उभरते हैं।

अलंकार और बिम्ब ऐतिहासिक विकास के दो चरण हैं। इस सम्बन्ध में डा० केदारनाथ सिंह का मत विचारणीय है—'वस्तुतः वे (अलंकार और बिम्ब) एक ही मूल पद्धति के ऐतिहासिक विकास हैं। मध्ययुग की सामाजिक व्यवस्था में व्यक्ति की अपेक्षा समूह अधिक महत्त्वपूर्ण था अतः उस काल की कविता में सार्वभौम अनुभूतियों के वाहक अलंकार अधिक पाये जाते हैं। मानवतावाद और व्यक्ति स्वातंत्र्य के जागरण के साथ-साथ विज्ञान युग का आरम्भ और मध्ययुग का अवसान हुआ। मनुष्य के विकास का इतिहास अपने सामूहिक ढाँचे से बिखर कर व्यक्ति की कोटिशः इकाइयों में बँट गया। समाज में व्यक्ति और काव्य में बिम्ब का महत्त्व भी लगभग साथ ही साथ स्थापित हुआ"[1]

इस विवेचन से हम इस निष्कर्ष पर पहुँचते हैं कि अलंकार और बिम्ब एक ही नहीं हैं। सभी अलंकार बिम्बात्मक नहीं होते। सभी बिम्ब भी अलंकार के रूप में प्रस्तुत नहीं किये जाते। अतः बिम्ब और अलंकार में आंशिक सहव्याप्ति ही है, आत्यन्तिक सहव्याप्ति नहीं। बिम्ब एक सीमा तक अलंकार का उत्तराधिकारी भी है।

वक्रोक्ति

अलंकार के समान ही वक्रोक्ति में भी बिम्ब सम्बन्धी संकेत देखे जा सकते हैं। वक्रोक्ति सम्प्रदाय के प्रवर्तक आचार्य कुन्तक हैं। उन्होंने वक्रोक्ति को काव्य का प्राणतत्त्व घोषित किया और उसकी परिभाषा इस प्रकार दी :—

'वक्रोक्तिः प्रसिद्धाभिधानव्यतिरेकिणी विचित्रैवाभिधा। कीदृशी वैदग्ध्यभंगी-

---

1. डा० केदार नाथ सिंह : आधुनिक हिन्दी कविता में बिम्ब-विधान, भारतीय ज्ञानपीठ, दिल्ली, 1971, पृ० 41-42

भणितिः। वैदग्ध्यं विदग्धभावः, कविकर्मकौशलं, तस्य भंगी विच्छित्तिः तया भणितिः विचित्रैवाभिधा वक्रोक्तिरित्युच्यते।' अर्थात् प्रसिद्ध कथन से भिन्न विचित्र अभिधा अर्थात् वर्णन शैली ही वक्रोक्ति है। यह कैसी है ? वैदग्ध्यपूर्ण शैली द्वारा उक्ति (ही वक्रोक्ति) है। वैदग्ध्य का अर्थ है विदग्धता—कविकर्मकौशल, उसकी भंगिमा या शोभा (चारुता), उसके द्वारा (उस पर आश्रित) उक्ति। संक्षेप में विचित्र अभिधा (वर्णन शैली) का नाम ही वक्रोक्ति है।[1] 'विचित्र अभिधा' में विचित्र का अभावात्मक अर्थ है—प्रसिद्ध कथन शैली से भिन्न। प्रसिद्ध शब्द का स्वयं कुन्तक ने दो स्थलों पर स्पष्टोकरण किया है : (अ) शास्त्रादि-प्रसिद्ध शब्दार्थोपनिबद्धव्यतिरेकिः। शास्त्र आदि में उपनिबद्ध शब्द अर्थ के सामान्य प्रयोग से भिन्न—अर्थात् प्रसिद्ध का अर्थ है शास्त्र आदि में प्रयुक्त। (आ) अतिक्रान्त-प्रसिद्धव्यवहारसरणिः—प्रचलित (सामान्य) व्यवहारसरणि का अतिक्रमण करने वाली (वक्रोक्ति) अर्थात् प्रसिद्ध से अभिप्राय है सामान्य व्यवहार में प्रयुक्त।'[2]

वक्रोक्ति के लिए कुन्तक ने एक और अनिवार्य उपबन्ध रखा है—"तद्विदाह्लादकारित्व'—काव्यमर्मज्ञों को आह्लाद प्रदान करने की क्षमता। इस सम्बन्ध में कुन्तक द्वारा प्रस्तुत काव्य का लक्षण दृष्टव्य है :—

शब्दार्थौ सहितौ वक्रकविव्यापारशालिनि।
बन्धे व्यवस्थितौ काव्यं तद्विदाह्लादकारिणी॥

काव्यमर्मज्ञों के आह्लादकारक, सुन्दर (वक्र) कविव्यापार से युक्त रचना (बन्ध) में व्यवस्थित शब्द और अर्थ मिलकर काव्य (कहलाते) हैं।[3]

इस सम्पूर्ण विवेचन का तात्पर्य यह है कि वक्रोक्ति का अर्थ है वक्र या विचित्र उक्ति। इस वक्रता या वैचित्र्य में तीन गुण सन्निहित रहते हैं :

(क) लोकव्यवहार तथा शास्त्र में रूढ़ शब्द-अर्थ प्रयोग से भिन्नता

(ख) कविप्रतिभाजन्य[4] चमत्कार

---

1. हिन्दी वक्रोक्तिजीवित, व्याख्याकार—आचार्य विश्वेश्वर, हिन्दी अनुसंधान परिषद्, दिल्ली विश्वविद्यालय, 1955, 1/10 की वृत्ति, पृ० 51
2. डा० नगेन्द्र : भारतीय काव्यशास्त्र की भूमिका, दिल्ली, 1951, पृ० 213-14
3. हिन्दी वक्रोक्तिजीवित (व्याख्याकार—आ. विश्वेश्वर), 1/7 पृ० 18
4. रुय्यककृत काव्यालंकारसर्वस्व के टीकाकार जयरथ ने काव्यव्यापार की व्याख्या इस प्रकार की है—"व्यापारस्य कविप्रतिभोल्लिखितस्य कर्मण': —डा० नगेन्द्र द्वारा 'भारतीय काव्यशास्त्र की भूमिका' में पृ० 215 पर उद्धृत।

(ग) सहृदय के मनःप्रसादन की क्षमता[1]

ये गुण न्यूनाधिक रूप में काव्य-बिम्ब के भी गुण हैं। शास्त्र की भाषा प्रायः विचार की भाषा होती है जिसका उद्देश्य विषय का ज्ञानमात्र कराना होता है। इसी प्रकार नित्य लोक व्यवहार में भी शब्दों के अर्थ रूढ़ हो जाते हैं, उनमें ताजगी और बिम्बात्मकता का गुण नहीं रहता। अतः बिम्बात्मक भाषा शास्त्र और लोकव्यवहार की भाषा से बचकर चलती है। वक्रोक्ति में भी यही होता है। दूसरे, भारतीय काव्यशास्त्र में 'प्रतिभा' शब्द का प्रयोग प्रायः उसी अर्थ में हुआ है जिस अर्थ में आजकल 'कल्पना' शब्द का प्रयोग होता है। 'प्रज्ञानवनवोन्मेषशालिनी प्रतिभा मता।' 'अपूर्ववस्तुनिर्माणक्षमा प्रज्ञा[2] वक्रोक्ति जिस प्रकार प्रायः प्रतिभाजन्य होती है उसी प्रकार बिम्ब भी कल्पना-जन्य होते हैं। कल्पना काव्य-बिम्ब का कारण तत्त्व है। तीसरे, सहृदय के मनःप्रसादन की क्षमता जिस प्रकार वक्रोक्ति के लिए अपेक्षित है उसी प्रकार काव्य-बिम्ब के लिए भी।

वक्रोक्ति के अनेक भेदोपभेद किये गये हैं। बिम्ब का सम्बन्ध वक्रोक्ति के कुछ भेदोपभेदों से विशेष रूप से है। कुन्तक ने वक्रोक्ति को व्यापक रूप में ग्रहण करते हुए उसके अन्तर्गत वर्ण से लेकर प्रबन्ध तक को समेट लिया है। उन्होंने वक्रोक्ति के छः भेदों का निरूपण किया है—

(क) वर्णविन्यासवक्रता (ख) पदपूर्वार्धवक्रता (ग) पदपरार्धवक्रता (घ) वाक्य-वक्रता (ङ) प्रकरणवक्रता तथा (च) प्रबन्धवक्रता। वक्रता के इन भेदों में से वर्णविन्यासवक्रता में ध्वनिबिम्बों की योजना रहती है परन्तु बिम्ब का विशेष सम्बन्ध पदपूर्वार्धवक्रता एवं पदपरार्धवक्रता के कुछ विशिष्ट भेदों से है। पदपूर्वार्धवक्रता के आठ उपभेदों का उल्लेख किया जाता है :—

(1) रूढ़िवैचित्र्यवक्रता (2) पर्यायवक्रता (3) उपचारवक्रता (4) विशेषणवक्रता (5) संवृतिवक्रता (6) वृत्तिवैचित्र्यवक्रता (7) लिंगवैचित्र्यवक्रता तथा (8) क्रिया-वैचित्र्यवक्रता।[3]

पदपरार्धवक्रता के भी छः उपभेद गिनाये गये हैं :—

(1) कालवैचित्र्यवक्रता (2) कारकवक्रता (3) संख्यावक्रता या वचनवक्रता (4) पुरुषवक्रता (5) उपसर्गवक्रता और (6) प्रत्ययवक्रता।[4]

---

1. डा० नगेन्द्र : भारतीय काव्यशास्त्र की भूमिका, पृ० 215
2. लोचन (ध्वन्यालोक 1/6 की टीका) सं० राम सागर त्रिपाठी' मोतीलाल बनारसीदास, 1973, पृ० 171
3. हिन्दी वक्रोक्तिजीवित, भूमिका, पृ० 59
4. वही पृ० 77-82

इनमें से पर्यायवक्रता, उपचारवक्रता, विशेषणवक्रता, लिंगवैचित्र्यवक्रता, क्रियावैचित्र्यवक्रता, कारकवक्रता और पुरुषवक्रता प्रायः बिम्बरूप अथवा बिम्ब की उपकारक होती है। वास्तव में इन वक्रता भेदों में चमत्कार का रहस्य ही यह है कि पर्याय, विशेषण, लिंग, कारक आदि के विशेष प्रयोगों से उद्बुद्ध बिम्ब अधिक स्पष्ट और मूल भावना के अनुकूल होते हैं। उदाहरण के लिए वीर रस के प्रसंग में कृष्ण के लिए 'बंशीधर' की अपेक्षा 'चक्रधर' पर्याय की सार्थकता यही है कि इसका बिम्ब रसपरिपाक में अधिक सहायक होता है। ।[1] किसी अन्य वस्तु के सामान्य धर्म का, लेशमात्र सम्बन्ध से भी, दूरान्तर वस्तु पर आरोप उपचार कहलाता है।[2] उपचारवक्रता उस आधुनिक बिम्ब सृष्टि का एक आधार है जिसका विकास विशेषतः हिन्दी के छायावादी काव्य में दृष्टिगत होता है। विशेषण-विपर्यय, मानवीकरण आदि का अन्तर्भाव उपचारवक्रता में हो जाता है। 'उचित विशेषण या लिंग की सार्थकता भी यही है कि इसका बिम्ब रसपरिपाक में सहायक होता है।[3] उचित तथा मूर्त विशेषणों से अनेक सफल बिम्बों की योजना होती है। क्रियावैचित्र्यवक्रता प्रायः गत्वर बिम्बों अथवा क्रियाशब्द में स्थित बिम्बों की सृष्टि करती है। 'उन्नत वक्षों में आलिंगन-सुख लहरों सा तिरता'[4] में बिम्ब को उभारने वाला शब्द 'तिरता' ही है जो क्रियावैचित्र्यवक्रता का उदाहरण है। कारकवैचित्र्यवक्रता के माध्यम से भी प्रायः बिम्ब-विधान होता है। 'हरधनुभंग को पुनर्वार ज्यों उठा हस्त' (निराला) में 'हस्त' करण कारक के स्थान पर कर्ताकारक में रखा गया है और इससे हाथ की मुद्रा अधिक सजीव रूप में मूर्तिमती हो जाती है। इसी प्रकार पुरुषवक्रता भी प्रायः बिम्ब-विधान में सहायक होती है। 'मैं आपके सामने उपस्थित हूँ', यह कहने की अपेक्षा 'यह दास आपके सामने उपस्थित है' कहने से उपस्थित व्यक्ति का चित्र तथा उसके मन की विनम्रता एवं समर्पण की भावना बिम्ब-रूप में मानस में उभरती है। सारांश यह है कि वक्रोक्ति के विभिन्न भेद प्रायः बिम्ब-रूप अथवा बिम्ब के उपकारक होते हैं।

ध्वनि

भारतीय काव्यशास्त्र में वक्रोक्ति के पश्चात् ध्वनि सिद्धान्त की प्रतिष्ठा हुई। प्रथम बार आचार्य आनन्दवर्धन ने अपने 'ध्वन्यालोक' द्वारा ध्वनि को सिद्धान्त रूप में स्थापित किया। अभिनवगुप्त ने 'लोचन' में इस सिद्धान्त की विशद एवं सुस्पष्ट व्याख्या की। आगे चलकर अधिकांश आचार्यों ने ध्वनि को काव्य का सबसे महत्त्वपूर्ण

---

1. **डा० नगेन्द्र : काव्यबिम्ब, नेशनल प० हाउस, दिल्ली,** 1967 **पृ०** 43
2. **वक्रोक्तिजीवित** 2/13 **की वृत्ति**
3. **डा० नगेन्द्र : काव्य बिम्ब पृ०** 43
4. **कामायनी, (कर्म), पृ०** 102

तत्त्व माना। आनन्दवर्धन ने ध्वनि को इस प्रकार परिभाषित किया—

जहाँ अर्थ अपने को अथवा शब्द अपने अर्थ को गुणीभूत करके उस (प्रतीयमान) को अभिव्यक्त करते हैं उस काव्य को विद्वान लोग ध्वनिकाव्य कहते हैं।[1] साथ ही उन्होंने अपना यह मत प्रतिपादित किया कि जिस प्रकार किसी सुन्दरी के शरीर में प्रत्येक अंग तथा अवयव से भिन्न लावण्य की पृथक् सत्ता होती है उसी प्रकार काव्य में भी उसके अंगों से पृथक् प्रतीयमान अर्थ की सत्ता निश्चित रूप से विद्यमान रहती है।[2]

ध्वनि-सिद्धान्त के अन्तर्गत शब्द की तीन शक्तियों—अभिधा, लक्षणा और व्यंजना पर भी विचार हुआ है। वस्तुतः ध्वनि-सिद्धान्त का भव्य प्रासाद शब्द-शक्तियों पर निर्मित किया गया है। बिम्ब के परिप्रेक्ष्य में लक्षणा और व्यंजना शक्तियाँ विशेषतः विचारणीय हैं। ये दोनों शक्तियाँ बहुत सीमा तक बिम्ब की उपकारी शक्तियाँ हैं।

मुख्य अर्थ के बाधित होने पर रूढ़ि अथवा प्रयोजन के कारण जिस क्रिया (या शक्ति) द्वारा मुख्य अर्थ से सम्बद्ध अन्य अर्थ लक्षित होता है वह लक्षणा-व्यापार (या शक्ति) कहलाता है।[3] उदाहरणार्थ 'समय बीतता है' न कहकर 'समय भागता है'[4] कहने पर 'भागना' शब्द से एक गत्यात्मक बिम्ब उभरता है। लाक्षणिक प्रयोग होने के कारण ही यहाँ ऐसा सम्भव हुआ है। यहाँ गति की व्यंजना कवि को अभिप्रेत है। रुढ़ी लक्षणा की अपेक्षा प्रयोजनवती लक्षणा बिम्ब को उभारने में अधिक समर्थ होती है। प्रयोजनवती लक्षणा के भेदों का जो विवेचन हुआ है वह प्रकारान्तर से बिम्ब-विधायिनी शक्ति के भेदों का विवेचन भी है। उदाहरणार्थ गौणी लक्षणा की सहायता से जो बिम्ब उभरते हैं वे सादृश्य के माध्यम से उभरने वाले बिम्ब हैं—'सामने देखा खड़ा था अस्थिपंजर एक'[5] में दौर्बल्याधिक्य का अनुभव कराने के उद्देश्य

---

1. यत्रार्थः शब्दो वा तमर्थमुपसर्जनीकृतस्वार्थो व्यक्तः काव्य-विशेषः स ध्वनिरिति सूरिभिः कथितः।—ध्वन्यालोक 1/13
2. प्रतीयमानं पुनरन्यदेव वस्त्वस्ति वाणीषु महाकवीनाम्
यत्तत्प्रसिद्धावयवातिरिक्तं विभाति लावण्यमिवांगनासु। वही 1/4
3. मुख्यार्थबाधे तद्योगे रूढ़ितोऽथप्रयोजनात्
अन्योऽर्थो लक्ष्यते यत्सा लक्षणारोपिता क्रिया।—मम्मटः काव्यप्रकाश 2/9
4. प्रसाद : स्कन्दगुप्त, अंक 3, पृ० 94
5. डा० नगेन्द्र : काव्य बिम्ब, पृ० 6 पर उद्धृत।

से सादृश्य के आधार पर दुर्बल व्यक्ति के स्थान पर 'अस्थिपंजर' का बिम्ब उपस्थित किया गया है। इसी प्रकार सारोपा और साध्यवसाना, इन दो लक्षण-प्रकारों में से प्रथम में मुख्य और अमुख्य दोनों का उल्लेख होने से भेद की अनुभूति बनी रहती है, किन्तु साध्यवसाना में दोनों में से एक का ही उल्लेख होने और दूसरे का पूर्ण निगरण हो जाने के कारण अभेद की अनुभूति गहरी होती है। फलतः साध्यवसाना लक्षणा से जो बिम्ब उभरता है वह भाव की तीव्रतर अनुभूति कराता है। उपर्युक्त उदाहरण में 'अस्थिपंजर सदृश पुरुष' कहने की अपेक्षा केवल 'अस्थिपंजर' का उल्लेख होने के कारण जो बिम्ब उभरता है वह पाठकों में दुर्बलता की अधिक गहरी अनुभूति सम्प्रेषित करता है।

इस प्रकार लक्षणा द्वारा व्युत्पन्न अर्थ प्रायः बिम्ब रूप होता है और लक्षणा बिम्ब का उपकारक तत्त्व है। किन्तु लक्षणा और बिम्ब में सहव्याप्ति नहीं है। लक्षणा शक्ति से व्युत्पन्न अर्थ सदैव बिम्बात्मक नहीं होते क्योंकि लक्षणा में अमूर्त के लिए मूर्त प्रयोग ही नहीं होता वरन् मूर्त के लिए अमूर्त का सफल प्रयोग भी होता है।

ध्वनिवादी आचार्यों ने जिस अन्तिम शब्द शक्ति का उल्लेख किया है वह है व्यंजना शक्ति या व्यंजना व्यापार। इन आचार्यों ने व्यंजना पर ही सबसे अधिक बल दिया। उनके मतानुसार जिस काव्य में वाच्य की अपेक्षा व्यंग्य की प्रधानता हो वही उत्तम कोटि का काव्य होता है—'इदमुत्तममतिशयिनि व्यंग्ये वाच्यात्।'[1] भारतीय काव्य शास्त्र में ध्वनि-सिद्धान्त को व्यापक समर्थन मिला है।

व्यंजना में भी मूर्ति-विधान की क्षमता होती है 'उदाहरण के लिए यह बात सुनकर कि 'दिन डूब गया है' श्रोताओं के मन में अपनी-अपनी मनःस्थिति के अनुसार भिन्न-भिन्न प्रकार के बिम्ब उद्बुद्ध हो जाते हैं।'[2] किन्तु ध्वनि के कुछ ही भेद बिम्ब रूप होते हैं, सब नहीं। 'वस्तु ध्वनि तो बिम्ब रूप होती है, पर रस ध्वनि का स्वरूप बिम्बमय नहीं होता। रसध्वनि, जिसके अन्तर्गत भावध्वनि आदि का भी समावेश रहता है, निश्चय ही अनुभूतिरूप होती है—बिम्ब उसका माध्यम अवश्य होता है, किन्तु उसका स्वरूप अनुभूतिमय ही होता है।'[3]

दूसरी विचारणीय बात यह है कि व्यंजना से उद्बुद्ध होने वाले बिम्ब वाच्यार्थ से स्वतंत्र होते हैं। इस दृष्टि से इन्हें रिचर्ड्स द्वारा विवेचित 'सम्बद्ध' और 'स्वच्छन्द'

1. मम्मट : काव्य प्रकाश 1/4
2. डा० नगेन्द्र : काव्य बिम्ब पृ. 42
3. वही पृ. 7

बिम्बों में से 'स्वच्छन्द' बिम्बों के समकक्ष रखा जा सकता है और लक्षणा द्वारा उद्बुद्ध बिम्बों को 'सम्बद्ध' बिम्बों के समकक्ष।

बिम्ब में व्यंजकता का गुण अपेक्षित होता है। इस दृष्टि से भी बिम्ब व्यंजना (ध्वनि) के निकट है। किन्तु सभी व्यंग्यार्थ बिम्ब रूप नहीं होते। ऐन्द्रियता का गुण बिम्ब के लिए अनिवार्य होता है, किन्तु व्यंग्यार्थ के लिए नहीं। यहीं व्यंजना बिम्ब से दूर हो जाती है। अतः ध्वनि और बिम्ब में समानता तो है किन्तु केवल आंशिक रूप में।

ध्वनि के सन्दर्भ में, बिम्ब-सादृश्य की दृष्टि से एक अन्य धारणा पर भी विचार अपेक्षित है, वह है स्फोट। ध्वनि का आधार स्फोट को माना गया है। स्फोट का सम्बन्ध मूलतः वैयाकरणों से है और यह प्रत्यक्षतः शब्द से सम्बन्धित है। किन्तु ध्वनि शब्द और उसके तात्विक विवेचन के लिए काव्यशास्त्र के आचार्य वैयाकरणों के ऋणी हैं। मम्मट ने काव्यप्रकाश में 'इदमुत्तममतिशयिनि व्यंग्ये वाच्याद् ध्वनिर्बुधैः कथितः' इस कारिका की वृत्ति में लिखा है—

इदमिति काव्यं व्याकरणैः प्रधानभूतस्फोटरूपव्यंग्यव्यंजकस्य शब्दस्य ध्वनिरिति व्यवहारः कृतः। ततस्तन्मतानुसारिभिरन्यैरपि न्याभावितवाच्यव्यंग्यव्यंजनक्षमस्य शब्दार्थ-युगलस्य।[1] अर्थात् इदम् का अर्थ है काव्य। वैयाकरणों ने प्रधानभूत स्फोट रूप व्यंग्य की व्यंजना कराने वाले शब्द के लिए 'ध्वनि' शब्द का व्यवहार किया है। उन वैयाकरणों के अभिमतानुयायी अन्य (अर्थात् काव्य-शास्त्रियों) ने भी वाच्यार्थ को दबा देने वाले व्यंग्य की अभिव्यक्ति करने में समर्थ शब्दार्थयुगल (अर्थात् काव्य) के लिए 'ध्वनिशब्द' का प्रयोग किया।

स्फोट का अर्थ है—"स्फुटति अर्थौ अनेन इति स्फोटः'[2] अथवा स्फोटयति प्रकाशयति अर्थमिति स्फोटः—जिससे अर्थ स्फुटित होता है अथवा जो अर्थ को स्फुटित (प्रकाशित) करता है वह स्फोट है। व्याकरण के अनुसार कानों को सुनाई पड़ने वाला शब्द अनित्य होता है। उदाहरण के लिये 'घट' शब्द को ही लीजिए 'घ' के उच्चारण के समय 'ट' का अस्तित्व ही नहीं होता और 'ट' के उच्चारण के समय 'घ' उच्चरित होकर विलीन हो चुकता है। फलतः 'घ' और 'ट' को एकत्र होने का अवसर ही नहीं मिलता। अतः वैयकरणों ने स्फोट की कल्पना की।[3] उनका अभिप्राय यह है कि पूर्व-

---

1. काव्यप्रकाश, 1/4 की वृत्ति
2. संस्कृत शब्दार्थकौस्तुभ, पृ० 1251
3. न प्रत्येक न मिलिता न चैकस्मृतिगोचरा
अर्थस्य वाचकाः वर्णाः किन्तु स्फोटः....॥—शेष कृष्ण : स्फोट तत्त्व निरूपण, श्लोक—3 (आचार्य बलदेव उपाध्याय द्वारा भारतीय साहित्य शास्त्र, प्रथम खण्ड में पृ० 213 पर उद्धृत)

पूर्व वर्ण के अनुभव से एक प्रकार का संस्कार उत्पन्न होता है। उस संस्कार से सहकृत अन्त्य वर्ण से तिरोभूत वर्णों को भी ग्रहण करने वाले एक मानसिक पद की प्रतीति उत्पन्न होती है, इसी का नाम स्फोट है।[1] पदस्फोट के समान ही वाक्य-स्फोट की कल्पना भी वैयाकरणों द्वारा हुई है। पूर्व-पूर्वपदानुभवजनित संस्कारसहकृत अन्त्य पद श्रवण से अनेक पदावगाहिनी जो मानसी वाक्य-प्रतीति होती है, वैयाकरण उसे वाक्य-स्फोट कहते हैं। इस वाक्य-स्फोट से वाक्य के अर्थ की प्रतीति होती है।

किसी पद अथवा वाक्य की मानस-प्रतीति की यह जो कल्पना वैयाकरणों द्वारा 'स्फोट' के रूप में हुई है वह किसी सार्थक शब्द द्वारा या वाक्य द्वारा मूलतः उद्बुद्ध होने वाले बिम्ब के बहुत निकट है। बिम्ब भी मुख्यतः एक मानस-छवि है। स्फोट रूप में जो मानसी प्रतीति है वह भी प्रायः बिम्बरूप में ही होती है।

रस

भारतीय काव्यशास्त्र में रस-सम्प्रदाय का विशेष महत्त्व है। रस का विवेचन सर्वप्रथम भरत के नाट्यशास्त्र में उपलब्ध होता है। अलंकारवादी, रीतिवादी, वक्रोक्तिवादी और ध्वनिवादी आचार्यों ने भी किसी न किसी रूप में रस को मान्यता दी है। 'विभावानुभावव्यभिचारिसंयोगाद्रसनिष्पत्तिः'—भरत के रस-निष्पत्ति-सम्बन्धी इस सूत्र की व्याख्या यद्यपि भट्टलोल्लट, भट्टनायक, श्रीशंकुक आदि आचार्यों ने अपनी-अपनी दृष्टि से की, किन्तु अभिनवगुप्त द्वारा की गई व्याख्या को आगे चलकर व्यापक समर्थन मिला। उन्होंने 'अभिव्यक्ति' के जिस मत का प्रतिपादन किया उसी को मम्मट, पण्डितराज जगन्नाथ प्रभृति काव्यशास्त्रियों ने अपने ग्रन्थों में स्वीकार करते हुए उसका व्यापक विवेचन किया। मम्मट ने काव्यप्रकाश में लिखा है—

> विभावा अनुभावास्तत् कथ्यन्ते व्यभिचारिणः
> व्यक्त : स तैर्विभागैः स्थायी भावो रसः स्मृतः ॥[2]

अर्थात् विभाव, अनुभाव और व्यभिचारीभाव द्वारा अभिव्यक्त स्थायीभाव ही रस कहलाता है।

इस प्रकार रस का मूल आधार है भाव—'स्थायीभावो रसः स्मृतः' काव्य-बिम्ब के मूल में भी भाव की स्थिति अनिवार्यतः होती है। वस्तुतः अमूर्त भाव को मूर्त रूप देकर प्रत्यक्षवत् उपस्थित करना ही काव्य-बिम्ब का उद्देश्य है। इस प्रकार बिम्ब न तो स्वयं रस है और न ही भाव, वरन् वह रस और भाव की अभिव्यक्ति का

---

1. डा० नगेन्द्र : काव्यबिम्ब पृ. 43
2. मम्मट काव्यप्रकाश, ४/२८

माध्यम है। काव्यशास्त्रियों द्वारा उल्लिखित भाव को अभिव्यक्त करने वाले ये विभाव अनुभाव और संचारीभाव बिम्ब रूप में उपस्थित होते हैं। इनमें विभाव (आलम्बन और उद्दीपन) तथा अनुभाव तो असन्दिग्ध रूप से बिम्बात्मक होते ही हैं, संचारी भाव भी बिम्ब के माध्यम से ही व्यक्त किये जाते हैं।

रस-निष्पत्ति के प्रसंग में ही साधारणीकरण की चर्चा की जाती है और माना जाता है कि रसानुभूति के समय पाठक या श्रोता अपनी क्षुद्र सीमाओं से ऊपर उठकर आत्म-विस्तार का अनुभव करता है। वह उस समय विभावादि सम्बन्धी ममत्व, परत्व और ताटस्थ्य आदि के बन्धनों से एक सीमा तक मुक्त हो जाता है।[1] यह आत्म-विस्तार और मुक्ति का भाव मानसी-साक्षात्कार पर निर्भर है, जिसे हम बिम्ब कह सकते हैं। इस सम्बन्ध में अभिनवगुप्त का कथन है कि 'वाक्यार्थ-बोध के अनन्तर मानसी-साक्षात्कारात्मिका प्रतीति उत्पन्न होती है, जिसमें देशकालादि विभाग नहीं रहता।'[2] अभिनवगुप्त द्वारा उल्लिखित 'मानसी-साक्षात्कारात्मिका प्रतीति' वस्तुतः बिम्ब ही है। दूसरे, पाठक अथवा श्रोता की दिक्काल की सीमाओं से मुक्ति और आत्म-विस्तार की यह क्रिया बिम्ब (मानसी साक्षात्कार) पर निर्भर है, इस बात का उल्लेख बिम्बवाद के समर्थक और समर्थ आलोचक एजरा पाउण्ड ने भी किया है 'बिम्ब वह है जो काल की तात्कालिकता में बौद्धिक और भावात्मक संसृष्टि उपस्थित कर देता है।[3] और

---

1. ममैवेते शत्रोरेवेते तटस्थस्यैवेते, न ममैवेते न शत्रोरेवेते न तटस्थस्यैवेते इति सम्बन्ध-विशेषस्वीकारपरिहारानियमानध्यवसायात् साधारण्येन प्रतीतैः (विभावानुभावव्यभिचारिभिः) अभिव्यक्तः सामाजिकानां वासनात्मतया स्थितः स्थायी रत्यादिको नियतप्रमातृत्वेन स्थितोऽपि साधारणोपायबलात् तत्कालविगलितपरिमितप्रमातृभाववशोन्मिषितवेद्यान्तरसम्पर्कशून्यापरभावेन प्रमात्रा सकलसहृदयसंवादभाजा साधारण्येन स्वाकारइवाभिन्नोऽपि गोचरीकृतचर्व्यमाणतैकप्राणो विभावादिजीवितावधिः... ....।

   मम्मट : काव्यप्रकाश 4-27/28 की मम्मटप्रणीत टीका।
2. वाक्यार्थप्रतिपत्तेरनन्तरं मानसीसाक्षात्कारात्मिकाऽपहसिततत्तद्वाक्योपात्तकालादिविभागा तावत्प्रतीतिरापजायते।

   अभिनवगुप्त : अभिनवभारती पृ० 279 (डा० आनन्द प्रकाश दीक्षित द्वारा 'रस-सिद्धान्त : स्वरूप-विश्लेषण' के पृ० 115 पर उद्धृत)
3. "........That which presents an intellectual and emotional complex in an instant of time..........."

Ezra Pound : 'A Few Don'ts' by an imagist: published in 'Poetry' a magazine of Verse Vol. I. No. 6, March. 1913 (Quoted by Glenn Hughes in Imagism and Imagists, London, 1931. p. 28).

हम महानतम कलाकृतियों की उपस्थिति में जिस आकस्मिक मुक्ति का, दिक्काल की सीमाओं से स्वतन्त्रता का अनुभव करते हैं, हमको वह अनुभव इस बौद्धिक और भावात्मक संसृष्टि की तात्कालिक उपस्थिति के कारण ही होता है।'[1] इस प्रकार रस और बिम्ब सम्बन्धी इन दोनों मान्यताओं में निकट सम्बन्ध है। वस्तुतः बिम्ब रस या भाव न होते हुए भी रस और भाव से घनिष्ठ रूप से सम्बद्ध है। बिम्ब और भाव (या रस) अन्योन्याश्रित हैं क्योंकि एक ओर तो रस या भाव की अभिव्यक्ति के लिए बिम्ब आवश्यक है और दूसरी ओर काव्य-बिम्ब के मूल में भाव की स्थिति अनिवार्य है।

अन्ततः अलंकार, वक्रोक्ति, ध्वनि और रस सम्बन्धी मान्यताओं से बिम्ब की तुलना करने के पश्चात् यह कहा जा सकता है कि यद्यपि प्राचीन भारतीय काव्यशास्त्र का अपना दृष्टिकोण है अतः उसके सिद्धान्तों और धारणाओं में से कोई भी ऐसा नहीं है जिससे बिम्ब का पूर्ण तादात्म्य हो तथापि उनमें से कुछ ऐसे सिद्धान्त भी हैं जो बिम्ब के बहुत निकट हैं और बिम्ब से जिनका आंशिक अथवा वैकल्पिक साम्य अवश्य है।

हिन्दी आलोचना में बिम्ब

पूर्व-आधुनिक काल में प्रणीत काव्यशास्त्रीय ग्रन्थों में प्रायः उन्हीं सिद्धान्तों का विवेचन हुआ है जिन पर प्राचीन भारतीय काव्यशास्त्र में पर्याप्त विचार हो चुका था। ये काव्यशास्त्रीय ग्रन्थ मोटे रूप से दो प्रकार के हैं—एक वे जिनमें काव्यशास्त्र के किसी एक अंग पर विचार हुआ है, और दूसरे वे जिनमें अधिकांश अंगों पर एक साथ विचार किया गया है। प्रथम कोटि के ग्रन्थों में कुछ अलंकार सम्बन्धी ग्रन्थ हैं, कुछ रस सम्बन्धी और कुछ शृंगार एवं नायिका-भेद सम्बन्धी। किन्तु इनमें से किसी में ऐसे किसी नवीन सिद्धान्त की स्थापना नहीं हुई जिसके साथ बिम्ब की तुलना अपेक्षित हो।

आधुनिक काल में बिम्ब की चर्चा सर्वप्रथम आचार्य रामचन्द्र शुक्ल ने की। शुक्ल जी ने बिम्ब के संश्लिष्ट स्वरूप की व्याख्या कर शोभाधर्मी अलंकारों से उसे अलग करने का प्रयास किया और बिम्ब के अनेक पक्षों का उद्घाटन किया। उनके अनुसार "काव्य में बिम्ब-स्थापना (इमेजरी) प्रधान वस्तु है। वाल्मीकि, कालिदास

1. "It is the presentation of such a complex instantanuously which gives that sense of sudden liberation; that sence of freedom from time limits and space limits, that sense of sudden growth which we experience in the presence of the great works of Art"

Ibid p. 29

आदि प्राचीन कवियों में यह पूर्णता को प्राप्त है। अंग्रेजी कवि शैली इसके लिए प्रसिद्ध है। भाषा के दो पक्ष होते हैं—एक सांकेतिक (सिम्बौलिक) और दूसरा बिम्बाधायक (प्रेजेण्टेटिव)। एक में तो नियत अर्थबोध मात्र हो जाता है, दूसरे में वस्तु का बिम्ब या चित्र अन्तःकरण में उपस्थित होता हैं।"[1] शुक्ल जी ने रूप-विधान की चर्चा करते हुए उसके तीन प्रकार निर्धारित किये हैं—प्रत्यक्ष रूप-विधान, स्मृत रूप-विधान और सम्भावित या कल्पित रूप-विधान।[2] काव्यानुभूति और रसानुभूति के लिये रूप-विधानों के इन तीनों प्रकारों को महत्त्वपूर्ण बताते हुए शुक्ल जी ने सम्भावित या कल्पित रूप-विधान की विशेष महत्ता प्रतिपादित की है।[3] वस्तुतः रूप-विधान के ये तीन प्रकार बिम्ब-निर्माण-प्रक्रिया के तीन सोपान हैं। शुक्ल जी ने 'रूप-विधान' में रूप शब्द को केवल चाक्षुष-ज्ञान-बोधक ही नहीं माना वरन् 'रूप शब्द' के भीतर शब्द, गन्ध, रस और स्पर्श[4] को भी समाहित किया है।

यहाँ दो महत्त्वपूर्ण तथ्यों का उल्लेख अपेक्षित है। एक तो यह कि शुक्ल जी द्वारा प्रतिपादित बिम्ब-विधान और छायावाद की चित्रभाषा में कहीं कोई अन्तरंग सम्बन्ध प्रतीत होता है, किन्तु अपने अभिजात संस्कारों के कारण शुक्ल जी का ध्यान पहले वाल्मीकि और कालिदास आदि पर गया है, दूसरे, शुक्ल जी के इस बिम्ब सिद्धान्त का मूल स्रोत पाश्चात्य आलोचना है। इसके दो प्रमुख प्रमाण हैं—एक तो शुक्ल जी ने बिम्ब-विधान शब्द के साथ 'इमेजरी' शब्द का प्रयोग किया है और दूसरे, बिम्ब-विधान के विवेचन में पाश्चात्य धारणा का स्पष्ट प्रभाव परिलक्षित होता है। उदाहरण के लिये शुक्ल जी ने जब लिखा 'बिम्ब-ग्रहण जब होगा तब विशेष या व्यक्ति का ही होगा, सामान्य या जाति का नहीं[5] तो वह निम्नलिखित बिम्बवादी घोषणा-पत्र का समर्थन-सा जान पड़ता है—'To present an image (hence the name imagist) ………we believe that poetry should render particulars exactly and not deal in vague generalities.'[6]

हिन्दी आलोचना में शुक्ल जी के पश्चात् कुछ समय तक बिम्ब की चर्चा नहीं हुई। छायावादी कवियों ने रूप, आकार अथवा चित्रभाषा की चर्चा की, किन्तु उन्होंने

1. रामचन्द्र शुक्ल : रसमीमांसा, पृ०, 358
2. देखिए—वही, पृ० 260
3. देखिए—वही, पृ० 160
4. देखिए—वही, पृ० 162
5. देखिए—वही, पृ० 310
6. S. K. Coffman : Imagism, University of Oklahoma Press Norman, 1951, pp. 28-29.

'बिम्ब' शब्द का प्रयोग नहीं किया। सुमित्रानन्दन पन्त ने 'पल्लव' की भूमिका में इसके लिए चित्रभाषा शब्द का प्रयोग करते हुए लिखा—'कविता के लिए चित्रभाषा की आवश्यकता पड़ती है, उसके शब्द सस्वर होने चाहिए, जो बोलते हों, सेब की तरह जिनके रस की मधुर लालिमा भीतर न समा सकने के कारण बाहर झलक पड़े; जो झंकार में चित्र, चित्र में झंकार हो; जिनका भाव संगीत विद्युद्धारा की तरह रोम-रोम में प्रवाहित हो सके; जिनका सौरभ सूँघते ही साँसों द्वारा अन्दर पैठ कर हृदयाकाश में समा जाय;....जिनका प्रत्येक चरण प्रियंगु की डाल की तरह अपने ही सौन्दर्य के स्पर्श से रोमांचित रहे; जापान की द्वीपमालिका की तरह जिनकी छोटी-छोटी पंक्तियाँ अपने अन्तस्तल में सुलगी ज्वालामुखी को दबा न सकने के कारण अनन्त श्वासोच्छ्वास के भूकम्प में काँपती रहे।[1]

पन्त जी के इस कथन में विभिन्न संवेदनाओं के समन्वय और संवेगों की तीव्रता पर बल दिया गया है और इस प्रकार बिम्ब के रचनात्मक स्वरूप की व्याख्या करने का प्रयास किया गया है। कविता के लिए चित्रभाषा को आवश्यक बताकर पन्त जी ने बिम्ब की ही आवश्यकता प्रतिपादित की है।

प्रसाद जी ने भी कविता की चित्रमयता पर विचार किया है। 'स्कन्दगुप्त' में मातृगुप्त के मुख से प्रसाद जी कहलवाते हैं—'कवित्व वर्णमय चित्र है, जो स्वर्गीय भावपूर्ण संगीत गाया करता है।'[2] कविता की इस परिभाषा में भी उसकी चित्रात्मकता और उसके भावसंगीत—दो तत्त्वों का उल्लेख किया गया है। इस चित्रात्मकता के पीछे अनुभूति की प्रेरणा आवश्यक है। प्रसाद जी अनुभूति को प्रधान मानते हैं अतः उसकी प्रेरणा पर उन्होंने अधिक बल दिया है। फिर भी 'काव्य और कला' निबन्ध में उन्होंने अनुभूति के साथ आकार का प्रश्न भी उठाया है—,एक प्रश्न स्वयं खड़ा होता है कि काव्य में शुद्ध आत्मानुभूति की प्रधानता है या कौशलमय आकारों या प्रयोगों की ? काव्य में आत्मा की मौलिक अनुभूति की प्रेरणा है, वही सौन्दर्यमयी और संकल्पात्मक होने के कारण अपनी श्रेयस्थिति में रमणीय आकार में प्रकट होती है। वह आकार वर्णात्मक रचनाविन्यारा गें कौशलपूर्ण होने के कारण श्रेय भी है।'[3] वस्तुतः बिम्ब भी तभी सफल होता है जब वह किसी अनुभूति से प्रेरित हो। प्रसाद जी ने अभिव्यक्ति के सम्बन्ध में अपना ऐसा ही मत प्रकट किया है—"जहाँ आत्मानुभूति की प्रधानता है,

---

1. सुमित्रानन्दन पन्त : पल्लव (प्रवेश), भारती भंडार, प्रयाग, संवत् 2005 पृ० 17-18
2. स्कन्दगुप्त, अंक 1, पृ० 16
3. काव्य और कला तथा अन्य निबन्ध, संवत् 2026, पृ० 43-44

वहीं अभिव्यक्ति अपने क्षेत्र में पूर्ण हो सकी है।"[1]

हिन्दी में शुक्ल जी के पश्चात् 'इमेज' के अर्थ में 'बिम्ब' की विशेष चर्चा बीसवीं शताब्दी के पाँचवें दशक से हुई तथा नई कविता के प्रसार के साथ ही इस चर्चा ने व्यापक रूप धारण कर लिया। फिर भी उस समय बिम्ब के विस्तृत सैद्धान्तिक विवेचन का प्रयास नहीं हुआ। यह विवेचन मुख्यतः इस शताब्दी के सातवें दशक में आरम्भ हुआ। बिम्ब का यह सैद्धान्तिक विवेचन स्वतन्त्र रूप से भी हुआ है और उपाधिपरक शोध-कार्य के रूप में भी।

इस सम्बन्ध में यह महत्त्वपूर्ण तथ्य है कि सातवें दशक और उसके पश्चात् हिन्दी के विद्वानों द्वारा बिम्ब के स्वरूप का जो विवेचन हुआ है वह प्रायः सम्पूर्ण रूप से बिम्ब की पाश्चात्य धारणा पर आधारित है, जिसका विवेचन हम इस अध्ययन के आरम्भ में कर चुके हैं। अतः यहाँ स्वतन्त्र रूप से इन विद्वानों की मान्यताओं पर विचार करने की आवश्यकता प्रतीत नहीं होती।

बिम्ब के स्वरूप पर पाश्चात्य और भारतीय दृष्टि से विचार कर लेने पर हम इस निष्कर्ष पर पहुँचते हैं कि यद्यपि काव्य का महत्त्वपूर्ण अंग होने के कारण बिम्ब का अस्तित्व भारतीय काव्य में किसी न किसी रूप में विद्यमान रहा है तथापि हिन्दी में आज प्रचलित बिम्ब की धारणा पाश्चात्य चिन्तन की ही देन है। फलतः इसके स्वरूप के सम्यक् निर्धारण के लिए पाश्चात्य दृष्टि को ही प्रमुख आधार बनाया जा सकता है। इस दृष्टि से हम कह सकते हैं कि—

बिम्ब वह इन्द्रिय-संवेद्य भाव-प्रेरित मानस-छवि है जो शब्दार्थ के माध्यम से कल्पना द्वारा निर्मित होती है।

2. बिम्ब के आधारभूत तत्त्व

बिम्ब के स्वरूप के विवेचन में हम जिस निष्कर्ष पर पहुँचे हैं, उसका विश्लेषण करने पर ज्ञात होगा कि काव्य-बिम्ब मूलतः एक मानस-छवि है। काव्य-बिम्ब बनने के लिये उसमें जिन तत्त्वों का होना आवश्यक है वे हैं—(1) ऐन्द्रियता (2) भाव की प्रेरणा (3) शब्दार्थ का माध्यम और (4) कल्पना। इन तत्त्वों में से शब्दार्थ का माध्यम काव्य-मात्र के लिए अनिवार्य है और कल्पना बिम्ब का करण तत्त्व है, जिसका विवेचन इसी अध्याय में आगे किया गया है। अतः काव्य-बिम्ब के आधारभूत तत्त्व प्रमुखतः दो हैं—(1) ऐन्द्रियता और (2) भाव की प्रेरणा।

(1) ऐन्द्रियता

ऐन्द्रियता बिम्ब का प्रथम आधार-भूत तत्त्व है। बिम्ब किसी प्रकार का क्यों

1. काव्य और कला तथा अन्य निबन्ध, संवत 2026 पृ० 44

न हो, उसमें किसो न किसी मात्रा में ऐन्द्रियता का गुण अनिवार्य होता है। बिम्ब का कार्य ही मुख्यतः अमूर्त, अस्फुट एवं अस्पष्ट अनुभूतियों को मूर्त स्फुट एवं स्पष्ट आकार प्रदान करना है और इसके लिए उसमें ऐन्द्रियता का गुण अपरिहार्य है। बिम्ब काव्य-भाषा को शास्त्र और दर्शन की भाषा से पृथक् करता है। बिम्ब में इस क्षमता का विकास भी उसकी ऐन्द्रियता के कारण होता है। कुछ बिम्ब अमूर्त प्रतीत होते हैं किन्तु उनमें भी ऐन्द्रियता का तत्त्व विद्यमान रहता है। वस्तुतः जिन बिम्बों को अमूर्त कहा जाता है वे अचाक्षुष होते हैं, अगोचर नहीं। बिम्ब केवल दृश्य ही नहीं होते, वे श्रव्य, स्पृश्य, रसनीय और घ्रातव्य भी हो सकते हैं। अन्य बिम्बों की अपेक्षा दृश्य बिम्बों की संख्या बहुत अधिक होती है और प्रायः अन्य इन्द्रियों से सम्बद्ध बिम्बों में भी दृश्यता का भाव विद्यमान रहता है। तथापि बिम्ब का अनिवार्य गुण दृश्यता नहीं वरन् गोचरता है। इसीलिए जिस व्यक्ति की संवेदनाएँ कुण्ठित हों वह सफल बिम्ब की रचना नहीं कर सकता। राबर्ट ट्रिस्ट्रम काफिन के शब्दों में 'काव्य का कार्य स्पष्टतम बिम्ब, अधिकतम स्मरणीय पदार्थ, प्रस्तुत करना है। किन्तु सदैव पदार्थ ही—जिनको हम देख सकते हैं, छू सकते हैं, सुन सकते हैं, चख सकते हैं या सूँघ सकते हैं।[1] सी० डी० लीविस ने भी बिम्ब में ऐन्द्रियता का गुण आवश्यक बताया है।[2]

विभिन्न बिम्बों में ऐन्द्रियता की मात्रा भी भिन्न-भिन्न हो सकती है—स्थूल चित्रात्मकता से लेकर अमूर्तता की सीमा का स्पर्श करने वाले अस्पष्ट-से मिश्र ऐन्द्रिय बोध तक। कभी-कभी ऐसे प्रसंग आ जाते हैं जहाँ कोई स्पष्ट मूर्ति खड़ी नहीं होती, फिर भी वे तटस्थ कथन मात्र नहीं होते अर्थात् धूमिल और मिले-जुले ऐन्द्रिय-बोध होते हैं और हमारी अनुभूति को तृप्त करते हैं। ऐसे स्थलों पर भी बिम्ब की स्थिति स्वीकार करना उचित होगा। ऐसे ही बिम्बों को हमने छायात्मक बिम्बों के अन्तर्गत रखा है।[3]

---

1. 'Poetry presents........the clearest images, the most memorable of objects seen. But the objects always. The things we can see, touch, hear, taste and smell.

   Robert P. Tristram Coffin: The substance that is Poetry, P. 15 (Quoted by R. H. Fogle: The imagery of Keat and Shelly, 1949, P. 4).

2. ....the poetic image is a picture in words touched with some sensuous quality.

   C. DL Lewis : The Poetic Image, London, 1951, p. 19.

3. देखिए—वर्गीकरण के अन्तर्गत 'छायात्मक बिम्ब'

(2) भाव

यहाँ भाव शब्द का प्रयोग व्यापक अर्थ में किया जा रहा है। इसके अन्तर्गत अनुभूति (फीलिंग), संवेग (इमोशन), आवेग (पैशन) तथा विचार (आइडिया) समाहित हैं। काव्य-बिम्ब के मूल में भाव की प्रेरणा अनिवार्यतः रहती है। भाव के संस्पर्श के अभाव में एक सफल काव्य-बिम्ब की सृष्टि संभव नहीं है। सामान्य बिम्ब की अपेक्षा काव्य-बिम्ब अधिक प्रभावशाली, अधिक रंगीन और अधिक समृद्ध होता है; काव्य-बिम्ब में यह प्रभाव, यह रंगीनी और यह समृद्धि भाव से संवलित होने के कारण ही आती है। कवि का वस्तु-जगत् के प्रति भावात्मक सम्बन्ध होता है। इस भावात्मक सम्बन्ध के कारण ही वह सफल काव्य-बिम्बों की रचना करने में समर्थ होता है।

बिम्ब और भाव का सम्बन्ध बाहरी या ऊपरी नहीं है। भाव बिम्ब पर आरोपित की जाने वाली वस्तु नहीं है। भाव तो बिम्ब के मूल में ही अन्तर्निहित होता है। इस सम्बन्ध में ज्यॉर्ज व्हेली का मत दृष्टव्य है 'अनुभूति कोई ऐसी वस्तु नहीं है जो मनोगत बिम्ब में अलग से जोड़ दी जाती हो वरन् अनुभूति ही बिम्ब है। अनुभूति ही स्मृति में रहती है जो रहस्यात्मक ढंग से अन्य अनुभूतियों से मिलती है और उनमें सुधार करती है। जब ये अनुभूतियां प्रकाश में आती हैं और आकार ग्रहण करना चाहती हैं तो काव्य, चित्र या शिल्प में बिम्ब का रूप ले लेती हैं।[1] भाव बिम्ब का आधारभूत तत्त्व होने के कारण सिद्धान्ततः बिम्ब से अलग करके नहीं देखा जा सकता।

बिम्ब के मूल में रहने वाले भाव की एक दीर्घ परम्परा होती है। किसी काव्य-बिम्ब के निर्माण के पीछे कवि का लम्बा आत्म-संघर्ष और एक लम्बी भावात्मक परिपक्वता होती है। कवि की वस्तु-जगत् के प्रति एक भावात्मक-प्रतिक्रिया होती है। लम्बे संघर्षों और अनुभवों के बीच उसका वस्तु-जगत् के प्रति एक विशेष दृष्टिकोण बनता है। किसी बिम्ब की रचना के मूल में प्रत्यक्ष अथवा परोक्ष रूप में कवि की यह भावात्मक-प्रतिक्रिया अथवा उसका वह विशिष्ट दृष्टिकोण रहता है।

---

1. "Feeling is not something added on to sensory images, but that the feeling is the image, that it is the feeling that abides in memory, secretly combining with and modifying other feelings. When these feelings emerge into the light and seek a body, they take on the aspect of images in poetry or painting or sculpture................"

George Whalley : 'Poetic Process' an essay in 'Poetics' Routledge and Kegan Paul Ltd., London, 1953 p. 76.

काव्य-बिम्ब का विशद विवेचन करने वाले अधिकांश विद्वानों ने बिम्ब और भाव के सम्बन्ध की चर्चा की है। कुमारी स्पर्जियन ने भाव-सम्प्रेषण को बिम्ब का प्रमुख कार्य माना है।[1] ऐजरा पाउण्ड के मत में बिम्ब विचारात्मक या भावात्मक संसृष्टि को प्रस्तुत करने वाला है।[2] कॉलरिज ने बिम्ब के लिए भाव की आवश्यकता बताते हुए लिखा है कि बिम्ब चाहे जितने सुन्दर हों, वे तीव्र आवेग के संयोग से ही महत्त्वपूर्ण बनते हैं।[3] आर० एच० फोगल ने तीव्र भावानुभूति को बिम्ब का प्रधान गुण माना है और भाव को ही विशेष शक्ति और महत्ता प्रदान करने वाला बताया है।[4] सी० डी० लीविस ने बिम्ब की परिभाषा में काव्य-बिम्ब को भाव अथवा आवेग से पूर्ण शब्द-चित्र माना है।[5] साथ ही बिम्ब के लिए तीन तत्त्व आवश्यक माने हैं

---

1. "The image thus gives quality, creates atmosphere and conveys emotion in a way no precise description, however clear and accurate, can possibly do.

   Carolin F. E. Spurgeon: Shakespear's Imagery and what it tells to us, p. 9.

2. "Poetic image is 'that which presents an intellectual and emotional complex in an instant of time.

   Ezra Pound. A Few don'ts by an imagist.

3. "Images, however beautiful...do not of themselves characterize the poet. They become proofs of original genius only as far as they are modified by a predominant passion; or by associated thoughts or images awakened by that passion,"

   Coleridge—quoted by C. D. Lewis : The poetic Image. 1951, p. 19

4. "This poetic state of hightened emotion makes itself felt in poetic imagery as greater concentration upon all the terms of image, just as do demand of craftsmanship. Emotion gives every word a peculiar force and weight.

   R. H. Fogle : Imagery of Keats and Shelley, 1949, p. 17.

5. "....Poetic image is a word-picture charged with emotion or passion".

   C. D. Lewis: The poetic image, p. 19.

जिनमें से भाव एक है ।[1]

इस प्रकार भाव, अपने व्यापक अर्थ में, बिम्ब का एक आधारभूत तत्त्व है ।

(3) उपयोगिता एवं कार्य

काव्य के लिए बिम्ब की उपयोगिता असन्दिग्ध है । उसके कार्यों से उसकी उपयोगिता को अधिक स्पष्ट रूप से समझा जा सकता है । उसके प्रमुख कार्य निम्नलिखित हैं :—

(1) **भावों का सम्प्रेषण**—बिम्बों का यह सबसे प्रमुख कार्य है । जब कवि के भाव अभिव्यक्ति का मार्ग खोजते हैं तो बिम्ब ही उनको अभिव्यक्त करता है । कवि के हर्ष-विषाद, आशा-आह्लाद आदि को पाठक के हृदय में सफलतापूर्वक पैठा देने का कार्य बिम्ब ही करता है । बिम्ब का विवेचन करने वाले अधिकांश विद्वानों ने बिम्ब के भाव-सम्प्रेषण के कार्य का उल्लेख किया है । स्पर्जियन ने भाव-सम्प्रेषण को बिम्ब के तीन प्रमुख कार्यों में से एक माना है[2] बिम्ब के मूल में जिस भाव की प्रेरणा रहती है, वही भाव बिम्ब के द्वारा कवि के हृदय से पाठक के हृदय तक पहुँचाया जाता है । बिम्ब भाव के साथ ही विचार का भी संवाहक होता है ।

(2) **मूर्तिमत्ता प्रदान करना**—अमूर्त को मूर्त रूप देना भी बिम्ब का अत्यन्त महत्त्वपूर्ण कार्य है । बिम्ब की ऐन्द्रियता पर हम विचार कर चुके हैं । वस्तुतः यह ऐन्द्रियता बिम्ब की बहुत बड़ी शक्ति है । अतः बिम्ब का उपयोग मुख्यतः अमूर्त भाव को गोचरता के स्तर पर अभिव्यक्ति प्रदान करना है । बिम्ब का कार्य किसी पदार्थ का ज्ञान प्रदान करना नहीं, वरन् ऐन्द्रियता के धरातल पर उसे प्रत्यक्षवत् प्रस्तुत करना है । बिम्ब के इस कार्य का उल्लेख भी अनेक विद्वानों ने किया है ।[3]

(3) **बिखरे भावों और विचारों की व्यवस्था**—मन में अनेक स्मृतियाँ बिखरी

---

1. C. D. Lewis: The poetic image, p. 133.
2. "The image, thus, gives quality, creates atmosphere and conveys emotion."

   Carolin F. E. Spurgeon : Shakespear's Imagery and what it tells to us, p. 9.
3. **उदाहरण के लिए बिलस पेरी का कथन है**—The function of poetry is to convey the 'sense' of things rather than the knowledge of things—and the images were not made of words at all but were nacked sense stimulus.

   'A study of Poetry'—quoted by R. H. Fogle : The imagery of Keats and shelly, p. 5.

रहतो हैं, अनेक भाव और विचार अव्यवस्थित रूप में विद्यमान रहते हैं । बिम्बों के माध्यम से काव्य में बिखरे और खण्डित जीवन की पुनर्रचना होती है तो बिम्ब-विधान इस पुनर्रचना की प्रक्रिया है ।[1] बिम्ब मन की वह क्रिया है जो अनुभव को व्यवस्थित रूप देती है ।[2] एक आदर्श बिम्ब एकता और अनेकता में समन्वय स्थापित करता है ।[3] कुमार विमल के शब्दों में 'बिम्ब-विधान कलाकार का एक ऐसा संवेग-संकुल प्रयास है, जिसमें वह विविध अथवा विपरीत वस्तुओं, मनःस्थितियों और धारणाओं को जो सामान्यतः विच्छिन्न और अर्थहीन लगती हैं, अपनी कल्पना शक्ति से परस्पर मिला कर एक नवीन संदर्भ अथवा अनुक्रम देता है तथा इसमें अनेक मार्मिक छवियों का आधान कर देता है ।[4] वस्तुतः बिम्ब यथार्य को नहीं वरन् यथार्थ के समायोजन को प्रस्तुत करता है; केवल भाव को नहीं, भावों की व्यवस्था को समुपस्थित करता है, अनुभवों को बिखरे रूप में नहीं वरन् समन्वित रूप में रूपायित करता है । यह व्यवस्था अनुकूल अनुभावों, भावों या विचारों की भी व्यवस्था हो सकती है और प्रतिकूल की भी । विकसित अरविन्द के समीप भ्रमर का चित्र भी हो सकता है और एक टूटे घोंघे अथवा पुरानी हड्डी का भी, किन्तु उनका समन्वय एक विशेष अनुभूति और प्रभाव को जाग्रत करेगा ।

(4) **भाषा में नवीन शक्ति का समावेश**—बिम्ब भाषा को नवीन शक्ति और सजीवता प्रदान करते हैं । अत्यधिक प्रयोग के कारण भाषा की शक्ति क्षीण होती जाती है, शब्दों की प्रभावोत्पादकता और मूर्तिमत्ता घटती जाती है और वे बीजगणित के प्रतीकों के समान निश्चित अर्थ के संकेत मात्र बन कर रह जाते है । बिम्ब नए संयोजन और समन्वय द्वारा भाषा को पुनः मूर्तिमत्ता और प्रभावोत्पादकता प्रदान करते हैं । इस अर्थ में बिम्ब भाषा के व्यावहारिक नियमों के विरुद्ध एक प्रकार के विद्रोह का

---

1. **राम स्वरूप चतुर्वेदी : कामायनी का पुनर्मूल्यांकन, लोकभारती प्रकाशन, इलाहाबाद**, 1970, पृ० 23

2. John Middleton Murry terms imagery "the institutive and necessary act of the mind exploring reality and ordering experience."

   R. H. Fogle : Imagery of Keats and Shelly, p. 23.

3. The ideal image will present the most complete reconciliation of unity and diversity.

   Ibid. p. 25.

4. **कुमार विमल : सौन्दर्यशास्त्र के तत्त्व**, 1967, पृ० 203

संचालन करते हैं। व्यावहारिक नियम भाषा को संकेत मात्र बना देने की दिशा में आगे बढ़ाते हैं। वे उसे काव्य की भाषा से गद्य की भाषा बना देते हैं, जिसमें अर्थ की सुनिश्चितता होती है किन्तु जल में फेंकी गई कंकड़ी से बनने वाले वर्तुलों की दीर्घ परम्परा के समान अर्थ की प्रतिध्वनियाँ नहीं होतीं, जिसमें अर्थ की स्पष्टता होती है किन्तु अर्थ की नवीन संभावनाएँ नहीं होतीं, जिसमें अर्थ की सरलता होती है किन्तु संश्लिष्टता नहीं होती। बिम्ब भाषा की इस सुनिश्चितता के स्थान पर प्रतिध्वनियों की दीर्घ परम्परा को, स्पष्टता के स्थान पर अर्थ की नवीन संभावनाओं को, सरलता के स्थान पर संश्लिष्टता को और सांकेतिकता के स्थान पर मूर्तिमत्ता को स्थापित करता है। बिम्ब भाषा को 'शब्दों की उन आदिम ध्वनियों की ओर ले जाने का प्रयास करता है जब वस्तु और उस कल्पित नाम के बीच न्यूनतम अन्तर था।'[1] फलतः बिम्ब भाषा की खोयी हुई शक्ति, ताज़गी और सजीवता भाषा को पुनः प्राप्त करा देता है।

(5) **वस्तु-जगत् से भावात्मक सम्बन्ध की स्थापना**—बिम्ब की रचना तभी होती है जब कवि का वस्तु-जगत् से भावात्मक सम्बन्ध स्थापित हो जाता है। पुनः ये बिम्ब पाठक का वस्तु-जगत् से भावात्मक सम्बन्ध स्थापित करते हैं। जिस कवि का वस्तु-जगत् से भावात्मक सम्बन्ध जितना गहरा होता है उसके बिम्ब उतने ही सफल होते हैं और वस्तु-जगत् से पाठक का सम्बन्ध उतनी ही व्यापकता और गहराई से जोड़ते हैं।

(6) **कलात्मक संक्षिप्तता का समावेश**—बिम्ब काव्य को कलात्मक संक्षिप्तता प्रदान करते हैं। जिन भावों और विचारों को लम्बे वर्णनों द्वारा भी व्यक्त करना कठिन होता है, बिम्ब उनको संक्षेप में कलात्मक ढंग से व्यक्त कर देते हैं। संक्षिप्तता काव्य का आवश्यक गुण और उसका आवश्यकता है। बिम्ब अत्यन्त कुशलता से इस आवश्यकता की पूर्ति करते हैं। बिम्ब बिखरे हुए भावों, सुदूरस्थ प्रतीत होने वाले विचारों और अव्यवस्थित-से पड़े हुए अनुभावों को व्यवस्थित का संक्षेप में गोचर बना देते हैं। एक-एक सफल बिम्ब भावों और विचारों की ध्वनियों और प्रतिध्वनियों को अपने में सँजोये रहता है।

(7) **प्रभावोत्पादक बनाना**—बिम्ब काव्य को प्रभावोत्पादक बनाता है। काव्य की प्रभावोत्पादकता उसकी मार्मिकता और व्यंजना में निहित रहती है। मार्मिकता और व्यंजना का संवाहक होने के नाते बिम्ब काव्य को प्रभविष्णु बनाता है। यही नहीं बिम्ब अनेक गूढ़-गहन विचारों और भावों को भी ऐसे प्रभावोत्पादक ढङ्ग से काव्य में प्रस्तुत करता है कि वे सुग्राह्य और मर्मस्पर्शी बन जाते हैं। रहस्यमयी कविताओं के

1. डा० केदार नाथ सिंह : आधुनिक हिन्दी कविता में बिम्ब-विधान का विकास, पृ० 5

ऐसे उदाहरण इस प्रसंग में लिए जा सकते हैं जहाँ बिम्ब का सहारा लेकर कवि अपने भावों और विचारों को मधुरता, सरसता और प्रभावोत्पादकता के साथ पाठक तक संप्रेषित कर देता है। उदाहरण के लिए कबीर के दोहे 'जल में कुम्भ-कुम्भ में जल है बाहर-भीतर पानी फूटा कुम्भ जल जलहि समाना यहु तथ कथ्यौ गियानी' में कवि ने 'घट' के बिम्ब द्वारा ब्रह्म और आत्मा के सम्बन्ध की व्यंजना अत्यन्त सरल और प्रभावशाली ढङ्ग से की है।

(4) बिम्बों के प्रकार

बिम्ब के स्वरूप के समान ही बिम्बों के प्रकार अथवा वर्गीकरण के सम्बन्ध में भी आलोचक एकमत नहीं हैं। इस दृष्टि से मोटे रूप से दो प्रकार के आलोचक हैं। एक वे हैं जिन्होंने कई दृष्टियों को मिलाकर व्यापक वर्गीकरण प्रस्तुत किये हैं। दूसरे वे समीक्षक हैं जिन्होंने अलग-अलग दृष्टियों के आधार पर अलग-अलग वर्गों की रचना की है, जिससे एक ही बिम्ब अलग-अलग दृष्टियों से देखे जाने पर उन अलग-अलग वर्गों में रखा जा सकता है।

हम प्रथम प्रकार के वर्गीकरणों में रौबिन स्केलेटन[1] और हेनरी वेल्स[2] के वर्गीकरणों का उदाहरण ले सकते है जिन्होंने बिम्बों के क्रमशः दस और आठ वर्ग बनाए हैं। हिन्दी में उदादरण के लिए डा० उमा अष्टवंश[3] और डा० केदार नाथ सिंह[4] के वर्गीकरण का उल्लेख किया जा सकता है।

दूसरे प्रकार के वर्गीकरणों में डा० नगेन्द्र,[5] डा० सुधा सक्सेना,[6] आदि के वर्गीकरणों का उल्लेख किया जा सकता है।

किसी कवि के बिम्बों का वर्गीकरण करने के लिए प्रथम पद्धति की अपेक्षा द्वितीय पद्धति अधिक उपयोगी रहती है। प्रथम प्रकार के वर्गीकरण में सहव्याप्ति का भय बना रहता है जबकि दूसरे प्रकार के वर्गीकरण में प्रत्येक वर्गीकरण के लिए पृथक् निश्चित आधार होने के कारण इसकी सम्भावना प्रायः नहीं रहती। इसके

---

1. देखिए—Robin Skeleton : The Poetic Pattern, Kegan Paul, London, 1956, pp. 90-91.
2. देखिए—डा० केदार नाथ सिंह : कल्पना और छायावाद, पृ० 87 पर पाद-टिप्पणी
3. देखिए—डा० उमा अष्टवंश : छायावादोत्तर काव्य में बिम्ब-योजना, मूल शोध प्रबन्ध, दिल्ली विश्वविद्यालय, पृ० 28
4. देखिए—डा० केदार नाथ सिंह : कल्पना और छायावाद, पृ० 87-95
5. देखिए—डा० नगेन्द्र : काव्य बिम्ब, पृ० 17
6. देखिए—डा० सुधा सक्सेना : जायसी की बिम्ब-योजना, पृ० 172-266

साथ ही विभिन्न दृष्टियों से पृथक्-पृथक् वर्गीकरण होने से किसी कवि के बिम्बों के सौन्दर्य का उद्घाटन अधिक अच्छी तरह किया जा सकता है। प्रत्येक कवि के बिम्बों की अपनी सीमाएँ होती हैं अतः वर्गीकरण में उसके अनुरूप कुछ अन्तर भी रखा जा सकता है। हम निम्नलिखित आधारों पर बिम्बों का वर्गीकरण कर सकते हैं—

(क) उपात्त वस्तु के आधार पर
(ख) संवेदना के आधार पर
(ग) प्रेरक अनुभूतियों के आधार पर
(घ) मूर्तता के आधार पर

(क) उपात्त वस्तु के आधार पर

उपात्त वस्तु के आधार पर वर्गीकरण करके किसी कवि की रुचियों-अरुचियों आदि को जाना जा सकता है क्योंकि जो व्यक्ति, पदार्थ आदि कवि के लिए सर्वाधिक स्मरणीय और प्रिय होते हैं प्रायः वे ही उसकी कविता में बिम्ब के रूप में अवतरित होते हैं। अतः किसी कवि के बिम्बों के समुचित अध्ययन के लिए उपात्त वस्तु के आधार पर उनका वर्गीकरण अपेक्षित होता है।

उपात्त वस्तु के आधार पर पहले बिम्बों के दो वर्ग बनाए जा सकते हैं—(1) प्रकृति सम्बन्धी और (2) जीवन सम्बन्धी।

(1) **प्रकृति सम्बन्धी बिम्ब**—प्रकृति के विभिन्न पदार्थों, प्राणियों आदि को लेकर उपस्थित किये गये बिम्ब इस वर्ग के अन्तर्गत आते हैं। पुनः इसके जलीय, आकाशीय, वनस्थलीय, पर्वतीय; ऋतु-सम्बन्धी आदि अनेक उपभेद किये जा सकते हैं।

(2) **जीवन सम्बन्धी**—मानव जीवन से लिये गये बिम्ब इस वर्ग के अन्तर्गत आते हैं। मानव जीवन अत्यन्त व्यापक है। कवि मानव के विविध रूपों, आचार-विचारों और उसकी उपलब्धियों का चित्रण करता है अतः हम इन बिम्बों को मानव-बिम्ब, मानव की उपलब्धियों के बिम्ब, मानव-जीवन की विविध अवस्थाओं के बिम्ब आदि उपभेदों में विभाजित कर सकते हैं :

(ख) ऐन्द्रिय संवेदना के आधार पर

ऐन्द्रियता बिम्ब का अनिवार्य गुण है। इन्द्रियाँ ही पदार्थ की संवेदना मन तक पहुँचाती हैं। अतः इनके आधार पर बिम्ब के निम्नलिखित भेद किये जाते हैं.—

(1) **दृश्य बिम्ब**—जो बिम्ब दृश्य संवेदना जगाते हैं वे दृश्य बिम्ब कहलाते हैं। काव्य और व्यवहार में दृश्य बिम्बों की प्रधानता होती है। ये बिम्ब अपेक्षाकृत अधिक सहज-ग्राह्य होते हैं। ये सर्वाधिक मूर्त भी होते हैं। सामान्यतः मनुष्य को सर्वप्रथम नेत्रेन्द्रिय द्वारा ही वस्तु-बोध होता है अतः अन्य इन्द्रियों से सम्बद्ध बिम्बों

में भी एक सीमा में चित्र और शिल्प के तत्वों का समावेश हो जाता है। दृश्य बिम्बों में दो गुण मुख्यतः विचारणीय होते हैं—एक तो पदार्थ का आकार और दूसरे उसका वर्ण। सुसान के, लैंगर का यह मत है कि सभी बिम्बों में दृश्य संवेदना अनिवार्यतः रहती है।[1]

(2) **ध्वनि बिम्ब अथवा नाद बिम्ब**—श्रवण के विषयों की मूर्त संवेदना जगाने वाले बिम्ब ध्वनि बिम्ब अथवा नाद बिम्ब कहलाते हैं। प्रयोग बाहुल्य के विचार से दृश्य बिम्बों के पश्चात् ध्वनि अथवा नाद बिम्बों की गणना की जाती है। छन्द, लय, अनुप्रास आदि से प्रायः ध्वनि बिम्बों की योजना होती है। अनेक बार अनुप्रास आदि के अभाव में अर्थ की नादात्मक व्यंजना से नाद-बिम्बों की सृष्टि होती है; जैसे 'बोले नृप-राम नहीं लौटे ? गूँजा सब धाम नहीं लौटे।'[2] इस वाक्य में भवन की अनुगूंज का बिम्ब साकार हो उठा है। इसके अतिरिक्त अनेक ध्वनि बिम्ब 'ऐसे होते हैं जो ध्वनि-प्रतीकों पर आश्रित रहते हैं—जैसे वीणा, वंशी, मृदंग, कोकिल, केकी आदि। इनके अपने-अपने चाक्षुष बिम्ब भी होते हैं, परन्तु वे अप्रासंगिक होते हैं—उदाहरण के लिए 'हृदयवीणा' (हृदय का संगीत) आदि में वीणा का श्रव्य बिम्ब ही सामान्यतः सार्थक है।[3]

(3) **स्पर्श बिम्ब**—जो बिम्ब स्पर्श संवेदना को जाग्रत करते हैं वे स्पर्श बिम्ब कहलाते हैं। कोमल, कठोर, ठंडा, गरम आदि स्पर्श की संवेदनाओं को व्यक्त करने वाले शब्द हैं, किन्तु प्रयोगाधिक्य के कारण इनमें से बिम्बात्मकता का गुण समाप्तप्राय हो गया है। कवि कुशल प्रयोगों द्वारा इनमें भी पुनः बिम्बात्मकता का आधान कर देता है। 'ये दिल्ली का रेशमी नगर' 'स्निग्ध तरु की छाया' आदि प्रयोगों में स्पर्श बिम्बों की योजना हुई है।

(4) **गन्ध बिम्ब**—घ्राणेन्द्रिय द्वारा संवेद्य बिम्ब गन्ध बिम्ब कहलाते हैं। विभिन्न गन्धों की मूर्त संवेदना इन बिम्बों के रूप में जाग्रत की जाती है। विशुद्ध रूप से गन्ध बिम्ब विरल रूप में ही उपलब्ध होते हैं। कविगण प्रायः विभिन्न पुष्पों अथवा सुगन्धित पदार्थों के चित्रण के माध्यम से गन्ध की चेतना जगाते हैं।

(5) **स्वाद बिम्ब**—रसना के विषयों का मूर्त संवेदन प्रस्तुत करने वाले बिम्ब स्वाद बिम्बों की श्रेणी में गिने जाते हैं।

---

1. 'The word image is almost inseparably wedded to the sense of sight'—Sussan K. Langer Feeling and Form, New York, 1953. p. 48.
2. मैथिलीशरण गुप्त : साकेत, चिरगांव, (संस्करण अमुद्रित) पृ० 176
3. डा० नगेन्द्र : काव्य बिम्ब, पृ० 9

(6) **मिश्र बिम्ब या सहसंवेदनात्मक बिम्ब**—इन्द्रियाँ संवेदनाओं को मन तक पहुँचाती हैं। विभिन्न इन्द्रियों से प्राप्त संवेदनाएँ मन के द्वारा परस्पर सम्बद्ध कर दी जाती हैं। फलतः प्रायः एकाधिक संवेदनाएँ एक साथ उद्‌बुद्ध हो जाती हैं। जब कोई एक इन्द्रिय कार्यरत होती है तो अन्य इन्द्रियाँ पूर्णतः निष्क्रिय नहीं रहतीं अतः विभिन्न इन्द्रियों से प्राप्त संवेदनाएँ परस्पर संग्रथित हो जाती हैं। काव्य में भी ऐसे अनेक उदाहरण मिलते हैं। नील झंकार, मधुर वचन, कोमल वाणी आदि में नाद संवेदना के साथ क्रमशः दृश्य, स्वाद तथा स्पर्श संवेदनाएँ भी उद्‌बुद्ध होती हैं। ऐसे उदाहरणों को मिश्र या सहसंवेदनात्मक बिम्ब की श्रेणी में रखा जायेगा।

(ग) प्रेरक अनुभूतियों के आधार पर

बिम्ब के मूल में अनुभूति की प्रेरणा रहती है। प्रेरक अनुभूति के अन्तर के साथ ही बिम्ब के रूप में भी अन्तर पड़ जाता है। जहाँ अनुभूति सरल होती है वहाँ बिम्ब भी प्रायः सरल होते हैं और जहाँ अनुभूति संश्लिष्ट होती है वहाँ बिम्ब भी प्रायः संश्लिष्ट हो जाते हैं। इसी प्रकार जब प्रेरक अनुभूति खण्डित होती है तो खण्डित बिम्ब की सृष्टि होती है। इस प्रकार अनुभूति के आधार पर हम बिम्ब को तीन श्रेणियों में निर्धारित कर सकते हैं—

(1) सरल बिम्ब, (2) खण्डित बिम्ब और (3) संश्लिष्ट बिम्ब

(1) **सरल बिम्ब**—सरल बिम्ब का किसी अन्य बिम्ब से पूर्वापर सम्बन्ध नहीं रहता वरन् वह स्वतन्त्र होता है उसमें प्रायः एक ही रंग होता है और उसकी रेखाएँ स्पष्ट होती हैं। उस बिम्ब को पूरा करने के लिए किसी अन्य बिम्ब की अपेक्षा नहीं रहती। वह प्रायः संक्षिप्त होता है।

(2) **खण्डित बिम्ब**—जो अनेक बिम्ब एक ही स्थान पर आयोजित होते हैं किन्तु जिनमें कोई सम्बन्ध-सूत्र नहीं होता वरन् जिनके साथ-साथ रहने से अनुभूति के तारतम्य और उसकी अखण्डता में बाधा उपस्थित होती है वे खण्डित बिम्ब कहलाते हैं। खण्डित बिम्ब खण्डित अनुभूति के ही परिणाम होते हैं।

(3) **संश्लिष्ट बिम्ब**—जब एक बिम्ब के साथ अनेक बिम्ब जुड़े रहते हैं या एक बिम्ब को पूरा करने के लिए अन्य अनेक बिम्बों की भी योजना की जाती है तो संश्लिष्ट बिम्ब की सृष्टि होती है। संश्लिष्ट बिम्ब में अनेक रंग होते हैं और उसकी रेखाएँ भी एक दूसरे में गुंफित रहती हैं। सफल संश्लिष्ट बिम्ब में व्यवस्था का होना आवश्यक है क्योंकि इसके अभाव में वह छोटे-छोटे बिखरे हुए बिम्बों का ढेर मात्र बन कर रह जाता है।

(घ) मूर्तता के आधार पर

मूर्तता के आधार पर पहले बिम्बों के दो भेद किये जा सकते हैं—(1) स्थूल या

मूर्त बिम्ब और (2) सूक्ष्म बिम्ब। सूक्ष्म बिम्बों को पुनः दो उपभेदों में विभक्त किया जा सकता है—(अ) छायात्मक बिम्ब और (आ) अमूर्त-गर्भ बिम्ब। इस प्रकार मूर्तता के आधार पर बिम्बों के तीन वर्ग बनाये जा सकते हैं—

(1) मूर्त बिम्ब

(2) छायात्मक बिम्ब

(3) अमूर्त-गर्भ बिम्ब

(1) **मूर्त बिम्ब**—जो बिम्ब पूर्णतः ऐन्द्रिय संवेदना को जाग्रत करते हुए ऐन्द्रिय चित्र उपस्थित कर देते हैं उन्हें स्थूल या मूर्त बिम्ब कहा जा सकता है। इस प्रकार के बिम्बों में प्रायः अनुभूतियों की अपेक्षा ऐन्द्रियता का तत्त्व प्रधान होता है। ये बिम्ब ऐन्द्रिय चित्र को इतने प्रखर रूप में प्रस्तुत करते हैं कि उस चित्र की स्थूलता और सुन्दरता का प्रभाव पाठक के चित्त को अभिभूत कर लेता है।

(2) **छायात्मक बिम्ब**—जब अनुभूति की गहनता के कारण बिम्ब किसी वस्तु, व्यक्ति, स्थिति आदि की कोई स्पष्ट मूर्ति उपस्थित नहीं करता वरन् उससे धूमिल, अस्पष्ट और स्वप्न-सदृश चित्रों की सृष्टि होती है या कोई एक धुँधला-सा भाव ही पाठक की पकड़ में आता है, तो ऐसे बिम्बों को छायात्मक बिम्ब के नाम से पुकारा जा सकता है। ये बिम्ब कितने भी धूमिल और अस्पष्ट क्यों न हों, केवल तटस्थ कथन नहीं होते। दूसरे, इनमें मूर्तता अत्यन्त सूक्ष्म रूप में विद्यमान रहती है। छायावादी कवियों के काव्य में इस प्रकार के बिम्ब प्रभूत मात्रा में उपलब्ध होते हैं।

(3) **अमूर्त-गर्भ बिम्ब**--कवि जब सत्य, प्रेम, न्याय, सुख, दुःख आदि अमूर्त शब्दों को अनुभूति से प्रेरित होकर अपनी कलात्मकता के बल पर बिम्बबद्ध कर देता है, तो अमूर्त-गर्भ बिम्बों की सृष्टि होती है। इनको 'अमूर्त-गर्भ' नाम से पुकारने का भी यही अभिप्राय है कि इनके मूल में कोई अमूर्त शब्द रहता है। यही विशेषता इसको छायात्मक बिम्ब से अलग करती है। छायात्मक बिम्ब में एक धुंधली ऐन्द्रियता रहती है जबकि अमूर्त-गर्भ बिम्ब का केन्द्रीय शब्द अनिवार्यतः अमूर्त होता है।

5—बिम्ब और कल्पना

कल्पना का स्वरूप—बिम्ब और कल्पना के सम्बन्ध को समझने के लिए **संक्षेप** में कल्पना के स्वरूप को समझ लेना अनिवार्य है। हिन्दी में कल्पना शब्द का प्रयोग अँग्रेजी के 'इमेजिनेशन' शब्द के पर्याय के रूप में होता है जो 'इमेज' शब्द से निष्पन्न हुआ है। अतः कल्पना (इमेजिनेशन) का व्युत्पत्तिगत अर्थ होगा—मन की मूर्तिविधायिनी शक्ति। आजकल कल्पना शब्द का यही अर्थ अधिकांशतः प्रचलित है।

किन्तु कल्पना शब्द का प्रयोग सदैव इसी अर्थ में नहीं हुआ। प्लेटो, अरस्तू'

काण्ट आदि ने मुख्यतः दार्शनिक दृष्टि से कल्पना पर विचार किया है। इसके काव्यगत मूल्य पर एडीसन ने सर्वप्रथम विचार किया। उन्होंने कल्पना का सम्बन्ध बिम्ब और रसग्राहकता से जोड़ा तथा तर्क, स्मृति और कल्पना में कल्पना को सर्वोच्च स्थान दिया।[1]

रोमांटिक कवियों और समीक्षकों ने भी काव्य के परिप्रेक्ष्य में कल्पना का विवेचन किया है। ब्लेक का विचार था कि कवि को कवि बनाने वाली एक ही शक्ति है—वह है कल्पना, क्योंकि कल्पना सत्य का सृजन करती है।[2] ब्लेक ने बाह्य जगत् को कल्पना का अपकारी मानते हुए सहजानुभूति पर बल दिया। किन्तु वर्ड्सवर्थ ने इस जगत् को भी महत्त्व दिया और कल्पना का उससे अनिवार्य सम्बन्ध माना।[3] कीट्स ने कल्पना की रचना तथा आविष्कार की क्षमता पर विशेष ध्यान दिया।[4] शैली के अनुसार कल्पना सत्य का उद्घाटन करने के लिए आकृतियों की रचना करती है।[5]

पाश्चात्य साहित्य-शास्त्रियों में सर्वप्रथम कॉलरिज ने कल्पना की विशद व्यवस्था की। 'बायोग्राफिया लिटरेरिया' में बिखरे हुए उनके विचारों का समाहार कर हम निष्कर्ष निकाल सकते हैं कि—कल्पना को किसी निश्चित विधान में बाँधा नहीं जा सकता। कल्पना में ऐक्य-विधान की क्षमता होती है जो सहजानुभूतिक अन्तर्दृष्टि पर आधारित है; यही अन्तर्दृष्टि काव्य की विषयवस्तु और पात्र की विशिष्टता को व्यंजनापूर्ण बनाती है, कल्पना की स्थिति कवि में ही नहीं सामान्य-जन में भी होती है। संक्षेप में कॉलरिज के अनुसार वस्तुप्रत्यक्ष का मानसिक विस्तार ही कवि की कल्पना है।

आधुनिक समीक्षकों द्वारा व्यक्त किये गये कल्पना-सम्बन्धी महत्त्वपूर्ण विचार इस प्रकार हैं—अनुभूति-संवलित कल्पना ही वरेण्य है, कल्पना का ऐन्द्रिय-बोध-पक्ष भी महत्त्वपूर्ण है, बिम्ब विधान का समग्र श्रेय कल्पना को है और कल्पना की सहायता से ही भाषा में नवीन अर्थों का समावेश होता है।

प्राचीन भारतीय साहित्यशास्त्र अथवा साहित्य में कल्पना के आधुनिक अर्थ में कल्पना शब्द का प्रयोग नहीं मिलता। किन्तु काव्य-हेतु के प्रसंग में काव्यशास्त्रियों ने इससे मिलते-जुलते अर्थ को ध्वनित करने वाले शब्द 'प्रतिभा' का प्रयोग किया है।

---

१. देखिए—कुमार विमल : सौन्दर्यशास्त्र के तत्त्व, दिल्ली, 1967, पृ० 134
2. See—C. M. Bowra: The Romantic Imagination, Oxford University Press, London, 1949, p. 14.
3. Ibid, p. 19.
4. Ibid, p. 15.
5. Ibid, p. 22.

भामह ने 'काव्यं तु जायते जातु कस्यचित् प्रतिभावतः'[1] लिख कर प्रतिभा को काव्य का एकमात्र हेतु माना। रुद्रट ने प्रतिभा के स्थान पर 'शक्ति' शब्द का प्रयोग किया।[2] आनन्दवर्द्धन ने प्रतिभा को कवि का 'अलोकसामान्य गुण'[3] बताया। राजशेखर ने भामह और दण्डी की परम्पराओं का समन्वय करते हुए प्रतिभा को व्युत्पत्ति से अधिक महत्त्व दिया और उसकी मूर्ति-विधायिनी शक्ति को स्वीकार करते हुए उसके दो प्रकार माने—कारयित्री प्रतिभा एवं भावयित्री प्रतिभा, जिनका सम्बन्ध क्रमशः कवि और भावक से है। भट्टतौत द्वारा प्रस्तुत प्रतिभा की व्याख्या—'प्रज्ञा नवनवोन्मेषशालिनी प्रतिभा मता'—प्रतिभा को आधुनिक कल्पना के अत्यन्त निकट ला देती है। अभिनवगुप्त ने भी प्रतिभा का स्वरूप इसी प्रकार व्यक्त किया—'अपूर्ववस्तुनिर्माणक्षमा प्रज्ञा।'[4] शक्ति को प्रतिभा रूप में स्वीकार करते हुए उन्होंने लिखा 'शक्तिः प्रतिमानं वर्णनीयवस्तु-विषयनूतनोल्लेखशालित्वम्'[5] इस प्रकार संस्कृत के काव्यशास्त्रियों ने जिस प्रतिभा का विवेचन किया है, वह कल्पना के बहुत निकट है और बिम्ब-विधान के गुण से मण्डित है।

हिन्दी के समीक्षकों एवं कवियों ने कल्पना पर जो विचार किया है वह अधिकांशतः पाश्चात्य विचारों से प्रभावित है। कुछ समीक्षकों के विचारों में मौलिक चिन्तन भी समन्वित है। शुक्ल जी ने कल्पना पर वस्तुनिष्ठ दृष्टि से विचार किया है और साथ ही कविकल्पना में भाव की प्रेरणा और रूप-विधान का सहभाव अनिवार्य माना है—"काव्य के प्रयोजन की कल्पना वही होती है जो हृदय की प्रेरणा से प्रवृत्त होती है और हृदय पर प्रभाव डालती है। हृदय के मर्मस्थल का स्पर्श तभी होता है जब जगत् या जीवन का कोई सुन्दर रूप, मार्मिक दशा या तथ्य मन में उपस्थित होता है। ऐसी दशा या तथ्य की चेतना से मन में कोई भाव जगता है जो उस दशा या तथ्य की मार्मिकता का पूर्ण अनुभव करने और कराने के लिए कुछ चुने हुए व्यापारों की मूर्त भावनाएँ खड़ी करता है।"[6] तथा "मानसिक रूप-विधान का नाम ही सम्भावना या कल्पना है।"[7] प्रसाद जी ने अपने लेखन-काल के आरम्भ में ही 'कल्पना-सुख'

1. भामह : काव्यालंकार 1/5
2. 'प्रतिमेत्यपरैरुदिता'—रुद्रट : काव्यालंकार 1/16
3. ध्वन्यालोक 1/6
4. ध्वन्यालोकलोचन, चौखम्बा संस्कृत सीरीज, 1940 / पृ० 92
5. वही, पृ० 317
6. रामचन्द्र शुक्ल : रसमीमांसा, 2011 वि०, पृ० 291
7. वही, पृ० 260

नामक कविता में कल्पना सम्बन्धी विचार व्यक्त किये हैं :—

हे कल्पना—सुखदान।
तुम मनुज जीवन प्रान।
तुम विशद व्योम समान।.........आदि[1]

यहाँ कविता की दृष्टि वस्तुनिष्ठ की अपेक्षा आत्मनिष्ठ अधिक है। इसमें कल्पना की तीन विशेषताओं का उल्लेख हुआ है—(1) कल्पना सुख प्रदान करती है (2) वह मनुष्य के जीवन में प्राणों का संचार करती है (3) कल्पना का क्षेत्र अत्यन्त व्यापक है। कामायनी में भी प्रसाद जी ने कल्पना के इस सुखदायी रूप का उल्लेख किया है—

'आह कल्पना का यह सुन्दर
जगत मधुर कितना होता।'[2]

पाश्चात्य एवं भारतीय विद्वानों के कल्पना सम्बन्धी विचारों को देखकर कहा जा सकता है कि कल्पना आन्तर-बाह्य सत्य की प्रकाशिका एवं भावानुरूप नूतन-सृष्टि-विधायिनी सूक्ष्म अन्तर्दृष्टि है।

बिम्ब और कल्पना का सम्बन्ध

बिम्ब और कल्पना का अत्यन्त घनिष्ठ संबंध है। हिन्दी में ये दोनों शब्द क्रमशः 'इमेज' और 'इमेजिनेशन' के पर्याय के रूप में प्रयुक्त होते हैं। कल्पना के स्वरूप की चर्चा में हम देख चुके हैं कि 'इमेजिनेशन' शब्द की रचना 'इमेज' शब्द से हुई है, अतः कल्पना का व्युत्पत्तिगत अर्थ होता है—'बिम्ब विधायिनी शक्ति'। इस प्रकार कल्पना बिम्ब का करण तत्त्व है। बिम्बों की योजना कल्पना की सहायता से ही होती है। बिम्ब और कल्पना के संबंध के विषय में एडीसन और शुक्ल जी के मत हम देख चुके हैं,[3] अन्य विद्वानों ने भी इस सम्बन्ध को पर्याप्त महत्त्व दिया है। अखौरी ब्रजनन्दन प्रसाद ने लिखा है 'काव्य का जो संवेद्य है वह अपने यथार्थ रूप में न तो मात्र अनुभूति है और न मात्र कल्पना; बल्कि वह अनुभूति एवं कल्पना की उस एकीकृत समग्रता की अन्विति है जो बिम्बों के रूप में काव्य में प्रकट होती है।'[4]

एक ओर कल्पना बिम्ब-विधान का करण तत्त्व है तो दूसरी ओर कल्पना की काव्योपयोगिता उसकी बिम्ब-विधायिनी शक्ति पर निर्भर है। कल्पना से उत्पन्न बिम्ब-विधान काव्य का क्रियापक्ष है। कल्पना की सार्थकता मुख्यतः इसमें है कि वह कवि के

---

1. चित्राधार (कल्पना सुख)
2. कामायनी (आशा) संवत् 2000, पृ० 37
3. देखिए—इस शोध प्रबन्ध का पृ० 51-52
4. अखौरी ब्रजनन्दन प्रसाद : काव्यात्मक बिम्ब, पटना, 1965 पृ० 45

मानस में स्मृति रूप में प्रस्तुत अनेक अपरिपक्व, विशृङ्खल और एकाकी बिम्बों को किसी विशिष्ट अवसर पर प्रत्यक्षोपलब्ध अथवा स्मृति, प्रत्यभिज्ञान आदि से उद्‌बुद्ध अनुभूति से प्रेरित होकर उन बिम्बों को व्यवस्थित रूप देकर, एक सन्दर्भ और परिवेश के साथ प्रस्तुत करे। कल्पना बिम्ब-विधान का यह कार्य अपनी सारग्रहण, समाहरण, संग्रहण, संगठन और ऐक्य-विधान की शक्तियों द्वारा सम्पन्न करती है। इस प्रकार बिम्ब और कल्पना परस्पर घनिष्ठ रूप से सम्बद्ध हैं।

6—बिम्ब और भाषा

बिम्ब और भाषा का, विशेषतः काव्य-भाषा का, बहुत गहरा सम्बन्ध है। बिम्ब काव्य-भाषा का अत्यन्त उपकारक तत्त्व है।

भाषा मानव-मन के भावों और विचारों की सुस्पष्ट अभिव्यक्ति का अनिवार्य माध्यम है। यद्यपि मूक-बधिर व्यक्ति भी केवल इंगितों से अपनी इच्छाओं को प्रकट कर लेते हैं तथापि सूक्ष्म भावों और विचारों की अभिव्यक्ति इन इंगितों से सम्भव नहीं है। यही नहीं, हमको अस्पष्ट संवेदनों के रूप में जो अनुभव प्रतिभासित होते हैं, वे भी भाषा के सम्पर्क के बिना हमारे विशिष्ट अनुभव के अंग नहीं बन सकते। इन संवेदनों को हमारा 'अपना' बना देने वाली यह भाषा उच्चरित रूप में भी हो सकती है और अनुच्चरित रूप में भी।

भाषा के दो स्वरूप सदैव से अस्तित्व में रहे हैं—जन-सामान्य की नित्य व्यवहार में आने वाली भाषा तथा साहित्यिक भाषा। इन दोनों रूपों के पारस्परिक आदान-प्रदान और संघर्ष से भाषा बराबर विकसित होती जाती है। साहित्य की भाषा जन-सामान्य की भाषा से गृहीत होती है, फिर भी विभिन्न कवियों और लेखकों की रचना-प्रक्रिया में से होकर गुजरने के कारण उसके रूप में परिवर्तन हो जाता है। विशिष्ट कवियों की अनुभूतियों से संपृक्त होकर उसमें नई अर्थ-क्षमताओं का विकास होता है। इस प्रकार साहित्य की भाषा रूप एवं अर्थ के धरातल पर नवीन और समृद्ध होती चलती है।

साहित्य की भाषा के दो रूप होते हैं—गद्य की भाषा और कविता की भाषा। यह आवश्यक नहीं कि वे दोनों नितान्त भिन्न भाषाएँ हों। भाषा के इन दोनों रूपों का व्याकरण और शब्दकोष भी समान हो सकता है, फिर भी दोनों के रूप में अन्तर रहता अवश्य है। यह अन्तर मुख्यतः बिम्ब का अन्तर होता है। गद्य की भाषा मुख्यतः विचार की संवाहिका होने के कारण विश्लेषण की विशेष क्षमता से परिपूर्ण होती है। अर्थ की सुस्पष्टता और सुनिश्चितता गद्य की भाषा का आवश्यक गुण है। उसमें राग-पक्ष की अपेक्षा बोध-पक्ष प्रबल होता है। किन्तु काव्य-भाषा में भाव-सम्प्रेषण की विशेष क्षमता अपेक्षित होती है। उसमें स्पष्टता की अपेक्षा व्यंजकता अधिक होती है और अर्थ की

अनन्त संभावनाओं की उद्भावना करने की चमता अभीष्ट होती है। उसमें विश्लेषण की प्रवृत्ति के स्थान पर रागतत्त्व की प्रधानता होती है। सुमित्रानन्दन पन्त के शब्दों में, 'भाषा का, और मुख्यतः कविता की भाषा का, प्राण राग है। राग ही के पंखों की अबाध उन्मुक्त उड़ान में लयमान होकर कविता सान्त को अनन्त से मिलाती है....जिस प्रकार शब्द एक ओर व्याकरण के नियमों से बद्ध होते हैं उसी प्रकार दूसरी ओर राग के आकाश में पच्चियों की तरह स्वतन्त्र भी होते हैं।'[1] इस प्रकार कविता की भाषा अर्थ का संकेत मात्र ही नहीं करती, वह कवि की अनुभूतियों को मूर्त में रूप उपस्थित भी करती है। कविता की भाषा की इन चमताओं का बिम्ब से निकट का सम्बन्ध है। 'गद्य और कविता की भाषा में अंतर बिम्ब-गठन के कारण होता है (और दोनों में शायद यही तो विभाजक अन्तर है)'[2] वस्तुतः बिम्ब वह तत्त्व है तो कविता की भाषा को गद्य की भाषा से विशिष्ट स्वरूप प्रदान करती है।

यहाँ यह विचारणीय है कि बिम्ब कविता की भाषा को किस प्रकार विशिष्ट रूप प्रदान करता है और किन-किन दिशाओं में उसे प्रभावित करता है। बिम्ब भाषा के मृत रूपकों को नये धरातल पर पुनर्जीवित करके, उसकी व्यंजकता एवं अर्थ की सम्भावना में वृद्धि करके, उसकी समास शक्ति को बढ़ा कर और उसमें शाब्दिक चमत्कार के स्थान पर अनुभूति-प्रवणता का समावेश कर भाषा को काव्य के अनुरूप बना देता है। हम इन पक्षों पर संक्षेप में विचार करेंगे।

(1) **मृत रूपकों का पुनर्जीवन**—प्रत्येक शब्द में मूलतः एक रूपक होता है। प्रयोगाधिक्य के कारण उसका बिम्बाधायक गुण शनैःशनैः लुप्त हो जाता है और शब्द किसी पदार्थ, गुण, क्रिया अथवा स्थिति का बोधक संकेत मात्र रह जाता है। कुशल (कुशान् लाति इति कुशलः) अथवा प्रवीण (प्रगतः वीणायाम्) में पहले मूर्तिमत्ता का गुण रहा होगा जिसके कारण 'कुशल' कहने से सावधानीपूर्वक कुश लाने वाले व्यक्ति का और 'प्रवीण' कहने से वीणा बजाते हुए व्यक्ति का बिम्ब उभरता होगा। किन्तु आज ये दोनों शब्द एक गुण के बोधक संकेत मात्र रह गये हैं। बिम्ब इन मृत रूपकों को एक नये स्तर पर मूर्तिमत्ता प्रदान करता है। काव्य के इतिहास में जो नवीन आन्दोलन हुए हैं उन्होंने ज्ञात या अज्ञात रूप से भाषा के इस बिम्बाधायक गुण पर विशेष ध्यान दिया है। उदाहरणार्थ छायावाद ने द्विवेदी युग की भाषा को जिस प्रकार

---

1. **सुमित्रानन्दन पन्त : पल्लव (प्रवेश), भारती भंडार, प्रयाग, संवत** 2005, पृ० 15-16.
2. **रामस्वरूप चतुर्वेदी : भाषा और संवेदना, भारतीय ज्ञानपीठ, वाराणसी,** 1964 ई०, पृ० 17.

सँवारा वह बहुत सीमा तक मृत रूपकों के स्थान पर नवीन मूर्तिमत्ता स्थापित करने की ही प्रक्रिया थी ।

(2) **भाषा की व्यंजकता में वृद्धि**—बिम्ब भाषा में व्यंजकता का समावेश अथवा उसकी वृद्धि करता है । साधारण वर्णन की भाषा का कार्य जहाँ अभिधा के सहारे एक निश्चित अर्थ का द्योतन करके समाप्त हो जाता है वहाँ बिम्ब भाषा में नवीन व्यंजना ला देता है । 'सामने एक दुर्बल व्यक्ति खड़ा था' के स्थान पर 'सामने देखा खड़ा था अस्थिपंजर एक' कहने से 'अस्थिपंजर' के बिम्ब द्वारा कवि भाषा की व्यंजकता को बढ़ा कर सामने खड़े व्यक्ति की दुर्बलता की अधिकता, दीनता आदि की भी अभिव्यक्ति कर देता है । कवि के लिए साधारण शब्द भी एक सीमित (साक्षात्संकेतित) अर्थ का ही बोध नहीं कराते अपितु उसके साथ अनेक स्मृतियों और अनुभूतियों को भी अपने में समाहित किये रहते हैं । उदाहरणार्थ, 'घर' शब्द का अर्थ कवि के लिए केवल छत, दीवारें, खिड़कियाँ और दरवाजे ही नहीं होता वरन् 'घर' के साथ माँ की ममता, पत्नी का स्नेह एवं समर्पण और बच्चों की किलकारियाँ अथवा जराजीर्ण रुग्णा माँ की कातर दृष्टि, फटे कपड़ों में लिपटी पत्नी की आँखों में तैरती विवशता और भूख से व्याकुल एवं खिन्न बच्चों की तुतली वाणी में 'लोती' की मनुहार—ऐसी ही न जाने कितनो अनुभूतियाँ सम्बद्ध रहती हैं । अतः जब कवि घर का बिम्ब उपस्थित करता है तो ऐसी ही न जाने कितनी अनुभूतियाँ भी उससे लिपटी चली आती हैं और कविता में व्यंजित होती हैं ।

(3) **अर्थ की नवीन सम्भावनाएँ**—बिम्ब के कारण भाषा में अर्थ की नवीन सम्भावनाओं का जन्म होता है । बिम्ब शब्द के सम्पूर्ण अर्थ को लेकर नहीं चलता वरन् उसके एक विशिष्ट अंश को लेकर चलता है और उसे एक विशेष संदर्भ में विशेष भंगिमा के साथ प्रस्तुत करता है । पाठक का मानस, अपने जीवन में आये हुए अनुभवों से उस बिम्ब को अनायास और अज्ञात रूप से सम्बद्ध कर लेता है । इस प्रकार के अनुषंगों के सहारे बिम्ब पाठक के मानस में शब्दों के नवीन अर्थों का उद्घाटन करते हैं । वे अभिधात्मक वर्णन के समान सभी पाठकों में अभिन्न प्रकार के अर्थ और अनुभूति को सम्प्रेषित नहीं करते । फलतः पाठक का वस्तुजगत से जैसा और जितना गहरा रागात्मक सम्बन्ध होगा, कोई बिम्ब उतने ही विविध स्तरों पर उसमें अर्थ का सम्प्रेषण करेगा ।

(4) **भाषा की समास-शक्ति में वृद्धि**—बिम्ब प्रायः अपने साथ एक सम्पूर्ण परिवेश को लिए रहता है । यदि उस परिवेश का चित्रण करने के लिए सामान्य वर्णन की भाषा का सहारा लिया जाये तो भाषा में विस्तार और बिखराव आ जाता है, किन्तु जब कवि उस परिवेश को बिम्ब से सम्पृक्त करके काव्य में निबद्ध करता है तो थोड़े से शब्दों में ही उसका चित्रण हो जाता है और इस प्रकार बिम्ब की सहायता से

भाषा की समास-शक्ति में वृद्धि होती है।

(5) **शाब्दिक—चमत्कार के स्थान पर भाषा में सरसता का समावेश**—यहाँ शाब्दिक-चमत्कार से अभिप्राय भाषा के उस रूप से है जिसमें कवि अनुभूति का स्पर्श किये बिना शब्द-क्रीड़ा का आश्रय लेकर बुद्धि को चमत्कृत करने का प्रयास करता है। इस प्रकार की भाषा में भावोपकार की शक्ति और सरसता नहीं रहती। किन्तु बिम्बों से संयुक्त होकर भाषा में अनुभूति-प्रवणता आ जाती है। क्योंकि मूर्तिमत्ता के साथ-साथ भाव भी बिम्ब का अनिवार्य तत्त्व है। बिम्ब-योजना ज्ञान, धर्म और दर्शन की नीरस उक्तियों को भी हृदयग्राह्य बना देती है। जिन अमूर्त, मनोवैज्ञानिक भावों की अभिव्यक्ति में साधारण वर्णन की भाषा नीरस बन कर रह जाती है उनकी अभिव्यक्ति के लिए भी जब बिम्ब का सहारा लिया जाता है तो भाषा में स्वतः ही सरसता का समावेश हो जाता है।

इस प्रकार बिम्ब भाषा का, विशेषकर काव्य-भाषा का, उपकारक तत्त्व है।

द्वितीय अध्याय

प्रसाद-काव्य में बिम्ब-योजना : वर्गीकरण

जयशंकर प्रसाद का काव्य बिम्ब की दृष्टि से अत्यन्त समृद्ध एवं वैविध्यपूर्ण है। कवि की गहन जीवनानुभूति जब विविध वस्तुओं, घटनाओं और परिस्थितियों के साक्षात्कारजन्य अनुभव से अन्तःसम्बन्ध-सूत्र में बँधने लगती है तो काव्य में स्वतः ही बिम्ब-सृजन की प्रक्रिया आरम्भ हो जाती है। कवि प्रसाद में एक ओर गहन अनुभूति थी तो दूसरी ओर जीवन की सम-विषम, मधुर-तिक्त परिस्थितियों का व्यापक अनुभव भी था। जब उन्होंने जीवन की बहिर्मुखी चेतना से विमुख होकर आत्मनिष्ठ अन्तर्मुखी साधना की, तो यह व्यापक अनुभव और तीव्र अनुभूति स्वतः ही काव्य-बिम्बों के रूप में प्रतिफलित होती हुई उनके काव्य में अवतरित हुई। उन्होंने अपनी चेतना में विकासमान अरूप भावसत्य और सौन्दर्य तत्त्व को नवीन प्रतीकों, अप्रस्तुत विधानों और सूक्ष्म संकेतों के साथ-साथ बिम्बों द्वारा अभिव्यक्ति देकर नये युग के भाव-जगत् की रूपरेखाओं का निर्माण किया, जिनमें बिम्बों का विशिष्ट महत्त्व है। यही नहीं, उनके अधिकांश प्रतीकों और अप्रस्तुतों की परिणति भी अन्ततः बिम्बों में हो गई है।

प्रसाद-काव्य में निबद्ध इन बिम्बों के सौन्दर्य का समुचित उद्घाटन करने के लिए हम निम्नलिखित आधारों पर उनका वर्गीकरण करेंगे—

1—उपात्त वस्तु के आधार पर,

2—संवेदनाओं के आधार पर,

3—प्रेरक अनुभूतियों के आधार पर और

4—मूर्तता के आधार पर।

1—उपात्त वस्तु के आधार पर वर्गीकरण

उपात्त वस्तु के आधार पर सम्पूर्ण बिम्बों को दो वर्गों में विभाजित किया जाता है—

(अ) प्रकृति सम्बन्धी बिम्ब

(आ) मानव जीवन सम्बन्धी बिम्ब

(अ) प्रकृति सम्बन्धी बिम्ब

प्रसाद जी ने अधिकांश बिम्ब प्रकृति के उपादानों से ग्रहण किये हैं। सागर, सरिताएँ, नहरें, झरने, चन्द्रिका, नक्षत्र, पवन, पुष्प, वृक्ष, उषा, सन्ध्या, रात्रि आदि प्रसाद जी के बिम्बों के प्रिय और प्रमुख विषय हैं। उन्होंने प्रकृति के इन उपादानों के कोमल और कठोर—दोनों ही पार्श्वों के बिम्ब अंकित किये हैं, यद्यपि उनमें कोमल पार्श्व की ही प्रधानता है।

प्रसाद जी के इन प्रकृति सम्बन्धी बिम्बों को पुनः नौ उपभेदों में विभाजित किया जा सकता है—

(क) जलीय
(ख) आकाशीय
(ग) वनस्थलीय
(घ) पर्वतीय
(ङ) खनिजीय एवं समकक्ष
(च) ऋतु सम्बन्धी
(छ) समय सम्बन्धी
(ज) जीव-जन्तु सम्बन्धी और
(झ) पृथ्वी और अग्नि सम्बन्धी

(क) जलीय बिम्ब

जल की तरलता मन की तरलता की अभिव्यक्ति का समर्थ साधन है। सागर, सरोवर, नदियाँ, झरने, लहरें, नदी तट आदि प्रसाद जी के बिम्बों के महत्त्वपूर्ण स्रोत हैं। उनके काव्य में जलीय बिम्बों की संख्या दो सौ से अधिक है।

समुद्र के बिम्ब

समुद्र की गहराई, उसकी अथाह जलराशि, चकाचौंध करने वाली चमक आदि ने प्रसाद जी के मन को बहुत उद्वेलित किया है। उनके काव्य में सागर सम्बन्धी बिम्बों में उल्लेखनीय विविधता है। उसमें एक ओर सागर का आन्दोलित रूप है तो दूसरी ओर उसका शान्त तरंगायित स्वरूप; एक ओर उसका गम्भीर और उदात्त रूप है तो दूसरी ओर दीन बौना रूप। सागर के ये बिम्ब तीव्र अनुभूतियों से परिपूर्ण हैं। कामायनी के चिन्ता सर्ग में 'अखिल धरा को डुबोकर' 'मर्यादाहीन हुए' उदधि के अनेक बिम्ब अंकित हुए हैं; जैसे—

उधर गरजतीं सिन्धु लहरियाँ कुटिल काल के जालों सी;
चली आ रहीं फेन उगलती फन फैलाए व्यालों सी।[1]

इन पंक्तियों के माध्यम से समुद्र का गतिशील, नादपूर्ण, भयावह बिम्ब सफलतापूर्वक उभरता है। सागर के बिम्ब को अधिक प्रभावशाली बनाने के लिए कवि ने उस पर दो अन्य बिम्बों का आरोप किया है—एक तो काल के जाल का और दूसरा फेन

---

1. कामायनी (चिन्ता), पृ० 19

उगलते फन फैलाये व्यालों का। ऐसा अनुभव होता है जैसे टेढ़े-मेढ़े (कुटिल) धागों से बुना हुआ सर्वग्रासी काल का जाल बढ़ता आ रहा है। व्यालों के बिम्ब द्वारा सिन्धु लहरियों के बिम्ब की गति, साकारता और ध्वनि एक साथ उभरती है। फेन उगलने का कार्य दोनों ही करते हैं—सर्प भी और सिन्धु लहरियाँ भी। सर्प का फैला हुआ फन क्रुद्ध सिन्धु की लहरों की आकृति और भयंकरता को स्पष्ट करता है।

कामायनी के अतिरिक्त प्रसाद जी के अन्य ग्रन्थों में भी अशान्त समुद्र के बिम्ब प्रस्तुत हुए हैं; जैसे लहरों के भीषण हासों और खारे उच्छ्वासों से परिपूर्ण महा-गम्भीर जलधि,[1] गरल उगलते हुए तरल और फेनिल पारावार[2] तोपों के मिस हुंकार करते प्रलय पयोधि[3] बड़ाव की लेलिहान जिह्वा के विस्तार से परिपूर्ण दुःख के पारावार[4] और घोर अंधकार में पवन के तुमुल घात-प्रतिघात से क्षुब्ध भीमकाय जलराशि[5] के बिम्ब।

प्रसाद-काव्य में शान्त समुद्र के बिम्ब भी प्रचुर संख्या में उपलब्ध हैं। उदाहरण के लिए कवि ने सुन्दरी कमला की कोमल अलकावली की तुलना में उपस्थित कर भारत के पश्चिम-पार्श्ववर्ती सागर का यह कोमल रूप प्रस्तुत किया है :—

पश्चिम जलधि में
मेरी लहरीली नीली अलकावली समान
लहरें उठती थीं मानों चूमने को मुझको।[6]

यहाँ कवि ने सागर के नीलवर्ण, उसकी स्पन्दनशीलता और उठने की कोमल क्रिया को इन्द्रिय-संवेद्य बना दिया है।

प्रसाद जी ने हाहाकार करते हुए सागर के असहाय दीन रूप के भी अत्यन्त प्रभावशाली निम्न अंकित किये हैं, जैसे—

देखा बौने जलनिधि का शशि छूने को ललचाना,
वह हाहाकार मचाना फिर उठ-उठ कर गिर जाना।[7]

जलधि कितना ही विशाल क्यों न हो, कवि ने उसे चन्द्रमा की ऊँचाई के

1. लहर, पृ० 15
2. आँसू, पृ० 42
3. कानन-कुसुम (शिल्प सौन्दर्य), पृ० 113
4. स्कन्दगुप्त, अंक 1, पृ० 39
5. महाराणा का महत्त्व, पृ० 11
6. लहर (प्रलय की छाया), पृ० 59
7. आँसू, पृ० 77

सामने उपस्थित कर और उसे छूने में असमर्थ चित्रित कर उसके बौनेपन की अनुभूति अत्यन्त सफलतापूर्वक कराई है। यहाँ 'हाहाकार मचाना' से असफलताजन्य हाहाकार की नादात्मक संवेदना और 'उठ-उठकर गिर जाना' से व्यापार-विधायक दृश्य-संवेदना उद्बुद्ध होती है।

प्रसाद-काव्य में एतादृशी मानव-क्रियाओं एवं मानव-भावनाओं से अनुरंजित सागर के अन्य अनेक बिम्ब भी मिलते हैं। कहीं आलिंगन के लिए उठकर निष्फल होकर पुनः गिरती सागर-लहरों[1] का बिम्ब है तो कहीं क्रन्दन करते हुए सरिताओं से मीठी-मीठी धारा माँगने वाले जरठ भिखारी सदृश जलनिधि का बिम्ब;[2] कहीं चोट लग जाने से छलछलाती आँख को पोंछते हुए सागर के उद्वेलित अंचल का बिम्ब है[3] तो कहीं भीतर जलती बाड़व ज्वाला से रँगे हुए स्वर्णिम रंग वाले सुधा-सिन्धु का बिम्ब,[4] कहीं अम्बर के कानों में निश्चल प्रेमकथा कहती हुई सागर-लहरी का बिम्ब है[5] तो कहीं लहर से रागिनी गाते हुए हृदय-पयोधि का बिम्ब;[6] कहीं धरणी का व्यजन बने हुए जलनिधि के अंचल का बिम्ब है[7] तो कहीं वारपार फैले हुए नील तुहिन जलनिधि का बिम्ब।[8] अभिप्राय यह कि सागर ने कवि प्रसाद को अपने विभिन्न रूपों से आकृष्ट किया है और प्रसाद जी ने उसको भावनाओं से अनुप्राणित कर अपने काव्य में बिम्ब-बद्ध किया है।

सरोवर के बिम्ब

प्रसाद-काव्य में सरोवर के बिम्ब मोटे रूप में दो प्रकार के हैं—एक तो श्लेष के आधार पर उद्बुद्ध मानस (मानसरोवर) के बिम्ब और दूसरे प्रकृत-रूप में तालाब और झीलों के बिम्ब। शैव मतावलम्बी वंश-परम्परा से प्राप्त संस्कारों के कारण 'मानस' ने प्रसाद जी को आरम्भ से ही आकर्षित किया है। चित्राधार, आँसू, लहर और कामायनी में इस प्रकार के बिम्ब आये हैं; जैसे—

---

1. लहर, पृ० 34
2. लहर (प्रलय की छाया), पृ० 70
3. लहर, पृ० 20
4. कामायनी (निर्वेद) पृ० 169
5. लहर, पृ० 14
6. झरना (सुधा सिंचन), पृ० 60
7. कामायनी (काम), पृ० 63
8. कामायनी (इड़ा), पृ० 130

ओ री मानस की गहराई
तू सुप्त, शान्त कितनी शीतल
निर्वात मेघ ज्यों पूरित जल
नव मुकुर नीलमणि फलक अमल
ओ पारदर्शिका ! चिर चंचल
यह विश्व बना है परछाईं ।[1]

यहाँ मानस की गहराई का दृश्य एवं स्पर्श संवेदना-संवलित बिम्ब प्रस्तुत हुआ है। तीन विशेषण इन संवेदनाओं को जाग्रत करते हैं—'सुप्त', 'शान्त' और 'कितनी शीतल।' मानस की गहराई में प्राप्त जल की नीलिमा और कान्ति को सम्प्रेषित करने के लिए कवि ने जल-पूरित निर्वात मेघ और निर्मल नीलमणिफलक वाले नवीन मुकुर से उनका सादृश्य स्थापित किया है। इनकी सहायता से मानस की गहराई के जल की शान्त अवस्था, नीलवर्ण और पारदर्शी स्वरूप अधिक इन्द्रिय-संवेद्य हो गये हैं।

प्रसाद-काव्य में मानस-सम्बन्धी अनेक बिम्ब भी देखे जा सकते हैं; जैसे—मानस की गहराई में निस्सम्बल होकर तिरने के,[2] मानस में गहरे-गहरे धँसने के,[3] सरसिज के विकास, मधुप की गुंजार और कलरव से सम्पृक्त अभिलाषा के मानस के,[4] और स्वच्छ जल पर वायु के स्पर्श से उठती हुई तरंगों से युक्त मानस[5] के बिम्ब। ये सभी बिम्ब मानसरोवर और मन के दुहरे अर्थ-स्तरों को लेकर चलते हैं, किन्तु कामायनी के आनन्द सर्ग में मानस का एक प्रसंग-प्राप्त संश्लिष्ट बिम्ब[6] भी प्रस्तुत हुआ है।

प्रसाद जी ने मानस के अतिरिक्त सरोवर के अनेक स्वतन्त्र बिम्बों का भी सृजन किया है जिनमें कहीं पर नीहार से घिरा निस्तरंग मूर्छित जीवनसर है,[7] कहीं श्याम वनाच्छादित तट की झाईं झलकाती झील है,[8] कहीं पेशोला झील की शान्त उर्मियाँ है जिनके किनारे की घनी तरुराजि का प्रतिबिम्ब तरल-चित्रशाला के चित्रों का आभास कराता है,[9] कहीं ऐसी कौमुदी प्रतिबिम्बित सरसी का बिम्ब है जिसमें जल कलोल

1. लहर, पृ० 43
2. कामायनी (लज्जा), पृ० 83
3. कामायनी (आनन्द), पृ० 230
4. आंसू, पृ० 65
5. चित्राधार (मकरन्द बिन्दु), पृ० 179
6. देखिए—कामायनी (आनन्द), पृ० 225-26
7. कामायनी (इड़ा), पृ० 140
8. आंसू, पृ० 69
9. लहर (पेशोला की प्रतिध्वनि), पृ० 56

करता है और पवन से विचलित लहरियाँ लोल-लीलाएँ करती हैं,[1] कहीं खौलते हृत्सर[2] का बिम्ब है तो कहीं ऐसी सरसी का जहाँ तामरस, इन्दीवर या सितशतदल मुरझा गये हैं।[3]

सम्पूर्ण जलीय बिम्बों का लगभग अष्टमांश सरोवर सम्बन्धी है।

सरिता के बिम्ब

प्रसाद जी ने सरिताओं से पर्याप्त संख्या में बिम्ब ग्रहण किये है। इनकी संख्या सम्पूर्ण जलीय बिम्बों के चतुर्थांश से अधिक है। इनमें नदी के उग्र और शान्त सभी रूपों का अंकन हुआ है। नदी के शान्त रूप के बिम्ब अधिक हैं। उदाहरण के लिए मन्दगामिनी यमुना का यह बिम्ब लीजिए—

यमुना प्रशान्त मन्द-मन्द निज धारा में
करुण विषादमयी
बहती थी धरा के तरल अवसाद सी।[4]

यहाँ यमुना के मन्द प्रवाह में कवि को करुणा, विषाद और धरा के तरल अवसाद का आभास हुआ है। कल-कल निनादिनी वरुणा नदी की धारा में भी कवि को करुणा-जल की झलक दिखाई दी है।[5]

विरहिणी श्रद्धा की क्षीण अवस्था और उसकी भावनाओं की गतिहीनता का चित्रण करने के लिए कवि प्रसाद ने हिमतल में जम जाने वाली क्षीणकाय नदी का बिम्ब प्रस्तुत किया है—

शिशिर काल की क्षीण स्रोत वह जो हिमतल में जम जाये[6]

कवि ने इन शान्त रूपों के साथ बाढ़ से उफनती नदी के बिम्ब भी अंकित किये हैं—

प्रबल वेग से उठते हैं जब वर्षा की नदियों में दृप्त—
तुमुल तरंग, गरजते-फिरते किसी कूल को प्लावित कर।[7]

इसी प्रकार कहीं तट-कूलों को गिराती, वन-कुंजों को प्लावित करती नदी का

1. चित्राधार (बभ्रुवाहन), पृ० 31
2. आँसू, पृ० 68
3. कामायनी (स्वप्न), पृ० 144
4. लहर (प्रलय की छाया,) पृ० 72
5. लहर, पृ० 32
6. कामायनी, (स्वप्न), पृ० 144
7. प्रेम-पथिक, पृ० 30

बिम्ब है[1] तो कहीं प्रलय-जलधि में मिलने वाली वासना-सरिता के मदमत्त प्रवाह का बिम्ब है ।[2]

प्रसाद-काव्य में मानवीय गुणों और संवेदनाओं से परिपूर्ण नदियों के भी अनेक बिम्बों की योजना हुई है । कहीं पर वह हिम-शैल-बाला के रूप में[3] प्रस्तुत हुई है और कहीं शैलों की प्रेयसी के रूप में, कहीं वह अपनी वीचियों से कान में बात कहती है[4], तो कहीं प्रफुल्लित-गात होकर कल-कल ध्वनि से हँसती है ।[5] सृष्टि-रचना के प्रसंग में नदी का यह प्रेयसी-रूप द्रष्टव्य है—

भुजलता पड़ी सरिताओं की शैलों के गले सनाथ हुए
जलनिधि का अंचल व्यजन बना, धरणी का, दो-दो साथ हुए[6]

यहाँ कवि ने प्रेमी-प्रेयसी के पारस्परिक व्यवहार की मुद्राओं में से एक को चुना है और उसकी सहायता से नदी का जीवन्त बिम्ब उपस्थित किया है ।

संक्षेप में यह कहा जा सकता है कि प्रसाद-काव्य में नदी के बिम्बों में पर्याप्त अनेकरूपता है । कहीं उसका वेग प्रमुख है तो कहीं शान्त स्पन्दन; कहीं उसका कल-कल-नाद प्रमुख है तो कहीं मानवोचित संवेदनशीलता ।

झरनों के बिम्ब

प्रसाद-काव्य में झरनों के बिम्ब समुद्र, सरिताओं और सरोवरों के बिम्बों की अपेक्षा संख्या में कम हैं । झरनों के सम्पूर्ण दृश्य में उसकी स्वच्छ श्वेत बूंदों का बिखरना प्रसाद को सबसे अधिक आकर्षक लगता है । हिमालय वर्णन के प्रसंग में उन्होंने झरनों के ऐसे ही सुन्दर बिम्ब प्रस्तुत किये हैं—

उमड़ रही जिसके चरणों में, नीरवता की विमल विभूति;
शीतल झरनों की धारायें, बिखराती जीवन अनुभूति ।
उस असीम नीले अंचल में, देख किसी की मृदु मुसक्यान,
मानों हँसी हिमालय की है फूट चली करती कल गान ।[7]

---

1. कामायनी, (रहस्य), पृ० 215
2. कामायनी (चिन्ता), पृ० 15
3. लहर, पृ० 15
4. चित्राधार (विसर्जन), पृ० 172
5. कानन-कुसुम (खंजन), पृ० 73
6. कामायनी (काम), पृ० 63
7. कामायनी (आशा), पृ० 30-31

यहाँ 'बिखरातीं' क्रिया के माध्यम से जीवन (जल) के बिन्दुओं के बिखरने का बोध होता है। पुनः 'हिमालय की हँसी के फूटने' के उल्लेख से यह बिम्ब स्पष्टतर हो जाता है। जैसे हँसी के फूटने से धवल दन्तपंक्तियाँ चमक जाती हैं और खिलखिलाहट की ध्वनि होती है; वैसी ही चमक और ध्वनि की संवेदना यहाँ भी उद्बुद्ध होती है। साथ ही 'शीतल' से स्पर्श संवेदना और 'करती कल गान' से नाद संवेदना भी जगती है। ध्वनिमयता की दृष्टि से निम्न-लिखित बिम्ब द्रष्टव्य है—

निर्झर-सा झिर-झिर करता, माधवी-कुंज छाया में,
चेतना वही जाती थी, हो मन्त्र-मुग्ध माया में।[1]

यहाँ 'झिर-झिर' की ध्वनि के साथ ही 'माधवी-कुंज छाया' का परिवेशगत दृश्य भी उपस्थित हो गया है। दूसरी पंक्ति में मन पर पड़ने वाले प्रभाव को ऐन्द्रिय संवेदना के धरातल पर अंकित किया गया है। यहाँ 'निर्झर-सा' में 'सा' वाचक शब्द नहीं है वरन् कवि ने 'सा' द्वारा निर्झर के बिम्ब को धूमिल बना कर अनुभूति के सूक्ष्म स्तर पर संप्रेषित किया है जिससे 'निर्झर' 'चेतना' के अधिक निकट आ गया है।

प्रसाद जी ने कहीं-कहीं झरनों के प्रतीकात्मक बिम्ब[2] भी अंकित किये हैं और कुछ स्थानों पर मानवीकरण द्वारा सचेतन झरनों के बिम्ब भी; जैसे—

निर्झर कौन बहुत बल खाकर, बिलखाता ठुकराता फिरता;
खोज रहा है स्थान धरा में, अपने ही चरणों में गिरता।[3]

इनके अतिरिक्त 'उछलते-चलते निर्झर'[4] बूँद-बूँद वाले निर्झर[5] महाश्वेत गज-राज-गण्ड से बिखरी मधुधाराओं सदृश निम्नदेश में प्रवहमान शतशत शीतल निर्झर[6] आदि के बिम्ब प्राप्त होते हैं।

इस प्रकार यद्यपि निर्झरों के बिम्ब संख्या में नदियों और सागर के बिम्बों से बहुत कम हैं तथापि वे प्रभावोत्पादकता में उनसे पीछे नहीं हैं।

लहरों के बिम्ब

प्रसाद-काव्य के जलीय बिम्बों में लहरों के बिम्बों का महत्त्वपूर्ण स्थान है। संख्या की दृष्टि से समुद्र और सरिताओं के बिम्बों के पश्चात् इन्हीं का स्थान है। कवि

---

1. आँसू, पृ० 18
2. उदाहरणार्थ देखिए—झरना (झरना), पृ० 13
3. झरना (विषाद), पृ० 29
4. कामायनी (आनन्द), पृ० 223
5. कामायनी (रहस्य) पृ० 216
6. कामायनी (रहस्य), पृ० 205

के लिए लहर में आकर्षण का मुख्य कारण है उसका स्पन्दन और उठने-गिरने की लयपूर्ण क्रिया, जो मन में थिरकन उत्पन्न कर देती है।

उठ-उठ री लघु लघु लोल लहर........
उठ-उठ गिर-गिर फिर-फिर आती, नर्तित पदचिह्न बना जाती
सिकता की रेखायें उभार भर जाती अपनी तरल सिहर[1]

में उठ-उठ, लघु-लघु, गिर-गिर की पुनरावृत्ति के द्वारा लहर की लघुता और उसके बार-बार उठने-गिरने की क्रिया के साथ ही उसकी चंचलता भी साकार हो गई है। किनारे पर सिहरनभरी लहर आकर बालू में जो लहरदार रेखायें बना जाती हैं वे मानो नृत्य के समय बने हुए पद-चिह्न हैं। सिकता में उभरी हुई इन रेखाओं को सामने लाकर कवि ने लहर के बिम्ब की दृश्य संवेदना को और बढ़ा दिया है।

कहीं-कहीं प्रसाद जी ने लहरों के वर्णमय चित्र भी प्रस्तुत किये हैं; जैसे—

व्यथा से नीली लहरों बीच बिखरते सुख मणिगण द्युतिमान[2]

इसके अतिरिक्त प्रसाद-काव्य में लहरों के भावानुप्राणित बिम्ब भी उपलब्ध होते हैं; जैसे—

नीचे प्रलय सिन्धु लहरों का होता था सकरुण अवसान[3]

किसी व्यक्ति या वस्तु का अवसान स्वभावतः करुणाजनक होता है। तट पर आकर समाप्त होने वाली लहरों में कवि को ऐसी ही विषाद की अनुभूति हुई है। अनेक स्थलों पर कवि ने लहरों में नारी-सुलभ क्रिया-व्यापारों के भी दर्शन किये हैं—

नाचेंगी अनुरक्त वीचियाँ रंजित प्रभा सुनहरी में
तट तरु की छाया फिर उसका पैर चूमने जायेगी।[4]

वर्ण, गति और भावमयी वीचियाँ किसी नृत्यांगना के समान ही नृत्य करती हैं। सुनहरी प्रभा से रंजित बीचियों में कवि को नृत्यांगना के सुनहरी परिधान का आभास हुआ है। इसी प्रकार प्रसाद-काव्य में व्याकुल अनिल से प्रेरणा पाकर उठती-गिरती रुकती, कूल को चूमने के लिए जाती,[5] भीषण रूप से हँसती और खारे उच्छ्वास छोड़ती,[6] पैरों को चूमती,[7] ईश्वर की प्रशंसा का राग गाती लहरियों[8] के अनेक बिम्ब

1. लहर (लहर), पृ० 9
2. कामायनी (श्रद्धा), पृ० 49
3. कामायनी (चिन्ता), पृ० 9
4. झरना (दीप), पृ० 33
5. लहर, पृ० 26
6. वही, पृ० 15
7. कामायनी (दर्शन), पृ० 186
8. कानन-कुसुम, पृ० 7

निबद्ध हुए हैं।

अन्य जलीय बिम्ब

समुद्र, सरोवर, नदी, झरने और लहरों के बिम्बों के अतिरिक्त प्रसाद-काव्य में कुछ ऐसे बिम्ब भी हैं जिनकी संख्या तो अधिक नहीं है किन्तु जो किसी न किसी प्रकार जल से सम्बद्ध हैं। ऐसे बिम्बों में तट, जल-बिन्दु और काई के बिम्बों की गणना की जा सकती है।

जहाँ सागर, नदी, सरोवर आदि का उल्लेख है वहाँ कहीं-कहीं तट के सुन्दर बिम्ब उभरे हैं। जल की तुलना में तट को सूखे रूप में बिम्बबद्ध किया गया है (जैसे, इस सूखे तट पर छिटक छहर)[1] या फिर सूने रूप में (जैसे, नाविक इस सूने तट पर किन लहरों में खे लाया।[2] अथवा वृत्रघ्नी का वह जनाकीर्ण उपकूल आज कितना सूना)।[3] एक स्थान पर कवि ने तट के लिए सरिता के अधर की कल्पना की है—

सुरधनु रंजित नव-जलधर से—
भरे, क्षितिजव्यापी अम्बर से,
मिले चूमते जब सरिता के
हरित कुल युग मधुर अधर थे।[4]

यहाँ सरिता को प्रेयसी मानते हुए कुल को उसके अधर के रूप में अंकित किया गया है। सरिता की अपेक्षा 'हरित कूल युग' प्रधान होने के कारण यहाँ कूलों का बिम्ब विशेषतः उभरता है। इसी प्रकार प्रसाद जी के काव्य में—

चाँदनी के अंचल में
हरा भरा पुलिन अलस नींद ले रहा।[5]

जैसा तट का स्वतन्त्र मानवीकृत बिम्ब भी देखा जा सकता है।

सरिता, झरने आदि से अलग **जल-बिन्दुओं** के बिम्ब प्रसाद-काव्य में कम ही हैं। जलबिन्दुओं के बिम्ब प्रायः अस्थिरता (जैसे, जल बिन्दु सदृश ठहरे कब इन कानों में दुख किनके),[6] लघुता (जैसे, कहाँ जल बिन्दु कहाँ निधिक्षीर)[7] आदि की व्यंजना के

---

1. लहर, पृ० 9
2. आँसू, पृ० 40
3. कामायनी (इड़ा), पृ० 13
4. लहर, पृ० 27
5. लहर (प्रलय की छाया), पृ० 61
6. आँसू, पृ० 23
7. झरना (समर्पण), पृ० 7

लिए काव्य-बद्ध हुए हैं । किन्तु दो स्थलों पर जल-बिन्दुओं के स्वतंत्र सुन्दर बिम्ब भी उपलब्ध होते हैं—

आवै इठलात जलजात पात को सो बिन्दु ।[1]

में जल बिन्दु की चंचलता का मनोहारी बिम्ब है । इसी प्रकार का एक बिम्ब 'लहर' में भी है ।[2]

जल से सम्बद्ध बिम्बों में एक बिम्ब काई का और दो बिम्ब **शैवाल** के भी हैं । काई के बिम्ब में कवि ने फिसलन को उभारा है ।[3] शैवाल के बिम्बों में से एक में उसे कमल के साथ रख कर रंग के विरोध (कलर-कन्ट्रास्ट) को उभारा गया है[4] और दूसरे में उसे मानवीकृत रूप में झूमते हुए प्रस्तुत किया गया है—

मलयानिल-ताड़ित लहरों में प्रेम से
जल में ये शैवाल जाल हैं झूमते ।[5]

संक्षेप में, प्रसाद जी ने जलीय बिम्बों में सागर, सरोवर, सरिताओं, झरनों, लहरों, तटों, जलबिन्दुओं और शैवाल के बिम्ब प्रस्तुत किये हैं, जिनमें सागर, सरिताओं, लहरों, सरोवरों और झरनों के बिम्ब प्रधान हैं । इन प्राकृतिक उपादानों को कवि ने विविध रूपों में प्रस्तुत किया है—उग्र रूप में भी और मधुर रूप में भी । प्रसाद-काव्य में समुद्र को व्यापकता और गम्भीरता, सरोवर की निस्तरंगता, नदी का कलकल-नाद और नारीसुलभ आचरण, झरनों का मधुर गान, लहरों की गत्यात्मकता और जल बिन्दुओं की अस्थिरता—जलीय बिम्बों के रूप प्रधान हैं ।

(ख) आकाशीय बिम्ब

प्रसाद-काव्य में सबसे अधिक संख्या आकाशीय बिम्बों की है । ऋतु और समय सम्बन्धी बिम्बों को अलग कर देने पर भी उनकी संख्या सवा तीन सौ से अधिक है । आकाशीय बिम्बों ने प्रसाद जी को बहुत प्रभानित किया है, यह बात बिम्बों के परिमाण से ही नहीं उसके गुणों से भी ज्ञात होती है । प्रसाद जी ने पवन, नक्षत्र, चन्द्रमा, चाँदनी, मेघ, सूर्य, सूर्य की किरणें, अंधकार, आकाश, तुषार, ओस आदि आकाशीय तत्वों के अत्यन्त मनोरम बिम्बों का सृजन किया है ।

पवन के बिम्ब

प्रसाद काव्य के आकाशीय बिम्बों में सर्वाधिक संख्या पवन के बिम्बों की है ।

---

1. चित्राधार (मकरन्द-बिन्दु) पृ० 182
2. देखिए-लहर, पृ० 30
3. देखिए-कामायनी (वासना), पृ० 70
4. कानन-कुसुम, पृ० 103
5. करुणालय पृ० 11

यह सम्पूर्ण आकाशीय बिम्बों का लगभग पंचमांश है। पवन ने आरम्भ से ही प्रसाद जी को आकर्षित किया है, विशेषतत: उसके कोमल रूप, मलयानिल ने।

पवन एक ऐसा तत्व है जो मूलतः दृश्य नहीं होता। उसे केवल स्पर्श और गन्ध से जाना जाता है। किन्तु प्रसाद जी ने उसे केवल स्पर्श और गन्ध संवेदनाओं का ही नहीं अपितु दृश्य संवेदना का भी विषय बनाया है। जैसे—

अति मधुर गन्धवह बहता परिमल बूँदों से सिंचित
सुख स्पर्श कमल केसर का कर आया रज से रंजित।
जैसे असंख्य मुकुलों का मादन विकास कर आया,
उसके अछूत अधरों का कितना चुम्बन भर लाया।
रुक-रुक कर कुछ इठलाता जैसे कुछ हो वह भूला।[1]

यहाँ पवन का बिम्ब गन्ध, स्पर्श और दृश्य संवेदनाओं से परिपूर्ण है। प्रसाद जी ने पवन को प्रायः चेतन रूप में बिम्बांकित किया है। इस रूप में कहीं पवन पर नारी-भाव का आरोप किया गया है और कहीं पुरुष-भाव का। उदाहरण के लिए 'मलयानिल की लहरों' के निम्नलिखित बिम्ब में, स्त्रीलिंग शब्द होने के कारण, स्वतः ही नारी-भाव का आरोप हो गया है—

सिहर भरी कँपती आवेंगी, मलयानिल की लहरें
चुम्बन लेकर और जगा कर मानस नयन नलिन को।[2]

'शीतल बयार' के निम्नलिखित बिम्ब में भी उसे स्वाभाविक रूप से नारी-व्यापारों में संलग्न दिखाया है—

मूर्छित जीवन सर निस्तरंग नीहार घिर रहा था अपार
निस्तब्ध अलस बन कर सोयी चलती न रही चंचल बयार।[3]

द्वितीय पंक्ति को पढ़ कर निस्तब्ध वातावरण में अलसाकर सोयी हुई चंचल बालिका के समान बयार का बिम्ब उद्बुद्ध होता है। कुछ स्थलों पर कवि ने पवन को पुरुष के रूप में भी प्रस्तुत किया है। उदाहरणार्थ निम्नलिखित पंक्तियों में वह मधु की प्याली माँगते हुए याचक के रूप में बिम्बांकित किया गया है—

हरित दलों के अन्तराल से, बचता-सा इस सघन जाल से,
यह समीर किस कुसुम-बाल से, माँग रहा मधु की प्याली है।[4]

1. कामायनी (आनंद), पृ० 232
2. लहर, पृ० 40
3. कामायनी (इड़ा), पृ० 142
4. एक घूंट, पृ० 14

इसी प्रकार कहीं अनिल शिशु के समान खेल करता आता है,[1] कहीं खिन्नता और अवसाद से भरा पवन रुक-रुक कर चलता है ।,[2] कहीं अनिल निधड़क आकर कणिका के कपाट खोल कर, मीठी-मीठी बातें बनाकर बरजोरी रस छीन ले जाता है,[3] कहीं पवन गिरिश्रृंगों पर उगे हुए तरुओं में उलझता हुआ यत्नपूर्वक चलता है[4] और कहीं वह मधु-भार के कारण मन्थर गति से चलता हुआ पुलकित होता है ।[5]

प्रसाद जी ने कई स्थलों पर साँस लेते और हाँफते हुए पवन के बिम्बों की भी योजना की है, जैसे—

आज पवन मृदु साँस ले रहा, जैसे बीत गया खटका ।[6]

यह साँस प्रलय के बाद की चैन की साँस है । अन्यत्र गुर्जर-सुन्दरी कमला को छूकर समीर साँस लेता है,[7] कहीं रात्रि समीर के मिस हाँफती है[8] तो कहीं मलयानिल मधुसौरभ से व्याकुल होकर विरह-तरंगिनी के किनारे निःश्वास छोड़ जाता है ।[9]

प्रसाद जी ने पवन का सम्बन्ध गायन और वादन से जोड़ कर भी उसके बिम्ब उपस्थित किये हैं । कहीं पर समीर मृदंग बजाता है,[10] कहीं पवन शिला-संधियों से टकराकर गुंजार भरता है[11] और कहीं शीतल पवन स्वच्छ निशीथ में पुलकित होकर पावन उद्‌गीथ गाता है ।[12]

पवन का ही उग्र और विषम रूप प्रायः आँधी कहलाता है । वेग और विक्षोभ आँधी के प्रमुख लक्षण हैं । प्रसाद-काव्य में आँधियों के इसी रूप को प्रस्तुत किया गया है—

सहसा अन्धकार की आँधी उठी क्षितिज से वेग भरी,

---

1. कामायनी (दर्शन), पृ० 187
2. कामायनी (निर्वेद), पृ० 168
3. जनमेजय का नागयज्ञ, अंक 1, दृश्य २, पृ० 13
4. चित्राधार, पृ० 9
5. कामायनी (वासना), पृ० 74
6. कामायनी (चिन्ता) पृ० 26
7. लहर, पृ० 59
8. कामायनी (आशा), पृ० 39
9. आँसू, पृ० 31
10. कामायनी (आनन्द), पृ० 234
11. कामायनी (चिन्ता), पृ० 31
12. कामायनी (आशा), पृ० 35

हलचल से विक्षुब्ध विश्व, थी उद्वेलित मानस लहरी ।[1]

कवि ने तीव्र गति के चित्रण के लिए आँधी का बिम्ब प्रस्तुत किया है—

एक सौन्दर्यमयी वासना की आँधी-सी
पहुँची समीप सुलतान के ।[2]

आँधी का ही एक रूप है लू । लू में गर्मी होती है और सब को झुलसा देना, इसका मुख्य लक्षण है । पश्चात्ताप करते हुए मनु अपने अतीत पर दृष्टिपात करते हुए स्वयं को 'लू' के समान बताते हैं—

लू-सा झुलसाता दौड़ रहा कब मुझसे कोई फूल खिला ।[3]

पुष्प का विकास मधुर समीर से होता है, लू के गरम थपेड़ों से नहीं । इसी प्रकार लू का एक बिम्ब 'महाराणा का महत्त्व' में भी है ।[4] इसके अतिरिक्त आँधी के बिम्बों में दुख की आंधी,[5] द्रुतगति से दौड़ लगाते हताश पवन[6] और भैरव जल संघात से टकराने वाले प्रलय-पवन[7] के बिम्ब भी हैं ।

संक्षेप में, प्रसाद जी के काव्य में पवन के कोमल और क्षुब्ध —दोनों ही रूपों के बिम्ब प्राप्त होते हैं । इन दोनों में से कोमल रूप की प्रधानता है और इस रूप में वह प्रायः मानव-सुलभ व्यापारों में संलग्न दिखायी देता है ।

नक्षत्रों के बिम्ब

संख्या की दृष्टि से आकाशीय बिम्बों में दूसरा स्थान नक्षत्रों का है । ये सम्पूर्ण आकाशीय बिम्बों के लगभग षष्ठांश हैं । प्रसाद-काव्य में नक्षत्रों के विविध रूपों की बिम्ब-योजना हुई है; जैसे वर्षा में छिपते-प्रकट होते, जल में प्रतिबिम्बित होते, पुष्पों के समान छिटके हुए और मानव-मनोभावों एवं क्रिया-कलापों से संयुक्त नक्षत्र ।

प्रसाद जी ने मद्यप-सदृश चेष्टा करते हुए नक्षत्रों के अनेक बिम्ब अंकित किये हैं—

क्लान्त तारकागण की मद्यप मण्डली,
नेत्र निमीलन करती है फिर खोलती ।[8]

---

1. कामायनी (निर्वेद), पृ० 179
2. लहर, पृ० 69
3. कामायनी (इड़ा), पृ० 129
4. महाराणा का महत्त्व, पृ० 5
5. कामायनी (निर्वेद), पृ० 180
6. झरना, पृ० 31
7. कामायनी (चिन्ता), पृ० 20
8. झरना, पृ० 23

अथवा—

मदिर ऊंघते रहते जब जग कर रजनी भर तारा।[1]

अथवा—

लाली लख प्रकृति कपोलों में, गिरता तारक दल मतवाला[2]

अन्य विविध रूपों में से ये नक्षत्र कहीं अज्ञात शक्ति का अनुसंधान करते प्रतीत होते हैं,[3] कहीं व्योम में प्रकट होकर नीरव अभिनय करते हैं,[4] कहीं नतदृष्टि होकर विचार करते हैं,[5] कहीं आकाश में मन्द-मन्द हँसते हैं,[6] कहीं अधर में लटकते हुए लास-रास करते हैं,[7] कहीं किसी को परखने के लिए झाँकते हैं[8] और कहीं उल्काधारी प्रहरी के समान नभ में टहलते हैं।[9]

कही-कहीं तारों की कल्पना मणियों के रूप में भी की गई है। ये मणियाँ कहीं अलकों में गुथी हुई[10] हैं तो कहीं वस्त्रों में जड़ी हुई हैं—

तारक-खचित नील पट परिधान था
अखिल अनन्त में
चमक रही थीं लालसा की दीप्त मणियाँ—
ज्योतिमयी, हासमयी, विकल विलासमयी।[11]

कहीं-कहीं नक्षत्रों को विभिन्न शरीरायवों के रूप में भी बिम्बबद्ध किया गया है; जैसे वे कहीं रात्रि की विरल दशनपंक्ति हैं,[12] कहीं किरण दल में मुँदती तम-नयनों की तारिकाएँ हैं,[13] और कहीं व्यथिता रजनी की छाती पर झलकते श्रमसीकर हैं।[14] कहीं

1. चन्द्रगुप्त, अंक 2, दृश्य 1, पृ 89
2. कामायनी (इड़ा), पृ० 142
3. कामायनी (आशा), पृ० 27-28
4. कानन-कुसुम, पृ० 62
5. वही—पृ० 80
6. चित्राधार, पृ० 172
7. कामायनी (संघर्ष), पृ० 156
8. लहर, पृ० 62
9. कामायनी (निर्वेद), पृ० 167
10. कामायनी (आनन्द), पृ० 226
11. लहर, पृ० 61
12. वही, पृ० 68
13. वही, पृ० 24
14. कामायनी (दर्शन), पृ० 196

पर ये नील-नयन से आँसुओं के समान ढुलकते भी हैं—

जहाँ साँझ-सी जीवन छाया, ढीले अपनी कोमल काया,
नील नयन से ढुलकाती हो, ताराओं की पाँति घनी रे।[1]

इसी प्रकार तारे आकाश रन्ध्र,[2] सौन्दर्यमयी चंचल कृतियाँ,[3] और आकाश-वन में जूही[4] के रूप में भी चित्रित हुए हैं।

संक्षेप में, नक्षत्रों के बिम्ब वैविध्यपूर्ण हैं।

चन्द्रमा और चाँदनी के बिम्ब

संख्या की दृष्टि से आकाशीय बिम्बों में इन बिम्बों का तीसरा स्थान है। शीतलता प्रदान करने के कारण चन्द्रमा भारतीय साहित्य में आरम्भ से ही कवियों का प्रिय रहा है। प्रसाद जी ने भी चन्द्रमा की अनेक भंगिमाओं को अंकित किया है। इनमें से अधिकांश में चन्द्रमा मानवीय भावनाओं से पूर्ण दिखाया गया है। जैसे—

चलो, वह देखो चला आता बुलाने आज
सरल हँसमुख विधु जलद-लघुखण्ड वाहन साज![5]

में सरल हँसमुख चन्द्रमा का बिम्ब है। आकाश में बादलों को चलते देखकर चन्द्रमा के चलने का आभास होता है। अतः चन्द्रमा का यह रूप स्वाभाविक भी है। मानवीकरण का आश्रय लेकर उरेहा गया नील-अंचल में सोते हुए चन्द्रमा का यह बिम्ब भी द्रष्टव्य है—

जब नील निशा अंचल में हिमकर थक सो जाते हैं।[6]

इसी प्रकार शरद चन्द्र की शुभ्र अभ्र के साथ आँख-मिचौनी का बिम्ब,[7] नभ में हँसते हुए चन्द्र का बिम्ब,[8] राहुग्रस्त शशिलेखा का बिम्ब,[9] रूपगर्विता नायिका के समान नील जल में अपना प्रतिबिम्ब देख कर प्रसन्न होते चन्द्रमा का बिम्ब,[10] किरण

---

1. लहर पृ० 14
2. कामायनी (काम), पृ० 57
3. वही, पृ० 57
4. आँसू; पृ० 44
5. कामायनी (वासना), पृ० 72
6. आँसू, पृ० 59
7. प्रेम-पथिक, पृ० 21
8. झरना, पृ० 69
9. कामायनी (दर्शन), पृ० 189
10. चित्राधार, पृ० 81

और चाँदनी से वंचित प्रभात के कलाहीन शशि का बिम्ब[1] आदि ऐसे अनेक बिम्ब प्रसाद-काव्य में अंकित हुए हैं।

प्रसाद-काव्य में चन्द्रमा की अपेक्षा चाँदनी के बिम्ब संख्या और प्रभावोत्पादकता दोनों दृष्टियों से अधिक महत्वपूर्ण हैं। चाँदनी में मानवीय भावनाओं और क्रियाओं का आधान कर उसे सजीव रूप में बिम्बायित करने में प्रसाद जी की विशेष रुचि रही है; जैसे—

तारा हीरक हार पहनकर, चन्द्रमुख
दिखलाती उतरी आती थी चाँदनी
(शाही महलों के ऊँचे मीनार से)[2]

इसी प्रकार 'अंधकार का जलधि लाँघ कर आवेंगी शशिकिरणें[3]' अथवा 'सुधा-भरी चाँदनी सुनाती मुझको अपनी जीवनबीन'[4] में कवि ने चाँदनी को मानव सुलभ क्रिया-व्यापार में लीन दिखाया है। इसी प्रकार चन्द्रमा की किरणें सागर-लहरों से गले मिलती हैं—

परिचय राका जलनिधि का होता जैसे जलनिधि से
ऊपर से किरणें आतीं मिलती हैं गले लहर से ![५]

इसी प्रकार प्रसाद-काव्य में कहीं अन्तरिक्ष में परिमल के कण-कण से रंगमंच बनाकर अप्सराओं के समान नाचती हुई चन्द्ररश्मियों का बिम्ब[6] प्रस्तुत हुआ है तो कहीं मिलन कुंज में सोती हुई शिथिल अलसाई चाँदनी का;[7] उसमें कहीं आँखों में अनुराग भरे हँसती हुई सृष्टि की हँसी के रूप में रागरंजित चाँदनी[8] अवतरित हुई है तो कहीं मधु बरसाने वाली काँपती हुई सुकुमार विधु-किरन।[9]

इस प्रकार प्रसाद काव्य में चन्द्रमा और चाँदनी के कोमल मधुर-रूप, अधि-

---

1. कामायनी (स्वप्न), पृ० 143
2. महाराणा का महत्त्व, पृ० 18-19
3. लहर, पृ० 41
4. कामना, अंक 3, दृश्य 4, पृ० 79
5. आँसू, पृ० 18
6. कामायनी (आनन्द), पृ० 234
7. आँसू, पृ० 27
8. कामायनी (वासना), पृ० 73
9. वही, पृ० 74

कांशतः मानव मनोभावों से सम्पृक्त होकर, बिम्बबद्ध हुए हैं।

सूर्य और उसकी किरणों के बिम्ब

संख्या की दृष्टि से ये बिम्ब चन्द्रमा और चाँदनी के बिम्बों से लगभग आधे हैं। प्रसाद जी के काव्य में सूर्य की कई अवस्थाओं के बिम्ब पाये जाते हैं; जैसे प्रातःकालीन अरुण के बिम्ब, मध्याह्न के तपते हुए सूर्य के बिम्ब, अस्तचलगामी सूर्य के बिम्ब, प्रलय-कालीन मलिनाभ सूर्य के बिम्ब। इनमें अस्ताचलगामी सूर्य के बिम्ब अधिक हैं—

गिर रहा निस्तेज गोलक जलधि में असहाय[1]

अथवा

अरुण करुण बिम्ब
वह निर्धूम ज्वलन पिण्ड
विकल विवर्तनों से
विरल प्रवर्तनों से
श्रमित नमित सा—
पश्चिम के व्योम में है आज निरवलम्ब सा।[2]

में कवि ने अस्ताचलगामी सूर्य को शिथिल, तेजहीन अवस्था का बिम्ब प्रस्तुत किया है। सूर्य की इस अवस्था के बिम्बों में विषाद की क्षीण रेखा प्रायः घुल-मिल गई है। 'पीत कर से सहारा लेते हुए'[4] सूर्य के बिम्ब में भी इसी विषाद का पुट है। किन्तु कहीं-कहीं विषाद के स्थान पर उसके प्रखर वर्ण को भी बिम्ब-बद्ध किया गया है; जैसे—

आह ! वह मुख ! पश्चिम के व्योम बीच जब घिरते हों घनश्याम
और रवि मण्डल उनको भेद दिखायी देता हो छविधाम।[4]

इसी प्रकार सूर्य के बिम्बों में कहीं प्राची का पथिक आकर नभ को पद-पराग से भर देता है[5], तो कहीं अरुण-मण्डल का स्वर्ण विलास दृष्टिगत होता है[6] और कहीं मलिन होते हुए सूर्य की आभा अन्धकार में धीरे-धीरे लीन हो जाती है।[7]

सूर्य मण्डल की अपेक्षा सूर्य-रश्मियों ने प्रसाद को अधिक आकर्षित किया है।

---

1. कामायनी वासना, पृ० 68
2. लहर (पेशोला की प्रतिध्वनि) पृ० 56
3. कानन-कुसुम, पृ० 34
4. कामायनी (श्रद्धा), पृ० 43
5. लहर, पृ० 33
6. झरना, पृ० 64
7. कामायनी (चिन्ता), पृ० 19

कारण स्पष्ट है। किरणों की सूक्ष्मता और वायवीयता छायावादी कवि प्रसाद के अधिक अनुकूल थी। सूर्य-रश्मियों के बिम्ब उनकी प्रथम छायावादी रचना 'झरना' से प्राप्त होने लगते हैं। किरणों की सूक्ष्मता, तरलता, चंचलता आदि ने प्रसाद के बिम्बों में विशेष स्थान प्राप्त किया है; जैसे—

किरण तुम क्यों बिखरी हो आज, रँगी हो तुम किसके अनुराग,
स्वर्ण सरसिज किंजल्क समान, उड़ाती हो परमाणु पराग।
धरा पर झुकी प्रार्थना सदृश, मधुर मुरली सी फिर भी मौन,
किसी अज्ञात विश्व की विकल वेदना दूती सी तुम कौन ?[1]

यहाँ कवि ने किरणों की वायवीयता, उनका स्वर्णिम वर्ण, पवित्रता, पृथ्वी पर बनता हुआ उनका कोण, मूक मधुरता और वेदनापूर्णता आदि को एक साथ साकार कर दिया है।

इसी प्रकार कवि को कहीं किरण 'सुदिन-मणि-वलय-विभूषित उषा सुन्दरी के कर का संकेत'[2] प्रतीत होती है तो कहीं वह किसी की मुस्कान में रागारुण किरण कला[3] का आभास पाता है; कहीं वह रक्त किसलय पर विश्राम करती हुई अरुण की अलसाई हुई अम्लान किरण का बिम्ब[4] प्रस्तुत करता है, कहीं दिनभर की थकी हुई, नीलनिलय में कहीं छिपी हुई आलोक रश्मियों का[5] और कहीं विहग बालिका के समान थकी-हारी शिथिलगात किरणों का।[6]

मेघों के बिम्ब

संख्या की दृष्टि से मेघों के बिम्ब चन्द्रमा और चाँदनी के बिम्बों के समकक्ष हैं। मेघ कवियों के लिए आरम्भ से ही आकर्षक रहे हैं। प्रसादकाव्य में भी इनके अनेक मनोहारी बिम्बों की योजना हुई है। इन मेघों ने कहीं अपने रमणीय रूप से कवि को आकृष्ट किया है तो कहीं अपनी चपल क्रीड़ाओं से; कहीं वे अमूर्त और समर्थ अभिव्यंजना के सफल साधक हैं तो कहीं विकरालता के कारण भय के संचालक हैं; कहीं ये कुंजर-कलभ सदृश इठलाते हैं और कहीं मानवों के सदृश आचरण करते हैं। 'अपनी प्याली भरने' वाले मेघों का निम्नांकित बिम्ब मानव-सुलभ व्यापार पर ही आधृत है—

1. झरना, पृ० 26
2. वही, पृ० 27
3. कामायनी (आनन्द), पृ० 231
4. कामायनी (श्रद्धा), पृ० 43
5. कामायनी (स्वप्न), पृ० 148
6. वही, पृ० 144

वह अगला समतल जिस पर, है देवदारु का कानन
घन अपनी प्याली भरते, ले जिसके दल से हिमकन ।[1]

यहाँ 'देवदारु का कानन' के परिवेश ने बिम्ब को अधिक सजीव बना दिया है। प्रसाद जी ने मेघों को केवल मानव सुलभ क्रिया-व्यापार में ही संलग्न नहीं दिखाया उनमें मानव-मनोभावों के भी दर्शन किये हैं; जैसे—

थके प्रवासी बनजारों से लौटे हो मन्थर गति से,
किस अतीत की प्रणय पिपासा जगती चपला-सी स्मृति से ?[2]

अन्य बिम्बों में मेघ कहीं अलकापुरी में विरहिणी यक्षिणी की पलकों का सहारा लेकर सोते हैं,[3] कहीं चपला की व्याकुलता और चातक का करुण विलाप अन्तर में छिपाये गगन के तारे रूपी आँसुओं को पोंछते हुए रोते दिखाई देते हैं ।[4]

अप्रस्तुत रूप में मेघों का बिम्बांकन करते हुए भी प्रसाद जी ने उनके विविध रूप अंकित किये हैं। श्रद्धा के मुख के पास फैले हुए घुँघराले बालों के लिए कवि ने मेघों के सुकुमार शावकों के बिम्ब की योजना की है—

घिर रहे थे धुँघराले बाल, श्रंस अवलम्बित मुख के पास,
नील घन-शावक से सुकुमार, सुधा भरने को विधु के पास ।[5]

सहसा मनु के सम्मुख उपस्थित हो जाने वाली श्रद्धा के सौन्दर्य के प्रभाव की व्यंजना के लिए कवि ने घन को चन्द्रिका से सजा कर बिम्ब-बद्ध किया है—

और देखा वह सुन्दर दृश्य, नयन का इन्द्रजाल अभिराम,
कुसुम-वैभव में लता समान, चन्द्रिका से लिपटा घनश्याम ।[6]

पेशोला झील के किनारे पर खड़े झोपड़ों के लिए कवि ने धूसर जलद-खण्डों का बिम्ब प्रस्तुत किया है—

धूसर जलद खण्ड भटक पड़े हैं
जैसे विजन अनन्त में ।[7]

यहाँ मेघों का धूसर वर्ण और उनका छितराया हुआ अव्यवस्थित रूप सामने लाया गया है ।

---

1. कामायनी (आनन्द), पृ० 221
2. अजातशत्रु, अंक 3, दृश्य 3, पृ० 113
3. वही, पृ० 112
4. वही, पृ० 112
5. कामायनी (श्रद्धा), पृ० 43
6. कामायनी (श्रद्धा), पृ० 42
7. लहर (पेशोला की प्रतिध्वनि), पृ० 56

अनेक अमूर्त भावों की अभिव्यक्ति के लिए भी कवि ने मेघों के बिम्बों कीयोजना की है। कहीं 'स्मृति' मदमाती मकरन्द मेघमाला सी आती है,[1] कहीं अनन्त गगन पर 'वेदना-जलद की माला' चढ़ती है,[2] कहीं चिन्ता हृदय के लहलहाते खेतों पर 'करका धन-सी घिरती है,[3] कहीं दुःख से दग्ध धरती को प्रमुदित करने के लिए 'करुणा-कादम्बिनी' बरसती है[4] और कहीं 'सपनों के बादल का दुलार' चार बूँद दे जाता है।[5] संक्षेप में, प्रसाद-काव्य में प्रस्तुत और अप्रस्तुत दोनों ही रूपों में मेघों की सुन्दर बिम्ब-योजना हुई है।

बिजली के बिम्ब

संख्या की दृष्टि से बिजली के बिम्बों का स्थान सूर्य के बिम्बों के पश्चात् आता है। चमक, चपलता और प्रकाश, बिजली के मुख्य आकर्षण हैं। प्रसाद जी ने इनको विशेष भंगिमा के साथ बिम्बों में बाँधा है; जैसे—

रात्रि घनी कालिमा पटी में दबी लुकी सी
रह रह होती प्रकट मेघ की ज्योति झुकी सी।[6]

'मेघ की ज्योति' की इन मुद्राओं से सहज ही ऐसा आभास होता है जैसे काले पर्दे के पीछे छिपी हुई कोई बाला पर्दे को थोड़ा-सा हटाकर, झुक कर इस प्रकार झाँक रही हो कि उसे कोई देख न ले और वह रह-रह कर इसी क्रिया को दुहरा रही हो। निम्नलिखित पंक्तियों में बिजली को चित्रकर्त्री का रूप दिया गया है—

चित्र खींचती थी जब चपला, नील मेघ पट पर वह विरला,
मेरी जीवन स्मृति के जिसमें, खिल उठते वे रूप मधुर थे।[7]

चपला की प्रमुख विशेषता है उसकी चमक। कवि ने प्रलयकालीन सागर में प्रतिबिम्बित होने वाली चपला को 'स्वयं चमत्कृत' दिखाकर इस चमक को चित्रित किया हैं—

चपलाएँ उस जलधि विश्व में, स्वयं चमत्कृत होती थीं,
ज्यों विराट बाड़व ज्वालाएँ, खण्ड-खण्ड हो रोती थीं।[8]

---

1. आँसू, पृ० 35
2. वही, पृ० 51
3. कामायनी (चिन्ता), पृ० 11
4. राज्यश्री, अंक 4, दृश्य 4, पृ० 75
5. लहर, पृ० 37
6. कामायनी (संघर्ष), पृ० 155
7. लहर, पृ० 27
8. कामायनी (चिन्ता), पृ० 21

कहीं-कहीं पर प्रसाद जी ने बिजली के रूप-रंग में परिवर्तन भी कर दिया है। उदाहरणार्थ निम्नांकित पंक्तियों में उन्होंने गुलाबी रंग के बिजली के फूल की कल्पना की है—

खिला हो ज्यों बिजली का फूल, मेघ बन बीच गुलाबी रंग।[1]

बिजली के अन्य बिम्बों में वह कहीं कादम्बिनी की कारा में बन्दी है,[2] कहीं मेघ के शरीर पर पहने हुए गहनों के रूप में;[3] कहीं बिजली का बिम्ब नारी विभ्रम के उपमान के रूप में लाया गया है[4] और कहीं दुःखों के बीच कौंध जाने वाले सुख के उपमान के रूप में,[5] कहीं वह हृदय की व्याकुलता को प्रकट करती है[6] तो कहीं रंगों की सनसनाहट को[7] अभिप्राय यह है कि प्रसाद काव्य में तीव्रता, चपलता, चमक, व्याकुलता आदि की अभिव्यक्ति के लिए बिजली के बिम्बों का प्रयोग हुआ है।

अन्धकार के बिम्ब

प्रसाद-काव्य में अन्धकार के बिम्बों की संख्या बिजली के बिम्बों के लगभग बराबर है। सामान्यतः अन्धकार का कोई आकार नहीं होता परन्तु उसका काला रंग उसे इन्द्रिय संवेद्य बना देता है। सघनता की दृष्टि से अन्धकार के अनेक स्तर हो सकते हैं। प्रसाद जी ने इन स्तरों के सुन्दर गत्यात्मक बिम्बों की योजना की है। निम्नांकित पंक्तियों में उन्होंने धीरे-धीरे जमती हुई अन्धकार की परतों का रूपांकन किया है—

अन्धकार में मलिन मित्र की धुँधली आभा लीन हुई
वरुण व्यस्त थे, घनी कालिमा स्तर-स्तर जमती पीन हुई।[8]

यहाँ ऊपर से आकर जमती हुई परतों का बिम्ब है, किन्तु निम्नलिखित पंक्तियों में ऊपर की ओर उठते हुए अन्धकार का चित्र है—

उठ रही थी कालिमा धूसर क्षितिज से दीन
भेंटता अन्तिम अरुण आलोक वैभवहीन।[9]

---

1. कामायनी (श्रद्धा), पृ० 42
2. आँसू, पृ० 59
3. कामायनी (रहस्य), पृ० 205
4. कामायनी (निर्वेद), पृ० 182
5. लहर, पृ० 48
6. स्कन्दगुप्त, अंक 5, पृ० 155
7. वही, अंक 4, दृश्य 2, पृ० 120
8. कामायनी (चिन्ता), पृ० 19
9. कामायनी (वासना), पृ० 68

इन दोनों ही उदाहरणों में बढ़ते हुए अन्धकार के बिम्ब प्रस्तुत हुए हैं किन्तु 'कालिमा धुलने लगी, घुलने लगा आलोक'[1] जैसी पंक्तियों में क्षीण से क्षीणतर होते हुए अन्धकार का चित्रण हुआ है ।

प्रसाद जी ने अन्धकार के मानवीकृत रूप भी अंकित किये हैं । इस रूप में कहीं वह अट्टहास करता है[2] तो कहीं मुँह ढककर भागता है—

जीवन निशीथ का अन्धकार
भग रहा क्षितिज के अंचल में मुख आवृत कर तुमको निहारा ।[3]

इसी प्रकार कहीं वह भयमय मौन निरीक्षक के समान सतत सजग खड़ा[4] दिखाई देता है । अन्धकार के अन्य रूप भी अंकित हुए हैं । कहीं वह सन्ध्या के कलंक जैसा बिखरता हैं [5]कहीं अवसाद-कालिमा को बरसाता है,[6] कहीं वह चपला की चमक को बढ़ाने के लिए बिम्बबद्ध हुआ है[7] और कहीं कंस की दुश्चिन्ता के समान जगत में व्याप्त हो गया है ।[8]

आकाश के बिम्ब

प्रसाद-काव्य में आकाश के विभिन्न अवयवों (सूर्य, चन्द्र, नक्षत्र आदि) के साथ ही समग्र आकाश के बिम्ब भी उपलब्ध होते हैं, जिनका सूर्य, चन्द्र आदि से स्वतन्त्र अध्ययन अपेक्षित है । इनकी संख्या अन्धकार के बिम्बों के लगभग समान है ।

प्रसाद जी ने आकाश के विविध रूपों की विविध कल्पनाएँ की हैं । जब रात्रि का अन्धकार और मनु के मन का अन्धकार दोनों साथ-साथ समाप्त हो जाते हैं तो कवि को आकाश हँसता हुआ प्रतीत होता है—

हँस पड़ा गगन वह शून्य लोक
जिसके भीतर बस कर उजड़े कितने ही जीवन मरण शोक ।[9]

---

1. कामायनी (वासना), पृ० 72
2. कामायनी (आशा), पृ० 37
3. कामायनी (इड़ा), पृ० 143
4. कामायनी (निर्वेद), पृ० 168
5. लहर, पृ० 56
6. झरना, पृ० 33
7. कामायनी (श्रद्धा), पृ० 45
8. कानन-कुसुम, पृ० 127
9. कामायनी (इड़ा), पृ० 142

अन्य स्थलों में से आकाश कहीं उषानागरी के तारा-घट को डुबोने के लिए पनघट[1] बना तो कहीं तारे रूपी जूही और शशिरूपी सितशतदल से युक्त यूथिका-वन;[2] कहीं वह जगतीतल का दुर्बोध नील आवरण है[3] तो कहीं ऐसा शोक है जो शनि के सुदूर लोक की छाया के समान ऊपर-नीचे सर्वत्र छाया छुआ है;[4] कहीं वह शतशत तारामण्डित है[5] तो कहीं निस्तब्धता के कारण असीम सुन्दर चित्र जैसा लगता है ।[6]

तुषार और ओस के बिम्ब

तुषार के वायवी रूप और ओस की तरलता, चमक एवं मूक ढुलकन ने प्रसाद को अपनी ओर आकृष्ट किया है। उन्होंने कहीं प्रसंग के आग्रह से और कहीं भावाभिव्यक्ति का माध्यम बनाकर अप्रस्तुत रूप में उनकी बिम्ब-योजना की है। इनकी संख्या अन्धकार के बिम्बों से कुछ ही कम है।

कामायनी में प्रसाद जी ने अमूर्त सुख को सघन मूर्त रूप देने के लिए तुषार के बिम्ब की योजना की है—

सुख केवल सुख का वह संग्रह, केन्द्रीभूत हुआ इतना;
छायापथ में नवतुषार का, सघन मिलन होता जितना ।[7]

और प्रिय को छिपा लेने वाले सघन तुहिन को उन्होंने 'लहर' में बिम्बबद्ध किया है—

रजनी के लघु-लघु तम कन में, जगती की ऊष्मा के वन में;
उस पर पड़ते तुहिन सघन में, छिप, मुझसे डरने वाले को ।[8]

धीरे-धीरे क्षीण होते हुए सौन्दर्य के लिए कवि प्रसाद ने ओस की बूंदों का बिम्ब प्रस्तुत किया है—

वह उन्मादक रूप ओस की बूंद सदृश कब ढुलक गया,[9]

---

1. लहर, पृ० 19
2. आँसू, पृ० 44
3. कामायनी (काम), पृ० 55
4. कामायनी (इड़ा), पृ० 141
5. कामायनी (दर्शन), पृ० 196
6. वही, पृ० 196
7. कामायनी (चिन्ता), पृ० 14
8. लहर, पृ० 38
9. प्रेम-पथिक, पृ० 25

और—

ढुलक रही है हिम-बिन्दु-सी
सत्ता सौन्दर्य के चपल आवरण की ।[1]

इन उदाहरणों में पत्तों पर से ढुलक कर धरती में मिलती हुई ओस की बूंदें साकार हो गई हैं । कवि ने रोती हुई श्रद्धा के नयन-कोरों में अटकी हुई आँसू की बूंदों के लिए ओस की बूंदों का यह बिम्ब प्रस्तुत किया है—

अरुण जलज के शोण कोण थे नव तुषार के बिन्दु भरे,[2]

इसी प्रकार कहीं वसुधा पर बिखरे ओस रूपी आँसुओं को मधुरगात उषा बटोरती है,[3] कहीं रजनी की भीगी पलकों से तुहिन बिन्दु कण-कण बरसते हैं,[4] कहीं पवन का स्पर्श पाकर खेतों में व्याकुल और अचेत हिमकण बिखर जाते हैं[5] और कहीं अन्धकार नील तुहिन जलनिधि बन कर वारपार फैल जाता है ।[6]

संक्षेप में कहा जा सकता है कि आकाशीय बिम्बों में व्यापकता भी है और विविधता भी । सूर्य, चन्द्र, नक्षत्र, बादल, पवन आदि सभी आकाशीय बिम्बों में न्यूनाधिक रूप में मानवीकरण की प्रवृत्ति है । पवन के बिम्बों में विस्तार अधिक है तो नक्षत्रों के बिम्बों में विविधता । सूर्य-रश्मियों और ज्योत्स्ना पर नारी-भावनाओं का आरोप कर अनेक, विशेषतः मधुर और चेतन बिम्ब अंकित हुए हैं । सूर्य का अरुण वर्ण, किरणों की कोमला, चन्द्र की क्रीड़ाएँ, चाँदनी की शीतलता एवं द्युति, नक्षत्रों की अलस-उनींदी मुद्राएँ, बादलों के मधुर रूप, पवन का पुलक-स्पर्श, आँधी का वेग, तुषार और ओस की तरलता, अन्धकार का धुलता-उभरता विस्तार और आकाश की व्यापकता—ये प्रसाद-काव्य के आकाशीय बिम्बों के कुछ मुख्य आकर्षक रूप हैं ।

(ग) वनस्थलीय बिम्ब

प्रसाद-काव्य में वनस्थलीय उपादानों से पर्याप्त बिम्ब संग्रथित हुए हैं । वृक्ष, लताएँ, कुसुम, कलियाँ, पत्ते, डालियाँ, कुंज, अंकुर, काँटे आदि प्रायः सभी वनस्थलीय वस्तुओं के बिम्बों की रचना हुई हैं । इनकी संख्या सवा दो सौ के लगभग है ।

पुष्पों के बिम्ब

प्रकृति का शृंगार पुष्पों से होता है । पुष्पों के हास-विकास, स्पर्श-पुलक, वर्ण-

1. लहर, पृ० 80
2. कामायनी (स्वप्न), पृ० 147
3. लहर, पृ० 24
4. कामायनी (स्वप्न), पृ० 147
5. जनमेजय का नागयज्ञ, अंक 3, दृश्य 2, पृ० 77
6. कामायनी (इड़ा). पृ० 130

गन्ध और मनोहारी क्रीड़ाओं ने प्रसाद को बिम्बों के लिए प्रभूत मात्रा में सामग्री प्रदान की है। प्रसाद-काव्य में पुष्पों के बिम्बों की संस्था सम्पूर्ण वनस्थलीय बिम्बों की लगभग चालीस प्रतिशत है। उनके काव्य में पुष्प मात्र के अतिरिक्त कमल, कदम्ब, केतकी, कुन्द, इन्दीवर, तामरस, शतदल, नागकेसर, शेफाली, पारिजात, जवाकुसुम, शिरीष, मालती, जूही, सोनजूही, स्वर्ण-शतदल, कुमुद, अरविन्द, नील-नलिन, कोकनद, चैती गुलाब, मल्लिका, चमेली और रजनी गंधा के भी सुन्दर बिम्ब अंकित हुए हैं। इन बिम्बों में से कुछ में पुष्प के अनेक रूपों और क्रियाओं को एक साथ अंकित किया गया है और कुछ में केवल एक रूप अथवा क्रिया को। उदाहरण के लिए प्रेम-पथिक के आरम्भ में चमेली के पुष्प की विविध अवस्थाओं एवं क्रियाओं का चित्रण हुआ है।[1] इसके विपरीत निम्नांकित पंक्तियों में सूखे हुए कमल की एक विशेष अवस्था का बिम्ब है—

> किंजल्क जाल हैं बिखरे, उड़ता पराग हैं रूखा
> है स्नेह सरोज हमारा विकसा, मानस में सूखा।[2]

कुछ स्थलों पर वर्ण-संवेदना जगाने के लिए पुष्पों की बिम्ब-योजना की गई है, तो कुछ स्थलों पर स्पर्श-पुलक की अनुभूति सम्प्रेषित करने के लिए। उदाहरण के लिए 'केतकी गर्भ सा पीला मुख'[3] और 'जवाकुसुम सी उषा खिलेगी मेरी लघु प्राची में'[4] में क्रमशः पीत वर्ण और अरुण वर्ण की संवेद्यता प्रमुख है तो 'पुलकित कदम्ब की रसना सी पहना देती हो अन्तर में'[5] में दृश्य-स्पर्श की प्रमुखता। इसी प्रकार 'मेरी पीड़ा पर छिड़केगा जो कुसुमधूलि मकरन्द घोल'[6]—श्रद्धा के इस नथन से कुछ ऐसी स्पर्श संवेदना जगती है जैसे पीड़ित अथवा विक्षत अंग पर शीतल अनुलेप लगाने से जगा करती है।

प्रसाद-काव्य में पुष्पों की स्थिति-विशेष के बिम्ब भी है और व्यापार-विधायक बिम्ब भी। कवि ने विरहिणी श्रद्धा की द्युतिहीन करुण स्थिति के चित्रण के लिए मकरन्द-हीन पुष्प का बिम्ब उपस्थित किया है—

> 'कामायनी कुसुम वसुधा पर पड़ी न मकरन्न रहा;'[7]

अन्यत्र 'शयन सम्भोग दलित कबरी के शिथिल कुसुम'[8] का ऐसा ही स्थितिपरक

1. देखिए-प्रेम-पथिक, पृ० 7-8
2. आँसू, पृ० 28
3. कामायनी (ईर्ष्या), पृ० 116
4. लहर, पृ० 40
5. कामायनी (लज्जा), पृ० 79
6. कामायनी (ईर्ष्या), पृ० 125
7. कामायनी (स्वप्न), पृ० 143
8. झरना, पृ० 43

बिम्ब आया है। किन्तु दूसरी ओर पुष्पों को खिलते, मुरझाते, झूमते, हँसते, सोते—विभिन्न स्वाभाविक अथवा मानव-सुलभ क्रियाओं में संलग्न दिखा कर उनके बिम्ब अंकित किये गये हैं; जैसे—

हृदय कुसुम की खिलीं अचानक, मधु से वे भींगी पाँखें।[1]

इसमें स्पर्श-दृश्य संवेदनायुक्त, पंखुड़ियों के खुलने की क्रिया की मनोहारी बिम्ब-योजना हुई है। दूसरी ओर प्रसाद काव्य में मुरझाते या झड़ते हुए फूलों के भी बिम्ब हैं; जैसे—

'ले मकरन्द नया चू पड़ती शरद प्रात की शेफाली'[2]

कवि प्रसाद ने मानवीय क्रिया-व्यापारों में लग्न पुष्पों के भी अनेक बिम्ब अंकित किये हैं; जैसे—

मानस शतदल झूम उठा, जब तुम उसमें मकरन्द बनीं।[3]

अथवा—

स्वर्गंगा में इन्दीवर की या एक पंक्ति कर रही हास।[4]

इनमें से प्रथम उदाहरण में शतदल में झूमने की क्रिया का और दूसरे में, इन्दीवर की पंक्ति में हँसने की क्रिया का आरोप किया गया है। कुसुमों की हँसी के अन्य अनेक बिम्ब भी देखे जा सकते हैं। सोती हुई मधुमालतियों का यह बिम्ब भी द्रष्टव्य है—

मधु मालतियाँ सोती हैं कोमल उपधान सहारे[5]

'कोमल उपधान' का समावेश इस बिम्ब में दृश्य-स्पर्श संवेदना जगाता हुआ उसे स्पष्ट और मांसल बना देता है। इसी प्रकार सुमन डाली में सोते हैं,[6] कंज भ्रमरों से आँख बचा कर संकुचित होते हैं,[7] फूलों का चुम्बन लिया जाता है।[8]

संक्षेप में, प्रसाद-काव्य में अनेक पुष्पों के दृश्य-गन्ध-स्पर्श-संवेदनापूर्ण अनेक रूपों और विविध व्यापारों को बिम्बबद्ध किया गया है।

---

1. कामायनी (आशा), पृ० 36
2. कामायनी (निर्वेद), पृ० 179
3. वही, पृ० 180
4. कामायनी (ईर्ष्या), पृ० 117
5. आँसू, पृ० 36
6. लहर, पृ० 31
7. आँसू, पृ० 30
8. आँसू, पृ० 26

वृक्षों के बिम्ब

प्रसाद-काव्य में वृक्षों के बिम्ब सम्पूर्ण वनस्थलीय बिम्बों के लगभग पंचमांश हैं। पर्वत पर, नदी किनारे, कुसुम क्यारी में घिरे—अनेक प्रकार के वृक्ष उसमें रूपायित हुए हैं। वृक्षमात्र के अतिरिक्त उसमें देवदारु, साल, रसाल, तमाल, शाल्मली, अलम्बुषा, वेणु, कदम्ब और पारिजात वृक्षों के भी बिम्ब उपलब्ध हैं।

उसी तपस्वी से लम्बे थे देवदारु दो चार खड़े
हुए हिमधवल, जैसे पत्थर बन कर ठिठुरे रहे अड़े।[1]

इसमें देवदारु के 'दो चार' वृक्ष उत्तुंग शिखर पर शीताधिक्य और हिम के कारण किसी प्राणी के समान ठिठुर गये हैं। वृक्षों की सम्पूर्ण अवस्था के साथ-साथ 'धवल' वर्ण भी दृश्य-संवेद्य हो गया है। नदी किनारे के वृक्ष कवि को साड़ी की किनारी जैसे प्रतीत हुए हैं,[2] निर्जन कानन में वृक्ष प्रेतों के समान खड़े हैं[3] और कहीं वे तपस्विओं की भाँति छाया और शीतलता प्रदान करते हैं।[4] श्रद्धा की छाया के चित्रण के लिए कवि ने शिशु साल का बिम्ब प्रस्तुत किया है—

मधु पवन क्रीड़ित ज्यों शिशु साल, सुशोभित हो सौरभ संयुक्त।[5]

यहाँ शिशु साल की अनतिप्रलम्बता से हिलने की क्रिया और सुगन्ध इन्द्रिय-संवेद्य बनी है।

अनेक बिम्बों में कवि ने वृक्षों को मानव-सुलभ व्यापारों में संलग्न दिखाया है; जैसे चुपचाप खड़ी यह वृक्षपंक्ति—

चुपचाप खड़ी थी वृक्षपाँत, सुनती जैसे कुछ निजी बात[6]

अथवा प्रतीक्षारत वृक्षों का यह बिम्ब—

सरसों के पीले कागज पर वसंत की आज्ञा पाकर।
गिरा दिये वृक्षों ने सारे पत्ते अपने सुखलाकर॥
खड़े देखते राह नये कोमल किसलय की आशा में।
परिमल पूरित पवन कण्ठ से लगने की अभिलाषा में॥[7]

---

1. कामायनी (चिन्ता), पृ० 9
2. चित्राधार, पृ० 152
3. कानन-कुसुम. पृ० 30
4. चित्राधार, पृ० 177
5. कामायनी (श्रद्धा), पृ० 42
6. कामायनी (दर्शन), पृ० 186
7. झरना, पृ० 49

इस प्रकार के अन्य बिम्बों में कहीं सूखे तरु मुस्काते हैं,[1] कहीं विकसित रसाल किसलय के हाथ हिलाकर आमन्त्रित करता है,[2] कहीं सजी सुमन क्यारो में तमाल झूमता है[3] और कहीं वृक्षों के जीर्ण काण्ड हँस कर सूखा सा संकेत करते हैं।[4]

संक्षेप में, प्रसाद-काव्य में वृक्षों की विभिन्न स्थितियों के स्वाभाविक और मानव-क्रियासमन्वित रूपों का बिम्बांकन हुआ है।

लताओं के बिम्ब

जो स्थान जल में लहरों का और आकाश में चाँदनी का है लगभग वही स्थान वन में लताओं का है। कोमलता, स्पन्दन और सुगन्ध लताओं की ऐसी विशेषताएँ हैं जो कवि को आकर्षित करती हैं। लताओं पर कोमल नारी-भाव का आरोप सरलता से हो जाता है और कवि प्रसाद ने ऐसा किया भी है—

हैं लताएँ सब खड़ी क्यों सुमन की माला लिये[5]

इसमें प्रतीक्षारत लताओं का बिम्ब है तो निम्नलिखित में उसके घूँघट का—

लतिका घूँघट से चितवन की वह कुसुम दुग्ध सी मधु धारा
करती प्लावित मन अजिर रही, था तुच्छ विश्व वैभव सारा।[6]

यहाँ लतिका के साथ उसमें खिले हुए पुष्प और पुष्प में से बहते हुए मधु का भी बिम्ब अंकित किया गया है। अन्यत्र लता अपने किसलय-अधर से चरणों को चूमती है—

जहाँ फैल कर लता चरण को चूमती
कोमल किसलय अधर मधुर से, प्रेम से।[7]

इसी प्रकार कहीं तरु को अंक भर भेंटने वाली और उसके हृदय की तपन को शान्त करने वाली उद्यान लता अपने पुष्प-नेत्रों में मकरन्द के अश्रुकण भरे, बस टकटकी लगाकर देखती है, बोलती कुछ नहीं,[8] कहीं वल्लरियाँ नृत्य करती हैं,[9] और कहीं

1. कामायनी (आनन्द), पृ० 223
2. झरना, पृ० 25
3. वही, पृ० 90
4. वही पृ० 31
5. कानन-कुसुम, पृ० 16
6. कामायनी, (काम) पृ० 55
7. करुणालय, पृ० 22
8. चित्राधार, पृ० 153
9. कामायनी (आनन्द), पृ० 233

लतिका मधुमुकुल की नवल रस-गागर भर लाती हैं ।[1]

जिस प्रकार कवि ने लता के कोमल बिम्ब प्रस्तुत करने के लिए उसमें नारी-सुलभ व्यापारों का आरोप किया है उसी प्रकार नारी की कोमलता के चित्रण में लताओं के बिम्ब उपस्थित किये हैं । कमला की कोमल देहयष्टि के लिए इसी प्रकार का बिम्ब है—

खिली स्वर्णमल्लिका की सुरभित वल्लरी-सी
गुर्जर के थाले में मरन्द वर्षा करती मैं ।[2]

इसी प्रकार मानस-तटवासिनी श्रद्धा के लिए 'मानस तट की ज्योतिष्मती प्रफुल्लित वनबेली[3] का बिम्ब उपस्थित हुआ है ।

इनके अतिरिक्त प्रसाद जी ने कहीं पर लताओं के वर्ण-प्रधान बिम्ब प्रस्तुत किये हैं, कहीं स्पर्श-प्रधान । 'उस लता कुंज की झिलमिल से हेमाभ रश्मि थी खेल रही'[4] में दृश्य बिम्ब है तो 'स्नेहालिंगन की लतिकाओं की झुरमुट छा जाने दो'[5] आदि उदाहरणों में कोमल स्पर्श-संवेदना जगती है ।

संक्षेप में, प्रसाद जी ने लताओं के कोमल बिम्ब उरेहे हैं, सम्पूर्ण वनस्थलीय बिम्बों के लगभग अष्टमांश हैं और जिनमें से अधिकांश नारी भाव से सम्बद्ध हैं ।

कलियों के बिम्ब

अपनी कोमलता, सुकुमारता, मुग्धता और गन्ध से कवियों को आकृष्ट करने वाले प्राकृतिक उपादानों में कलियाँ प्रमुख हैं । कवि प्रसाद ने इनमें मुग्धा नायिकाओं की भोली चेष्टाओं के दर्शन किये हैं । कवि ने उनको खिलते भी देखा है और मुरझाते भी प्रभातकाल में समीर का प्रथम स्पर्श पाने वाली कलियों की मुग्धा-सदृश चेष्टाओं का यह बिम्ब द्रष्टव्य है—

कलियाँ कुसुम की थीं लजाईं प्रथम स्पर्श शरीर से
चिटकीं बहुत जब छेड़छाड़ हुआ समीर अधीर से ।[6]

'लज्जा' के रूप-चित्रण के लिए भी कलिका का बिम्ब उपस्थित किया गया है—

कोमल किसलय के अंचल में, नन्हीं कलिका ज्यों छिपती सी[7]

---

1. लहर, पृ० 19
2. लहर, पृ० 62
3. कामायनी (आनन्द), पृ० 231
4. कामायनी (काम), पृ० 67
5. लहर, पृ० 29
6. कानन-कुसुम, पृ० 106
7. कामायनी (लज्जा), पृ० 78

इसी प्रकार कहीं पर प्रभातकालीन नीरव वातावरण में कलियाँ अलसाते हुए आँखें खोलती हैं—

उस नीरवता में अलसाई कलियों ने आंखें खोली थीं ।[1]

नारी सदृश चेष्टा करने वाली कलियों के अधर विहँसते हैं,[2] कहीं वे उत्सुकता से मधुप की कपट-कहानी सुनती हैं[3] कहीं चम्पक कली मधुप से उपेक्षित होकर मलयज से क्रीड़ा करती है ।[4]

प्रसाद जी ने कलियों को अन्य रूपों में भी बिम्बांकित किया है । उनके काव्य में कहीं डाल-डाल में झालर के समान लगे हुए मधुमय मुकुल हैं[5] कहीं परिमल से ढँकी लाजभरी कलियाँ है,[6] कहीं गिरते हुए लघु-लघु कुडमल हैं[7] और कहीं मकरन्दपूर्ण किन्तु कुम्हलाता हुआ मनोमुकुल है ।[8] कलियों के बिम्बों की संख्या लताओं के बिम्बों से कुछ ही कम है ।

पत्तियों के बिम्ब

प्रसाद-काव्य में पत्तियों के बिम्बों की संख्या सम्पूर्ण वनस्थलीय बिम्बों की संख्या का षोडशांश है । उसमें सूखी और कोमल दोनों ही प्रकार की पत्तियों के बिम्ब हैं । निम्नांकित पंक्तियों में कवि ने कुसुमाकर के भालों से मर्माहत होकर गिरने वाले पत्तों का व्यापार-विधायक बिम्ब प्रस्तुत किया है—

कुम्हलाये, सूखे, ऐंठे फिर गिरे अलग हो वृन्तों से
वे निरीह मर्माहत होकर कुसुमाकर के कुन्तों से ।[9]

पत्तियों के अन्य आकर्षक व्यापार - विधायक बिम्बों की भी योजना हुई है; जैसे—

जिन पत्तियों पर रश्मियाँ आश्रय ग्रहण करती रहीं
वे पवन ताड़ित हो सदा ही दूर को हटती रहीं ।[10]

---

1. कामायनी (काम), पृ० 54
2. आंसू, पृ० 26
3. वही, पृ० 78
4. अजातशत्रु अंक 1, दृश्य 5, पृ० 40
5. कामायनी (आनन्द), पृ० 234
6. लहर, पृ० 25
7. वही, पृ० 25
8. कानन-कुसुम, पृ० 19
9. अजातशत्रु, अंक 3, दृश्य 9, पृ० 134
10. कानन-कुसुम, पृ० 34

कवि प्रसाद को सूखे पत्तों की अपेक्षा उनके कोमल और सचिक्कण स्वरूप ही अधिक प्रिय हैं। केवल इस कोमलता की स्पर्शपरक अनुभूति कराने के लिए भी उन्होंने किसलयों की बिम्ब-योजना की है; जैसे 'उठती है किरणों के ऊपर कोमल किसलय की छाजन सी'[1] में 'कोमल किसलय की छाजन' के साथ 'सी' शब्द का प्रयोग मूर्तता को कम करके किसलय की कोमलता की स्पर्शपरक अनुभूति को सम्प्रेषित करता है।

इसके अतिरिक्त किसलयों के कम्पन, मर्मर रव, अरुणिमा, सचिक्कणता आदि से पूर्ण बिम्बों की भी योजना हुई है। उदाहरणार्थ 'जलदागम मारुत से कम्पित पल्लव सदृश हथेली'[2] में कम्पन की प्रमुखता है, 'कोमल किसलय मर्मर रव से जिसका जयघोष सुनाते हो'[3] में मर्मर रव प्रमुख है और 'रक्त किसलय पर से विश्राम अरुण की एक किरण अम्लान'[4] में रक्तिम वर्ण प्रधान है।

अन्य वनस्थलीय बिम्ब

प्रसाद काव्य में पुष्पों, वृक्षों लताओं, कलियों और पत्तियों के इन बिम्बों के अतिरिक्त अल्पसंख्या में कुंजों, डालियों, अंकुर और काँटों का भी चित्रण हुआ है।

कुंजों के लगभग आधा दर्जन बिम्ब प्रसाद-काव्य में निबद्ध हैं जिनमें से दो में कुंजों को सजीव रूप में प्रस्तुत किया गया हैं—'विरल डालियों के निकुंज सब ले दुःख में निश्वास रहे'[5] और 'नव नील कुंज हैं झोम रहे।'[6] इनके अतिरिक्त 'देवताओं के पुलकित प्रेमालिंगन के कुसुमित कुंज,[7] चन्द्रिका और अँधेरी के मिलन कुंज[8] तथा व्याकुल को विश्राम देने वाले, ऋषियों के कानन कुंज[9] भी हैं।

डालियों के चार बिम्ब हैं जिनमें से एक में वर्ण की प्रधानता है—'रंगों ने जिससे खेला हो ऐसे फूलों की वह डाली,[10] अन्य बिम्ब में कुसुमयुक्त डाली को मदपूर्ण नेत्रों वाली कामिनी के रूप में अंकित किया गया है,[11] एक फलभरता से झुकी डाली का

---

1. कामायनी (काम), पृ० 58
2. कामायनी (कर्म), पृ० 104
3. कामायनी (लज्जा), पृ० 83
4. कामायनी (श्रद्धा), पृ० 43
5 कामायनी (स्वप्न) पृ० 145
6. कामायनी (काम), पृ० 56
7. कामायनी (चिन्ता), पृ० 15
8. आँसू, पृ० 48
9. लहर, पृ० 12
10. कामायनी (काम), पृ० 66
11. कानन-कुसुम, पृ० 58

बिम्ब[1] है और चौथे में डाली को मानवोचित्त व्यवहार में लग्न दिखाया गया है—'हिलते द्रुमदल कल किसलय, देती गलबांही डाली।'[2]

अंकुर का एक ही बिम्ब है—' अरे सर्ग अंकुर के दोनों पल्लव हैं ये भले-बुरे।'[3] 'प्रणयांकुर की तरह बालिका बालक दोनों बढ़ते थे'[4] जैसे उदाहरणों में अंकुर का कोई स्पष्ट बिम्ब नहीं बनता है।

प्रसाद-काव्य में **कंटक** का प्रयोग प्रतीक रूप में अधिक हुआ है, बिम्ब रूप में कम। कांटा चुभकर कष्ट पहुँचाता है अतः कांटे की चुभन का 'यही मूल अब शूल सदृश हो साल रही उर में मेरे[5] या 'मनु को जैसे चुभ गया शूल'[6] पंक्तियों में प्रयोग किया गया है। एक अन्य स्थान पर कंटक की तीक्ष्णता के साथ उसके पद-दलन को भी चित्रित किया गया है।[7]

संक्षेप में, प्रसाद-काव्य में वृक्षों, लताओं, पुष्पों, कलियों, पत्तियों; डालियों, अंकुर आदि अनेक वनस्थलीय वस्तुओं के बिम्ब है; परन्तु उनमें पुष्पों, वृक्षों, लताओं और कलियों के बिम्ब प्रधान हैं। उनके प्रकृत स्वरूपों और चेष्टाओं के चित्रण के साथ ही उनमें मानवीय मनोभावों का भी समावेश है। कुछ अपवादों को छोड़कर सम्पूर्ण वनस्थलीय बिम्बों में प्रकृति का कोमल स्वरूप ही प्रकट हुआ है।

(घ) पर्वतीय बिम्ब

प्रसाद ने अपने काव्य में पर्वतीय बिम्बों का भी चित्रण किया है किन्तु आकाशीय, जलीय और वनस्थलीय बिम्बों की अपेक्षा बहुत कम। इनकी संख्या पचास से कुछ ही अधिक हैं। इनमें पर्वतों, पर्वत-श्रेणियों, पर्वत-शृ ंगों, कन्दराओं, घाटियों, शिलाओं और हिम के बिम्ब अन्तर्भूत हैं।

पर्वतों के बिम्ब

प्रसाद काव्य में अन्य पर्वतीय उपादानों की अपेक्षा पर्वतों और पर्वत श्रेणियों के बिम्ब अधिक हैं। इनमें से अधिकांश कामायनी में प्राप्त होते हैं। कामायनी के पर्वतों अथवा पर्वत श्रेणियों के बिम्बों में आधे से अधिक हिमालय के बिम्ब हैं।

---

1. कामायनी (लज्जा), पृ० 79
2. आँसू, पृ० 26
3. कायायनी (निर्वेद), पृ० 171
4. प्रेम-पथिक, पृ० 16
5. कामायनी (निर्वेद), पृ० 172
6. कामायनी (इड़ा), पृ० 133
7. चित्राधार, पृ० 110

कामायनी में हिमालय के सुन्दर और संश्लिष्ट बिम्बों की योजना हुई है। आशा सर्ग में ऐसा ही एक संश्लिष्ट बिम्ब प्रस्तुत हुआ है, जिसमें हिमालय निद्रा में सुख स्वप्न देखता है, नीरवता उसके चरणों में लोट रही है उसकी हँसी झरनों के रूप में फूट कर बह निकली है, उससे टकराकर गुंजार करता हुआ पवन मानों उसकी दुर्भेद्य अचल दृढ़ता का चारण के समान प्रचार कर रहा है।[1]

इसी प्रसंग में प्रसाद ने पर्वत-श्रेणियों का विविध वर्ण रंजित, भव्य बिम्ब प्रस्तुत किया है—

> सन्ध्या घन माला की ओढ़े सुन्दर रंग बिरंगी छींट,
> गगनचुम्बिनी शैल श्रेणियाँ पहने हुए तुषार किरीट।[2]

इसी प्रकार गौरव-गर्व से पूर्ण हिमालय का बिम्ब रहस्य सर्ग में अंकित हुआ है—

> उर्ध्व देश उस नील तमस में, स्तब्ध हो रही अचल हिमानी,
> पथ थक कर है लीन, चतुर्दिक देख रहा वह गिरि अभिमानी।[3]

प्रसाद ने कामायनी में ही तटस्थ भाव से ध्यान लग्न साधक के रूप में हिमालय को चित्रित किया है—

> दिनकरगिरि के पीछे अब हिमकर था चढ़ा गगन में,
> कैलास प्रदोष प्रभा में स्थिर बैठा किसी लगन में।[4]

सध्या के समय साधारण व्यक्ति भी प्रायः कुछ चिन्तनलीन हो जाता है, फिर हिमालय जैसे महान व्यक्तित्व का किसी 'लगन' में स्थिर बैठा होना सहज स्वाभाविक है।

कवि ने शिवरूप में भी हिमालय की कल्पना की है जो कोमल लहरें देखता हुआ स्पन्दित-सा हो रहा है—

> वह चन्द्र किरीट रजत नग स्पंदित सा पुरुष पुरातन
> देखता मानसी गौरी लहरों का कोमल नर्तन।[5]

प्रसाद ने हिमालय श्रेणियों को केवल अभिमानी, चिन्तनशील, तटस्थ व्यक्ति के

---

1. देखिए—कामायनी (आशा), पृ० 30-31
2. वही, पृ० 31
3. कामायनी (रहस्य), पृ० 204
4. कामायनी (आनन्द), पृ० 226
5. वही, पृ० 235

रूप में ही अंकित नहीं किया वरन् उन्हें मनुष्य की पीड़ा से स्पंदित और दुखी होते भी देखा है—

तृणमूल्यों से रोमांचित नग सुनते उस दुख की गाथा
श्रद्धा की सूनी सांसों से मिलकर जो स्वर भरते थे।[1]

यही नहीं श्रद्धा को हिमालय भयभीत पृथ्वी के:मुख पर उभरी हुई सिकुड़न[2] जैसा दिखाई देता है। हिमालय की ऊँचाई को देखकर कवि को ऐसा प्रतीत होता है जैसे वह विश्व की तुंग तरंग[3] हो अथवा उसकी ऊँचाई मचलती हुई आकाश को छूने बढ़ती जा रही हो।[4]

हिमालय के अतिरिक्त सामान्य शैल-श्रेणियों के बिम्बों में प्रसाद ने प्रायः उनके कोमल-भावनायुक्त रूपों को ही अधिक उभारा है।

मुंह सिये, झेलती अपनी अभिशाप ताप ज्वालाएँ
देखीं अतीत के युग से चिर मौन शैल-मालाएँ
जिनपर न वनस्पति कोई श्यामल उगने पाती है
जो जनपद-परस-तिरस्कृत अभिशप्त कही जाती हैं।[5]

पर्वतों के एक अन्य बिम्ब में कवि ने उन्हें प्रेमी के रूप में अंकित किया है— 'भुजलता पड़ी सरिताओं की शैलों के गले सनाथ हुए'[6] हेमकूट की परछाई का बिम्ब मुख्यतः वर्ण की तरल अनुभूति को सम्प्रेषित करता है—

या हेमकूट हिमजल में झलकाता परछाई निज।[7]

कुछ ज्वालामुखियों के बिम्ब भी प्रसाद-काव्य में उपलब्ध हैं। प्रलय के प्रसंग में 'ज्वालामुखियों के निश्वास'[8] और श्रद्धा के उपदेश में 'ज्वालामुखियों के चूर्ण होने में[9] ज्वालामुखी के भयावह रूप का संकेत है किन्तु श्रद्धा के रूप वर्णन के प्रसंग में

---

1. कामायनी (स्वप्न), पृ० 144
2. कामायनी (श्रद्धा), पृ० 46
3. कामायनी (आशा), पृ० 32
4. कामायनी (रहस्य), पृ० 204
5. आंसू, पृ० 77-78
6. कामायनी (काम), पृ० 63
7. कामायनी (आनन्द), पृ० 232
8. कामायनी (चिन्ता), पृ० 19
9. कामायनी (श्रद्धा), पृ० 53

ज्वालामुखी की भीषणता का परिहार कर उसके भास्वर स्वरूप को बिम्बबद्ध किया गया है—

> या कि नव इन्द्रनील लघु शृंग फोड़ कर धधक रही हो कांत
> एक लघु ज्वालामुखी अचेत माधवी रजनी में अश्रान्त ।[1]

संक्षेप में प्रसाद ने अपने काव्य में पर्वतों के गरिमा-मण्डित और संवेदनशील रूपों को अंकित किया है ।

शैल-शृंगों के बिम्ब

शैल-शुंगों के अधिकांश बिम्ब कामायनी में ही उपलब्ध होते हैं । इस ग्रन्थ का आरम्भ ही गिरि शृङ्ग के बिम्ब से होता है—

> हिमगिरि के उतुंग शिखर पर बैठ शिला की शीतल छाँह....[2]

इस गिरि शिखर के बिम्ब में ऊँचाई और शीलता की अनुभुति कराई गई है । अन्यत्र मनु व्योम-चुम्बन में व्यस्त ऊंचे गिरि-शिखर देखते हैं ।[3] कहीं 'उन्मुक्त शिखर' निर्वासित, अशान्त और रोते हुए मनु को अपनी हँसी उड़ाते प्रतीत होते हैं ।[4] कहीं मनु अपने देखे हुए शैल-शृङ्गों का वर्णन करते हैं, जो ऊँचे, हिमाच्छादित और तटस्थ हैं—

> देखे मैंने वे शैल-शृङ्ग
> जो अचल हिमानी से रंजित, उन्मुक्त उपेक्षा भरे तुंग[5]

इसी प्रकार के एक बिम्ब में कवि ने संध्या की धूमिल छाया में मलिन शशि-लेखा से युक्त शैल-शृङ्ग की वाह्य रेखाओं[6] (आउट लाइन) को अंकित किया है ।

संक्षेप में, शैल-शृंगों के बिम्बों में प्रसाद ने मुख्यतः उनकी ऊँचाई, उन्मुक्तता, व तटस्थता का अंकन किया है ।

कन्दराओं के बिम्ब

अन्य पर्वतीय बिम्बों के समान कन्दराओं के भी अधिकांश बिम्ब कामायनी में ही आये हैं । लगभग एक दर्जन स्थानों पर गुफा का नामोल्लेख हुआ है, जिनमें से कुछ स्थानों पर उसके विस्तार, गहनता धुंधलेपन आदि का बोध कराने वाले बिम्ब हैं ।

---

1. कामायनी (श्रद्धा), पृ० 43
2. कामायनी (चिन्ता), पृ० 9
3. कामायनी (वासना), पृ० 73
5. कामायनी (इड़ा), पृ० 129
6. वही, पृ० 128
7. कामायनी (कर्म), पृ० 95

थी अनंत की गोद सदृश जो, विस्तृत गुहा वहाँ रमणीय
उसमें मनु ने स्थान बनाया, सुन्दर स्वच्छ और वरणीय ।[1]

यहाँ रमणीय, वरणीय और विस्तृत—इन तीन विशेषणों के प्रयोग के अतिरिक्त 'अनन्त की गोद' के सादृश्य से गुफा के विस्तार और शरण्यता की अनुभूति करायी गयी है। कर्म सर्ग में शयन-गुहा के धुँधले वातावरण को इस प्रकार बिम्बायित किया गया है—

सूखी काष्ठ सन्धि में पतली अनल शिखा जलती थी,
उस धुँधले गृह में आभा से तामस को छलती थी ।[2]

यह शयन गुहा धुँधली थी, जिसमें काष्ठ सन्धि में पतली अनल शिखा जलती हुई अन्धकार को छल रही थी—अंधकार पूर्णतः समाप्त नहीं हुआ था ।

किस गहन गुहा से अति अधीर
झंझा प्रवाह सा निकला यह जीवन विक्षुब्ध महासमीर ।[3]

इन पंक्तियों में गहन गुफा का बिम्ब उभरता है । मनु के जीवन और झंझा के उद्गम-स्थल के रूप में उसकी गहनता का बोध होता है ।

संक्षेप में, प्रसाद-काव्य में विस्तृत, गहन और धुँधली गुफ़ाओं के थोड़े से बिम्ब प्रस्तुत हुए हैं ।

घाटियों के बिम्ब

प्रसाद जी ने घाटियों के बहुत कम बिम्ब प्रस्तुत किये हैं किन्तु जो हैं वे सुन्दर और मनोहारी हैं । ये बिम्ब कामायनी में आये हैं ।

संध्या नील सरोरुह से जो श्याम पराग बिखरते थे
शैल घाटियों के अंचल को व धीरे से भरते थे ।[4]

यहाँ संध्याकाल में धीरे-धीरे अंधकार से भरती हुई घाटी के अंचल का बिम्ब प्रस्तुत हुआ है । उर्ध्व देश में पहुँच कर मनु और श्रद्धा को नीचे घाटी इस प्रकार दिखाई दी—

हरियाली जिनकी उभरी, वे समतल चित्रपटी से लगते
प्रतिकृतियों के बाह्य रेख से स्थिर, नद जो प्रतिपल से भगते ।[5]

1. **कामायनी (आशा)**, पृ० 32
2. **कामायनी (कर्म)**, पृ० 96
3. **कामायनी (इड़ा)**, पृ० 128
4. **कामायनी (स्वप्न)**, पृ० 144
5. **कामायनी (रहस्य)**, पृ० 205

सम्पूर्ण संम्पूर्ण से जोड़ कर देखने से यह स्पष्ट होता है कियहाँ प्रसाद जी ने बहुत ऊपर से दिखाई देती घाटी का अत्यन्त स्वाभाविक और मनोहारी बिम्ब प्रस्तुत किया है।

घाटी का निकट से दिखाई देने वाला दृश्य भी कवि ने प्रस्तुत किया है—

उसकी तलहटी मनोहर स्यामल तृण वीरुध वाली;
नव कुंज, गुहा गृह सुन्दर ह्रद से भर रही निराली।[1]

यहाँ कवि ने तृण, लता, कुंज, गुहागृह और झील (मानसरोवर) का उल्लेख कर तलहटी (घाटी) का बिम्ब चित्रित किया है।

संक्षेप में, प्रसाद जी ने संख्या में कम, किन्तु हरियाली से भरी घाटियों के सुन्दर बिम्ब प्रस्तुत किये हैं।

शिलाओं के बिम्ब

प्रसाद काव्य में शिलाओं के अधिकांश बिम्ब हिमालय के प्रसंग में प्राप्त होते हैं—

शिलासन्धियों से टकराकर पवन भर रहा था गुंजार[2]

इन पंक्तियों में शिलासन्धियों से पवन की टकराहट और उससे उत्पन्न ध्वनि को बिम्बबद्ध किया गया है। शिलाचरण का निम्नलिखित बिम्ब भी पवन की टकराहट के संदर्भ में प्रस्तुत हुआ है—

नीरवता सी शिला चरण से टकराता फिरता पवमान।[3]

यहाँ विस्तृत और निस्तब्ध शिलाओं का बिम्ब, पर्वत प्रदेश की नीरवता के साथ, उभरता है। नीरवता से शिला चरण का सादृश्य दिखा कर उनके विस्तार की अनुभूति कराई गयी है। इसी प्रकार 'हिमगिरि के उत्तंग शिखर पर बैठ शिला की शीतल छाँह'[4] में शिला की शीतलता प्रमुख है; 'थे चमक रहे दो खुले नयन ज्यों शिला लग्न अनगढे रतन'[5] में शिला का काला और अनगढ़ स्वरूप उभारा गया है इसके लिए इसे में चमकती मनु की आँखों के अप्रस्तुत के रूप में लाया गया है।

संक्षेप में, प्रसाद-काव्य में शिलाओं के बिम्ब विरल रूप में ही प्राप्त हैं।

हिम के बिम्ब

हिम का सम्बन्ध पर्वत से होता है। प्रसाद जी ने भी हिम को प्रायः पर्वत

1. कामायनी (आनन्द), पृ० 225
2. कामायनी (आशा), पृ० 31
3. कामायनी (चिन्ता), पृ० 9
4 वही, पृ० 9
5 कामायनी (दर्शन), पृ० 197

से सम्बद्ध करके ही चित्रित किया। एक दो स्थानों पर, जहाँ उसके चित्रण में पर्वत का उल्लेख नहीं हुआ है, वहाँ भी अनुषंग के नियम (लॉ आफ एसोसियेशन) के अनुसार पाठक के मन में पर्वत प्रदेश से सम्बन्ध जुड़ जाता है। जहाँ कवि ने हिम को रश्मियों से मण्डित कर प्रस्तुत किया है, वहाँ बिम्ब अधिक सुन्दर बन पड़े हैं; जैसे—

नव कोमल आलोक बिखरता हिम-संसृति पर भर अनुराग।
सित सरोज पर क्रीड़ा करता जैसे मधुमय पिंग पराग।[1]

यहाँ कवि ने हिम-संसृति कह कर दूर-दूर तक विस्तृत हिम का बिम्ब प्रस्तुत किया है।

हिम-खण्डों पर जब रवि-रश्मियाँ पड़तो हैं तो उनमें प्रकाश का प्रक्षेपण चन्द्रमा का भ्रम उत्पन्न कर देता है—'रविकर हिमखण्डों पर पड़कर हिमकर कितने नये बनाता'[2]। इसी प्रकार कभी प्रकाश-रश्मियाँ, हिमखण्डों के सम्पर्क में आने से सात रंग बिखर जाने पर, मणिदीपों का प्रकाश का आभास कराती हैं—

'हिमखण्ड रश्मिमण्डित हो मणिदीप प्रकाश दिखाता'[3]

हिम जब पिघलता है तो उसमें दबो हुई वनस्पतियाँ उभरने लगती हैं। वह जल के रूप में परिणत होकर वनस्पतियों पर से फिसलता हुआ ऐसा प्रतीत होता है जैसे वनस्पतियाँ शीतल जल से मुख धो रही हों—

धीरे-धीरे हिम आच्छादन, हटने लगा धरातल से
जगीं वनस्पतियाँ अलसाईं, मुख धोतीं शीतल जल से।[4]

हिम कोमल और शीतल होता है, अतः कवि ने इसे कपोल के उपमान रूप में भी उपस्थित किया है—

अरुण राग-रंजित कोमल हिम खण्ड से—
सुन्दर गोल कपोल।[5]

यहाँ कपोल की लालिमा की अभिव्यक्ति के लिए हिम को अरुण के राग से रंजित कर बिम्ब रूप में उपस्थित किगा गया है। अभिप्राय यह है कि प्रसाद काव्य में कोमल हिम के अधिकांशतः रश्मि-रंजित रूपों के बिम्ब अंकित किये गये हैं।

1. कामायनी (आशा), पृ० 25
2. कामायनी (रहस्य), पृ० 205
3. कामायनी (आनन्द), पृ० 234
4. कामायनी (आशा), पृ० 25
5. झरना, पृ० 20

संक्षेप में, प्रसाद-काव्य में पर्वतीय बिम्बों में हिमालय के ही बिम्ब अधिक हैं जिनमें उसकी गरिमा, विस्तार, ऊँचाई और हिमाच्छादन को चित्रित किया गया है। ज्वालामुखियों तथा सामान्य पर्वतों के बिम्बों में गौरव की अपेक्षा कोमलता आदि भावों की प्रधानता है। पर्वतीय बिम्बों में कहीं पर्वतों के वैभव का स्वतन्त्र रूप से अंकन हुआ है और कहीं उन पर मानव-मनोभावों का आरोप किया गया है।

(ङ) खनिजीय बिम्ब

खनिजीय बिम्बों से हमारा अभिप्राय खनिज धातुओं, रत्नों और समकक्ष पदार्थों के बिम्बों से है। प्रसाद काव्य में इस प्रकार के बिम्बों की संख्या चालीस से कुछ ही अधिक है, जिनमें से तीन चौथाई बिम्ब रत्नों के हैं। उनके काव्य में स्वर्ण, रजत, विविध रत्नों और सीपियों के बिम्ब उपलब्ध हैं।

स्वर्ण के बिम्ब

यद्यपि स्वर्णिम वर्ण प्रसाद को विशेष प्रिय है तथापि उन्होंने स्वर्ण के बिम्बों की रचना अधिक संख्या में नहीं की है।

> तपा चुके हो विरह वह्नि में, काम जँचाने का न इसे,
> शुद्ध सुवर्ण हृदय हैं प्रियतम ! तुमको शंका केवल है।[1]

यहाँ अग्नि में तपे हुए सुवर्ण को हृदय के सादृश्य के लिए उपस्थित किया गया है।

प्रसाद-काव्य में ठोस स्वर्ण के विम्ब अत्यन्त विरल हैं। कवि ने स्वर्ण को प्रायः तरल या चूर्ण रूप में उपस्थित किया है, जिससे उसकी कठोरता का परिहार हो गया है, जैसे—

> वह विराट था हेम घोलता नया रंग भरने को आज।[2]

यहाँ कवि ने हेम को तरल रूप में प्रस्तुत कर उसके वर्ण की अनुभूति को अक्षुण्ण रखा है किन्तु उसकी कठोरता को विगलित कर दिया है। इसी प्रकार 'बाड़व ज्वलन उसी में जलकर कंचन-सा जल रँग देता'[3]—इस पंक्ति में भी कंचन की तरलता और उसके वर्ण को ही उपस्थित किया गया है। इसी प्रकार—

---

1 झरना, पृ० 78
2 कामायनी (आशा), पृ० 26
3 कामायनी (निर्वेद), पृ० 169

सोने की सिकता में मानो कालिन्दी बहती भर उसास ।[1]

में भी सोने के पिण्ड की नहीं, वरन् उसके चूर्ण की आकृति अपने पूर्ण रंग-वैभव के साथ बिम्बबद्ध हुई हैं। इसी प्रकार 'जब शांत मिलन संध्या को हम हेम जाल पहनाते'[2]—इसमें हेम के पतले धागों से बुने हुए जाल को बिम्बित किया गया है।

रजत के बिम्ब

प्रसाद-काव्य में रजत के बिम्ब बहुत कम उपलब्ध हैं। रजत के बिम्ब प्रायः श्वेत वर्ण को उभारने के लिए लाये गये हैं।

रजत कुसुम में नव पराग सी उड़ा न दे तू इतनी धूल,
इस ज्योत्स्ना की, अरी बावली ! तू इसमे जावेगी भूल ।[3]

यहाँ ज्योत्स्ना की धवलिमा के लिए कवि ने 'रजत कुसुम में नव पराग' की ललित कल्पना प्रस्तुत की है। इसी प्रकार 'श्रद्धे वह उज्ज्वल कैसा है जैसे पुंजीभूत रजत है'[4] में ज्ञान लोक की उज्ज्वलता, भास्वरता और श्वेतिमा को व्यक्त करने के लिए पुंजीभूत रजत का बिम्ब अंकित हुआ है। 'वह रजत गौर उज्ज्वल जीवन'[5] में शिव के गौर वर्ण के लिए और 'वह चन्द्रकिरीट रजतनग'[6] में कवि ने हिमालय की चमक, श्वेतिमा आदि के लिए रजत का उपयोग किया है।

रत्नों के बिम्ब

प्रसाद-काव्य में सामान्य मणि और रत्नों के अतिरिक्त मरकत, हीरे, चन्द्रकान्तमणि, इन्द्रनीलमणि मोती और प्रवाल के बिम्ब उपलब्ध होते हैं।

सामान्य मणि के बिम्ब प्रायः उसकी कान्ति को व्यक्त करते हैं—

कौन तुम ? संसृति जलनिधि तीर, तरंगों से फेंकी मणि एक
कर रहे निर्जन का चुपचाप, प्रभा की धारा से अभिषेक ।[7]

यहाँ कवि ने सागर द्वारा किसी निर्जन किनारे पर फेंकी गई, चुपचाप अपनी प्रभा को विकीर्ण करती हुई एक मणि को चित्रित किया है। इसी प्रकार 'व्यथा से नीली

1. कामायनी (ईर्ष्या), पृ० 117
2. आँसू, पृ० 37
3. कामायनी (आशा) पृ० 40
4. कामायनी (रहस्य) पृ० 215
5. कामायवी (दर्शन), पृ० 201
6. कामायनी (आनन्द), पृ० 235
7. कामायनी (श्रद्धा), पृ० 41

लहरों बीच बिखरते सुख मणिगण द्युतिमान'[1] में भी कान्ति से पूर्ण मणि को बिम्बबद्ध किया गया है। उपर्युक्त उद्धरणों से प्रायः किसी वर्ण-विशेष का बोध नहीं होता। किन्तु एक स्थान पर, जहाँ सूर्य के लिए मणि की कल्पना की गई है, मणि की चमक के साथ उसका अरुणवर्ण भी दृश्य-संवेद्य हो उठा है—

प्यारी उषा के सुकेश कलाप में सोहत भूषण कैधों मनी को।[2]

प्रसाद ने वर्ण विशेष का बोध कराने के लिए विशेष मणियों के बिम्ब ही उपस्थित किये हैं; जैसे मरकत हरे वर्ण का बोध कराता है और हीरा श्वेत वर्ण का। दूर-दूर तक फैली हरियाली के बीच में सुशोभित, स्वच्छ जल से परिपूर्ण मानसरोवर के लिए ऐसा ही बिम्ब लाया गया है—

मरकत की वेदी पर ज्यों रक्खा हीरे का पानी।[3]

श्वेत हीरे का बिम्ब नीलमणि के साथ भी कई स्थानों पर आया है, जैसे नीले आकाश के बीच में चमकते तारों के लिए—

नीलमनि माला माँहि सुन्दर लसत
हीरक उज्ज्वल खण्ड विकाश सतत।[4]

इसी प्रकार नीले आकाश के लिए इन्द्रनीलमणि महाचषक,[5] श्रद्धा के नील परिधान के लिए इन्द्रनील लघु शृंग,[6] मानसरोवर के स्वच्छ जल के लिए नवमुकुर नीलमणि फलक अमल,[7] नील सरोवर के बीच इन्दीवर-पंक्ति के लिए कामिनि-कच-बीच नीलम की बेंदी[8] के बिम्ब प्रस्तुत हुए हैं।

माणिक्य का बिम्ब मुख्यतः लाल वर्ण का बोधक होकर आया है; जैसे 'मानिक मदिरा से भर दी किसने नीलम की प्याली'।[9] हीरे का बिम्ब श्वेतिमा के अतिरिक्त अति कठोरता का बोधक होकर भी आया है; जैसे 'हीरे सा हृदय हमारा कुचला शिरीष

---

1. कामायनी (श्रद्धा), पृ० 49
2. चित्राधार, पृ० 15
3. कामायनी (आनन्द), पृ० 226
4. चित्राधार, पृ० 163
5. कामायनी (आशा), पृ० 26
6. कामायनी (श्रद्धा), पृ० 43
7. लहर, पृ० 43
8. चित्रधार, पृ० 104
9. आँसू, पृ० 21

कोमल ने'।[1]

चन्द्रकान्त मणि के सम्बन्ध में प्रसिद्धि है कि वह चन्द्र किरणों के स्पर्श से पिघलने लगती है। प्रसाद ने इस मणि के बिम्ब उसकी द्रवणशीलता के साथ ही प्रस्तुत किये हैं—

स्मर शशि किरणें,
स्पर्श करती थीं इस चन्द्रकान्त मणि को
स्निग्धता बिछलती थी जिस मेरे अङ्ग पर।[2]

यौवन-सुलभ काम-भावना के स्पर्श मात्र से कमला के अंगों में जो स्निग्धता और सचिक्कणता का समावेश हो गया है उसके लिए यहाँ कवि ने ज्योत्स्ना के स्पर्श से चन्द्रकान्त मणि के द्रवित रूप का बिम्ब उपस्थित किया है। भोर में स्नान करने से सीता के जल-बिन्दु-मण्डित मुख[3] के लिए भी चन्द्रकान्त मणि का ऐसा ही बिम्ब प्रस्तुत किया गया है।

प्रसाद-काव्य में मोती के बिम्ब प्राय: आँसू, ओस आदि के उपमान के रूप में आये हैं; जैसे—

नीलोत्पल के बीच सजाये मोती से आँसू के बूंद !
हृदय-सुधानिधि से निकले हो, सब न तुम्हें पहचान सके।[4]

नेत्र की समता के लिए यहाँ नीलकमल को उपस्थित कर मोतियों को उसके बीच सजाया गया है। इसी प्रकार 'श्यामल आँचल धरणी का भर मुक्ता आँसू कण से'[5]—में भी मुक्ता का बिम्ब आँसू के लिए आया है। किन्तु यहाँ 'आँचल में मोती' की कल्पना 'नीलोत्पल के बीच सजाये मोती' की अपेक्षा अधिक स्वाभाविक है।

'हँसता यह विश्व हमारा बरसाता मंजुल मोती'[6]

जैसे स्थलों पर ओस के लिए मोती के बिम्ब लाये गये हैं।

मूंगे के बिम्ब प्रसाद-काव्य में अधिक नहीं है। प्रवाल (मूंगे) का उपयोग अधरों पर खेलती मुस्कान के लिए किया गया है—

---

1. आँसू, पृ० 30
2. लहर, पृ० 62
3. कानन-कुसुम, पृ० 106
4. प्रेम-पथिक, पृ० 28
5. आँसू, पृ० 32
6. वही, पृ० 67

उसके अधरों पर फैलेगा नव मधुमय स्मिति लतिका प्रवाल[1]

अपने अजन्मा शिशु की मधूर कल्पना में खोयी श्रद्धा द्वारा उसकी भोली मुस्कान के लिए ऐसी कल्पना बहुत स्वाभाविक है। मुस्कान से बढ़ी हुई शिशु के कोमल अधरों की लालिमा इस बिम्ब से भली-भाँति व्यक्त हो गई है।

सीपी के बिम्ब

प्रसाद-काव्य में सीपी के भी कुछ बिम्ब मिलते हैं। इनमें से एक बिम्ब में सीपी को हृदय के उपमान के रूप में और एक में पलकों के उपमान के रूप में लाया गया है, जैसे—

इस छोटी सी सीपी में रतनाकर खेल रहा है।[2]

सीपी और पलकों में तो आकार-साम्य होता ही है, उसके साथ ही आँसुओं के लिए रतनाकर के खेलने की कल्पना और जोड़ दी गई है जिससे यह बिम्ब और अधिक रमणीय हो गया है।

इसी प्रकार स्वाती बूंद की आशा में मुँह खोले रखने वाली सीपी का यह बिम्ब भी द्रष्टव्य है—

रस-निधि में जीवन रहा, मिटी न फिर भी प्यास
मुँह खोले मुक्तामयी सीपी स्वाती आस।[3]

अपने 'प्राप्य' को पाकर भी न पाने वाली देवसेना की मनःस्थिति को अभिव्यक्त करने में यह बिम्ब बहुत समर्थ है। जिस सीपी को मोती प्राप्त हो गया हो वह सामान्यतः स्वाती जल की इच्छुक नहीं होती, किन्तु यहाँ उसको भी मुँह खोले चित्रित किया गया है।

अभिप्राय यह है कि प्रसाद-काव्य में खनिज और मणियों के बिम्बों में से मणियों के बिम्बों का आधिक्य है। प्रायः विभिन्न रंगों के लिए विभिन्न मणियों के और आँसू ओस आदि के लिए मुक्ताओं के बिम्बों की योजना हुई है। स्वर्ण के बिम्बों में प्रायः स्वर्ण की कठोरता का परिहार कर उसे तरल, तन्तु या चूर्ण रूप में उपस्थित किया गया है।

(च) ऋतु सम्बन्धी बिम्ब

विभिन्न ऋतुओं में प्रकृति अपना रूप बदलती हुई मानव-हृदय में भी विभिन्न

---

1. कामायनी (ईर्ष्या), पृ० 125
2. आँसू, पृ० 72
3. स्कन्दगुप्त, अंक 5, पृ० 149

भावनाओं का संचार करती है। प्रसाद भी इन ऋतुओं से आकृष्ट हुए हैं। उनके काव्य में ऋतु सम्बन्धी लगभग सत्तर बिम्ब उपलब्ध हैं। यद्यपि इनमें वसन्त, ग्रीष्म, वर्षा, शरद, हेमन्त और शिशिर सभी ऋतुओं के बिम्ब हैं तथापि वसन्त और वर्षा प्रसाद जी की सबसे अधिक प्रिय ऋतुएँ हैं। फलतः उनके काव्य में इन्हींके बिम्ब सबसे अधिक हैं। इनके पश्चात् शरद और शिशिर की गणना की जा सकती है। हेमन्त और ग्रीष्म के बिम्बों की संख्या अत्यन्त विरल है।

वसन्त के बिंम्ब

वसन्त ऋतु प्रसाद को विशेष प्रिय है। ऋतुओं में वर्षा के पश्चात् सबसे अधिक बिम्ब वसन्त के हैं। मानव जीवन में जो स्थान यौवन का है, प्रकृति के सम्पूर्ण ऋतु-चक्र में लगभग वही स्थान वसन्त ऋतु का है। इसीलिए उसको ऋतुपति का गौरवपूर्ण पद प्राप्त है। वसन्त के आगमन से सर्वत्र उल्लास और उमंग छा जाता है। प्रसाद ने भी प्रायः यौवन, उल्लास, कौतूहल और आनन्द की अभिव्यक्ति के लिए वसन्त का चित्रण किया है।

मधुमय वसन्त जीवन बन के बह अन्तरिक्ष की लहरों में;
कब आये थे तुम चुपके से रजनी के पिछले पहरों में!
क्या तुम्हें देखकर आते यों मतवाली कोयल बोली थी।
उस नीरवता में अलसाई कलियों ने आँखें खोली थीं।
जब लीला से तुम सीख रहे कोरक कोने में लुक रहना;
तब शिथिल सुरभि से धरणी में बिछलन न हुई थी सच कहना
जब लिखते थे तुम सरल हँसी अपनी, फूलों के अंचल में
अपना कल कण्ठ मिलाते थे झरनों के कोमल कल कल में।
\+ \+ \+ \+
लतिका घूँघट से चितवन की वह कुसुम दुग्ध सी मधु धारा,
प्लावित करती मन अजिर रही था तुच्छ विश्व वैभव सारा।[1]

यहाँ कवि ने यौवन के आगमन के लिए वसन्त के आगमन का संश्लिष्ट बिम्ब अंकित किया है। मतवाली कोयल का बोलना, अलसाई कलियों का आँखें खोलना, पराग से धरणी में बिछलन होना, फूलों के अंचल में हँसी का बिखरना, झरनों की कोमल कल-कल, लता के घूँघट से निकली कुसुम के दुग्ध सदृश मधु की धारा द्वारा मन-आँगन का प्लावित होना—ऐसे व्यापार हैं जो वसन्त के आगमन के सूचक हैं और मिलकर उसका

---

1. कामायनी (काम), पृ० 54-55

एक संश्लिष्ट बिम्ब प्रस्तुत करते हैं। यहाँ चुपके से आना, आँखें खोलना, कोने में छिप रहना, हँसना, कण्ठ मिलाना, घूंघट से झाँकना—इन मानव सुलभ व्यापारों का आरोप होने के कारण बिम्ब में सजीवता का आभास भी हो जाता है।

इसी प्रकार कवि ने 'लहर' में 'अधीर यौवन' को 'विश्व मधु ऋतु का मधुर विकास'[1] बताया है।

किशोर और चमेली के यौवन और प्रेम के विकास के लिए भी कवि ने हृदय कली का खिलना, मधुर मकरन्द का होना, नन्दन-कानन के अरविन्द का खिलना, हृदय के छायापथ में अरुणविभा का फैलना आदि का चित्रण करते हुए वसन्त का बिम्ब उपस्थित किया है।[2] 'विशाख' में भी यौवन-वसन्त के खिलने का वर्णन है।[3] 'चिरकिशोर वय नित्य विलासी' देवों के यौवन को भी कवि ने दिगन्त को सुरभित करने वाला, मधु से पूर्ण अनन्त वसन्त कहा है।[4] इनके अतिरिक्त कुछ स्थलों पर कवि ने वसन्त के क्रियाकलाप के वर्णन द्वारा उसके लक्षित बिम्ब भी उपस्थित किये हैं।[5]

ग्रीष्म के बिम्ब

प्रसाद-काव्य में ग्रीष्म के बिम्ब विरल हैं। ग्रीष्म के बिम्ब मुख्यतः मध्याह्न से सम्बन्धित हैं क्योंकि ग्रीष्म का प्रकोप मुख्यतः मध्याह्न में ही लक्षित होता है। 'ग्रीष्म का मध्याह्न' कविता में ग्रीष्म का संश्लिष्ट बिम्ब उपस्थित हुआ है —

विमल व्योम में देव-दिवाकर अग्निचक्र से फिरते हैं
किरण नहीं, ये पावक के कण जगती तल पर गिरते हैं
छाया का आश्रय पाने को जीव मण्डली गिरती है
चण्ड दिवाकर देख सती छाया भी छिपती फिरती है।[6]

आकाश की निर्मलता (मेघहीनता), सूर्य का अग्निचक्र के समान फिरना, पावक कण का पृथ्वी पर गिरना, छाया के लिए पक्षियों का नीचे उतरना, छाया का छिपते फिरना, आदि विभिन्न क्रियाओं से कवि ने ग्रीष्म का दृश्य-स्पर्श-संवेदना से पूर्ण संश्लिष्ट बिम्ब अंकित किया है।

---

1. लहर, पृ० 22
2. प्रेम पथिक, पृ० 16
3. विशाख, अंक 1, दृश्य 3, पृ० 23
4. कामायनी (चिन्ता), पृ० 15
5. उदाहरणार्थ देखिए—चित्राधार, पृ० 175
6. कानन-कुसुम, पृ० 30

प्रसाद ने ग्रीष्म के अनेक बिम्बों में मरु को भी प्रस्तुत किया है। मरु प्रदेश में सिकता की तपन और चमक ग्रीष्म की भीषणता की अनुभूति कराती है। ज्ञान लोक के प्राणियों का चित्रण करते हुए कवि ने ऐसा ही बिम्ब उरेहा है—

इस निदाघ मरु में, सूखे से स्रोतों के तट जैसे जगते।[1]

ग्रीष्म में मरु प्रदेश में सोते सूख जाते हैं और उनके तट जगमगाते हैं—उनमें केवल चमक होती है सरसता नहीं। इसी प्रकार 'जलती सिकता का यह मग'[2] या 'धूप थी कड़ी पवन था उष्ण; धूल की भी थी कमी नहीं'[3] में प्रतीकात्मक बिम्ब के रूप में ग्रीष्म को उपस्थित किया गया है।

वर्षा के बिम्ब

प्रसाद-काव्य में ऋतु सम्बन्धी बिम्बों में सबसे अधिक बिम्ब वर्षा के हैं। यह ध्यातव्य है कि प्रसाद ने केवल जल की वर्षा के बिम्ब बहुत ही कम चित्रित किये हैं। ऐसे बिम्ब केवल कामायनी के चिन्ता सर्ग में उपलब्ध हैं। इस सर्ग में प्रलयकालीन वर्षा को भयानक रूप में अंकित किया गया है—

उनको देख कौन रोया यों अन्तरिक्ष में बैठ अधीर !
व्यस्त बरसने लगा अश्रुमय यह प्रालेय हलाहल नीर !
हा-हा-कार हुआ क्रन्दनमय कठिन कुलिश होते थे चूर;
हुए दिगन्त बधिर भीषण रव बार बार होता था कूर
दिग्दाहों से धूम उठे या जलधर उठे क्षितिज तट के !
सघन गगन में भीम प्रकंपन, झंझा के चलते झटके।[4]

प्रलयकालीन वर्षा के मूल में कवि ने कल्पना की है कि पशुयज्ञों में देवों के हिंसा कर्म को देखकर कोई शक्ति अन्तरिक्ष में रोयी थी, उसके आँसुओं के समान ही वर्षा होने लगी। यहाँ कवि ने प्रलयकालीन जल के बरसने, हा-हा-कार करते हुए बिजलियों के टूट-टूट कर गिरने, उस हाहाकार से दिशाओं के बधिर होने, क्षितिज से धुँए के समान घने बादलों के उठने, सघन आकाश में भयंकर कंपन होने, तूफान के झटके लगने—इन क्रियाओं के द्वारा वर्षा का भयंकर स्वरूप साकार किया है।

प्रसाद जी ने बिम्बों के लिए वर्षा को लाक्षणिक रूप में अधिक ग्रहण किया है।

---

1. कामायनी (रहस्य), पृ० 216
2. लहर, पृ० 50
3. झरना, पृ० 87
4. कामायनी (चिन्ता), पृ० 18

आँसू की वर्षा के बिम्ब इनमें सबसे अधिक हैं—

> शून्य हृदय में प्रेम जलद माला नव फिर घिर आवेगी
> वर्षा इन आँखों से होगी कब हरियाली छावेगी।[1]

घनीभूत पीड़ा का स्मृति के समान मस्तक में छाना और दुर्दिन में आँसू बन कर बरसना,[2] प्रिय का मन के पट पर नील-नीरद के समान छाना और पीड़ास्थल पर शीतल बन कर आँसू बरसाना[3] आदि में भी आँसू की वर्षा के बिम्ब प्रस्तुत किये गये हैं।

प्रसाद ने प्रायः वर्षा के मूल में करुणा को भावना को देखा है। वह चाहे आँसू की वर्षा हो, चाहे करुणा की वर्षा,[4] चाहे शान्ति जलद की वर्षा हो,[5] चाहे आनन्द-जल की वर्षा,[6] चाहे सुहाग की वर्षा हो,[7] चाहे नील-नलिन रस की वर्षा[8]—सभी में यह भावना क्षीण या प्रबल रूप में प्रेरक बनकर छिपी रहती है। यहाँ तक कि प्रलयकाल की वर्षा के मूल में भी कवि ने 'उनको देख कौन रोया यों अन्तरिक्ष में बैठ अधीर'[9] कहकर इस करुणा की भावना का संकेत कर दिया है।

प्रसाद जी ने वर्षा के ही प्रसंग में इन्द्रधनुष के बिम्ब भी अंकित किये हैं—

> उठती अन्तस्तल से सदैव दुर्ललित लालसा जो कि कान्त,
> वह इन्द्रचाप सी झिलमिल हो दब जाती अपने आप शान्त।[10]

यहाँ कवि ने मनु के मन में उठकर शान्त हो जाने वाली 'दुर्ललित लालसा' के लिए इन्द्रचाप का बिम्ब अंकित किया है और उसकी दो विशेषताओं का उल्लेख किया है—उसकी झिलमिलाहट तथा उसका अपने आप उभरना और धीरे-धीरे विलीन हो जाना। इन्द्रधनुष के अन्य बिम्बों में प्रसाद ने उसके रंगों की विविधता को विशेषतः प्रकट किया है।

---

1. झरना, पृ० 37
2. आँसू, पृ० 14
3. कानन-कुसुम. पृ० 29
4. कामायनी (आनन्द), पृ० 223
5. जनमेजय का नागयज्ञ, अंक 3, दृश्य 6, पृ० 72
6. कानन-कुसुम, पृ० 38
7. कामायनी (निर्वेद), पृ० 183
8. आँसू, पृ० 55
9. कामायनी (चिन्ता), पृ० 18
10. कामायनी (ईर्ष्या), पृ० 114

शरद के बिम्ब

प्रसाद-काव्य में शरद के बिम्ब अल्प संख्या में ही हैं। ऋतु के आगमन से होने वाले परिवर्तन ही ऋतु का बोध कराते हैं। प्रसाद जी ने कहीं ऐसे अनेक परिवर्तनों के माध्यम से शरद ऋतु के बिम्ब उपस्थित किये हैं, कहीं केवल एक परिवर्तन से ही।

भयो विमल जल लोल नलिन की अवली फूली।
सारस करत कलोल मयूरी बोलन भूली॥
निर्मल नील अकास कास फूले कूलन में।
शीतल मन्द सुवास पवन खेंले फूलन में॥[1]

प्रकृति के इन विभिन्न रूपों को सामने लाकर शरद का संश्लिष्ट बिम्ब उपस्थित किया गया है।

सुन्दर नीलाकाश में चाँदनी के चित्रण द्वारा भी कवि ने शरद का बिम्ब उपस्थित किया है—

शरद का सुन्दर नीलाकाश, निशा निखरी, था निर्मल हास।
बह रही छाया पथ में स्वच्छ सुधा सरिता लेती उच्छ्वास॥
पुलक कर लगी देखने धरा प्रकृति भी सकी न आँखें मूँद।
सुशीतलकारी शशि आया सुधा की मानो बड़ी-सी बूँद॥[2]

कवि ने कामायनी में एक ओर 'यहाँ शरद की धवल ज्योत्स्ना अंधकार को भेद निखरती'[3] या 'ले मकरंद नया चू पड़ती शरद प्रात की शेफाली'[4] आदि स्थलों में केवल एक व्यापार के द्वारा शरद का प्रतीकात्मक बिम्बांकन किया है तो दूसरी ओर प्रलय-कालीन वर्षा के बाद 'नये सिरे से' होने वाले 'शरद विकास' के लिए कई व्यापारों को चुना है। वहाँ त्रस्त प्रकृति का विवर्ण मुख फिर से हँसने लगता है, वनस्पतियाँ अलसाई हुई जगती हैं और शीतल जल से मुख धोती हैं, प्रकृति नेत्रनिमीलन करती प्रबुद्ध होने लगती है, जलधि लहरियों की अंगड़ाई सोने जाती है और पवन मृदु साँस लेता है।[5]

हेमन्त का बिम्ब

प्रसाद-काव्य में हेमन्त का केवल एक ही स्थान पर चित्रण हुआ है। वहाँ भी कवि ने 'हेमन्त' का उल्लेख नहीं किया है, 'जाड़े' का ही किया है—

---

1. चित्राधार (सज्जन), पृ० 100
2. झरना, पृ० 21
3. कामायनी (रहस्य), पृ० 217
4. कामायनी (निर्वेद), पृ० 179
5. कामायनी (आशा), पृ० 25-26

शीतल पवन लिये अंगों को कँपा दिया करती थीं जो—
वे जाड़े की लम्बी रातें बातों में कट जाती थीं।[1]

यहाँ जाड़े की दो विशेषताओं का उल्लेख हुआ है—रातों का लम्बा होना और पवन का अंगों को कँपा देने वाली शीतलता। हेमन्त ऋतु में ये दोनों ही विशेषताएँ होती हैं।

शिशिर के बिम्ब

प्रसाद-काव्य में शिशिर के बिम्ब ग्रीष्म के बिम्बों की अपेक्षा अधिक हैं और वसन्त तथा वर्षा के बिम्बों की अपेक्षा कम। शिशिर को ही पतझड़ के नाम से भी पुकारा जाता है। प्रसाद ने पतझड़ के नाम से ही इस ऋतु का रूपांकन किया है। वसन्त ऋतु यदि कोमलता और सरसता का आदर्श है तो पतझड़ शुष्कता और कठोरता का। प्रसाद ने इसे इसी रूप में प्रस्तुत किया है—

कानन में पतझड़ भी कैसा फैल के,
भीषण निज आतंक दिखाता था, कड़े
सूखे पत्तों के ही खड़-खड़ शब्द से
अपना कुत्सित क्रोध प्रकट था कर रहा।[2]

प्रसाद ने यहाँ पतझड़ की व्यापकता, सूखे कड़े पतों का खड़-खड़ शब्द और उसके कारण वातावरण में व्याप्त आतंक का चित्रण कर क्रोध प्रकट करने वाले पतझड़ को साकार बनाया है। प्रेमी की स्थिति का चित्रण करने के लिए इसी प्राकृतिक व्यापार को उपमान रूप में उपस्थित किया गया है—

सूखे किसलय-सा भरा पीर, गिर जा पतझर का पा समीर।[3]

श्रद्धा भी अपने आसपास ऐसे पतझड़ का अनुभव करती है जिसमें पराग की चहल-पहल का अभाव और सूखी हुई डालियाँ हैं—

आज सुनूं केवल चुप होकर, कोकिल जो चाहे कहले,
पर न परागों की वैसी है चहल-पहल जो थी पहले;
इस पतझड़ की सूनी डाली और प्रतीक्षा की संध्या,
कामायनि! तू हृदय कड़ा कर धीरे-धीरे सब सहले।[4]

प्रसाद ने अन्य अधिकांश स्थानों पर शिशिर के प्रतीकात्मक बिम्ब उपस्थित किये

---

1. प्रेम पथिक, पृ० 17
2. महाराणा का महत्व, पृ० 1-2
3. लहर, पृ० 37
4. कामायनी (स्वप्न), पृ० 145

हैं और उसको वसन्त के ऐसे ही बिम्बों के साथ उपस्थित किया है; जैसे—

पतझड़ था झाड़ खड़े थे सूखी-सी फुलवारी में
किसलय नव कुसुम बिछाकर आये तुम इस क्यारी में।[1]

यहाँ कवि ने प्रथम पंक्ति में प्रिय-मिलन से पूर्व की स्थिति के चित्रण के लिए पतझड़ को उपस्थित किया है. जिसमें फुलवारी सूखी हुई है और केवल झाड़ खड़े हुए हैं। इन दो विशेषताओं से ही पतझड़ का बिम्ब उपस्थित होता है। इसी प्रकार 'तुमने इस सूखे पतझड़ में भर दी हरियाली कितनी'[2] लालसा भरे यौवन के दिन सूखे पतझड़ से जायँ बीत'[3] आदि में पतझड़ का ऐसा ही चित्रण है।

संक्षेप में, प्रसाद काव्य में सभी ऋतुओं के बिम्ब उपलब्ध तो हैं किन्तु वसन्त और वर्षा के बिम्ब अधिक हैं। वर्षा के अधिकांश बिम्बों में प्रेरक रूप में करुणा की भावना छिपी हुई है। वसन्त के बिम्ब मानव के यौवन और सुख की अभिव्यक्ति करते हैं तो शिशिर के बिम्ब उसके अभावमय जीवन की। हेमन्त के बिम्बों का प्रायः अभाव है और ग्रीष्म के बिम्बों में केवल मध्याह्न की प्राकृतिक अवस्थाओं-का चित्रण हुआ है।

(छ) समय-सम्बन्धी बिम्ब

प्रसाद-काव्य में समय-सम्बन्धी बिम्ब पर्याप्त मात्रा में उपलब्ध होते हैं। इनकी संख्या सवा सौ से अधिक है। उषा से लेकर रात्रि के अन्तिम प्रहर तक, दिन एवं रात्रि के विभिन्न भागों को उनमें बिम्बांकित किया गया है। यद्यपि उसमें उषा, मध्याह्न-अपराह्न, गोधूलि. संध्या, रात्रि, रात्रि का अन्तिम प्रहर—इन सभी के बिम्बों का रूपांकन हुआ है, तथापि उषा, सन्ध्या और रात्रि ने प्रसाद को अधिक आकृष्ट किया है। उषा की ताजगी से भरी स्वर्णिम प्रभा, संध्या की उदासी भरी लालिमा और रात्रि में जगमगाते तारों ने प्रसाद को अनेक बिम्बों के लिए सामग्री प्रदान की है।

उषा के बिम्ब

प्रसाद काव्य में उषा के बिम्ब सम्पूर्ण समय सम्बन्धी बिम्बों के लगभग एक तिहाई हैं। यही नहीं, उषा के अधिकांश बिम्ब आकर्षक और सजीव भी हैं। अधिकांश बिम्बों में कवि ने नारी भावना का आरोप भी किया है—

घूंघट खोल उषा ने झांका और फिर—
अरुण अपांगों से देखा, कुछ हँस पड़ी
लगी टहलने प्राची प्रांगण में तभी ॥[4]

---

1. आँसू, पृ० 19
2. कामायनी (निर्वेद), पृ० 180
5. कामायनी (इड़ा), पृ० 135
4. झरना, पृ० 23

यहाँ घूंघट खोलकर झाँकना, अपांगों से देखना, हँसना और प्रांगण में टहलना —ये नारी-सुलभ चेष्टाएँ उषा में दिखाई गई हैं। इन चेष्टाओं से स्वयं उषा का स्वरूप भी विशेष भावभंगिमा के साथ स्पष्ट हो जाता है। पूर्व में प्रथम बार जब लालिमा छिटकती है तो मेघों का घूंघट-सा उस लालिमा पर पड़ा रहता है, पुनः लालिमा बढ़ती है और बादलों से बाहर आती है जिससे ऐसा लगता है कि उषा ने अपांगों से देखा हो, जब वह लालिमा और बढ़ती है तथा मेघ-खण्डों को भी रंग देती है तो उषा हँसती प्रतीत होती है और जब उसकी लालिमा सम्पूर्ण प्राची दिशा को ढँक लेती है तो ऐसा प्रतीत होता है मानों उषा प्राची के आँगन में टहल रही हो। इस प्रकार कवि ने इन नारी सुलभ चेष्टाओं के द्वारा उषा के क्रमशः परिर्वातत होने वाले रूपों को बिम्बबद्ध कर दिया है।

कालरात्रि के पश्चात् उषा के उदय होने पर कवि ने उसे जयलक्ष्मी के रूप में उपस्थित करते हुए उसके सुनहले रंग को उभारा है—

उषा सुनहले तीर बरसती, जयलक्ष्मी सी उदित हुई
उधर पराजित कालरात्रि भी, जल में अन्तर्निहित हुई।[1]

उषा के ऐसे ही अनेक जीवन्त बिम्ब प्रसाद के विभिन्न काव्यग्रन्थों में निबद्ध हैं। कहीं उषा प्राची नभ में हँस पड़ती है,[2] तो कहीं यौवन को पिलाने के लिए वह अरुण प्याला भर लाती है;[3] कहीं उषा-नागरी अंबर-पनघट में तारा-घट को डुबोती है[4] तो कहीं वह सबेरे हेमकुंभ लेकर उसमें सुखों को भरती ढुलकती है,[6] कहीं प्राची की मधुशाला में उषा-मधुबाला सोती है,[5] तो कहीं वह सुनहली मद्य पिलाती है,[7] कहीं रविकर को पाकर उषा उठ खड़ी होती है,[8] और कहीं वह अपनी प्रथम किरणों का उपहार देकर अभिनन्दन करती है;[9] इनके अतिरिक्त कहीं आलोक रश्मियों से बुने हुए और मधु पवन से आन्दोलित होते हुए उषा के अंचल का बिम्ब है[10] तो कहीं उषा की उस पहली

1. कामायनी (आशा), पृ० 25
2. कामायनी (इड़ा), पृ० 142
3. कामायनी (निर्वेद), पृ० 178
4. लहर, पृ० 19
5. चन्द्रगुप्त, अंक 2, दृश्य 1, पृ० 89
6. लहर, पृ० 45
7. अजातशत्रु, अंक 2, दृश्य 4, पृ० 76
8. प्रेम पथिक, पृ० 24
9. स्कन्दगुप्त, अंक 5, दृश्य 4, पृ० 162
10. कामायनी (इड़ा), पृ० 139

सुन्दर लेखा का जो भोर की तारक द्युति की गोद से माधुरी और मोद से भरी हुई, लजाती हुई उठती है।[1] अभिप्राय यह है कि उषा के अनेक भावपूर्ण सुन्दर बिम्ब प्रसाद जी ने प्रस्तुत किये है।

मध्याह्न के बिम्ब

प्रसाद-काव्य में मध्याह्न के केवल तीन बिम्ब उपलब्ध हैं। मध्याह्न के ये सभी बिम्ब ग्रीष्म से सम्बद्ध हैं; जैसे—

> वह दुपहरी थी,
> लू से झुलसाने वाली; प्यास से जलाने वाली
> थके सो रहे थे तरु-छाया में हम दोनों।[2]

यहाँ झुलसाने वाली लू, जलाने वाली प्यास, थके हुए गुर्जरेश और कमला का तरु की छाया में सोना—इन तीन विशेषताओं को लेकर कवि ने दुपहरी का बिम्ब उपस्थित किया है।

'ग्रीष्म का मध्याह्न' नामक कविता में कवि ने ग्रीष्म के मध्याह्न का संश्लिष्ट बिम्बांकन किया है।[3]

मध्याह्न के तीसरे बिम्ब में कवि ने प्राणों की गति को मध्याह्न किरण के समान तपते हुए बताया है।[4]

अपराह्न का बिम्ब

प्रसाद-काव्य में अपराह्न का केवल एक बिम्ब आया है जिसमें कवि ने दोपहर में तीखे लगने वाले तपन का अपराह्न में मधुर हो जाना—इस एक विशेषता का उल्लेख किया है—

> ढलते हुए तृतीय पहर के तपन मधुर हो जाते हैं
> उसी तरह इस मानव की अब शान्त अवस्था कैसी है।[5]

तापसी वेश में चमेली और पथिक वेश में किशोर की युवावस्था ढल रही है। 'पच्चीसी' की अदम्य अतृप्ति और बेचैनी अब समाप्त हो चुकी है और उसके स्थान पर मुखमण्डल पर स्निग्ध भाव हैं। कवि ने इस अवस्था के रागानान्तर 'ढलते हुए तृतीय पहर' को प्रस्तुत किया है जिसमें बेचैनी के स्थान पर स्निग्धता होती है। प्रसंग के

---

1. कामायनी (श्रद्धा), पृ० 44
2. लहर, पृ० 66
3. कानन कुसुम, पृ० 30-31
4. देखिये-झरना (चिह्न), पृ० 31
5. प्रेम पथिक, पृ० 10

अन्तर्गत पढ़ते समय तृतीय पहर का वह बिम्ब साकार हो जाता है।

गोधूली के बिम्ब

प्रसाद-काव्य में गोधूली के भी कुछ बिम्ब मिलते हैं जिनमें उसकी धूमिलता को प्रस्तुत किया गया है। गायों के खुरों से उठी हुई धूल और निष्प्रभ होती हुई सूर्य-रश्मियों के कारण वातावरण धुँधला हो उठता है। 'गोधूली की धूसर छवि ने चित्रपटी ली सकल समेट,'[1] 'गोधूली के धूमिल पट में दीपक के स्वर में दिपती सी'[2] अथवा 'गोधूली के रागपटल में स्नेहांचल फहराती है'[3] आदि स्थलों में गोधूली की इसी धूमिलता को साकार किया गया है।

सन्ध्या के बिम्ब

सन्ध्या के प्रति प्रसाद का बहुत आकर्षण रहा है। समय-सम्बन्धी बिम्बों में लगभग एक चौथाई बिम्ब सन्ध्या के हैं। कवि ने सन्ध्या के धीरे-धीरे रात्रि में परिणत होते स्वरूप के भी अनेक सुन्दर बिम्ब प्रस्तुत किये हैं। उन्होंने सन्ध्या पर नारी भाव का आरोप कर उसे सजीव भी बना दिया है। विभिन्न व्यापारों से युक्त सन्ध्या का यह बिम्ब द्रष्टव्य है—

> गिर रहा निस्तेज गोलक जलधि में असहाय
> घन पटल में डूबता था किरण का समुदाय।
> कर्म का अवसाद दिन से कर रहा छल छन्द
> मधुकरी का सुरस संचय हो चला अब बन्द।
> उठ रही थी कालिमा धूसर क्षितिज से दीन,
> भेंटता अन्तिम अरुण आलोक वैभवहीन।
> यह दरिद्र मिलन रहा रच एक करुणा-लोक
> शोक भर निर्जन निलय से बिछुड़ते थे कोक।[4]

प्रस्तुत प्रसंग में कवि ने प्राकृतिक वस्तुओं और व्यापारों का पृथक्-पृथक् क्रमिक उल्लेख कर सन्ध्या का संश्लिष्ट चित्रांकन किया है।

प्रसाद जी ने सन्ध्या को जीवन के समानान्तर उपस्थित कर दोनों के तुलनात्मक

---

1. झरना, पृ० 32
2. कामायनी (लज्जा), पृ० 78
3. अजातशत्रु, अंक 1, दृश्य 2, पृ० 29
4. कामायनी (वासना), पृ० 68,

बिम्ब भी कुशलतापूर्वक उरेहें हैं[1] और सन्ध्या को मानव सुलभ व्यापारों में संलग्न भी दिखाया है—

> सन्ध्या अरुण जलज केसर ले अब तक मन थी बहलाती
> मुरझा कर कब गिरा तामरस उसको खोज कहाँ पाती ।[2]

प्रसाद-काव्य में सन्ध्या के ऐसे अन्य अनेक चेतनापूर्ण बिम्ब उपस्थित हुए है। कवि ने कहीं सन्ध्या को वल्कलवसन धारण किये, अलको में तारे गूँथे, कदम्ब की रसना पहने मानसरोवर के निकट आते देखा है[3] और कहीं सुनहली साड़ी पहने तारा-दीप लिए सिन्धु तट पर आते,[4] कहीं उसे सन्ध्या की सुन्दर घुंघराली अलकें सुख बिखराती प्रतीत होती हैं[5] और कहीं वे अस्ताचल पर खुली हुई ज्ञात होती हैं;[6] कहीं सन्ध्या रागमयी तानों के आभूषणों से सजती है[7] तो कहीं अन्तरिच्च की अरुणिमा दिगन्तव्यापी सन्ध्या-संगीत को पीती है ।[8]

रात्रि के बिम्ब

रात्रि का प्रसाद-काव्य में महत्वपूर्ण स्थान है । कामायनी के अधिकांश सर्गों में अधिकतर कार्य-व्यापार रात्रि में ही चलता है । रात्रि के बिम्ब समय सम्बन्धी सम्पूर्ण बिम्बों के लगभग एक तिहाई है । रात्रि को प्रसाद ने प्रायः नारी भावनाओं से परिपूर्ण दिखाया है और उसके वैविध्यपूर्ण चित्र अंकित किये हैं । कर्म के अवसाद से दुखी प्राणी के लिए रात्रि शान्तिदायिनी होती है ।

कवि ने उसका यही रूप प्रायः बिम्बांकित किया है—

> अंचल लटकाती निशीथिनी अपना ज्योत्स्नाशाली
> जिसकी छाया में सुख पावे सृष्टि वेदनावाली ।[9]

प्रस्तुत पंक्तियों में वेदनापूर्ण संसार को अपनी ज्योत्स्ना के स्पर्श से सुख देने वाली रात्रि को सजीव रूप में रूपांकित किया गया है । ज्योत्स्नाशाली अंचल की कल्पना से ज्योत्स्ना की धवलिमा का विस्तार तो द्योतित होता ही है साथ ही कुछ

---

1. उदाहरणार्थ देखिए—लहर, पृ० 59
2. कामायनी (स्वप्न), पृ० 143
3. कामायनी (आनन्द), पृ० 226
4. कामायनी (आशा), पृ० 38
5. कामायनी (निर्वेद), पृ० 179
6. ध्रुवस्वामिनी, अंक 2, पृ० 40
7. विशाख, अंक 1, दृश्य 3, पृ० 23
8. लहर, पृ० 60
9. कामायनी (कर्म), पृ. 97

वैसी ही शीतलता और संतोष की अनुभूति भी होती है जैसी एक शिशु अपनी माँ के आँचल में पाता है।

ज्योत्स्ना और तारों को अनेक प्रकार से कल्पना का विषय बनाते हुए प्रसाद ने रात्रि के विविध भावपूर्ण रूप अंकित किये हैं। वे कभी उसको हँसते हुए देखते हैं तो कभी रोते हुए—

रजनी की रोई आँखें आलोक बिन्दु टपकातीं,
तम की काली छलनाएँ उनको चुपचुप पी जातीं।[1]

कवि ने कामायनी के आशा सर्ग में अल्हड़ युवती के रूप में रजनी का बिम्बांकन करते हुए उसके हास, मुस्कान आदि के अनेक चित्र खींचे हैं। वहाँ रजनी सन्ध्या की सुनहली साड़ी फाड़ कर हँस देती है। समीर के बहाने हाँफती हुई रजनी किसी के पास चली जा रही है, वह अनियन्त्रित रूप से खिल-खिलाती है, किसी को देखकर घूँघट उठाकर मुस्काती है, उसका अंचल छूट जाने से उसमें संचित मणि-समूह बिखर जाता है, और फटे हुए नील वसन में से उसकी भोली-भाली छवि छलकी पड़ती है।[2] इस प्रसंग में कवि ने ज्योत्स्ना में रजनी की हँसी, खिलखिलाहट, मुस्कान और अंग-छवि की, नीले आकाश में नील वसन की, तारों में मणि-समूह की सुन्दर कल्पना की है, और समग्र रूप से 'यौवन की मतवाली' युवती के रूप में रजनी का सजीव बिम्ब प्रस्तुत कर दिया है।

प्रसाद-काव्य में अन्यत्र भी, रजनी विविध मानव-व्यापारों में संलग्न दृष्टिगत होती है। कहीं कृष्णा रजनी तारों की विरल दशन-पंक्ति खोलकर अट्टहास करती है,[3] कहीं मधुराका मुस्काती है[4], कहीं रजनी की भींगी पलकों से ओस की बूंदें टपकती हैं,[5] कहीं कबरी में ताराओं की माला लटकाए चन्द्रमुखी रजनी अपने शान्तिराज्य के सिंहासन पर बैठती है,[6] और कहीं राका-रजनी सुधाकर से मिलने के लिए प्रतीक्षा करती है।[7]

रात्रि के अन्तिम प्रहर के बिम्ब

प्रसाद-काव्य में रजनी के अन्तिम प्रहरों का अन्य प्रहरों की अपेक्षा कुछ विशेष

---

1. आँसू, पृ० 57
2. कामायनी (आशा), पृ० 38-40
3. लहर, पृ० 68
आँसू, पृ० 17
...मायनी (स्वप्न), पृ० 147
पथिक, पृ० 12
...ग्रार, पृ० 32

महत्त्व है। वहाँ सुख का प्रभात दुःख की पिछली रजनी के बीच, विकसित होता है,[1] यौवन-वसन्त का आगमन भी 'रजनी के पिछले प्रहरों में' होता है,[2] 'धीरे-धीरे रजनी के पिछले प्रहरों में डूब'[3] कर ही मनु काम की वाणी सुनते हैं।

क्लान्त तारकागण की मद्यप मण्डली
नेत्र निमीलन करती है फिर खोलती-
रिक्त चषक सा चन्द्र लुढ़क कर है गिरा
रजनी के आपानक का अब अन्त है।[4]

प्रस्तुत पंक्तियों में कवि ने थके हुए तारों, लुढ़कते हुए चन्द्रमा और पान-गोष्ठी के अन्त का उल्लेख करते हुए रजनी के अन्तिम प्रहर का एक सुन्दर बिम्ब अंकित किया है। कानन कुसुम में संग्रहीत 'चित्रकूट' में विभिन्न प्राकृतिक क्रियाओं द्वारा ब्राह्ममुहूर्त का बिम्ब प्रस्तुत हुआ है—

सोते अभी खग वृन्द थे निज नीड़ में आराम से
ऊषा अभी निकली नहीं थी रविकरोज्ज्वल दाम से
× × × ×
आनन्द के आँसू भरे थे गगन में तारावली
थी देखती रजनी विदा होते निशाकर को भली।[5]

इन पंक्तियों में ऊषा के निकलने के पूर्व निशाकर की विदा के क्षणों के जो चित्र कवि ने अंकित किये हैं वे ब्राह्ममुहूर्त के ही क्षणों के बिम्ब हैं।

संक्षेप में, प्रसाद काव्य में उषा, मध्याह्न, ... गोधूली, सन्ध्या, रात्रि और ब्राह्ममुहूर्त—समग के इन विभिन्न खण्डों ... योजना हुई है। फिर भी उषा, सन्ध्या और रात्रि ने प्रसाद जी ... किया है। इन तीनों पर नारी भावों का आरोप कर कवि ने ... सृष्टि की है। उषा की ताज़गी, मध्याह्न की तप... का अवसाद और रात्रि की मुस्कान ... अंग हैं। प्रसाद जी के काव्य में जीव-जन्तुओं के

प्रसाद ... 48
प्रसाद ... पृ० 54
...), पृ० 60
... , पृ० 105
... कुसुम, पृ० 105

लगभग अस्सी बिम्ब उपलब्ध हैं। सुविधा के लिए हम इनको पशु, पक्षी, जलचर तथा अन्य जन्तु—इन चार उपवर्गों में विभाजित कर इनका अध्ययन करेंगे।

पशुओं के बिम्ब

प्रसाद-काव्य में मृग, कुंजर, कुंजर-कलभ और गाय के बिम्ब उपलब्ध हैं। इसके अतिरिक्त 'पशु' के ऐसे बिम्ब भी हैं जिसमें पशु कौन-सा है यह ज्ञात नहीं होता फिर भी जिसकी क्रीड़ाएँ किसी पशु का चित्र मानसपटल पर अंकित अवश्य कर देती हैं।

> चपल कोमल कर रहा फिर सतत पशु के अंग;
> स्नेह से करता चमर उद्ग्रीव हो वह संग।
> कभी पुलकित रोमराजी से शरीर उछाल
> भाँवरों से निज बनाता अतिथि सन्निधि जाल।
> कभी निज भोले नयन से अतिथि-वदन निहार,
> सकल संचित स्नेह देता दृष्टिपथ से ढार।[1]

प्रस्तुत पंक्तियों में कवि ने पालतू पशु का सजीव व्यापार-विधायक बिम्ब [illegible]की सहज स्वाभाविक क्रीड़ाओं के माध्यम से अंकित किया है। श्रद्धा द्वारा उसके [illegible] कोमल हाथ फेरे जाने से उसका अपनी पूँछ और गरदन उठाना, रोमांचित होकर रोम समूह से भरे अपने शरीर को उछालना, कभी श्रद्धा के चारों ओर चक्कर लगाते हुए एक जाल सा बुनना और कभी श्रद्धा के मुख को अपनी भोली दृष्टि से इस प्रकार देखना कि उसके हृदय का सम्पूर्ण स्नेह व्यंजित हो जाये—कवि ने पालतू पशु की इन [illegible]ओं के चित्र प्रस्तुत कर उसका सजीव, सुन्दर बिम्बांकन किया है।

महाराणा प्रताप क[illegible] कन्दमय सिंह का कुछ ऐसा ही क्रिया-विधायक बिम्ब प्रस्तुत किया गया है—

> गिरि कन्दमय [illegible]
> जैसे झपटे [illegible]
> वीर प्रताप [illegible] स्वार को

इसी प्रकार दौड़ लगाते-लगाते कुछ [illegible]
धीरे-धीरे चलने वाले मृग का यह बिम्ब भी [illegible] छोड़कर

1. कामायनी (वासना), पृ० 69
2. महाराणा का महत्त्व, पृ० 16

जन्मान्तर-स्मृति याद कर औ' भूल कर निज चौकड़ी
मन-मृग रुका गर्दन झुकाकर छोड़ कर तेजी बड़ी
अज्ञात से पदचिह्न का कर अनुसरण आया यहाँ
निज नाभि-सौरभ भूल फूलों का सुरस पाया यहाँ ।[1]

मृग के अन्य बिम्बों में कवि ने उसे सुरभि खोजते भटकते हुए,[2] चौकड़ी भरते हुए,[3] मरु-मरीचिका में उलझे हुए,[4] मधुर नूपुर-ध्वनि सुनकर व्याकुल हो चौकड़ी भूलते हुए[5] भी अंकित किया है ।

अन्य पशुओं में गण्ड से मधु धाराएँ बहाते हुए महाश्वेत गजराज,[6] इठलाते कुंजर-कलभ,[7] प्रत्यक्ष-निरोगिता सदृश प्रतीत होने वाली दुग्धशालिनी गायों के झुण्ड,[8] सोमलता से ढका हुआ वृषभ[9] मनु को नोंचने वाले क्रोध और चिन्ता के श्वापद[10] आदि के बिम्ब हैं ।

पक्षियों के बिम्ब

प्रसाद ने पक्षियों में कोकिल, तोते, मराल, मराली, मयूर और पपीहे के बिम्बों के अतिरिक्त खगकुल, विहग-युगल, बालविहग आदि के बिम्ब भी अंकित किये हैं । गर्भवती श्रद्धा का ध्यान विहग युगल की ओर जाता है—

देखो नीड़ों में विहगयुगल अपने शिशुओं को रहे चूम ।[11]

सन्ध्या के समय लौटे विहग-युगल का यह अत्यन्त स्वाभाविक चित्र है । इसी प्रकार सोते हुए खगकुल का वह बिम्ब है—

मनोवृत्तियाँ खग-कुल सी थी सो रहीं, अन्तःकरण नवीन मनोहर नीड़ में ।[12]

1. कानन कुसुम, पृ० 79
2. कामायनी (ईर्ष्या), पृ० 120
3. कामायनी (स्वप्न), पृ० 148
4. लहर, पृ० 48
5. चित्राधार, पृ० 179
6. कामायनी (रहस्य), पृ० 205
7. वही, पृ० 205
8. प्रेम पथिक, पृ० 13
9. कामायनी (आनन्द), पृ० 220
10. कामायनी (संघर्ष), पृ० 155
11. कामायनी (ईर्ष्या), पृ० 118
12. झरना, पृ० 17

अन्तःकरण में शान्ति से सोयी हुई मनोवृत्तियों के लिए नीड़ में सोये हुए पच्चि-समूह का यह सरल बिम्ब प्रस्तुत किया है। कवि ने पक्षियों में कोकिल के बोलने[1] कलहंस के कलरव,[2] चकोर के अंगारे चुगने,[3] पपीहा के पुकारने,[4] मयूर के कादम्बिनी छटा देखकर नाच उठने,[5] और पंजर में पाले हुए तोते[6] के बिम्ब प्रस्तुत किये हैं।

जलचरों के बिम्ब

प्रसाद काव्य में जलचरों में मछली और कछुए के बिम्ब आये हैं। एक स्थान पर मकर का भी उल्लेख हुआ है, किन्तु वह उल्लेख मात्र ही है। प्रलय के प्रसंग में व्याकुल जलचर-मात्र को भी बिम्बित किया गया है—

जलनिधि के तलवासी जलचर विकल निकलते उतराते,
हुआ विलोड़ित गृह तब प्राणी कौन कहाँ कब सुख पाते।[7]

जल के अधिक दबाब वाले शान्त जल के तल में रहने वाले जानवर नीचे जल में किसी प्रकार की उथल-पुथल होने पर ऊपर आ जाते हैं किन्तु पानी का दबाव बहुत कम हो जाने से व्याकुल हो उठते हैं। कवि ने जलचरों की इसी अवस्था का चित्रांकन किया है।

जलचरों में प्रसाद ने मछलियों के बिम्ब ही अधिक प्रस्तुत किये हैं। उन्होंने सफरी से तिमिंगिलों तक कई प्रकार की मछलियों का रूपांकन किया है।

खींच ले चला है—
काल-धीवर अनन्त में
साँस, सफरी सी अटकी है किसी आशा में।[8]

महाराणा प्रताप की अटकी हुई अन्तिम सांसों के समानान्तर सफरी का बिम्ब प्रस्तुत किया है। किन्तु शापध्वनि के विलीन होने का साम्य दिखाने के लिए कवि ने सागर के

---

1. **कामायनी (श्रद्धा)**, पृ० 46
2. **कामायनी (आनन्द)**, पृ० 226
3. **आँसू**, पृ० 43
4. **चित्राधार**, पृ० 9
5. **झरना**, पृ० 37
6. **कामायनी (कर्म)**, पृ० 90
7. **कामायनी (चिन्ता)**, पृ० 21
8. **लहर**, पृ. 58

अन्तस्तल में छिप जाने वाले महामीन [1] के बिम्ब की योजना की है। तिमिंगिलों को प्रलय सागर के जल में डूबे रत्न-सौध के वातायनों से टकराते हुए[2] दिखाया है।

कच्छप का केवल एक ही बिम्ब है जो द्वीप के उपमान के रूप में आया है— 'द्वीप कच्छप डूबें उतराँय।' यहाँ पानी में तैरते कच्छप के डूबने उतराने की क्रिया साकार की गई है।

जन्तुओं के बिम्ब

प्रसाद-काव्य में प्राप्त व्याली, जुगनू, पतंग, तितली, मधुमक्खी, और भ्रमर सम्बन्धी बिम्बों की गणना इस श्रेणी में की जायेगी। इनमें से केवल व्याली ही रेंगने वाले जन्तुओं में है शेष सभी उड़ने वाले जन्तु हैं। इन सभी जन्तुओं में से भ्रमर के बिम्ब सबसे अधिक हैं। भ्रमर के बिम्बों में उसके मधु गुंजार को साकार करने का प्रयत्न ही अधिक परिलक्षित होता है, जैसे 'सुना यह मनु ने मधु गुंजार मधुकरी का सा जब सानन्द'[3] अथवा 'मधुप गुनगुना कर कह जाता कौन कहानी यह अपनी'[4] आदि में। किन्तु मधुपों की छेड़छाड़ और फूलों के साथ बरजोरी को भी बिम्बों का विषय बनाया गया है, उदाहरणार्थ—–

पिये, गाते मनमाने गीत टोलियाँ मधुपों की अविराम
चली आतीं, कर रहीं अभीत कुमुद पर बरजोरी विश्राम।[5]

तारों के लिए कई स्थानों पर जुगनुओं के बिम्ब[6] प्रस्तुत किये गये हैं। स्मृति के लिये भी उनका चित्रांकन हुआ है।[7] पतंगों के बिम्ब प्रायः जीवन की अस्थिरता का बोध कराते हैं[8] किन्तु कहीं उसकी स्वाभाविक दशा का चित्रण भी हुआ है।

जलने का सम्बल लेकर दीपक पतंग से मिलता
बलने की दीन दशा में वह फूल सदृश हो खिलता।[9]

---

1. कामायनी (इड़ा), पृ० 138
2. कामायनी (चिन्ता), पृ० 17
3. कामायनी (श्रद्धा), पृ० 41
4. लहर, पृ० 11
5. झरना, पृ० 68
6. जैसे, देखिए—कामायनी (चिन्ता), पृ० 22
7. जैसे, देखिए—कामायनी (स्वप्न), पृ० 147
8. लहर, पृ० 46
9. आँसू, पृ० 44

जलते समय पतंग में जो चमक उत्पन्न हो जाती है उसे कवि ने 'फूल के खिलने' के सादृश्य द्वारा अंकित किया है।

तितलियों का रंगविरंगा सौन्दर्य आकर्षण का कारण होता है। कवि ने ज्ञान-लोक का चित्रण करते समय तितलियों का ऐसा ही बिम्बांकन किया है—

शब्द, स्पर्श, रस, रूप, गन्ध की पारदर्शिनी सुगढ़ पुंतलियाँ,
चारों ओर नृत्य करतीं ज्यों रूपवती रंगीन तितलियाँ।
इस कुसुमाकर के कानन के अरुण पराग पटल छाया में
इठलातीं, सोतीं, जगतीं ये अपनी भावभरी माया में।[1]

इन्द्रियों के विषयग्रहण की निपुणता की अभिव्यक्ति के लिए कवि ने यहाँ तितलियों का बिम्ब प्रस्तुत किया है। वे रुपवती हैं, रंगीन हैं, चारों ओर नृत्य करतीं हैं, वसन्त के बिखरे पराग में सोती, जगती और इठलाती हैं।

व्याली प्रायः मानव के लिए भयकारक होती है। अतः कवि ने भी चिन्ता के लिए विश्ववन की व्याली का बिम्ब प्रस्तुत किया है।[2] किन्तु वेणी के लिये रूढ़ उपमान सर्प को भी नयी भंगिमा के साथ उपस्थित किया गया है।[3]

संक्षेप में, प्रसाद-काव्य में पशुओं की स्वाभाविक क्रीड़ाओं, पक्षियों के मनोहारी स्वरूपों, सफरी से लेकर तिमिंगिलों तक विविध प्रकार की मछलियों की छवियों, भ्रमरों की छेड़छाड़, पतंगों की आत्माहुति और रंगविरंगी तितलियों के मनोहारी स्वरूपों के बिम्बों की योजना हुई है, किन्तु उनमें आकाशीय, जलीय और वनस्थलीय बिम्बों की-सी विविधता नहीं है।

(झ) पृथ्वी तथा अग्नि के बिम्ब

पंचभूतों में से जल का जलीय बिम्बों में, और पवन एवं आकाश का आकाशीय बिम्बों में अन्तर्भाव हो जाता है। शेष रहते हैं दो महाभूत—पृथ्वी और अग्नि। प्रसाद काव्य में पृथ्वी, अग्नि और धूम के बिम्बों की भी योजना हुई है जिनकी संख्या पचास के लगभग है।

पृथ्वी के बिम्ब

प्रसाद ने जहाँ-जहाँ समग्ररूप से पृथ्वी का रूपांकन किया है वहाँ-वहाँ प्रायः मानव भावों का समावेश भी कर दिया है। उदाहरणार्थ—'नव ऊषा पट ओढ़ि धरा

---

[1] कामायनी (रहस्य), पृ० 209
[2] कामायनी (चिन्ता), पृ० 10
[3] पृ० 21

नव रूप सुधारत'[1] में उषा की लालिमा से रंजित पृथ्वी के बिम्ब के साथ नये वस्त्र पहने स्त्री स्वरूप भी समन्वित हो गया है और 'नभमुक्तकुन्तलाधरणी दिखलायी देती लूटी'[2] में स्वच्छ आकाश से आवृत पृथ्वी का बिम्ब खुले केशों वाली नारी के रूप में उभरता है। विरह व्यथिता पृथ्वी का यह बिम्ब दृष्टव्य है—

धूलधूसर है धरा मलिना तुम्हारे ही लिए
है फटी दूर्वादलों की श्याम साड़ी देखिये
जल रही छाती, तुम्हारा प्रेम वारि मिला नहीं
इसलिये उसका मनोगत भाव फूल खिला नहीं
नेत्र-निर्झर सुख-सलिल से भरें, दुख सारे भगें
शीघ्र आ जाओ जलद ! आनन्द के अंकुर जमें ।[3]

प्रस्तुत पंक्तियों में कवि ने प्रियतम जलद के वियोग में व्यथित कान्तिहीना पृथ्वी का बिम्बांकन किया है।

इसके अतिरिक्त कहीं सिन्धुसेज पर धरा-वधू तनिक संकुचित सी बैठी है,[4] कहीं भीषण ध्वनि से भयभीत होकर धरती काँपती है और आकाश उसे विशेष रूप से आलिं-गनबद्ध करने के लिए उतरता है,[5] कहीं क्रोधित समुद्र के प्रबल तरंगाघातों से पृथ्वी व्याकुल और क्षुब्ध हो उठती है,[6] कहीं विपुला धरणी दुखभार वहन करती हुई खारे आँसुओं से करुणा सागर को भरती है,[7] और कहीं चिरदग्ध दुखी वसुधा आलोक की याचना करती है।[8] धरा के ये सभी बिम्ब विराट् बिम्ब हैं।

अग्नि और धूम के बिम्ब

प्रसाद-काव्य में अग्नि और धूम के बिम्ब संख्या में पृथ्वी के बिम्बों की अपेक्षा लगभग डेढ़ गुने हैं। उसमें अग्नि के अनेक स्वरूपों को बिम्बित किया गया है—काष्ठ रांधि के बीच जलने वाली अनल-शिखा,[9] यज्ञ की धधकती ज्वाला,[10] जल को रंग देने

1. चित्राधार, पृ० 35
2. आँसू, पृ० 10
3. कानन कुसुम, पृ० 33
4. कामायनी (आशा), पृ० 26
5. कामायनी (चिन्ता), पृ० 19
6. कामायनी (चिन्ता) पृ० 20
7. आँसू, पृ० 48
8. वही, पृ० 55
9. देखिये—कामायनी (कर्म), पृ० 96 तथा 113
10. देखिये—कामायनी (कर्म), पृ० 94

वाली बाड़व ज्वाला,[1] धातुओं को गलाकर ढालने वाली नील-लोहित रंग की ज्वाला,[2] हृदय में जलने वाली शीतल ज्वाला[3] आदि।

सूखी काष्ठ सन्धि में पतली अनल शिखा जलती थी,
उस धुँधले गृह में आभा से तामस को छलती थी।
किन्तु कभी बुझ जाती पाकर शीत पवन के झोंके,
कभी उसी से जल उठती तब कौन उसे फिर रोके।[4]

धुँधली गुफा के बीच जलती-बुझती अग्नि का यह बिम्ब मानव के आदिम जीवन को चित्रित करने में समर्थ हुआ है।

प्रसाद जी ने नारी के प्रखर सौन्दर्य के चित्रण के लिए भी प्रायः ज्वाला के बिम्ब उपस्थित किये हैं। ज्वाला की लालिमा और अन्धकार की पृष्ठभूमि में उसका तेज नारी के रूप-सौन्दर्य के आकर्षक स्वरूप को उपस्थित करता है। कवि ने इड़ा के लिए मुख्यतः दो स्थानों पर ऐसे बिम्ब उपस्थित किये हैं—एक, जब वह वैश्वानर की ज्वाला सी बैठी[5] मनु के चषक में आसव ढाल रही है; दूसरे, संघर्ष के पश्चात् जब अन्धकारमय, ध्वस्त सारस्वत प्रदेश में मण्डप के सोपानों पर वह अग्निशिखा सी धधकती हुई[6] बैठी है। दोनों ही स्थलों पर परिवेश और पृष्ठभूमि उस अग्नि की प्रखरता को उभार देते हैं। कमला ने भी अपने रूप की ऐसी ही ज्वाला का उल्लेख किया है—

देखे तो प्रचण्ड रूप ज्वाला सी धधकती
मुझको सजीव वह अपने विरुद्ध।[7]

प्रसाद-काव्य में धुँए के भी कुछ सुन्दर बिम्ब उपलब्ध होते हैं। इनमें से कुछ स्थानों पर उसे अग्नि के साथ ही प्रस्तुत किया गया है, जैसे—'सघन धूम कुंडल में कैसी नाच रही यह ज्वाला'[8] जिसमें यज्ञ धूम की गतिशील कुण्डलाकृति उभरती है। अन्यत्र धूम

1. देखिये—कामायनी (निर्वेद), पृ० 169
2. कामायनी (रहस्य) पृ० 215
3. आँसू, पृ० 10 तथा 63
4. कामायनी (कर्म), पृ० 96
5. कामायनी (स्वप्न), पृ० 151
6. कामायनी (निर्वेद), पृ० 168
7. लहर, पृ० 64
8. कामायनी (कर्म), पृ० 99

के स्वतंत्र बिम्ब भी हैं; जैसे जाड़ों की रात में सर्दी के कारण आकाश में ऊपर न चढ़ पाने वाले धुंए की परत का यह बिम्ब—

धूम लतिका सी गगन तरु पर न चढ़ती दीन
दबी शिशिर निशीथ में ज्यों ओस भार नवीन।[1]

मनु का नर्ममय उपचार पाकर झुकी हुई श्रद्धा के लिए कवि ने यह बिम्ब उपस्थित किया है। इसी प्रकार अगरु-धूम के बिम्बों में कहीं उसकी विरलता[2] और कहीं उसके लहरदार श्यामल घने रूप को[3] बिम्बों में बाँधा गया है।

संक्षेप में, प्रसाद ने पृथ्वी के बिम्बों में प्रायः नारीभाव का आरोप किया है। अग्नि के विविध रूपों को कहीं स्वाभाविक रूप में निश्चित और अनुकूल पृष्ठभूमि में उपस्थित किया है और कहीं उन्हें नारी के प्रखर सौन्दर्य के चित्रण में नियोजित किया है।

समष्टि रूप में, प्रसाद ने अपने प्राकृतिक बिम्बों में प्रकृति को कोमल और कठोर, सूक्ष्म और विराट—सभी रूपों में अंकित किया है। उन्होंने प्रायः जड़ प्रकृति में चेतना के दर्शन किये हैं और उसे मानवीय मनोभावों और क्रिया-व्यापारों में संलग्न दिखाकर सजीव बना दिया है। उनके काव्य में प्रकृति सोती-जागती, उठती-बैठती, चलती-फिरती, हँसती-रोती है। उसमें कोमल स्पंदन और संवेदना के अनुभव करने की क्षमता है। प्रसाद ने प्रकृति के सभी पक्षों को अपने बिम्बों का विषय बनाया है। जलीय बिम्बों में सागर, सरोवर, नदियों, झरनों और लहरों को विविध रूपों में विस्तार से अंकित किया गया है तो उनके काव्य में तट, काई, जल-बिन्दु सदृश जलीय उपादानों का भी पूर्णतः अभाव नहीं है। आकाशीय बिम्बों में सूर्य, चन्द्र, नक्षत्र, बादल, पवन, तुषार आदि के वैविध्यपूर्ण बिम्ब हैं तो वनस्थलीय बिम्बों में पुष्पों, वृक्षों, लताओं, पत्तियों, कुंजों आदि के कोमल-मधुर रूप। पर्वतीय बिम्बों में हिमालय की गरिमा और उच्चता हैं तो अन्य पर्वतों का मार्दव और वर्ण-वैभव भी। खनिजीय बिम्बों में रत्नों के बिम्ब पर्याप्त संख्या में हैं तो स्वर्ण को भी तरल, तन्तु, चूर्ण आदि विविधरूपों में अंकित किया गया है। ऋतु सम्बन्धी बिम्बों में करुणा से प्रेरित वर्षा तथा यौवन और आनन्द के व्यंजक वसन्त के बहुसंख्यक बिम्ब हैं तो शिशिर शरद आदि अन्य बिम्बों का भी अभाव नहीं हैं। उषा, सन्ध्या और रात्रि नारी-भावना को लिये हुए प्रसाद काव्य में उतरी हैं तो उसमें मध्याह्न, अपराह्न और ब्राह्ममुहूर्त के बिम्बों की योजना भी हुई है। प्रसाद की लेखनी ने पशु-

1. कामायनी (वासना) पृ० 77
2. लहर, पृ० 76
3. देखिए—स्कन्दगुप्त, अंक 5, दृश्य 2, पृ० 155

पक्षियों, कीट-पतंगों, जलचरों आदि विविध जीव-जन्तुओं के बिम्ब भी अंकित किये हैं और पंचमहाभूतों के भी। अभिप्राय यह है कि प्रसाद-काव्य में प्रकृति से गृहीत बिम्बों में विस्तार भी है और वैविध्य भी।

(आ) मानव जीवन सम्बन्धी बिम्ब

प्रसाद-काव्य में मानव-जीवन का विशेष महत्त्व है। यद्यपि उसमें प्रकृति से गृहीत बिम्बों की अपेक्षा मानव-जीवन से प्रत्यक्षतः गृहीत बिम्बों की संख्या कम है तथापि यह विचारणीय है कि प्रकृति के बिम्ब उपस्थित करते हुए भी कवि ने, सामान्यतः सम्पूर्ण काव्य में और विशेषतः अपने परवर्ती काव्य में, मानव को दृष्टि से ओझल नहीं होने दिया है। इसीलिए उनके बिम्बों में मानव जीवन प्रत्यक्षतः भी उपस्थित हुआ है और प्रकृति पर आरोपित होकर भी। दूसरे प्रकार के बिम्बों में प्रकृति के माध्यम से वस्तुतः मानव का ही हर्ष-विषाद, आशा-निराशा और क्रिया-व्यापार रूपायित हुआ है।

मानव जीवन सम्बन्धी बिम्बों की विविधता को ध्यान में रखते हुए उनको निम्न-लिखित वर्गों में विभाजित किया जा सकता है—

(1) मानव के बिम्ब	— (क) पुरुष बिम्ब
	(ख) नारी बिम्ब
(2) मानव-उपलब्धियों के बिम्ब	—(क) कलाओं से गृहीत बिम्ब
	(ख) ऐतिहासिक-पौराणिक बिम्ब
(3) मानव जीवन की विविध अवस्थाओं के बिम्ब	—(क) वन्य जीवन
	(ख) लोक जीवन
	(ग) नागरिक जीवन

(१) मानव के बिम्ब

मानव सृष्टि के दो प्रमुख अंग हैं—पुरुष और नारी। प्रसाद जी ने इन दोनों के विविध रूपों का बिम्बांकन किया है।

(क) पुरुष बिम्ब

प्रसाद ने अपने काव्य में पुरुष के अनेक रूपों को बिम्बांकित किया है। यों तो उनके काव्य में वीर योद्धा, भिखारी, थके बनजारे, तपस्वी, अहेरी, प्रहरी आदि के रूपों में पुरुष की अनेक भंगिमाएँ रूपायित हुई हैं, किन्तु पुरुष का दृप्त तेज, सुगठित शरीर, अन्तःप्रवाही ओज की अजस्र धारा और उसके क्रिया-व्यापार की त्वरा प्रसाद को अधिक प्रिय हैं। मनु, महाराणा प्रताप, शेर सिंह, अर्जुन आदि पात्रों के चित्रण में अधिकांशतः

पुरुष के इसी रूप के चित्र प्रस्तुत हुए हैं। कामायनी के आरंभ में चिन्ता कातर होने पर भी मनु का यही ओजस्वी रूप अंकित किया गया है—

अवयव की दृढ़ मांस-पेशियाँ, ऊर्जस्वित था वीर्य अपार
स्फीत शिरायें, स्वस्थ रक्त का होता था जिनमें संचार।
चिन्ताकातर वदन हो रहा पौरुष जिसमें ओत प्रोत
उधर उपेक्षामय यौवन का बहता भीतर मधुमय स्रोत।[1]

यहाँ कवि ने दृढ़ मांसपेशियों, स्फीत शिराओं और, चिन्ता कातर वदन के साथ-साथ उनमें झलकती अपार शक्ति, स्वस्थ रक्त के संचार (जो अंगों में लालिमा और कांति उत्पन्न करता है), मुख में ओत-प्रोत पौरुष और परिस्थितिवश उपेक्षित किन्तु भीतर निरंतर बहते यौवन के स्रोत का भी उल्लेख कर मनु के रूप में एक पुरुष का प्रभावशाली चित्र प्रस्तुत किया है।

यह पुरुष का स्थिर चित्र है। युद्धरत मनु के रूप में अत्यन्त ओजस्वी और क्रियाशील पुरुष का चित्रण हुआ है—

मनु फिर रहे अलात चक्र से उस घन तम में
वह रक्तिम उन्माद नाचता कर निर्मम में।[2]

इन पंक्तियों में कवि ने मनु के तेज, त्वरा, रक्तिम उन्माद और उनके कर की दृढ़ता को बिम्बवद्ध किया है।

ऐसे ही पुरुष-बिम्बों में उर्जस्वित रक्त, उमंगभरे मन और अबन्ध बलशाली मणि बन्धों वाले सिख योद्धाओं,[3] चढ़ी भौं, कड़े धनुष और लाल आँखों वाले राजपूत (अमर सिंह),[4] करिकर-सम कर में करवाल लिए, आँखों में 'जीवन मरण' समस्या लिए, जन्म-भूमि के प्रति करुणा और शत्रु के प्रति कालानल का कोप लिए महाराणा प्रताप,[5] दृढ़ कर में चषक लिए, सन्ध्या की लालिमा से पूर्ण मुखवाले क्रतुमय पुरुष[6] आदि के बिम्बों की गणना की जा सकती है।

प्रसाद जी ने अप्रस्तुत रूप में भी पुरुष-बिम्बों की योजना की है। बादलों का चित्रण करते हुए उन्होंने थके बनजारों का बिम्ब उपस्थित किया है—

---

1. कामायनी (चिन्ता), पृ० 10
2. कामायनी (संघर्ष), पृ० 165
3. लहर, पृ० 54
4. महाराणा का महत्त्व, पृ० 5
5. महाराणा का महत्त्व, पृ० 8-9
6. कामायनी (स्वप्न), पृ० 151

थके प्रवासी बनजारों से लौटे हो मन्थर गति से
किस अतीत की प्रणय-पिपासा जगती चपला सी स्मृति से ?[1]

इसी प्रकार शैल को रूपांकित करते हुए कवि ने साधक का निम्नलिखित बिम्ब उपस्थित किया है—

पत्रहीना वल्लरी जैसे जटा बिखरी हुई
उत्तरीयसमान जिन पर धूप है निखरी हुई
शैल वे साधक सदा जीवन-सुधा को चाहते
ध्यान में काली घटा के नित्य ही अवगाहते।[2]

इन पंक्तियों में शैल को साधक के रूप में उपस्थित करने के लिए उसकी जटाओं, उत्तरीय और ध्यानावस्था का उल्लेख हुआ है।

प्रसाद जी ने पुरुषों के अन्य बिम्बों में टूटा प्याला लेकर चल पड़ने वाले भिखारी,[3] सब कुछ झेल चलने वाले गिरपथ के पथिक[4] सुर-श्मशान में साधना करने वाले तरुण तपस्वी,[5] धनुष और मृग को पृथ्वी पर डाल कर बैठे हुए शिथिल-शरीर अहेरी,[6] काँपते हुए हाथ में छिन्न पात्र और अधर में मधु-भिक्षा की रटन लिए एक अकिंचन,[7] भूले-भटके पथिक[8] आदि के बिम्ब भी अंकित किये हैं।

संक्षेप में, प्रसाद जी ने पुरुषों को विविध रूपों में बिम्बांकित किया है किन्तु पुरुष का ओजस्वी रूप ही उनकी दृष्टि में पुरुष का आदर्श रूप है।

(ख) नारी-बिम्ब

प्रसाद जी ने अपने काव्य में यदि पुरुषों के ओजस्वी स्वरूप को लिया है तो नारी के मृदु-मनोहर रूप को। उन्होंने पुरुष और नारी के बाह्य और आन्तरिक स्वरूप के इस भेद का विवेचन 'अजातशत्रु' नाटक में दीर्घकारायण के माध्यम से किया है—'कठोरता का उदाहरण है पुरुष और कोमलता का विश्लेषण है—स्त्री जाति। पुरुष क्रूरता है तो स्त्री करुणा है—जो अन्तर्जगत का उच्चतम विकास है, जिसके बल

---

1. अजातशत्रु, अंक 3, दृश्य 3, पृ० 113
2. कानन कुसुम, पृ० 33
3. लहर, पृ० 45
4. ध्रुव स्वामिनी अंक 1, पृ० 34
5. कामायनी (चिन्ता), पृ० 9
6. कामायनी (ईर्ष्या), पृ० 116
7. लहर, पृ० 17
8. झरना, पृ० 22

पर समस्त सदाचार ठहरे हुए हैं। इसीलिए प्रकृति ने उसे इतना सुन्दर और मनमोहक आवरण दिया है—रमणी का रूप।'[1] प्रसाद जी ने नारी के इस 'सुन्दर और मनमोहक आवरण' के बिम्ब इस प्रकार अंकित किये हैं कि उसकी सम्पूर्ण आन्तरिक और वाह्य 'कोमलता' उनमें झलक उठती है। पुरुष के नर्ममय उपचार से झुकी हुई' 'मधुर क्रीड़ा' से पूर्ण नारी (श्रद्धा) का यह बिम्ब ऐसी ही 'कोमलता' लिए हुए है—

गिर रहीं पलकें, झुकी थी नासिका की नोक,
भ्रू लता थी कान तक चढ़ती रही बेरोक।
स्पर्श करने लगी लज्जा ललित कर्णकपोल,
खिला पुलक कदम्ब सा था भरा गदगद बोल।[2]

प्रसाद जी ने नारी रूप के जो बिम्ब प्रस्तुत किये हैं उनमें स्निग्धता और मसृणता है। ऐसे बिम्बों में उन्होंने वर्ण का विशेष ध्यान रखा है—

आह ! वह मुख ! पश्चिम के व्योम बीच जब घिरते हों घनश्याम;
अरुण रविमण्डल उनको भेद दिखाई देता हो छविधाम।[3]

यहाँ कवि ने श्याम'घन और अरुण रविमंडल की विरोधी वर्ण-योजना द्वारा श्रद्धा के तेजस्वी रूप को और अधिक भास्वरता प्रदान की है।

प्रसाद काव्य में नारी की विभिन्न अवस्थाओं के अत्यन्त प्रभावी बिम्ब उपलब्ध होते हैं। गर्भवती नारी की आन्तरिक और बाह्य स्थिति का यह अत्यन्त प्रभावशाली बिम्ब द्रष्टव्य है—

केतकी गर्भ सा पीला मुँह आँखों में आलस भरा स्नेह,
कुछ कृशता नई लजीली थी कंपित लतिका सी लिए देह।

— — —

मातृत्व बोझ से दबे हुए बँध रहे पयोधर पीन आज

— — —

दुर्भर थी गर्भ मधुर पीड़ा झेलती जिसे जननी सलील,

— — —

श्रम बिन्दु बना सा झलक रहा भावी जननी का सरस गर्व।[4]

यहाँ गर्भवती श्रद्धा के मुख का पीलापन, आँखों का आलस्यपूर्ण स्नेहभाव, लज्जा से पूर्ण

1. अजातशत्रु, अंक 3, दृश्य 4, पृ० 119
2. कामायनी (वासना), पृ० 77-78
3. कामायनी (श्रद्धा), पृ० 43
4. कामायनी (ईर्ष्या), पृ० 116-17

कृशता, कांपता हुआ-सा शरीर, मातृत्व बोझ के कारण पयोधरों की पीनता, गर्भ की दुर्भर किन्तु मधुर पीड़ा को आनन्दपूर्वक झेलना, सरस गर्व के समान झलकती पसीने की बूंदें—समग्र रूप से गर्भवती नारी का अत्यन्त सजीव और प्रभावशाली बिम्ब उपस्थित कर देते हैं। यहाँ गर्भ की अवस्था में नारी की परिवर्तित स्थितियों को कवि ने सफलतापूर्वक रूपांकित किया है।

इसी प्रकार यौवन के प्रथम आगमन से नारी की चेष्टाओं में घटित होने वाले परिवर्तनों के सुन्दर बिम्ब अंकित हुए हैं—

नृत्यशीला शैशव की स्फूर्तियाँ
दौड़कर दूर जा खड़ी हो हँसने लगीं।
तीसरी पंक्ति में चरण हुए थे विजड़ित मधु भार से।
हँसती अनंग बालिकाएँ अन्तरिक्ष में
मेरी उस क्रीड़ा के मधु अभिषेक में
नतशिर देख मुझे।
कमनीयता थी जो समस्त गुजरात की
हुई एकत्र इस मेरी अंगलतिका में।
पलकें मदिर भार से थीं झुकी पड़तीं।
नन्दन की शत-शत दिव्य कुसुम-कुन्तला
अप्सराएँ मानो वे सुगन्ध की पुतलियाँ
आ-आकर चूम रहीं अरुण अधर मेरा
जिसमें स्वयं ही मुस्कान खिल पड़ती।

— — —

जीवन सुरा की वह पहली ही प्याली थी।[1]

प्रस्तुत स्थल पर 'जीवन सुरा की पहली प्याली' की मादकता का अनुभव करने वाली अनिन्द्य सुन्दरी कमला का बिम्बांकन हुआ है। मधुभार से चरणों का विजड़ित होना, नतशिर होना, अंग-लतिका में कमनीयत का एकत्र होना, मदिर भाव से पलकों का झुक पड़ना, सुगंध की अनुभूति कराने वाले अधरों पर मुस्कान का स्वयं ही खिल पड़ना, ऐसी चेष्टाएँ हैं जिनसे यौवन के क्षेत्र में प्रथम पदार्पण करने वाली नारी का बिम्ब साकार हो उठता है। किन्तु प्रसाद जी ने इसके साथ ही उसकी विभिन्न अनुभूतियों के चित्रण के लिए—शैशव की स्फूर्तियों का दौड़कर दूर खड़ी हो हँसना, अनंग-बालिकाओं

1. लहर, (प्रलय की छाया), पृ० 60-61

का अंतरिक्ष में हँसना, नन्दन की शत-शत कुसुम-कुन्तला, सुगन्ध की पुतली अप्सराओं द्वारा आ-आकर अरुण अधर को चूमना—जैसे सुन्दर बिम्बों की सृष्टि की है जो अन्ततः नारी की उस विशेष स्थिति के बिम्ब को उभारने में सहायक होते हैं।

पुरुष को बरबस ही अपनी ओर आकृष्ट कर लेने वाले नारी-रूप के भी कुछ बिम्ब प्रसाद काव्य में प्राप्त होते हैं, जिनमें सूक्ष्मता और मांसलता का मणिकांचन संयोग हुआ है—

खुले मसृण भुजमूलों में वह आमंत्रण था मिलता,
उन्नत वक्षों में आलिंगन सुख लहरों सा तिरता।
नीचा हो उठता जो धीमे-धीमे विश्वासों में,
जीवन का ज्यों ज्वार उठ रहा हिमकर के हासों में।
जाग्रत था सौन्दर्य यदपि वह सोती थी सुकुमारी,
रूप चन्द्रिका में उज्ज्वल थी आज निशा सी नारी।[1]

यहाँ कवि ने 'तरल वासना' से विचलित मनु की दृष्टि से सोती हुई सुन्दरी श्रद्धा को देखा और बिम्बांकित किया है। इसमें खुले भुजमूलों की मसृणता, उन्नत वक्षों का साँसों के साथ धीरे-धीरे उठना-गिरना, चन्द्रिका पूर्ण रात्रि के समान श्रद्धा का उज्ज्वल रूप—मनु के लिए आकर्षण का कारण है।

किन्तु प्रसाद जी ने नारी के ऐसे आकर्षक, मादक रूप के साथ उसकी हीन अवस्था के भी बिम्ब प्रस्तुत किये हैं। ऐसे स्थलों पर कवि ने प्रायः बिम्बांकन के लिए प्रकृति का आश्रय लिया है। जैसे—

शिथिल शरीर वसन विशृङ्खल कबरी अधिक अधीर खुली
छिन्न-पत्र मकरन्द-लुटी सी ज्यों मुरझाई हुई कली।[2]

विरह-विधुरा और मनु के अनुसंधान में संलग्न श्रद्धा के शिथिल शरीर, अस्त-व्यस्त वस्त्रों और खुली हुई वेणी के बिम्ब को अधिक साकार बनाने के लिए कवि ने पत्र-हीन, मकरन्द-लुटी और मुरझाई कली का चित्र भी प्रस्तुत किया है। श्रद्धा के विरह-विधुरा रूप का ऐसा ही बिम्ब स्वप्न सर्ग में भी है।[3] जीवन के एकाकीपन और उसकी निस्सारता की अनुभूति को गहराई तक झेलती हुई आम्रपाली का बिम्ब इसी प्रकार का है।[4]

1. कामायनी (कर्म), पृ० 102-103
2. कामायनी (निर्वेद), पृ० 172-73
3. देखिए-कामायनी (स्वप्न), पृ० 143-44
4. अजातशत्रु, अंक 3, दृश्य 7, पृ० 130

प्रसाद जी ने नारी के इन प्रत्यक्ष बिम्बों को उपस्थित करने के साथ ही प्रकृति में भी स्थान-स्थान पर नारी-रूप के दर्शन किये हैं। ऐसे स्थलों पर यद्यपि प्रत्यक्ष रूप से प्रकृति सामने रहती है तथापि उसके पीछे नारी के गतिशील, भावपूर्ण, प्रभावशाली बिम्ब भी विद्यमान हैं। रात्रि, उषा, सन्ध्या, चाँदनी, बिजली, नदियों, लहरों, लताओं, कलियों आदि प्रकृति के जिन उपादानों में कोमलता, शीतलता, स्पंदन और शान्ति-दायिनी क्षमता है उनमें कवि ने प्रायः नारी भावों और नारी रूपों का आरोप किया है। ऐसे अनेक बिम्बों का विवेचन प्रकृति-सम्बन्धी बिम्बों के अन्तर्गत किया जा चुका है।

मुख, अलकें, नेत्र, नासिका, कपोल, हाथ आदि, नारी-शरीर के कुछ अवयव ऐसे हैं जो विशेष आकर्षण का केन्द्र बन जाते हैं। प्रसाद जी के नारी-बिम्बों में इन अवयवों का विशेष स्थान है। ये अवयव प्रायः विशेष भंगिमाओं के साथ प्रस्तुत हुए हैं। उदाहरण के लिए मुख को अनेक स्थानों पर घूंघट में ढँक कर देखा गया है—

शशि मुख पर घूंघट डाले अंचल में दीप छिपाये
जीवन की गोधूली में कौतूहल से तुम आये।[1]

घूंघट नारी के रूप-सौन्दर्य में वृद्धि करता है। नारी का रूप उसमें बँधकर नहीं रह सकता, फूट कर निकल पड़ता है और घूँघट से छन कर बाहर आने वाले सौन्दर्य की कान्ति और भी बढ़ जाती है—

घूंघट की ओट में छिपा है भला कैसे कभी
फूट कर निखर बिखरता जो रूप है।[2]

नारी के नेत्रों को प्रसाद ने प्रायः रस से पूर्ण और मादक रूप में अंकित किया है—

देखती प्यासी आँखें थीं, रसभरी आँखों को मदघूर्ण[3]

अथवा

नशीली आँखों सदृश कहो तुम्हारी ही, इसमें है नशा।[4]

प्रथम पंक्ति में आँखों के दो रूप हैं प्यासी आँखें और रसभरी आँखें। प्रथम प्रेमी की आँखें हैं और दूसरी प्रेयसी की। दूसरी पंक्ति में कवि ने मादक पेय से तुलना करते हुए आँखों की मादकता को सुनिश्चित रूप में अंकित किया है। इसी प्रकार उसने कपोलों

1. आँसू, पृ० 19
2. झरना, पृ० 62
3. वही, पृ० 45
4. वही, पृ० 46

के बिम्बों में चिक्कणता और अरुणिमा,[1] अलकों के बिम्बों में श्यामलता और सघनता,[2] नासिका के बिम्ब में नुकीलापन[3] विशेषतः रूपांकित किया है ।

प्रसाद-काव्य में मानव की विभिन्न अवस्थाओं में यद्यपि यौवन काल के बिम्बों की प्रधानता हैं तथापि बाल्यावस्था के भी कुछ बिम्ब उपलब्ध हैं। किरण का चित्रण करते समय प्रसाद जी ने शिशु का एक ऐसी ही मृदु मनोहर बिम्ब उपस्थित किया है—

अरुण शिशु के मुख पर सविलास सुनहली लट घुँघराली कान्त,
नाचती हो जैसे तुम कौन ? उषा के अंचल में अश्रान्त ।[4]

यहाँ मुख्यतः शिशु के अरुणिम मुख पर विलासपूर्वक नाचती हुई सुनहरी घुंघराली लट का बिम्ब है । खुली लुटरी और धूलि-धूसरित बाँहों वाले बालक का यह बिम्ब भी द्रष्टव्य है—

लुटरी खुली अलक, रज धूसर बाँहें आकर लिपट गईं ।[5]

बालकों की स्वच्छन्द निश्चिन्त और भोली आकृति इस पंक्ति में शब्दबद्ध हुई है ।

संक्षेप में, प्रसाद-काव्य में नारी-बिम्बों की अपेक्षा पुरुष-बिम्ब संख्या में कम हैं । सामान्यतः पुरुष के कठोर और दृढ़ रूप को तथा नारी के कोमल रूप को प्रस्तुत किया गया है । मानव की विभिन्न अवस्थाओं में से यौवन की ही प्रधानता है । शैशव के बिम्ब भी अल्प संख्या में मिल जाते है, किन्तु अन्य अवस्थाओं के बिम्बों का प्रायः अभाव है ।

(२) मानव-उपलब्धियों के बिम्ब

मानव ने अपनी प्रगति की लम्बी यात्रा में विभिन्न क्षेत्रों में बहुत कुछ उपलब्ध किया है । प्रसाद ने कलाओं और इतिहास-पुराणों से पर्याप्त मात्रा में बिम्बों का आधार ग्रहण किया है ।

(क) कलाओं से गृहीत बिम्ब

प्रसाद जी ने मुख्यतः चित्रकला, संगीतकला और नाटकों से अनेक बिम्ब ग्रहण किये हैं । चित्रकला मुख्यतः दृश्य संवेदना से सम्बद्ध है और संगीत श्रव्य संवेदना से तथा नाटक दृश्य एवं श्रव्य दोनों से ।

---

1. जैसे—झरना, पृ० 20 तथा कामायनी (चिन्ता), पृ० 16
2. जैसे—लहर, पृ० 10 तथा 59
3. जैसे—कामायनी (इड़ा), पृ० 40
4. झरना, पृ० 26
5. कामायनी (स्वप्न), पृ० 147

चित्रकला सम्बन्धी बिम्ब

प्रसाद जी ने रेखा-चित्रों, रंगीन चित्रों और चित्र उरेहने की प्रक्रिया—सभी के बिम्ब प्रस्तुत किये हैं। रंगहीन रेखा-चित्र रंगीन चित्र की तुलना में कम आकर्षक होता है। श्रद्धा के विरह-विधुर निष्प्रभ रूप को उभारने के लिए कवि ने ऐसे चित्र का बिम्ब उपस्थित किया है जिसमें केवल रेखाएँ शेष हैं और जिसके रंग फीके पड़कर उड़ चुके हैं—

कामायनी कुसुम वसुधा पर पड़ी, न वह मकरंद रहा;
एक चित्र बस रेखाओं का अब उसमें है रंग कहाँ।[1]

अरुणिम प्रभात की पृष्ठभूमि में प्रकट होने वाली इड़ा कवि को सुन्दर चित्रफलक पर नवल चित्र के समान उभरती दृष्टिगत होती है—

उस रम्य फलक पर नवल चित्र सी प्रकट हुई सुन्दर बाला।[2]

प्रसाद जी ने चित्र में रंग भरने की क्रिया के बिम्ब भी अंकित किये हैं। 'वह विराट था हेम घोलता, नया रंग भरने को आज'[3] में उषाकाल में फैला हुआ स्वर्णिम प्रकाश घुले हुए सुनहरी रंग के रूप में उपस्थित होता है। लज्जा नारी जीवन में जो परिवर्तन उपस्थित कर देती है उसकी अभिव्यक्ति भी चित्र में रंग भरने के क्रिया के बिम्ब द्वारा की गई है—

नारी जीवन का चित्र यही क्या ? विकल रंग भर देती हो;
अस्फुट रेखा की सीमा में आकार कला को देती हो।[4]

अस्पष्ट सीमा रेखाओं (आउट लाइन्स) में रंग भर देने से चित्र की आकृति स्पष्ट हो जाती है। लज्जा भी नारी जीवन के चित्र में रंग भर कर उसे निश्चित आकृति प्रदान करती है।

चित्रों के लिए रंगों को कपड़ों में छान कर तैयार किया जाता था। प्रसाद जीने अपने काव्य में उसका भी संकेत किया है—

इस अवकाश पटी पर जितने चित्र बिगड़ते बनते हैं
उनमें कितने रंग भरे जो सुरधनु पट से छनते हैं।[5]

---

1. कामायनी (स्वप्न), पृ० 143
2. कामायनी (इड़ा), पृ० 139
3. कामायनी (आशा), पृ० 26
4. कामायनी (लज्जा), पृ० 86
5. कामायनी (स्वप्न), पृ० 145

यही नही, प्रसाद-काव्य में काले पंख पर चाँदी के रंग से बने चित्र,[1] मद पिये अचेतन कलाकार द्वारा रंग की बहार लेकर क्षितिज के पार उन्मीलित चित्र,[2] बरौनी की तूलिका से क्षितिजपटी पर अंकित चित्र[3] आदि अन्य अनेक चित्रों के बिम्ब भी मिलते हैं।

संगीत-सम्बन्धी बिम्ब

संगीत के क्षेत्र से प्रसाद जी ने पर्याप्त संख्या में बिम्ब ग्रहण किये हैं। ये बिम्ब वाद्य, गीत और नृत्य—तीनों से ही सम्बद्ध हैं। वाद्यों में वंशी, वीणा, मृदंग, नूपुर, दुंदुभि, तूर्य, शहनाई आदि के बिम्ब हैं। इनमें सबसे अधिक वंशी और वीणा के बिम्ब हैं। वंशी के बिम्ब प्रायः मादकता की अनुभूति कराते हैं जबकि वीणा के बिम्बों में कहीं करुणा की अनुभूति व्यक्त हुई है और कहीं उल्लास की।

> श्वास पवन पर चढ़ कर मेरे दूरागत वंशी-रव सी
> गूँज उठी तुम, विश्व कुहर में दिव्य रागिनी अभिनव सी।[4]

मनु के सूने जीवन में आकर श्रद्धा ने जिस मादकता और सरसता का संचार किया था उसी की अभिव्यक्ति के लिए यहाँ वंशी-रव का बिम्ब उपस्थित किया गया है। यहाँ श्वास-पवन पर चढ़कर दूर से आने वाले वंशी-रव की और दिव्य रागिनी की गूँज साकार हो गयी है। मधुर मादक झिलमिल-सी अनुभूति की अभिव्यक्ति के लिए कवि ने ऐसा ही बिम्ब अंकित किया है—'जैसे कुछ दूर बजे वंशी'।[5] वंशी के ऐसे ही मादक बिम्ब लहर,[6] आँसू,[7] प्रेम पथिक,[8] आदि कृतियों में देखे जा सकते हैं।

प्रसाद जी ने प्रायः नाव के साथ भी वंशी-रव को अंकित किया है, जैसे 'दूरागत वंशी-रव गूँजता था, धीवरों की छोटी-छोटी नावों से[9] करुणालय में भी वंशी-रव का ऐसा ही चित्रण है।[10]

---

1. चन्द्रगुप्त, अंक 2. दृश्य 7, पृ० 115
2. लहर, पृ० 37
3. आँसू, पृ० 32
4. कामायनी (निर्वेद), पृ० 181
5. कामायनी (काम), पृ० 58
6. जैसे—लहर, पृ० 29
7. जैसे—आँसू, पृ० 26
8. जैसे—प्रेम पथिक, पृ० 16
9. लहर, पृ० 59
10. करुणालय, पृ० 12

वीणा के तार जब अधिक खिंच जाते हैं तो उसका स्वर अधिक तीखा हो जाता है और करुण भाव को जगाता है। प्रसाद जी ने वीणा के ऐसे बिम्ब कई स्थानों पर अंकित किये हैं—

न छेड़ना उस अतीत स्मृति से, खिंचे हुए बीन तार कोकिल।
करुण रागिनी तड़प उठेगी, सुना न ऐसी पुकार कोकिल।[1]

अथवा

चढ़ गई और भी ऊँची, रूठी करुणा की वीणा।[2]

वीणा में कई तार होते हैं और उसे बजाते समय वे एक साथ झंकृत हो जाते हैं। वीणा की ऐसी झंकार को भी कवि ने बिम्बबद्ध किया है—

हम दोनों थे भिन्न देह से तो भी मिलकर बजते थे
ज्यों उँगली के छू जाने से सस्वर तार विपंची के।[3]

इसी प्रकार अन्य वाद्यों में से मृदंग[4], तूर्य[5], दुंदुभि[6], शहनाई[7] आदि का भी उल्लेख हुआ है।

प्रसाद जी ने स्वर, लय, सम, ताल, विवादी स्वर, मूर्च्छना, मीड़ जैसे संगीत के पारिभाषिक शब्दों के व्यवहार से भी बिम्ब रचना में सहायता ली है। इन सब से भली-भाँति परिचित व्यक्ति के मानस में ये बिम्ब विशेष अनुभूति जगाने में समर्थ है; उदाहरण के लिए 'मूर्च्छना' का यह बिम्ब—

फिर वेणु रन्ध्र से उठ कर मूर्छना कहाँ पर ठहरे[8]

जिसमें उठने और ठहरने की क्रियाओं के साथ-साथ वेणु से भी सम्बद्ध होने के कारण मूर्च्छना पाठक के मानस में एक अमूर्त-सा आकार ग्रहण करती हुई बिम्ब के रूप में उभरती है।

संगीत सम्बन्धो बिम्बों में जहाँ-तहाँ राग-रागिनियों का भी उल्लेख हुआ है।

---

1. स्कन्दगुप्त, अंक , दृश्य , पृ०
2. आँसू, पृ० 38
3. प्रेम पथिक, पृ० 17
4. लहर, पृ० 56 तथा कानन कुसुम, पृ० 128
5. लहर, पृ० 56 तथा पृ० 128
6. लहर, पृ० 56
7. प्रेम पथिक, पृ० 19
8. कामायनी (आनन्द), पृ० 233

'गाते कौन मनोहर राग'[1] 'अब विकल रागिनी बजती'[2] जैसे राग-रागिनियों के सामान्य प्रयोगों के अतिरिक्त विहाग, पहाड़ी, भैरवी आदि विशिष्ट राग-रागिनियों का भी उल्लेख किया गया है। भारतीय संगीतशास्त्र में प्रत्येक राग के गाये जाने के लिए समय निश्चित है। इनमें विहाग अर्धरात्रि में गाया जाने वाला राग है। रात्रि की निस्तब्धता में उसकी तान मन को व्याकुल बना देती है। प्रसाद जी ने विहाग का ऐसा ही बिम्ब उपस्थित किया है—

श्रमित स्वप्न की मधुमाया में, गहन-विपिन की तरुछाया में
पथिक उनींदी श्रुति में किसने यह विहाग की तान उठाई।[3]

गहनवन, स्वप्नों की मधुमाया और उन्निद्रता के वातावरण में विहाग की तान का यह बिम्ब विशेषतः राग विहाग से परिचित पाठक के मन में साकार हो उठता है। श्रुति शब्द जहाँ सामान्य पाठक के मानस में कान का बिम्ब उभारता है वहाँ संगीत से अभिज्ञ पाठक को 'विहाग की तान उठाई' 'से मिल कर इस बिम्ब को एक विशेष भंगिमा प्रदान करता है। एक स्वर से दूसरे स्वर पर जाते समय सूक्ष्म स्वरांश को श्रुति कहते हैं। ऐसे स्वरांश से विहाग की तान की उठान एक सुन्दर श्रवणपरक बिम्ब की रचना करती है। 'तू अब तक सोयी है आली आँखों में भरे विहाग री'[4]—लहर की इस प्रसिद्ध पंक्ति में भी कवि ने विहाग का सूक्ष्म, सांकेतिक, सुन्दर बिम्ब उभारा है।

इसी प्रकार 'पहाड़ी रागिनी' के प्रसंग में उससे सम्बद्ध उदासी के भाव को सामने लाया गया है[5] और प्रभातकालीन 'भैरवी' के संदर्भ में जागृति के भाव को।[6]

प्रसाद-काव्य में नृत्य से सम्बन्धित बिम्ब भी आये हैं। यह नृत्य ताण्डव और लास्य दोनों प्रकार का है। ताण्डव नृत्य का चित्रण कामायनी के दर्शन सर्ग में नटेश के प्रसंग में विस्तारपूर्वक हुआ है,[7] अन्यत्र भी उसे लेकर सुन्दर बिम्बों की रचना हुई है; जैसे—

---

1. चन्द्रगुप्त, अंक 4, दृश्य 4, पृ० 169
2. आँसू पृ० 7
3. स्कन्दगुप्त, अंक 5, दृश्य 5, पृ० 165
4. लहर, पृ० 19
5. देखिये—झरना, पृ० 50
6. देखिये—लहर, पृ० 20
7. देखिये—कामायनी (दर्शन) पृ० 202 और 203

धू-धू करता नाच रहा था अनस्तित्व का ताण्डव नृत्य[1]

में ताण्डव नृत्य का प्रभावशाली दृश्य संवेदनायुक्त नाद-बिम्ब प्रस्तुत हुआ है।

प्रसाद जी ने नृत्य के कोमल रूप को लेकर भी बिम्ब-सृजन किया है। उनके काव्य में कहीं मानसी गौरी लहरों का नर्तन है,[2] कहीं रश्मियों की अप्सराओं का—

रश्मियाँ बनी अप्सरियाँ अन्तरिच्च में नचती थीं
परिमल का कन-कन लेकर निज रंगमंच रचती थीं।[3]

इसी प्रकार कहीं सौन्दर्यमयी चंचल कृतियाँ रहस्य बन कर नाचती है[4] और कहीं लहर उठ-उठ गिर-गिर कर नर्तित पदचिह्न बनाती है।[5]

नाटक सम्बन्धी बिम्ब

प्रसाद के कुछ बिम्बों का सम्बन्ध नाटकों से है। ऐसे अधिकांश बिम्ब अभिनय और यवनिका के हैं।

पलकें झुकी यवनिका-सी थीं अन्तस्तल के अभिनय में।[6]

मन में विभिन्न स्मृतियाँ आकर प्रिय की प्रतीक्षा करती प्रेयसी को उद्वेलित कर रही थीं और वह पलकें झुकाए उनमें लीन थी। इस भाव की अभिव्यक्ति के लिए कवि ने झुके हुए पर्दे के भीतर चलने वाले अभिनय का बिम्ब प्रस्तुत किया है।

प्राचीन भारतीय नाटकों में विदूषक की अवतारणा परिहास के सृजन के लिए की जाती थी, किन्तु वह नाटक का प्रमुख पात्र न होकर नायक का सहचर मात्र होता था। वह थोड़े ही समय के लिए मंच पर आता था। प्रसाद जी ने दुःख के लिए ऐसे ही विदूषक के अभिनय करके छिप जाने का उपमान प्रस्तुत किया है—

सुख सहचर दुःख विदूषक परिहासपूर्ण कर अभिनय
सबकी विस्मृति के पट में छिप बैठा था अब निर्भय।[7]

कवि ने एक बिम्ब कठपुतली का भी उपस्थित किया है—

---

1. कामायनी (चिन्ता) पृ० 24
2. कामायनी (आनन्द), पृ० 235
3. वही, पृ० 234
4. कामायनी (काम), पृ० 57
5. लहर, पृ० 9
6. अजातशत्रु, अंक 2, दृश्य 8. पृ० 92
7. कामायनी (आनन्द), पृ० 234

आलोक किरन है आती, रेशमी डोर खिंच जाती,
दृगपुतली कुछ नच पाती, फिर तम पट में छिप जाती ।[1]

इसी प्रकार कहीं छलवाणी की प्रवंचना अपने अभिनय से मन को सुख में उलझा लेती है,[2] कहीं नियति नटी क्षितिजपटी को आंदोलित करती हुई गगन में आकर भौंहें नचाती है[3] और कहीं वेदना-रंगिनी कूक-हूक बन कर रंगस्थल में आ जाती है[4] ।

(ख) ऐतिहासिक एवं पौराणिक बिम्ब

प्रसाद जी ने भारत के प्राचीन इतिहास और पुराणों का मंथन किया था । उन्होंने रामायण काल से अंग्रेजों के समय तक के इतिहास से कथानक लेकर अनेक छोटी-बड़ी काव्य-कृतियों का सृजन किया है । 'कामायनी' में पौराणिक सामग्री का प्रयोग स्पष्ट ही है । अतः उनके काव्य में इतिहास और पुराणों से सामग्री लेकर लक्षित, (प्रस्तुत रूप में) और उपलक्षित (अप्रस्तुत रूप में) दोनों ही रूपों में बिम्बों की रचना हुई है ।

ऐतिहासिक बिम्ब

प्रसाद-काव्य में ऐतिहासिक बिम्ब अधिकांशतः लक्षित रूप में उपलब्ध होते हैं । उसमें रामायणकालीन कथानक के आधार पर चित्रकूट (कानन कुसुम) और अयोध्या का उद्धार (चित्राधार) की रचना हुई है; महाभारतकालीन आधार पर बभ्रुवाहन, वनमिलन, भरत (चित्राधार) और कुरुक्षेत्र (कानन कुसुम) की; मौर्यकालीन आधार पर अशोक की चिन्ता (लहर) को; मध्यकालीन आधार पर प्रेमराज्य (चित्राधार) और प्रलय की छाया (लहर) की; मुगलकालीन आधार पर वीर बालक, शिल्प-सौन्दर्य (कानन कुसुम), पेशोला की प्रतिध्वनि (लहर) और महाराणा का महत्व की, तथा अंग्रेजकालीन आधार पर शेरसिंह का शस्त्र समर्पण की । इन रचनाओं में अधिकांश पात्र, स्थान और घटनाएँ इतिहास-प्रसिद्ध हैं और उनसे प्रसंगप्राप्त बिम्बों की सृष्टि हुई है ।

पावक-सरोवर में अवभृथ स्नान था
आत्म-सम्मान-यज्ञ की वह पूर्णाहुति

---

1. लहर, पृ० 49
2. कामायनी (कर्म), पृ० 113
3. लहर, पृ० 62-63
4. आँसू, पृ० 75-76

सुना—जिस दिन पद्मिनी का जल मरना
सती के पवित्र आत्म-गौरव की पुण्य गाथा
गूंज उठी भारत के कोने-कोने जिस दिन;
उन्नत हुआ था भाल
महिला महत्व का ।[1]

पद्मिनी के जौंहर को लेकर प्रसाद जी ने 'आत्म-सम्मान-यज्ञ की पूर्णाहुति' और 'पावक-सरोवर में अवभृत स्नान' के जो बिम्ब अंकित किये हैं वे इतिहास के उस प्रसंग को अत्यन्त उदात्त रूप में प्रस्तुत करते हैं ।

मेवाड़ के साथ महाराणा प्रताप की अनेक ऐतिहासिक स्मृतियाँ जुड़ी हैं । अन्तिम क्षणों में प्रताप को यह चिन्ता थी कि 'स्वतन्त्रता संग्राम का भार कौन लेगा,' 'अंधड़ में पतवार कौन थामेगा' । उनकी साँस सफरी-सी किसी आशा में अटकी हुई थी । पेशोला झील देखकर कवि को उन्हीं क्षणों का स्मरण होता है । उसने प्रताप के उन शब्दों का और मेवाड़ का बिम्ब इस प्रकार प्रस्तुत किया है—

आज भी पेशोला के
तरल जल-मण्डलों में
वही शब्द घूमता सा
गूंजता विकल है ।
किन्तु वह ध्वनि कहाँ ?
गौरव की काया पड़ी माया है प्रताप की
वही मेवाड़ !
किन्तु आज प्रतिध्वनि कहाँ ।[2]

आरम्भ की पाँच पंक्तियों तथा अन्तिम पंक्ति में श्रवणपरक बिम्ब प्रस्तुत हुआ है जिसमें प्रताप की अन्तिम अवस्था का भी क्षीण आभास मिला हुआ है । छठी और सातवीं पंक्तियों में मेवाड़ का 'गौरव की काया' के रूप में छायात्मक बिम्ब उपस्थित किया गया है । उससे प्रताप के जीवन के अनेक प्रसंग स्वच्छन्द रूप से पाठक के मन में उभरते हैं ।

विजय केवल लोहे की नहीं, धर्म की रही धरा पर धूम
भिक्षु होकर रहते सम्राट् दया दिखलाते घर-घर घूम ।[3]

---

1. लहर (प्रलय की छाया), पृ० 63
2. लहर (पेशोला की प्रतिध्वनि,) पृ० 58
3. स्कन्दगुप्त, अंक 5, पृ० 162

इन पंक्तियों में प्रसाद ने सम्राट का जो भिक्षु-वेष उपस्थित किया है, वह गौतम बुद्ध का बिम्ब सामने लाता है।

प्रसाद जी ने इतिहास से गृहीत सामग्री के आधार पर आख्यानकों की जो रचना की है उनमें वह सामग्री प्रत्यक्ष रूप में प्रस्तुत हुई है। अप्रस्तुत रूप में इतिहास का ग्रहण में कम हुआ है।

पौराणिक बिम्ब

प्रसाद-काव्य में पौराणिक बिम्ब पर्याप्त मात्रा में उपलब्ध हैं। किन्तु प्रसाद की पौराणिक कल्पना में प्राचीन कवियों की पौराणिक कल्पना का धार्मिक रूप नहीं है। उनके काव्य में पौराणिक कथाओं की अपेक्षा उनके प्रतीकात्मक अर्थों का ग्रहण अधिक हुआ है। पौराणिक कल्पना का प्रत्यक्ष उदाहरण उनकी 'कामायनी' है। किन्तु उसमें भी कवि ने पौराणिक कथानक को यथावत ग्रहण नहीं किया वरन् उसका आधुनिकीकरण कर दिया है। उसके पात्र, महा जल-प्लावन, मनु की उससे रक्षा, महावट से बँधी नौका आदि पाठक के मन में विराट बिम्बों का सृजन करते हैं, जो पौराणिक कल्पना पर आधारित हैं।

प्रसाद जी के पौराणिक बिम्ब प्रसंगप्राप्त भी हैं और अप्रस्तुत रूप में भी। कामायनी के आरम्भ में देव संस्कृति के अनेक आकर्षक बिम्ब हैं। प्रसाद जी ने इस प्रसंग में देवांगनाओं के विलास और देव-कामिनियों के शृंगार का चित्रण करते हुए अनेक मनमोहक बिम्ब उपस्थित किये हैं। वर्ण-सौन्दर्य और मार्दव के लिए उपस्थित यह पौराणिक बिम्ब द्रष्टव्य है—

कल कपोल था जहाँ बिछलता कल्पवृक्ष का पीत पराग।[1]

कल्पवृक्ष पौराणिक कल्पना के अनुसार स्वर्ग का एक वृक्ष है। कल्पवृक्ष के पीत पुष्प-पराग की बिछलन से कपोलों की कोमलता, चिकनापन और उनका वर्ण सजीव हो उठा है। मानसरोवर की लहरों और हिमालय का चित्रण करते हुए कवि ने उनको पुरातन पुरुष शिव और नृत्य करती गौरी की यह पौराणिक कल्पना बिम्ब रूप में प्रस्तुत की है—

वह चन्द्र किरीट रजतनग, स्पन्दित सा पुरुष पुरातन
देखता मानसी गौरी लहरों का कोमल नर्तन।[2]

उपर्युक्त दोनों ही कल्पनाएँ किसी न किसी रूप में प्रसंग से सम्बद्ध हैं। किन्तु अनेक

---

1. **कामायनी (चिन्ता)**, पृ० 16
2. **कामायनी (आनन्द)**, पृ० 235

स्थलों पर अप्रस्तुत रूप में भी पौराणिक बिम्बों का सृजन हुआ है। चन्द्रोदय के प्रसंग में ऐसा ही एक बिम्ब है—

उदित कुमुदिनी नाथ हुए प्राची में ऐसे
सुधाकलश रत्नाकर से उठता हो जैसे।[1]

सागर से उठते हुए सुधाकलश का बिम्ब समुद्र-मन्थन की पौराणिक कल्पना से गृहीत है।

विशेष प्रभाव की सृष्टि के लिए प्रसाद ने अनेक स्थलों पर पौराणिक कल्पना का सहारा लेते हुए मनोहारी बिम्बों की रचना की है। गुजरात की अनुपम सुन्दरी कमला के प्रथम यौवनागम का चित्रण करते हुए कवि ने ऐसे कई बिम्ब उपस्थित किये हैं। नत-शिर कमला को ऐसा प्रतीत होता है—

हँसती अनंग बालिकाएँ अन्तरिक्ष में
मेरी उस क्रीड़ा के मधु अभिषेक में
नत-शिर देख मुझे।[2]

इसी प्रकार अपने अधरों में अव्यक्त मधुर सुगंधपूर्ण स्पन्दन की अनुभूति करती हुई कमला को ऐसा प्रतीत होता है—

नन्दन की शत-शत दिव्य कुसुम-कुन्तला
अप्सराएँ मानो वे सुगन्ध के पुतलियाँ
आ आ कर चूम रहीं अरुण अधर मेरा
जिसमें स्वयं ही मुस्कान खिली पड़ती।[3]

उपर्युक्त दोनों ही बिम्बों में कवि ने किसी पौराणिक कथा को प्रस्तुत नहीं किया वरन् 'अनंग बालिकाओं' तथा 'अप्सराओं' की कोमलता के पौराणिक व्यक्तित्व के संकेतों को लेकर उनके कोमल सरस बिम्बों की रचना की है। प्रथम उदाहरण में 'अनंग बालिकाओं' की हंसती हुई मुद्रा का बिम्ब है और दूसरे उदाहरण में अप्सराओं के बिम्ब से दृश्य, स्पर्श और गंध संवेदनाएँ सशक्त रूप में सम्प्रेषित होती हैं।

इनके अतिरिक्त प्रसाद जी ने प्राचीन साहित्य के सन्दर्भों को भी सुन्दर बिम्बों में ढाल दिया है। कालिदास ने मेघदूत में यक्ष का सन्देश पहुँचाने के लिए मेघ को जिस विरहविधुरा यक्षिणी के पास अलकापुरी भेजा था, प्रसाद जी ने उसी यक्षिणी के पलकों का सहारा लेकर सोने वाले मेघों का बिम्ब इस प्रकार उपस्थित किया है—

---

1. कानन कुसुम (चित्रकूट), पृ० 101
2. लहर (प्रलय की छाया), पृ० 60
3. लहर (प्रलय की छाया), पृ० 60

अलका की किस विकल विरहिणी की पलकों का ले अवलम्ब,
सुखी सो रहे थे इतने दिन, कैसे हे नीरद निकुरम्ब।[1]

संक्षेप में, प्रसाद जी ने इतिहास के विभिन्न कालों के प्रसंगों को अपने काव्य में अंकित किया है। उसमें पौराणिक कल्पनाओं के आधार पर भी पर्याप्त संख्या में प्रस्तुत और अप्रस्तुत दोनों रूपों में बिम्ब-सृजन हुआ है। ऐतिहासिक बिम्ब प्रसंगप्राप्त अधिक हैं और पौराणिक बिम्ब अप्रस्तुत रूप में।

(3) मानव जीवन की विविध अवस्थाओं के बिम्ब

प्रसाद जी के काव्य में मानव जीवन के विविध प्रगतिशील चरणों के बिम्ब अंकित हुए हैं। उसमें वन्य जीवन, लोक जीवन और नागरिक जीवन—जीवन की इन सभी अवस्थाओं का कुशल चित्रण हुआ है।

(क) वन्य जीवन

प्रसाद-काव्य में मानव के वन्य जीवन का चित्रण करने वाले विविध व्यापारों में मुख्यतः मृगया के बिम्बों की योजना हुई है। प्रलय के पश्चात् श्रद्धा का समर्पण पाकर मनु के मृगयाप्रेमी रूप को कवि ने कुशलता से उरेहा है। मृगया से लौटे हुए मनु का यह बिम्ब दृष्टव्य है—

मृग डाल दिया, फिर धनु को भी मनु बैठ गये शिथिलित शरीर,
बिखरे थे सब उपकरण वहीं, आयुध, प्रत्यञ्चा, शृंग, तीर।[2]

यहाँ निढाल होकर बैठे मनु और उनके पास बिखरे मृगया के उपकरण वन्य जीवन के उस रूप को अंकित कर देते हैं। मृग के पीछे दौड़ते हुए मनु का एक कल्पना-बिम्ब कवि ने श्रद्धा के कथन के माध्यम से प्रस्तुत किया है—

मैं यहाँ अकेली देख रही पथ, सुनती सी पगध्वनि नितान्त
कानन में जब तुम दौड़ रहे मृग के पीछे बन कर अशान्त।[3]

इसमें दो बिम्ब हैं—एक तो प्रतीक्षारत श्रद्धा का और दूसरा मृग के पीछे दौड़ते समय व्यग्र मनु का।

विषाद का चित्रण करते समय भी प्रसाद ने निर्जन कानन में बैठे खिन्नमना जंगली का बिम्ब उपस्थित किया है—

अखिल विश्व के कोलाहल से दूर सुदूर निभृत कानन में
गोधूली के मलयाचल में, कौन जंगली बैठा बन में

---

1. अजातशत्रु, अंक 3, दृश्य 3, पृ० 112
2. कामायनी (ईर्ष्या), पृ० 116
3. कामायनी (ईर्ष्या), पृ० 118

शिथिल पड़ी प्रत्यञ्चा किसकी, धनुष भग्न सब छिन्न जाल है
वंशी नीरव पड़ी धूल में, वीणा का भी बुरा हाल है ।[1]

यहाँ प्रसाद जी ने जंगली के चित्रण के लिए प्रत्यञ्चा, धनुष, जाल, वंशी और वीणा का उल्लेख किया है ।

'कामायनी' में मनु के गुफा निवास, उसमें जलकर बुझ जाने वाली धुँधली अग्नि आदि के जो चित्र प्रस्तुत किये गये हैं वे भी वन्य जीवन का समर्थ चित्रण करते हैं ।[2]

(ख) लोक जीवन

प्रसाद काव्य में लोक जीवन को चित्रित करने वाले बिम्ब भी उपलब्ध हैं जिनमें से कुछ में प्रत्यक्ष रूप से लोक जीवन की अभिव्यक्ति हुई है और कुछ में प्रकृति के माध्यम से । मनुष्य ने मांस के स्थान पर अन्न, चर्म के स्थान पर वस्त्र और गुफा के स्थान पर कुटी को अपना कर वन्य जीवन से आगे चरण बढ़ाये हैं । कामायनी में प्रलय के पश्चात् मनु गुफा में रहते हैं, श्रद्धा के पूर्ण आत्म-समर्पण के पश्चात् मृगया ही उनका व्यसन है, भोजन के लिए मांस और पहनने के लिए चर्म । किन्तु श्रद्धा भावी सन्तान को इस अवस्था में नहीं रखना चाहती । अतः वह कुटिया की रचना करती है, तकली से ऊन कात कर वस्त्र बनाती है और बीज एकत्र करती है । तकली चलाते समय श्रद्धा गाती हैं––

किरनों सी तू बुन ये उज्ज्वल मेरे लघु जीवन का प्रभात
जिसमें निर्वसना प्रकृति सरल ढँक ले प्रकाश से नवल गात ।[3]

इस स्थल पर किरणों के छायात्मक बिम्ब की रचना हुई है । यहाँ वस्त्र बुनने और प्रकाश के आवरण की रचना का तो अर्थ स्पष्ट है ही, साथ ही एक नवीन सभ्यता की आकांक्षा भी व्यक्त हुई है । कामायनी के ईर्ष्या सर्ग में ही कुटिया के वर्णन में उसका सुन्दर बिम्ब उभरता है ।[4]

मातृत्व भाव के व्यंजक कुछ बिम्ब प्रसाद-काव्य में लोक जीवन का चित्र उपस्थित करते हैं । अपने भावी शिशु को झूले पर झुलाने, दुलरा कर बदन चूमने और अपनी छाती से चिपका कर घाटी में घुमाने की कल्पना में खोई हुई और उसकी भोली क्रीड़ाओं की कल्पना करती हुई श्रद्धा कहती है––

---

1. झरना (विषाद), पृ० 28
2. देखिये––कामायनी (कर्म), पृ० 96, 113
3. कामायनी (ईर्ष्या), पृ० 124
4. वही, पृ० 122-23

अपनी मीठी रसना से वह बोलेगा ऐसे मधुर बोल
मेरी पीड़ा पर छिड़केगा जो कुसुम धूलि मकरंद घोल ।[1]

इन पंक्तियों में स्पर्श बिम्ब उपस्थित हुआ है । यह कल्पना वन्य-जीवन से आगे बढ़ कर लोक-जीवन में पनपने वाले मधुर सम्बन्धों के सूत्र को अपने में समेटे है ।

प्रसाद जी ने लोक-जीवन के कुछ व्यापारों के बिम्ब प्रकृति के माध्यम से प्रस्तुत किये हैं जैसे कन्दुक क्रीड़ा, पंखा झलना, उत्सव, झूला झूलना, घट भर कर लाना आदि । सरिता के एकान्त कूल में पवन हिंडोले पर झूलता है ।[2] नियति नटी नाचती हुई कन्दुक-क्रीड़ा करती है और अपने अतृप्त मन को संतोष देती है,[3] प्रकृति अनेक हाथों से पंखा झलती है[4] विभावरी बीतने पर लतिका मधुमुकुल की नवल रस-गागर भर लाती है,[5] अन्तरिक्ष के मधु-उत्सव में सब परमाणु-बाल कुंकुम-चूर्ण उड़ाते हुए गले मिलने के लिए ललकते हुए दौड़ पड़ते हैं ।[6]

(ग) नागरिक जीवन

प्रसाद जी ने नागरिक जीवन का प्रत्यक्ष चित्रण मुख्यतः कामायनी के स्वप्न सर्ग में किया है । वहाँ एक ओर तो नगर, उसके प्राचीर, भवनों आदि का चित्रण है और दूसरी ओर नागरिकों के व्यापार और जीवन का—

ऊँचे स्तम्भों पर वलभीयुत बने राज प्रासाद वहाँ
धूप धूम सुरभित गृह, जिनमें थी आलोक शिखा जलती ।
स्वर्ण कलश शोभित भवनों से लगे हुए उद्यान बने
ऋजु-प्रशस्त पथ बीच-बीच में, कहीं लता के कुंज घने,
जिनमें दम्पति समुद विहरते प्यार भरे दे गलबाँही,
गूँज रहे थे मधुप रसीले, मदिरा मोद पराग सने ।[7]

यहाँ प्रथम चार पंक्तियों में सारस्वत नगर के भवनों, मार्गों, लता-कुंजों का और अन्तिम दो पंक्तियों में उसके दम्पतियों की चहल-पहल का वर्णन है जिससे समग्र रूप से चहल-पहल से पूर्ण, स्वच्छ नगर का बिम्ब उभरता है । इसी प्रकार धातुओं के गलने, आभू-

1. कामायनी (ईर्ष्या), पृ० 125
2. कामायनी (दर्शन), पृ० 197
3. आँसू, पृ० 51
4. कानन कुसुम (चित्रकूट), पृ० 104
5. लहर, पृ० 19
6. कामायनी (काम), पृ० 62-63
7. कामायनी (स्वप्न), पृ० 150

षणों और अस्त्रों के निर्माण, मृगया के उपहार, गंधचूर्णों, लोध्ररज आदि नये प्रसाधनों के जुटने, घन के आघातों से होती प्रचंड ध्वनि और रमणियों के मधुर कण्ठ ने निकलने वाली मूर्च्छना आदि[1] के उल्लेख से समग्रतः व्यस्त और वैविध्यपूर्ण नागरिक जीवन का चित्र उभरता है।

कामायनी के रहस्य सर्ग में कर्मलोक के चित्रण में भी नगर के यान्त्रिक जीवन की झाँकी प्रस्तुत हुई है—

श्रममय कोलाहल, पीड़नमय विकल प्रवर्तन महायन्त्र का,
क्षण भर भी विश्राम नहीं हैं प्राण दास है क्रियातन्त्र का।[2]

अनवरत श्रम, कोलाहल, पीड़ा, महायन्त्र के व्याकुलता से घूमने, विश्राम के अभाव आदि के उल्लेख से आज के कोलाहलपूर्ण नगर के व्यस्त औद्योगिक जीवन का बिम्ब प्रस्तुत हो गया है।

नागरिक जीवन के कुछ पक्षों को प्रकृति के माध्यम से अप्रस्तुत रूप में भी बिम्बाकित किया गया है। इनमें उत्सवशाला और मधुबाला के बिम्ब्र उल्लेखनीय हैं। कहीं कवि ने प्राची को मधुशाला और उषा को मधुबाला के रूप में अंकित किया है[3] और कहीं तारों की आपानक गोष्ठी का चित्रण किया है—

क्लान्त तारकागरण की मद्यप-मण्डली
नेत्र निमीलन करती है फिर खोलती
रिक्त चषक सा चन्द्र लुढ़क कर है गिरा
रजनी के आपानक का अब अन्त है।[4]

नगरों में इस प्रकार की आपानक गोष्ठियों का आयोजन होता रहता है। प्रसाद जी ने मधुशाला और उत्सव-शालाओं के अधिकांश बिम्बों में मधुपान अथवा उत्सव के पश्चात् के प्रसंगों को ही प्रस्तुत किया है, जैसे उत्सव के बाद का यह बिम्ब—

फिर निर्जन उत्सव-शाला, नीरव नूपुर, श्लथ माला
सो जाती है मधुबाला, सूखा लुढ़का है प्याला
बजती वीणा न यहाँ मृदंग।[5]

---

1. कामायनी (स्वप्न), पृ० 149
2. कामायनी (रहस्य), पृ० 212
3. लहर पृ० 45
4. झरना (पावस प्रभात) पृ० 23
5. लहर (अशोक की चिन्ता); पृ, 48

यहां उत्सवशाला की निर्जनता, नूपुरों की नीरवता,! बिखरी हुई माला, सोती हुई मधुबाला, सूखा लुढ़का प्याला, और वीणा और मृदंग का न बजना—इन सब के उल्लेख से उजड़ी हुई सी उत्सवशाला का ऐसा बिम्ब उभरता है जिसमें नूपुरों की झंकार, सुन्दर माला की महक, मधुबाला की सक्रियता, आसव से पूर्ण प्याले तथा वीणा और मृदंग की ध्वनियों की स्मृतियाँ भी लिपटी हुई हैं। देव संस्कृति के चित्रण में प्रसाद जी ने जो बिम्ब प्रस्तुत किये हैं वे भी मूलतः नागरिक जीवन के ही बिम्ब हैं।[1]

समग्रतः प्रसाद-काव्य में गृहीत बिम्बों में प्रकृति को भी स्थान मिला है और मानव को भी। उसमें मानव प्रत्यक्ष रूप में भी बिम्बांकित हुआ है और प्रकृति पर आरोपित होकर भी। पुरुष कठोरता का प्रतिनिधि है; नारी कोमलता की; और कवि का झुकाव कठोरता की अपेक्षा कोमलता की ओर अधिक है। अतः उसके काव्य में पुरुष बिम्बों की अपेक्षा नारी बिम्बों का आधिक्य है। प्रसाद को अतीत से प्रेम है अतः उनके काव्य में इतिहास और पुराणों से बिम्ब-ग्रहण समुचित मात्रा में हुआ है। कलाओं से गृहीत बिम्बों में भी विविधता है। प्रसाद जी ने काव्य में अनुभूति को अधिक महत्त्व दिया था। वे बाह्य की अपेक्षा अन्तर में प्रवेश करके उसका चित्रण अधिक करते थे अतः उन्होंने मानव जीवन की विविध बाह्य अवस्थाओं के प्रत्यक्ष बिम्ब कम दिये हैं मानव के विभिन्न भावप्रवण रूपों को ही अधिकांशतः अपने बिम्बों का विषय बनाया है।

२—संवेदना के आधार पर वर्गीकरण

प्रसाद-काव्य में विकसित ऐन्द्रिय संवेदना का स्फुरण हुआ है। उसमें ऐन्द्रियता और भावुकता का अद्भुत सम्मिश्रण पाया जाता है। कवि जगत को इस प्रकार देखता है मानो वह उसका प्रथम द्रष्टा हो। जगत के प्रति उसकी भावात्मक प्रतिक्रिया में अद्भुत ताजगी और मूर्तिमत्ता का गुण है। उसके काव्य में प्रायः सभी इन्द्रियग्राह्य बिम्ब मिल जाते हैं। वर्ण प्रसाद जी का प्रिय विषय रहा है, किन्तु नाद, स्पर्श, गन्ध, स्वाद और गति के भी अनेक दुर्लभ बिम्ब उनके काव्य में उपलब्ध होते हैं। उसमें विभिन्न ऐन्द्रिय अनुभूतियों का सुन्दर समन्वय और अन्तरावलम्बन भी पाया जाता है। फलतः संवेदना के आधार पर उनके बिम्बों को निम्नलिखित वर्गों में विभाजित किया जा सकता है—

(क) दृश्य बिम्ब

(ख) ध्वनि बिम्ब

---

1. देखिये—कामायनी (चिन्ता), पृ० 15-16

(ग) स्पर्श बिम्ब

(घ) गन्ध बिम्ब

(ङ) स्वाद बिम्ब

(च) मिश्र या सह-संवेदनात्मक बिम्ब

(क) दृश्य बिम्ब

प्रसाद-काव्य में मात्रा और वैविध्य दोनों दृष्टियों से दृश्य बिम्बों की प्रधानता है। सामान्य जीवन में भी हमको बाह्य जगत का अधिकांश बोध नेत्रों के ही मार्ग से संवेदना के रूप में प्राप्त होता है। प्रसाद जी ने दृश्य बिम्बों में आकृति के साथ-साथ वर्णों की अनेक मार्मिक छवियाँ भी अंकित की हैं। वर्णबिम्बों में इकहरे वर्ण भी हैं और वर्णों के अनेक सूक्ष्म छायास्तरों के समन्वित रूप भी।

आकृति

यद्यपि किसी दृश्यवस्तु का बोध प्रधानतः वर्ण के माध्यम से होता है तथापि उस वस्तु की आकृति का महत्व भी असंदिग्ध है। आकृति और वर्ण-दोनों मिलकर किसी केन्द्र की दृश्यता को सम्पूर्णता प्रदान करते हैं। कहीं कवि के लिए आकर्षण का प्रमुख विषय वस्तु की आकृति होती है, कहीं उसका वर्ण तथा कहीं आकृति और वर्ण का समन्वित स्वरूप। प्रसाद के आकृतिपरक दृश्य बिम्बों में विस्तृत विवरण के द्वारा आकृतियों को उभारने का प्रयास बहुत कम हुआ है। थोड़ी सी रेखाओं से ही अधिकांश चित्र उपस्थित किये गये हैं। उदाहरणार्थ मनु को खोजने के लिए निकली हुई श्रद्धा की अस्त-व्यस्त आकृति को अंकित करने के लिए कवि शरीर, वस्त्र और वेणी की तीन रेखाओं को सामने लाता है—

शिथिल शरीर, वसन विशृंखल, कबरी अधिक अधीर खुली
छिन्नपत्र मकरन्द-लुटी सी ज्यों मुरझाई हुई कली।[1]

कुछ, स्थलों पर कवि केवल एक ही रेखा से सम्पूर्ण आकृति को साकार कर देता है। ऐसे स्थलों पर आकृति के साथ-साथ अनुभूति की बारीकी भी दृष्टिगत होती है। प्रसाद के ऐसे बिम्ब उनकी सूक्ष्मदृष्टि के परिचायक हैं। पृथ्वी पर तिरछे रूप में आती हुई प्रातःकालीन सूर्य-रश्मि की आकृति को उभारने के लिए कवि ने एक ऐसा ही बिम्ब प्रस्तुत किया है—

धरा पर झुकी प्रार्थनासदृश।[2]

प्रार्थना के समय श्रद्धालु उपासिका जिस प्रकार उपास्य के सम्मुख झुकी होती है वैसी

---

1. कामायनी (निर्वेद) पृ० 172-73
2. झरना (किरण) पृ० 26

आकृति तो इस छोटी-सी पंक्ति से उद्बुद्ध होती ही है, साथ ही पवित्रता की सूक्ष्म अनुभूति भी इसमें लिपटी चली आती है। कुछ स्थलों पर कवि ने अनतिविस्तृत विवरण द्वारा भी ऐसी एकल मुद्राओं को बिम्बों में बाँधा है। जलप्लावन के उतार के समय पृथ्वी का चित्रण करते हुए कवि ने एक वधू की सकुची-सिमटी मुद्रा का रूपांकन किया है—

सिन्धु सेज पर धरा वधू अब तनिक संकुचित बैठी सी
प्रलय निशा की हलचल स्मृति में मान किये सी ऐंठी सी।[1]

प्रसाद जी केवल एकल मुद्राओं के ही नहीं वरन् बदलती मुद्राओं के भी चित्रण में सिद्धहस्त हैं। बदलती मुद्राओं के ये बिम्ब उन्होंने अत्यन्त कलात्मक लाघव के साथ प्रस्तुत किये हैं। गर्व के कारण उठती और तुरन्त ही विनयावनत होती कमला का यह बिम्ब द्रष्टव्य है—

उठी एक गर्व सी
किन्तु झुक गई अनुनय की पुकार में।[2]

यहाँ प्रथम पंक्ति में गर्व से सिर उठाए नारी का और दूसरी पंक्ति में अनुनय करते हुए सिर झुकाए स्त्री का बिम्ब उभरता है। इस बिम्ब की मनोहरता का रहस्य यह है कि कवि ने इन दोनों बिम्बों को क्रमशः 'किन्तु' संयोजक से जोड़ कर रख दिया है। साथ ही प्रथम पंक्ति में चारों शब्द ऐसे हैं जिनमें एक न एक गुरु वर्ण का प्रयोग हैं, 'उठी' शब्द में लघु गुरु का क्रम उठने की क्रिया को साकार कर देता है। इसके विपरीत दूसरी पंक्ति में प्रथम शब्द 'किन्तु' में गुरु-लघु का क्रम है, उसके पश्चात् भी तीन वर्ण लघु है, 'ई' गुरु वर्ण के पश्चात् पुनः चार वर्ण लघु हैं जिससे झुकने की मुद्रा के चित्रण में वर्णों का क्रम भी सहायक हो जाता है। समग्रतः इसमें परिवर्तनशील मुद्रा साकार हो उठी है।

वर्ण

प्रसाद जी के दृश्य बिम्बों में आकृति की अपेक्षा वर्ण अधिक महत्त्वपूर्ण है। उनको वर्ण-सम्बन्धी अनूभूति अत्यन्त विकसित थी। उनके लिए सम्पूर्ण विश्व ही वर्ण-नादमय था। उनके सम्मुख प्रकृति का व्यापक रंगीन प्रसार था जिसको उन्होंने अपनी वर्ण-कल्पना का आधार बना कर विविध वर्णों के विविध स्तरों का अत्यन्त संवेदनशील उद्घाटन किया। उनके काव्य में इकहरी वर्ण-अनुभूतियों के चित्र भी हैं और मिश्रित अनुभूतियों के भी। जिन वर्णों ने प्रसाद जी को अधिक आकृष्ट किया है वे हैं—पिंगल,

---

1. कामायनी (आशा) पृ० 26
2. लहर (प्रलय की छाया) पृ० 73

नील और अरुण इनके अतिरिक्त हरित, श्याम, धूसर, श्वेत, रजताभ आसमानी, सुनहला, काषाय, गुलाबी, गैरिक, नारंगी, फीरोजी, धानी, नील-लोहित आदि अन्य वर्णों की योजना भी उनके दृश्य बिम्बों में हुई है। उषा की किरणों के स्वर्णिम वर्ण को कवि ने अनेक स्थानों पर दृश्य संवेदना का विषय बनाया है। काल रात्रि की समाप्ति पर अरुण किरणें कवि को सुनहले तीर प्रतीत होती हैं—

उषा सुनहले तीर बरसती जयलक्ष्मी सी उदित हुई।[1]
और कभी घुला हुआ सोना
वह विराट था हेम घोलता नया रंग भरने को आज।[2]

सम्पूर्ण प्रकृति में जो स्वर्णिम प्रभा धीरे-धीरे घुल रही थी उसे कवि ने तरल हेम के रूप में उपस्थित किया है। अन्यत्र स्वर्णिम वर्ण की और अधिक सूक्ष्म चेतना भी प्रभातकालीन प्रकाश में प्रतिफलित हुई है। कवि ने प्रभात की सूर्य-रश्मि के ऐसे बिम्ब प्रस्तुत किये हैं जिसमें आकृति से अधिक उनके वर्ण की संवेदना जागृत होती है—

स्वर्ण सरसिज किंजल्क समान
उड़ाती हो परमाणु पराग।[3]

यहाँ किंजल्क और परमाणुओं का स्वर्णिम वर्ण अधिक प्रभविष्णु रूप में संवेदनीय हो उठा है। 'उड़ाती हो' से उसकी अर्धपारदर्शिता और सर्वव्याप्ति की मांसल अनुभूति होती है।

पिंगल वर्णच्छवि भी स्वर्णिम वर्ण से बहुत मिलती-जुलती है। प्रसाद जी ने इस पिंगल वर्ण की संवेदना को अनेक बिम्बों में प्रस्तुत किया है। बाड़व ज्वाला के रंग का चित्रण करते हुए कवि ने पिंगल वर्ण की यह छवि अंकित की है—

मधुपिंगल उस तरल अग्नि में शीतलता संसृति रचती।[4]

सन्ध्या के पिंगल वर्ण का रूपायन प्रसाद-काव्य में प्रायः हुआ है। पीत वर्ण से उसे प्रसाद ने प्रायः अलगाया है। वस्तुतः पीत वर्ण और पिंगल वर्ण में सूक्ष्म अन्तर होता है इसी लिए प्रसाद जी ने दोनों को साथ-साथ रखकर भी उनकी अनुभूति कराई है—

---

1. कामायनी (आशा), पृ० 25
2. वही, पृ० 26
3. झरना, पृ० 26
4. कामायनी (निर्वेद), पृ० 169

ऊषा उदास आती है मुख पीला ले जाती है
बन मधु पिंगल सन्ध्या सुरंग।[1]

प्रसाद के दृश्य बिम्बों में स्वर्णिम, पिंगल और पीत वर्णों की इन क्रमिक वर्णच्छवियों के अनेक स्तरों का उद्घाटन हुआ है। गर्भवती श्रद्धा के मुख की पीतिमा पीले रंग के एक और ही स्तर को प्रस्तुत करती है—

केतकी गर्भ-सा पीला मुख।[2]

केतकी के पुष्प के भीतरी भाग में पीले रंग की जो हल्की छवि होती है वही छवि यहाँ साकार हुई है। उषा और सन्ध्या में पल-पल पर रंग में परिवर्तन होता है। कभी उसमें सुनहरी झलक की प्रधानता होती है, कभी पिंगल छवि की और कभी फीके से पीले रंग की। यही कारण है कि कवि ने विभिन्न स्थानों पर इन विभिन्न रंगों को—और अनेक स्थानों पर उनके भी अनेक अलग-अलग स्तरों को बिम्बित किया है। रात्रि के बीतते-बीतते प्राची में जो हल्की सी पीतिमा दिखाई देती है उसमें श्यामता की भी झलक होती है। कवि ने वर्ण की इस छवि को चुंबन अंकित पीले कपोल के बिम्ब द्वारा दृश्य बनाया है—

चुम्बन अंकित प्राची का पीला कपोल दिखलाता।[3]

इस प्रकार पीले रंग की विभिन्न वर्णच्छवियों को कवि ने अत्यन्त सूक्ष्म दृष्टि से देखा और संवेदना के धरातल पर प्रस्तुत किया है।

प्रसाद जी को नीले वर्ण से विशेष लगाव है। कवि ने पीत वर्ण मुख्यतः प्रकृति के विभिन्न अवयवों में देखा है किन्तु नीले रंग के बिम्ब मानवीय के क्षेत्र में भी प्रस्तुत किये हैं। जहाँ भी वस्त्रों के रंग की बात आई है, प्रसाद जी ने उन्हें प्रायः नीले रंग का दिखाया है। इसीलिए वे 'नील घनमाला',[4] 'व्योम की अनन्त नीलिमा'[5] और 'नयनों की नीलम घाटी'[6] के बिम्ब तो प्रस्तुत करते ही हैं, साथ ही श्रद्धा के रूपवर्णन के समय उसके अंग को 'मसृण गांधार देश के नील रोम वाले मेघों के चर्म'[7] से ढँका हुआ चित्रित करते हैं। रात्रि के नील आकाश को

1. लहर (अशोक की चिन्ता), पृ० 49
2. कामायनी ईर्ष्या ,पृ० 116
3. आँसू, पृ० 32
4. कामायनी (चिन्ता), पृ० 24
5. कामायनी (आशा), पृ० 34
6. कामायनी (लज्जा), पृ० 82
7. कामायनी (श्रद्धा), पृ० 42

देखकर भी उनको 'नील वसन' का ध्यान आता है—

फटा हुआ था नील वसन क्या, ओ यौवन की मतवाली ।[1]

वे नारी के मुख को नील अवगुंठन में ढँका हुआ देखना चाहते हैं—

आँखों का निधि वह मुख हो अवगुंठन नील गगन सा ।[2]

यही नहीं वे जब आशा जैसे अमूर्त भाव के अंचल का बिम्ब प्रस्तुत करते हैं तो वह अंचल भी नीला ही होता है —

आशा का फैल रहा है यह सूना नीला अंचल ।[3]

चित्रकला की धारणाओं के अनुसार नीला रंग शीतलता की अनुभूति कराता है । गौर वर्ण का उसके साथ विरोधी सामंजस्य होता है जिससे नीले अवगुण्ठन या पर्दे के कारण उस गौर वर्ण की दीप्ति और बढ़ जाती है । सम्भवतः इन दोनों ही कारणों से प्रसाद जी को नीला वर्ण विशेष प्रिय रहा है । फलतः उन्होंने विस्मृति के नीले पर्दे[4] रजनी की नीली किरणों'[5] 'व्यथा की नोली लहरों'[6] 'अन्धकार के नोल आवरण'[7] और 'सुख के गात को छिपाये नीले झीने परदे'[8] को अपने बिम्बों में प्रस्तुत किया है ।

प्रसाद जी ने लाल रंगों की भी अनेक छवियाँ बिम्बों में बाँधी हैं । लालिमा को उन्होंने प्रायः ऊषा, पल्लव, कमल, कुंकुम, कपोल, आँखों, और गैरिक वस्त्रों में देखा है । यही कारण है कि उनके वर्ण-बिम्बों में जवाकुसुम के तीखे लाल रंग से लेकर गैरिक वस्त्रों के धूमिल गेरुए रंग तक लाल रंग की अनेक छवियाँ उभरी हैं ।

जवाकुसुम सी उषा खिलेगी मेरी लघु प्राची में,
हँसी भरे उस अरुण अधर का राग रँगेगा दिन को ।[9]

यहाँ लाल रंग के दो स्तर उभरे हैं—एक जवाकुसुम का तीखा लाल रंग है और दूसरा हँसी के सफेदी के योग से बना हुआ अरुण वर्ण । पूरी तरह खिल जाने पर जवाकुसुम की पंखुड़ियाँ और उनके बीच से लटकने वाली पूंछ जैसा केसर आँख को अपनी

1. कामायनी (आशा), पृ० 40
2. आँसू, पृ० 68
3. आँसू, पृ० 66
4. प्रेम पथिक, पृ० 25
5. लहर (प्रलय की छाया), पृ० 59
6. कामायनी (श्रद्धा), पृ० 49
7. कामायनी (निर्वेद), पृ० 168
8. कामायनी (श्रद्धा), पृ० 48
9. लहर, पृ० 40-41

लालिमा के तीखेपन से अभिभूत कर लेता है। यहाँ यह बिम्ब भी पाठक की वर्ण सम्बन्धी चेतना को उसी प्रकार अभिभूत करता है। इसी प्रकार—

जिसके अरुण कपोलों की मतवाली सुन्दर छाया में,
अनुरागिनी उषा लेती है निज सुहाग मधु माया में।[1]

इन पंक्तियों में कपोलों की अरुणिमा, उषा की अरुणिमा, सुहाग के चिह्नों (बिन्दी, माँग के सिन्दूर, पैरों की महावर आदि) की अरुणिमा एक साथ उद्‌बुद्ध होकर लाल रंग की चेतना जाग्रत करती है। लज्जाशील युवती के चित्र में भी कवि ने लाल रङ्ग की यह चेतना जगाई है—

मंगल कुंकुम की श्री जिसमें निखरी हो उषा की लाली।[2]

इसमें भी 'मंगल कुंकुम' से पाठक के मन में मांगलिक अवसरों के अनुषंग उपस्थित होकर तथा उषा की लाली के साथ मिलकर लज्जाभिभूत मुग्धा युवती के मुख पर उभरी हुई ललाई को साकार करते हैं। इसी प्रकार 'सुरासुरभिभूय वदन अरुण वे नयन भरे आलस अनुराग'[3] में भी कवि ने सुरा की लालिमा, नयनों की अरुणिमा ओर अनुराग की ललाई को एक साथ उपस्थित किया है।

वर्ण परिवर्तन

प्रकृति में वर्ण सदैव एक से नहीं रहते। बाह्य परिवेश के परिवर्तन के प्रभाव से प्राकृतिक वस्तुओं के वर्णों में भी परिवर्तन होता है। उषा काल में किसी वस्तु का जो वर्ण होता है वही मध्याह्न या रात्रि में नहीं होता। वर्णच्छवियों के परिवर्तन के इस रहस्य को प्रसाद जी ने भलीभाँति समझा और अपने बिम्बों में प्रस्तुत किया है। उषा की लालिमा धीरे-धीरे नीलिमा में परिवर्तित होती है। कवि ने 'घुलती हुई' कहकर इस परिवर्तन को इस प्रकार रूपायित किया है—

ऊषा की सजल गुलाली जो,
घुलती हैं नीले अम्बर में।[4]

सन्ध्या के समय 'अन्तिम अरुण आलोक' से मिलती और धीरे-धीरे धुँधले क्षितिज से उठती हुई कालिमा के परिवर्तनशील स्वरूप को भी कवि ने लक्षित किया है—

उठ रही थी कालिमा धूसर क्षितिज से दीन,
भेंटता अन्तिम अरुण आलोक वैभवहीन।[5]

---

1. लहर, पृ० 11
2. कामायनी (लज्जा), पृ० 82
3. कामायनी (चिन्ता), पृ० 16
4. कामायनी (काम), पृ० 65
5. कामायनी (वासना), पृ० 68

वर्णों के इन परिवर्तनों में एक वर्ण का स्थान दूसरा वर्ण लेता है, किन्तु एक ही वर्ण की सघनता के परिवर्तित होते रूपों को भी प्रसाद जी ने सफलतापूर्वक अंकित किया है। अन्धकार की परतों पर जमती परतों को कवि ने निम्नांकित पंक्तियों में बड़ी कुशलता से साकार किया है—

अन्धकार में मलिन मित्र की धुँधली आभा लीन हुई,
वरुण व्यस्त थे घनी कालिमा स्तर-स्तर जमती पीन हुई।[1]

वर्ण-मिश्रण : अनुकूल वर्ण-योजना

प्रकृति में कोई रंग पूर्णतः स्वतन्त्र नहीं होता। समीपवर्ती वस्तुओं के रंग उसे प्रभावित करते हैं। साधारण व्यक्ति की दृष्टि वर्णों के इस मिश्रण में प्रवेश कर उन्हें अलग-अलग लक्षित नहीं करती, किन्तु कुशल कवि की सूक्ष्म दृष्टि वर्णों के इन स्तरों को अलगाने में समर्थ होती है और उसकी कल्पना काव्य में उनका प्रभावशाली चित्रण करती है। वर्ण-मिश्रण की यह योजना दो प्रकार होती की है—अनुकूल वर्ण-योजना (कलर-हार्मनी) और विरोधी वर्ण-योजना (कलर-कन्ट्रास्ट)। जब निकटवर्ती रंगों का मिश्रण होता है—जैसे लाल और नारङ्गी, हरा और काइया, सफेद और गुलाबी आदि तो रंगों का मिश्रण पाठक (या दर्शक) के मन में अनुकूल स्पन्दन का स्फुरण करता है। जब कवि एक रंग की सहायता से दूसरे रंग को उभारता है तब विरोधी वर्णों की योजना होती है, जैसे काला और सफेद, श्याम और स्वर्णिम, पीला और कत्थई आदि। इस वर्ण-योजना को विरोधी वर्ण-योजना कहा जाता है। प्रसाद की कवि-कल्पना ने बिम्बों में वर्ण-मिश्रण की दोनों ही प्रकार की योजनाएँ की है।

प्रसाद-काव्य में अनुकूल वर्ण-योजना के कुछ सुन्दर उदाहरण उपलब्ध होते हैं। इनमें कवि ने एक जैसे प्रतीत होने वाले वर्णों को अलगाकर अत्यन्त सूक्ष्म सौन्दर्य-बिम्बों का सृजन किया है। जैसे—

और उस मुख पर वह मुस्क्यान, रक्त किसलय पर ले विश्राम;
अरुण की एक किरण अम्लान अधिक अलसाई हो अभिराम।[2]

यहाँ कवि ने मुख की स्वाभाविक लालिमा में मिली हुई मुस्कान की लालिमा को अलगाने के लिए रक्त किसलय पर अरुण की अलसाई अम्लान किरण की कल्पना की है। लाल रंग के इन दो स्तरों के समन्वय में सुन्दर अनुकूल वर्ण-योजना हुई है। श्वेत और पिंगवर्ण के निम्नांकित मिश्रण में भी ऐसी योजना है—

---

1. कामायनी (चिन्ता), पृ० 19
2. कामायनी (श्रद्धा), पृ० 43

नव कोमल आलोक बिखरता हिम संसृति पर भर अनुराग,
सितसरोज पर क्रीड़ा करता जैसे मधुमय पिंग पराग।[1]

चारों ओर फैली हुई सफेद बर्फ पर बिखरता नव कोमल आलोक और सित सरोज पर क्रीड़ा करता मधुमय पिंग पराग—श्वेत और पिंग वर्ण की यह योजना कवि की अनुकूल वर्ण-योजना का सुन्दर उदाहरण है।

विरोधी वर्ण-योजना

प्रसाद जी ने अनेक बिम्बों में विरोधी वर्णों की कलात्मक योजना की है। ऐसा प्रतीत होता है कि अनुकूल वर्ण-योजना की अपेक्षा उनको विरोधी वर्ण-योजना अधिक प्रिय है। विरोधमूलक वर्णों की यह योजना वर्ण-संवेदना को तीव्रतर बना देती है।

कोमल काले ऊनों की नव पट्टिका बनाती रुचिर साज,
सोने की सिकता में मानो कालिन्दी बहती भर उसास।[2]

पयोधरों पर बँधी काले ऊनों की पट्टी और सोने की सिकता में उच्छ्वास लेकर बहती हुई कालिन्दी (जिसका वर्ण श्याम है) इस सुनहरी और श्याम वर्ण की योजना में दोनों वर्ण एक दूसरे को तीव्र बना देते हैं। कृष्ण पक्ष पर रजत चित्र के इस बिम्ब में भी काले सफेद वर्ण की ऐसी योजना हुई है—

समय विहग के कृष्ण पक्ष में
रजत चित्र सी अंकित कौन[3]

इसी प्रकार श्रद्धा की रूप छटा को निरूपित करने वाले इस प्रसिद्ध छन्द में—

नील परिधान बीच सुकुमार खुल रहा मृदुल अधखुला अंग
खिला हो ज्यों बिजली का फूल मेघ बन बीच गुलाबी रंग।[4]

कवि ने नील परिधान के बीच श्रद्धा के अधखुले गोरे अंग के लिए श्याम मेघों के बीच गुलाबी रंग के बिजली के फूल की कल्पना करते हुए श्याम और गुलाबी वर्णच्छटाओं की योजना की है। ध्यान देने की बात यह है कि कवि ने बिजली के रंग को यथावत स्वीकार न कर उसमें आवश्यकतानुसार परिवर्तन कर लिया है जो उसकी स्वच्छन्दतावादी प्रवृत्ति का द्योतन तो करता ही है साथ ही विरोधी वर्ण-योजना की प्रखरता को भी प्रस्तुत करता है।

---

1. कामायनी (आशा), पृ० 25
2. कामायनी (ईर्ष्या), पृ० 117
3. चन्द्रगुप्त, अंक 2, दृश्य 7, पृ० 115
4. कामायनी (श्रद्धा), पृ० 42

(ख) ध्वनि बिम्ब

ध्वनि संवेदना संवेदना का अपेक्षाकृत सूक्ष्म स्तर है। प्रसाद-काव्य में ध्वनि संवेदना के बिम्ब प्रचुर मात्रा में उपलब्ध होते हैं। किन्तु प्रसाद जी के ध्वनि बिम्ब केवल वर्ण-विन्यास पर आधारित नहीं हैं। वे प्रायः प्रत्यक्ष शब्द-ध्वनियों को प्रस्तुत करने की अपेक्षा पाठक के मानस में ध्वनि-सम्बन्धी कल्पना को प्रबुद्ध करने हैं। प्रसाद जी कल्पना को जाग्रत कर बिम्बों को अधिक व्यापक, प्रभावशाली और गहन बना देते हैं। उनके ध्वनि बिम्बों में कोमल और कठोर दोनों प्रकार की ध्वनियाँ हैं।

> कंकण क्वणित रणित नूपुर थे हिलते थे छाती पर हार
> मुखरित था कलरव गीतों में स्वर लय का होता अभिसार।[1]

इस छन्द में वर्ण-विन्यास पर आधारित मधुर ध्वनि-संवेदना की प्रधानता है। प्रथम चरण में अनुस्वार के प्रयोग और 'ण' की आवृत्ति द्वारा कंकण और नूपुर की ध्वनि की संवेदना जाग्रत होती है। इसी प्रकार

> गूँजते मधुर नूपुर से मदमाते होकर मधुर
> वाणी की वीणा ध्वनि सी भर उठी शून्य में झिल कर।[2]

प्रथम पंक्ति में नूपुर और मधुकर की सम्मिलित गूँज और दूसरी में वीणा ध्वनि की संवेदना जगाई गई है। कवि ने करुण और भयंकर ध्वनियों के भी सफल बिम्ब अंकित किये हैं—

> हा-हा-कार हुआ क्रन्दनमय कठिन कुलिश होते थे चूर
> हुए दिगन्त वधिर भीषण रव बार-बार होता था क्रूर।[3]

प्रस्तुत पंक्तियों में हा-हा-कार की ध्वनि की अत्यन्त प्रखर संवेदना उद्बुद्ध होती है। हा, हा और कार के बीच रेखांशों का प्रयोग कर कवि ने 'हाहाकार' ध्वनि की भयंकरता और दीर्घकालीनता को व्यंजित किया है। यहाँ हाहाकार की यह ध्वनि एकाकी नहीं है वरन् उसमें चीत्कार भरा हुआ है जिससे ध्वनि की तीव्रता और अधिक बढ़ जाती है। पुनः उसमें बिजलियों के टूट-टूट कर गिरने की भीषण ध्वनि भी सम्मिलित है। कवि ने इस हा-हा-कार, क्रन्दन और कठिन कुलिश के चूर होने की सम्मिलित भयंकर ध्वनियों के प्रभाव को भी अंकित किया है—इस ध्वनि से दिशाएँ बहरी हो जाती हैं। किन्तु यह क्रूर ध्वनि केवल एक बार या दो बार नहीं होती वरन् बार-बार होती है। इस बारम्बारता के कारण उसकी भयंकरता और बढ़ कर 'भीषण रव' का अत्यन्त प्रभावशाली ध्वनि बिम्ब उपस्थित करती है।

---

1. कामायनी (चिन्ता) पृ० 16
2. कामायनी (आनन्द) पृ० 233
3. कामायनी (चिन्ता), पृ० 18

आक्रमण के समय भी ऐसी ही भीषण ध्वनि नगरों, ग्रामों और जनपदों में श्रवणगत होती है। लहर में कवि प्रसाद ने ऐसी सम्मिलित ध्वनियों का बिम्ब अंकित किया है—

बालकों की करुण पुकारें और वृद्धों की
आर्तवाणी
क्रन्दन रमणियों का,
भैरव सङ्गीत बना, ताण्डव नृत्य सा
होने लगा गुर्जर में
अट्टहास करती सजीव उल्लास से
फाँद पड़ी मैं भी उस देश की विपत्ति में।[1]

यहाँ करुण पुकारें, आर्तवाणी, क्रन्दन और अट्टहास की सम्मिलित ध्वनि का प्रभाव उद्बुद्ध होकर पाठक के मानस में ध्वनि-बिम्ब की सृष्टि करता है। इसके अतिरिक्त 'धसती धरा धधकती ज्वाला ज्वालामुखियों के निश्वास'[2] 'धू-धू करता नाच रहा था अनस्तित्व का ताण्डव नृत्य'[3] आदि प्रयोगों में 'ध' आदि ध्वनियों की अनेकशः आवृत्ति से प्रखर ध्वनियों के बिम्ब उद्बुद्ध हुए हैं।

प्रसाद जी ने हँसी के सुन्दर और प्रभावशाली श्रव्य बिम्ब उपस्थित किये हैं। इनमें हँसी का मधुर रूप भी है और भयंकर अट्टहास भी। 'विकल खिलखिलाती है क्यों तू, इतनी हँसी न व्यर्थ बिखेर'[4] में 'खिल-खिलाती' से मधुर भाव-प्रेरित हँसी का ध्वनि बिम्ब जगता है और 'मानो हँसी हिमालय की है फूट चली करती कल गान'[5] में लहरों के समान 'कल कल' करती हँसी का। किन्तु निम्न-लिखित शब्दों में 'अट्टहास' का भयावह नाद-बिम्ब है—

अन्धकार के अट्टहास-सी मुखरित सतत,[6]

यहाँ कवि ने 'अट्टहास' के पूर्व 'अन्धकार के' शब्द का प्रयोग करके इस नाद को श्रवणेन्द्रिय के धरातल पर साकार कर दिया है। अन्धकार में निस्तब्धता और हृदय को आतंकित करने की क्षमता होती है। अतः अन्धकार में सुनाई पड़ने वाला अट्टहास अधिक तीव्र और आतंककारी बन जाता है।

---

1. लहर (प्रलय की छाया) पृ० 65
2. कामायनी (चिन्ता) पृ० 19
3. वही, पृ० 24
4. कामायनी (आशा), पृ० 39
5. वही, पृ० 31
6. कामायनी (चिन्ता), पृ० 23

इस प्रकार प्रसाद जी ने प्रायः, ध्वनियों के केवल अनुरणनात्मक बिम्ब उपस्थित न कर, काव्यगत अनुभूति की किसी विशेष स्थिति, भावदशा अथवा क्रिया-व्यापार की व्यंजना करने वाले ध्वनिबिम्ब अंकित किये हैं।

प्रसाद जी ने प्रतिध्वनित होने वाले स्तरों को भी भली-भाँति पकड़ा है। 'गूंज' के प्रभावशाली ध्वनिबिम्ब उनके काव्य में प्रायः मिल जाते हैं—

'माँ'—फिर एक किलक दूरागत गूंज उठी कुटिया सूनी[1]

यहाँ कवि ने ध्वनि के तीन स्तरों को पकड़ा है—पहले दूर से 'माँ' शब्द सुनाई पड़ता है, पुनः बालक की किलकारी सुनाई देती है और तब इन दोनों ध्वनियों से सुनी कुटिया गूंज उठती है। यहाँ 'माँ' और 'एक किलक' के बीच आने वाला शब्द 'फिर' इन दोनों को अलगाता है किन्तु 'गूंज उठी कुटिया सूनी' में पुनः ये ध्वनियाँ मिलकर 'गूंज' के रूप में समन्वित प्रभाव उत्पन्न करती हैं। इसी प्रकार सहसा सुनाई पड़ने वाली आज्ञा का ध्वनिगत प्रभाव निम्नलिखित पंक्तियों में अंकित हुआ है—

'मृत्युदण्ड'
वज्रनिर्घोष-सा सुनाई पड़ा भीषणतम—
गूंज उठा कानों में—
"जीवन अलभ्य है जीवन सौभाग्य है।"[2]

यहाँ 'मृत्युदण्ड' का भीषणतम वज्र-निर्घोष और कानों में उठती गूंज दोनों एक के पश्चात् एक पाठक की श्रवणचेतना को अभिभूत कर लेते हैं। इसी प्रकार कई स्थलों पर सहसा ध्वनि के लुप्त होने के बिम्ब भी उपस्थित हुए हैं—

वह ध्वनि चुपचाप हुई सहसा जैसे मुरली चुप हो रहती।[3]

कानों और मन को देर तक अपने में बाँधे रखने वाली मुरली की मधुर ध्वनि के सहसा चुप हो रहने पर रिक्तता की अनुभूति होती है। यहाँ कवि ने उसी को ध्वनि-चेतना के धरातल पर बिम्ब-बद्ध किया है।

प्रसाद जी ने केवल प्रत्यक्ष सुनाई पड़ने वाली ध्वनियों के ही बिम्ब प्रस्तुत नहीं किये वरन् अमूर्त भावनाओं में भी ध्वनि संवेदनाओं का आरोप किया है; जैसे हँसते हुए प्रेम और भावनाओं के कलरव के इस बिम्ब में—

---

1. कामायनी (स्वप्न), पृ० 147
2. लहर (प्रलय की छाया), पृ० 73
3. कामायनी (काम), पृ० 66

वह मेरे प्रेम विहँसते जागो मेरे मधुवन में
फिर मधुर भावनाओं का कलरव हो इस जीवन में ।[1]

प्रसाद जी ने प्रकृति के विभिन्न उपादानों में सागर की भयावह ध्वनियों,[2] मन्द, गम्भीर, धीर स्वर युक्त गानों,[3] पवन की गुंजार,[4] झरनों की कल-कल,[5] लहरों की छप-छप[6] आदि के भी बिम्ब उपस्थित किये हैं ।

(ग) स्पर्श-बिम्ब

त्वक् सम्बन्धी संवेदना को जगाने वाले बिम्ब स्पर्श-बिम्ब कहलाते हैं । त्वक् सम्बन्धी अनुभूतियाँ कोमल और कठोर, चिक्कण और रूक्ष, शीतल और ऊष्ण—सभी प्रकार की हो सकती हैं, किन्तु प्रसाद जी ने अपने बिम्बों में कोमलता, चिक्कणता और शीतलता की संवेदनाओं को विशेष स्थान दिया है । कठोर, रूक्ष और ऊष्ण उनके काव्य में उपेक्षित–से रहे हैं । 'लू सा झुलसाता दौड़ रहा कब मुझसे कोई फूल खिला'[7] जैसे उदाहरण अत्यन्त विरल हैं । उनमें स्पर्श की वह तीव्रता भी नहीं है जो शीतल-कोमल स्पर्श की अनुभूति करने वाले कुछ बिम्बों में प्राप्त होती है ।

प्रसाद जी ने स्पर्श बिम्बों में स्पर्श का सूक्ष्म रूप भी प्रस्तुत किया है और मांसल रूप भी । उनके काव्य में दोनों के प्रभावशाली उदाहरण उपलब्ध होते हैं । प्रायः यह कहा जाता है कि छायावादी कवि मांसल स्पर्श-अनुभूतियों को काव्य में प्रस्तुत नहीं करते । किन्तु प्रसाद जी ने मांसल अनुभूतियों के ऐसे बिम्ब प्रस्तुत किये हैं । मनु द्वारा श्रद्धा के स्पर्श का यह बिम्ब देखिये—

छूते थे मनु और कंटकित होती थी यह बेली
स्वस्थ व्यथा की लहरों सी जो अङ्गलता थी फैली [8]

स्पर्श संवेदना की सही अनुभूति स्पर्श का परिणाम दिखा कर कराई जा सकती है और यहाँ पर कवि ने मनु के स्पर्श से श्रद्धा की अङ्ग-लतिका का कंटकित होने का

1. आँसू, पृ० 64
2. देखिये–कामायनी (चिन्ता), पृ० 19
3. देखिये–कामायनी (आशा), पृ० 28
4. वही, पृ० 31
5. कामायनी (काम), पृ० 54
6. कामायनी (दर्शन) पृ० 197
7. कामायनी (इड़ा), पृ० 129
8. कामायनी (कर्म), पृ० 103

उल्लेख किया है। कवि ने 'स्वस्थ व्यथा की लहरों सी' कह कर अङ्ग-लतिका में व्याप्त स्पन्दन की संवेदना जगाई है।

दुख के क्षण में श्रद्धा का स्पर्श मनु के लिए अत्यन्त शीतलकारी है। प्रसाद जी ने इस स्पर्श का बिम्ब इस प्रकार प्रस्तुत किया है—

इड़ा चकित, श्रद्धा आ बैठी वह थी मनु को सहलाती
अनुलेपन सा मधुर स्पर्श था, व्यथा भला क्यों रह जाती।[1]

'अनुलेपन सा मधुर स्पर्श' के साथ सहलाने की क्रिया का परिणाम, व्यथा भला क्यों रह जाती' द्वारा भी दिखाया गया है। व्यथित अंग पर मधुर अनुलेप जिस शीतलता की स्पर्शानुभूति कराता है वही अनुभूति यहाँ साकार हो जाती है। इसी प्रकार कवि ने 'पकड़ा कुमार कर मृदुल फूल'[2] कह कर इड़ा द्वारा कुमार का करस्पर्श सुन्दर रूप में व्यक्त किया हैं। यहाँ 'कुमार-कर' में 'मृदुल फूल' का आरोप कर कवि ने कर फूल की मृदुता का समावेश किया है।

प्रसाद जी के कुछ यौन बिम्बों में स्पर्श की प्रखर मांसल अनुभूतियों को देखा जा सकता है। यद्यपि प्रसाद जी ने प्रेम की सूक्ष्म अनुभूतियों का चित्रण ही अधिक किया है, उसके मूर्त भौतिक आधार की ओर उनकी दृष्टि अपेक्षाकृत कम गई है, तथापि उनके काव्य में यौन बिम्बों का एकान्त अभाव नहीं है। चुम्बन के निम्नांकित बिम्ब में स्पर्श प्रखर रूप में संवेद्य हो उठा है—

और एक फिर व्याकुल चुम्बन रक्त खौलता जिससे
शीतल प्राण धधक उठता है तृषा तृप्ति के मिस से।[3]

'रक्त खौलना' और 'प्राण का धधक उठता' दो ऐसी क्रियाएँ हैं जिनको सामने लाकर कवि ने स्पर्श की अनुभूति के प्रखर रूप का मानस-साक्षाकार कराया है। दूसरे स्थान पर आलिंगन की शीतल अनुभूति को कोमल ढंग से बिम्ब में बाँधा गया है—

स्नेहालिंगन की लतिकाओं की झुरमुट छा जाने दो
जीवनधन ! इस जले जगत को वृन्दावन बन जाने दो।[4]

स्नेहालिंगन की स्पर्शानुभूति के लिए कवि ने झुरमुट छा जाने की क्रिया का उल्लेख किया है। लताओं आदि की झुरमुट में जैसे ताप की अनुभूति समाप्त होकर तन-मन शीतल हो जाता है, 'आलिंगन' की कुछ ऐसी ही अनुभूति को यहाँ प्रस्तुत किया गया है।

1. कामायनी (निर्वेद), पृ० 174
2. कामायनी (दर्शन), पृ० 196
3. कामायनी (कर्म), पृ० 113
4. लहर, पृ० 29

प्रसाद जी ने स्पर्श की यह अनुभूति केवल मानव के बीच ही नहीं दिखाई है, वरन् मानव और प्रकृति के बीच तथा प्रकृति के दो अवयवों के बीच भी दिखाई है। कवि लहर को सम्बोधित कर कहता है—

ओ प्यार-पुलक से भरी ढुलक
आ चूम पुलिन के विरस अधर।[1]

यहाँ स्पर्श-संवेदना प्रकृति की दो वस्तुओं—लहर और पुलिन—के बीच दिखाई गई है। इसी प्रकार मलयानिल की लहरें चुम्बन लेकर कमलों को तो जगा ही देती है, प्रेमी के 'मानस-नयन-नलिन' को भी जगा देती है—

सिहर भरी कँपती आवेंगी मलयानिल की लहरें
चुम्बन लेकर और जगा कर मानस नयन नलिन को।[2]

कहीं पर शीतलता के स्पर्श की संवेदना जगाने के लिए कवि ने 'शीतल' शब्द की आवृत्ति की है—

शीतल धरती हो गई, शीतल पड़ी फुहार
शीतल छाती से लगो, शीतल चले बयार[3]

यद्यपि यहाँ धरती फुहार, छाती और बयार—इन चार वस्तुओं में शीतलता का समावेश दिखाया है अतः किसी एक वस्तु का स्पर्श-बिम्ब नहीं बनता तथापि चारों में एक रूप में अनुस्यूत शीतलता के स्पर्श की संवेदना अवश्य जाग्रत होती है।

प्रसाद जी ने स्पर्श-संवेदना को अनेक स्थलों में तरल और सूक्ष्म बनाकर भी उपस्थित किया है। कवि ने स्पर्श की ऐसी ही ऐन्द्रजालिक संवेदना को एक स्थान पर इस प्रकार चित्रित किया है—

है स्पर्श मलय के झिलमिल सा संज्ञा को और सुलाता है
पुलकित हो आँखें बन्द किये तन्द्रा को पास बुलाता है।[4]

यहाँ कवि ने स्पर्श को 'मलय के झिलमिल सा' कहा है। झिलमिलाहट में किसी वस्तु का आकार और वर्ण इतना तरल और परिवर्तनशील हो जाता है कि उसका कोई स्पष्ट रूप सामने नहीं आता है। यहाँ भी स्पर्श की इसो तरलता और अस्पष्टता की अनुभूति होती है। किन्तु यहाँ कवि ने संज्ञा को सुलाना, पुलकित हो आँखें बन्द कर देना और तन्द्रा को पास बुलाना—स्पर्श के इन तीन प्रभावों का उल्लेख कर उसमें

1: लहर, पृ० 9
2. वही, पृ० 40
3. कामना अंक 2, दृश्य 3, पृ० 42
4 कामायनी (काम), पृ० 58

चित्रात्मकता के गुण का समावेश कर दिया है। कुछ स्थलों पर कवि ने अमूर्त स्थितियों के स्पर्शपरक बिम्ब अंकित किये हैं। मृत्यु का कोई आकार नहीं होता किन्तु उसका स्पर्श अत्यन्त शीतल होता है—

मृत्यु अरी चिरनिद्रे ! तेरा
अंक हिमानी सा शीतल।[1]

यहाँ कवि ने मृत्यु जैसी अदृश्य और अमूर्त अवस्था को स्पर्श के धरातल पर इन्द्रिय-ग्राह्य बना दिया है। प्रसाद जी ने मृत्यु के समान आलिंगन की प्रेरणा की भी स्पर्श-संवेदना जगाई है—

आलिंगन की मधुर प्रेरणा छू लेती फिर सिहरन बनती,
नव अलम्बुषा की व्रीडा सी, खुल जाती है फिर जा मुँदती।[2]

'आलिंगन' स्पर्श की प्रत्यक्ष अवस्था है किन्तु उसकी मधर प्रेरणा मात्र का स्पर्श भी यहाँ साकार हो गया है इसके लिए कवि ने एक ओर शरीर में उससे होने वाली सिहरन का चित्रण किया है और दूसरी ओर अलम्बुषा (छुईमुई) का एक समानान्तर ब्रिम्ब उपस्थित किया है।

इस प्रकार प्रसाद-काव्य में स्पर्श-बिम्ब मांसल और सूक्ष्म, दोनों ही रूपों में उपलब्ध होते हैं। उनमें मानव और प्रकृति दोनों को ही स्पर्श-संवेदना का माध्यम बनाया गया है।

(घ) गन्ध-बिम्ब

प्रसाद जी ने अपने काव्य में सूक्ष्म गन्ध-संवेदना का परिचय दिया है। उनके गन्ध-बिम्बों में केवल पुष्पों की ही गन्ध नहीं वरन् अंचल, श्वास, अलकों और शरीर के साथ-साथ अमूर्त भावों की भी गन्ध मूर्तित हुई है। प्रसाद जी गन्ध-बिम्बों में प्रायः गन्ध के चित्रण के साथ उसके प्रभाव का संकेत भी देते चलते हैं :जिससे गन्ध की संवेदना अधिक प्रभावशाली हो जाती है।

आशा की उलझी अलकों से उठी लहर मधु गन्ध अधीर।[3]

में कवि ने आशा जैसे अमूर्त भाव के लिए उलझी हुई अलकों की कल्पना की है और साथ ही अलकों से उठने वाली मधुर गन्ध की लहर का बिम्बांकन किया है। 'अधीर' शब्द गन्ध की लहर के अधीरता से उठने की क्रिया का बोध कराता है, साथ ही उसके सम्पर्क में आने वाले मन की अधीरता का भी संकेत करता है। 'अलकों' की

---

1. कामायनी (चिन्ता), पृ० 23
2. कामायनी (रहस्य), पृ० 209
3. कामायनी (आशा), पृ० 37

उलझन उस मन की भी उलझन का कारण बन जाती है। 'लहर' का स्पन्दन गन्ध और मन का स्पन्दन भी बन जाता है।

अलकों की गन्ध का एक बिल्कुल अछूता बिम्ब 'लहर' में प्रस्तुत हुआ है—

अधरों में राग अमन्द पिये
अलकों में मलयज बन्द किये
तू अब तक सोयी है आली
आँखों में भरे विहाग री।[1]

इसका विश्लेषण करते हुए डा० रामस्वरूप चतुर्वेदी ने लिखा है 'यहाँ कवि ने दो सर्वथा नये और उत्कृष्ट बिम्ब विकसित किये हैं—'अलकों में मलयज बन्द किये' तथा 'आँखों में भरे विहाग'। दोनों बिम्ब—'मलयज', 'विहाग' एकशब्दीय हैं, और यदि उनका वैसा सूक्ष्म रूप न होता तो उन्हें बिम्ब कहना कठिन था। पर अपने सूक्ष्म और अमूर्त स्तर पर वे अर्थ की गहरी छायाएँ विकसित करते हैं। 'मलयज' से कोमलता, सुगंधि, आकर्षण, सलज्जभाव, मादकता और इनसे मिलती-जुलती न जाने कितनी व्यंजनाएँ सम्भव होती है।"[2] वस्तुतः मलयज का यह बिम्ब 'अलकों' के सम्पर्क से ही बिम्ब बन पाता है।

प्रसाद जी यौवन के प्रथम विकास से सुन्दरियों के शरीर में विकसित होने वाली ताजी भीनी गंध की सूक्ष्म संवेदना को ने सघन रूप में सफलतापूर्वक प्रस्तुत किया है—

शत शतदलों की
मुद्रित मधुर गन्ध भीनी-भीनी रोम में
बहाती लावण्यधारा [3]

शत-शत मुद्रित दलों की गन्ध के लिए प्रयुक्त 'मधुर' और 'भीनी-भीनी' ये दो विशेषण गुर्जर प्रदेश की अनिन्द्य-सुन्दरी कमला के मधुर सौन्दर्य के प्रभाव को भास्वर बनाते हुए, उसके शरीर की नैसर्गिक, ताजा गन्ध को इन्द्रिय-संवेद्य बना देते हैं। 'बहाती लावण्य धारा' का प्रयोग उस गन्ध को एक तरल आकार प्रदान कर देता है।

देवांगनाओं के सुरभिपूर्ण जीवन की व्यंजना के लिए कवि ने उनके 'सुरभित अंचल' और 'मधुमय निःश्वास' का यह बिम्ब उपस्थित किया है—

---

1. लहर, पृ० 19
2. डा० रामस्वरूप चतुर्वेदी : कामायनी का पुनर्मूल्यांकन, 1970, इलाहाबाद पृ० 44
3. लहर (प्रलय की छाया), पृ० 62

चलते थे सुरभित अंचल से जीवन के मधुमय निःश्वास ।[1]

सुरभित और निश्वास—ये दो शब्द गन्ध संवेदना को जाग्रत करते हैं । 'अंचल' उसे अपनी दृश्यमयता से आधार प्रदान करता है और समग्रतः गन्ध का एक स्पन्दनशील बिम्ब विकसित होता है । श्वासों का ही यह गन्ध-चित्र भी दृष्टव्य है—

स्मिति मधुराका थी, श्वासों में पारिजात कानन खिलता ।[2]

यहाँ 'परिजात कानन खिलता' श्वासों से विकीर्ण होने वाली गन्ध-संवेदना का ऐन्द्रिय बोध कराता है । प्रसाद-काव्य में 'आहुति के नव गन्ध धूम',[3] 'शैलेय अगरु की आमोद-भरी धूम गन्ध'[4] आदि विभिन्न गन्धों की संवेदनाओं को सहृदय-संवेद्य बनाने का सफल प्रयास हुआ है । कुछ स्थलों पर कवि ने मुख्यतः गन्ध के परिणाम को चित्रित किया है । इन्दीवर की गन्ध का कुछ ऐसा ही बिम्ब है—

इस इन्दीवर से गन्धभरी बुनती जाली मधु की धारा
मन-मधुकर की अनुरागमयी बन रही मोहिनी सी कारा ।[5]

प्रथम पंक्ति में गन्ध को रूपाकार प्रदान करते हुए संवेदनीय बनाया गया है और दूसरी पंक्ति में मन पर उसके प्रभाव का चित्रण है । चारों ओर विकीर्ण गन्ध के लिए 'जाली' का एक सहायक बिम्ब भी उपस्थित किया है । जैसे जाली में पारदर्शिता होती है फिर भी वह गति को अवरुद्ध करके किसी को अपने में बाँध लेती है, उसी प्रकार इन्दीवर की मधु-धारा की यह गन्ध भी पारदर्शी है फिर भी अनुरागपूर्ण मोहिनी कारा बन कर मन को अपने में बाँध लेती है । इस प्रकार गन्ध का यह प्रभाव गन्ध की तीव्र संवेदना जगाने में समर्थ है ।

(ङ) स्वाद-बिम्ब

स्वाद रसना का विषय है और ऐन्द्रिय बोध का अपेक्षाकृत स्थूल स्तर है । स्वाद को सौन्दर्यानुभूति के स्तर पर लाकर प्रस्तुत करने का प्रयास सम्पूर्ण हिन्दी काव्य में बहुत कम हुआ है, फिर प्रसाद जी का झुकाव स्थूल की अपेक्षा सूक्ष्म की ओर अधिक रहा है । फलतः उनके काव्य में प्रत्यक्ष स्वाद बिम्ब अत्यन्त विरल हैं । मधुर, लवण आदि के लाक्षणिक प्रयोगों में अत्यधिक प्रचलन के कारण बिम्बाधायक क्षमता नहीं रही है । किन्तु प्रसाद जी ने स्वाद के कुछ ऐसे सूक्ष्म लाक्षणिक प्रयोग किये हैं जिनमें स्वाद

---

1. कामायनी (चिन्ता) पृ० 14
2. कामायनी(निर्वेद), पृ० 181
3. कामायनी (आशा), पृ० 33
4. कामायनी (स्वप्न) , पृ० 151
5. कामायनी (काम), पृ० 56

की अनुभूति जगाने की क्षमता निहित है—

श्रुतियों में चुपके चुपके से कोई मधुधारा घोल रहा।[1]

यद्यपि यहाँ श्रुतियों के सन्दर्भ में 'मधुधारा घोल रहा' का लाक्षणिक प्रयोग हुआ है तथापि इस प्रयोग में 'मधु' के स्वाद की सूक्ष्म व्यंजना भी है। इसी प्रकार मनु सम्पूर्ण इन्द्रियों के विषयों को स्वाद के स्तर पर अनुभव करते हैं—

पीता हूँ, हाँ मैं पीता हूँ
यह स्पर्श, रूप, रस, गन्ध भरा,[2]

स्पर्श, रूप और गन्ध क्रमशः त्वक्, नेत्र और घ्राण के विषय हैं। इनके साथ पीना क्रिया का प्रयोग लाक्षणिक है फिर भी उदात्तीकृत रूप में ही क्यों न हो इसमें स्वादबोध का चित्र अवश्य उपस्थित हुआ है। पीने की क्रिया की सहायता से, लाक्षणिक प्रयोग द्वारा, ऐसा ही एक बिम्ब अन्यत्र भी अंकित किया गया है—

पवन पी रहा था शब्दों को निर्जनता की उखड़ी साँस।[3]

यहाँ स्वाद के साथ ध्वनि की संवेदना भी मिली हुई है।

प्रसाद-काव्य में इन लाक्षणिक प्रयोगों के अतिरिक्त कुछ गिने-चुने प्रत्यक्ष स्वाद-बिम्ब भी उपलब्ध हो जाते हैं। जिन स्वादों की प्रत्यक्ष संवेदना प्रसाद जी के काव्य में मिलती है वे हैं—तिक्त, मधु, लवण और कषाय।

किन्तु यह क्या? एक तीखी घूँट, हिचकी आह।[4]

यहाँ कवि ने 'तीखी घूँट' से तिक्त स्वाद की अनुभूति कराई है और उसका परिणाम—'हिचकी' द्वारा उसे पूर्णतः इन्द्रिय-संवेद्य बनाया है।

मधु के स्वाद की संवेदना एक से अधिक स्थलों पर उपलब्ध हो जाती है। भ्रमरी के निम्नांकित क्रिया-कलाप में ऐसी ही स्वाद-संवेदना सम्प्रेषित होती है—

छकि मोद मधू त्यों मिलिन्द वधू लुरि फूलनि पै अरसी सी परै।[5]

मधु से छकी हुई भ्रमरी का फूलों पर अलसाते हुए गिरना उसके मधु-पान की व्यंजना को ही तीव्रतर बनाता है। इसी प्रकार श्रद्धा से मनु के इस अनुरोध में मधुमिश्रित सोम के पान और फलतः मादकता-दोला पर झूलने की चर्चा है—

1. कामायनी (काम), पृ० 58
2. वही, पृ० 60
3. कामायनी (चिन्ता), पृ० 24
4. कामायनी (वासना), पृ० 70
5. चित्राधार, पृ० 30

देवों को अर्पित मधु-मिश्रित सोम अधर से छू लो,
मादकता दोला पर प्रेयसि ! आओ मिलकर झूलो [1]

सागर-लहरों की फुहारों में लवण का मिश्रण होता है। कवि ने एक स्थान पर ऐसी नमकीन फुहारों के खारेपन को 'खारे उच्छ्वासों' द्वारा अभिव्यक्त किया है—

लहरों के भीषण हासों में आकर खारे उच्छ्वासों में[2]

'भीषण हास' से लहरों की फुहारों का दृश्य-नाद बिम्ब और 'खारे उच्छ्वासों' से लवण का स्वाद बिम्ब प्रस्तुत हुआ है।

कषाय की अनुभूति मुख्यतः सोमपान और आसवपान के प्रसंग में हुई है। इन स्थलों पर यद्यपि कवि ने 'कषाय' का उल्लेख नहीं किया है तथापि सुरा के स्वाद से प्रत्यक्षतः या परोक्षतः परिचित पाठक को 'कषाय' की अनुभूति हो जाती है। इन स्थलों पर कवि ने प्रायः पान और उसके प्रभाव का चित्रण किया है—

पुरोडाश के साथ सोम का पान लगे मनु करने,
लगे प्राण के रिक्त अंश को मादकता से भरने।[3]

प्रस्तुत पंक्तियों में सोम-पान के साथ पुरोडाश (हुतशेष अर्थात् पशु के माँस) का स्वाद भी सम्मिलित है। साथ ही उसके प्रभाव का संकेत भी है। प्रायः व्यक्ति अभाव को भरने के लिए नशीली वस्तुओं का सेवन आरम्भ करता है और फिर आरम्भ हो जाने पर उसका सेवन बढ़ता जाता है। निरन्तर अतृप्ति के भाव और सुरापान का यह चित्र भी बहुत प्रभावशाली है—

इड़ा ढालती थी वह आसव जिसकी बुझती प्यास नहीं
तृषित कण्ठ को पी-पी कर भी जिसमें है विश्वास नहीं।[4]

'तृषित कण्ठ' और 'पी-पी कर' इन दो शब्दों से यहाँ आस्वाद को संवेदनीय बनाया गया है।

इतना सब होते हुए भी, प्रसाद-काव्य मे अन्य संवेदनाओं के बिम्बों की अपेक्षा स्वाद-बिम्ब कम भी हैं और कम प्रभावशाली भी।

(च) मिश्र अथवा सह-संवेदनात्मक बिम्ब

सभी इन्द्रियों का संबन्ध अन्ततोगत्वा अन्तरिंद्रिय मन से है। अतः प्रायः एक

1. कामायनी (कर्म), पृ० 106
2. लहर, पृ० 15
3. कामायनी (कर्म), पृ० 95
4. कामायनी (स्वप्न), पृ० 151

ऐन्द्रिय संवेदना दूसरी ऐन्द्रिय संवेदना में संक्रमित हो जाती है अथवा विभिन्न ऐन्द्रिय संवेदनाएँ एक दूसरे में मिल जाती हैं। परिणामतः उनसे अलग-अलग बिम्बों की क्रमिक सृष्टि न होकर उन सभी संवेदनाओं को एक साथ जाग्रत कर देने वाला एक समग्र बिम्ब उद्‌बुद्ध हो जाता है। ऐसे बिम्ब को मिश्र बिम्ब अथवा सह-संवेदनात्मक बिम्ब कहा जाता है। प्रसाद अत्यन्त संवेदनशील कवि थे। इसलिए उनको किसी वस्तु, स्थिति अथवा व्यापार ने केवल एक संवेदना के धरातल पर कम ही प्रभावित किया है। प्रायः किसी वस्तु, स्थिति अथवा व्यापार की एकाधिक संवेदनाएँ अंगांगि-भाव से अथवा संक्रमित रूप में उन्हें एक साथ प्रभावित करती हैं। उनके परवर्ती काव्य में यह स्थिति विशेष रूप से दिखाई देती है। अतः उसमें सह-संवेदनात्मक अथवा मिश्र बिम्बों की रचना प्रभूत मात्रा में तीव्र संवेदना के धरातल पर हुई है। उदाहरण के लिए निम्नलिखित पंक्तियों में नाद-वर्ण के सह-संवेदनात्मक बिम्ब का सृजन हुआ है—

नूपुरों की झनकार घुली-मिली जाती थी
चरण अलक्तक की लाली से
जैसे अन्तरिच्च की अरुणिमा
पी रही दिगन्तव्यापी सन्ध्या-संगीत को।[1]

यहाँ दो बिम्ब हैं। दोनों में ध्वनि को वर्ण में संक्रमित होते अंकित किया गया है। इनमें से दूसरा--उपलक्षित--बिम्ब विशेषतः व्यंजनापूर्ण है। इसमें सन्ध्या की लालिमा के उदय के साथ-साथ पक्षियों के शान्त होते कलरव, वायु की तरंगों पर तैरते-तैरते कहीं दूर पर डूबती-सी वंशी की ध्वनि खूँटों पर लौटती गायों की घंटियों की क्रमशः मन्द होती टन-टनाहट और ऐसी ही क्रमशः शान्त होती अनेक ध्वनियाँ आनुषंगिक रूप से संवेदनीय हो उठती हैं और साथ ही 'पीने' की क्रिया से इसमें लाक्षणिक स्वाद-संवेदना का भी एक चीण स्पर्श हो जाता है। इसके साथ ही प्रथम दो पंक्तियों में कमला के प्रथम यौवनागम के कारण विजड़ित-से होते चरणों के नूपुरों की शान्त होती हुई झनकार के उसके चरण-अलक्तक की लाली में घुलने मिलने की संवेदना भी दृश्य और नाद के स्तर पर एक साथ जाग्रत होती है।

प्रसाद जी ने एक ऐन्द्रिय संवेदना को दूसरी ऐन्द्रिय संवेदना के स्तर पर भी रूपान्तरित किया है। इससे जिस बिम्ब का उद्‌भव होता है वह पाठक को दोहरे और तिहरे ऐन्द्रिय स्तरों पर एक साथ प्रभावित करता है। रूपान्तरण के ऐसे कुछ बिम्ब देखे जा सकते हैं—

---

1. लहर (प्रलय की छाया), पृ० 60

ध्वनि का दृश्य के स्तर पर रूपांकन—

मेरे सपनों से कलरव का संसार आँख जब खोल रहा
अनुराग समीरों पर तिरता था इतराता सा डोल रहा ।[1]

अथवा—

प्यार भरे श्यामल अम्बर में जब कोकिल की कूक अधीर
नृत्य शिथिल बिछली पड़ती है वहन कर रहा उसे समीर ।[2]

प्रथम उदाहरण में कलरव के संसार (ध्वनि) के लिए कवि ने 'आँख खोल रहा' 'समीरों पर तिरता इतराता-सा डोल रहा'—इन क्रियाओं का प्रयोग किया है जिससे वह दृश्य संवेदना का विषय बन गया है । 'समीरों पर तिरता' वायु तरङ्गों (ईथर) के माध्यम से आने वाली ध्वनि की विशेषता को लिए हुए है अतः दृश्य और श्रव्य दोनों स्तरों पर प्रभावित करता है । दूसरे उदाहरण में कोकिल की कूक का नृत्य-शिथिल होना, बिछली पड़ना और समीर के द्वारा वहन किया जाना—ऐसी विशेषताएँ हैं जिनसे पवन में तैरती कूक एक ऐसी नृत्य-शिथिल नृत्यांगना के रूप में नेत्रों के सामने उभरती है जिसे उसका कोई साथी सहारा देकर ले जा रहा है ।

ध्वनि का स्पर्श में रूपांन्तरण—

इड़ा उठी, दिख पड़ा राजपथ, धुँधली सी छाया चलती
वाणी में थी करुण वेदना वह पुकार जैसे जलती ।[3]

'वह पुकार जैसे जलती'—पुकार को स्पर्श संवेदना के स्तर पर अंकित किया गया है । इससे वाणी की करुण वेदना का मन पर पड़ने वाला प्रभाव अधिक सफलतापूर्वक व्यंजित हो गया है ।

गन्ध-दृश्य का समन्वय—

सुमन संकुलित भूमि रन्ध्र से, मधुर गन्ध उठती रस भीनी
वाष्प अदृश्य फुहारे इसमें छूट रहे, रस बूँदे भीनी ।[4]

उठती हुई मधुर गन्ध के साथ अदृश्य वाष्प-फुहारों और भीनी रस बूँदों का चित्र गन्ध के साथ दृश्यमयता का समन्वय कर देता है ।

वर्ण, स्पर्श और गन्ध की समन्वित संवेदना—

---

1. कामायनी (लज्जा), पृ० 80
2. लहर, पृ० 44
3. कामायनी (निर्वेद), पृ० 172
4. कामायनी (रहस्य), पृ० 210

वरदान सदृश हो डाल रही नीली किरणों से बुना हुआ
यह अंचल कितना हलका सा कितने सौरभ से सना हुआ।[1]

यहाँ लज्जा के अमूर्त भाव की अनुभूति को अंचल के बिम्ब के माध्यम से संप्रेषित किया गया है। 'नीली किरणों से बुना हुआ', 'हल्का-सा' और 'सौरभ से सना हुआ'—ये तीन विशेषण इस अंचल को क्रमशः वर्ण, स्पर्श और गन्ध के तीन स्तरों पर संवेद्य बना देते हैं।

प्रसाद-काव्य में इसी प्रकार अन्य संवेदनाओं को परस्पर समन्वित कर एक साथ कई संवेदनाओं को जाग्रत करने वाले बिम्बों की योजना हुई है। संवेदनाओं के इस समन्वय से प्रसाद जी के काव्य-बिम्बों की एक विशेष प्रवृत्ति का निरूपण होता है।

समग्रतः प्रसाद जी के काव्य में सभी ऐन्द्रिय-संवेदनाओं से सम्बद्ध बिम्बों की योजना हुई है। इसमें दृश्य-बिम्ब सबसे प्रधान है। इनके पश्चात् ध्वनि और स्पर्श बिम्ब आते हैं। प्रमुखता की दृष्टि से गन्ध बिम्बों की गणना इनके पश्चात् की जायेगी। स्वाद-बिम्ब विरल मात्रा में हैं। मिश्र या सह-संवेदनात्मक बिम्बों में संवेदनाओं के अधिकांश समन्वित रूप प्रस्तुत हुए हैं।

३–प्रेरक अनुभूतियों के आधार पर वर्गीकरण

अनुभूति की सरलता, संश्लिष्टता और उसके बिखराव से क्रमशः सरल, संश्लिष्ट और खण्डित बिम्बों की सृष्टि होती है। प्रसाद जी मुख्यतः संश्लिष्ट बिम्बों के कवि हैं। उनके काव्य में यत्र-तत्र सरल बिम्ब भी प्राप्त होते हैं; किन्तु उसमें खण्ड बिम्ब अत्यन्त विरल हैं।

(क) सरल बिम्ब

सरल बिम्ब स्वतन्त्र, स्वतःपूर्ण एकल बिम्ब होते हैं। प्रसाद-काव्य में संश्लिष्ट बिम्बों की अपेक्षा सरल बिम्ब कम हैं। फिर भी उसमें बीच-बीच में ऐसे बिम्ब आते गये हैं। ऐसे बिम्बों का सम्बन्ध प्रकृति और मानव दोनों से है।

उठे स्वस्थ मनु ज्यों उठता है क्षितिज बीच अरुणोदय कान्त।[2]

यहाँ कवि ने क्षिजित के बीच उठते हुए अरुण का जो बिम्ब उपस्थित किया है उसका विस्तृत व्यौरा नहीं दिया है। अतः आकाश में अरुण के 'उठने' की क्रिया का सरल बिम्ब उद्बुद्ध होता है। आकाश का, अरुण से प्रभावित होने वाली वस्तुओं का अथवा अरुण से सम्बद्ध विभिन्न अनुभूतियों का कोई बोध उससे नहीं होता। 'प्रहरी' का

1. कामायनी (लज्जा), पृ० 79
2. कामायनी (आशा), पृ० 33

निम्नलिखित बिम्ब भी सरल बिम्ब का ही उदाहरण है—

मलयानिल प्रहरी सा फिरता था उस वन में ।[1]

यहाँ भी कवि ने प्रहरी अथवा उसके फिरने का कोई ब्यौरा नहीं दिया है। किसी पूर्वापर बिम्ब से भी इसका कोई सम्बन्ध नहीं है।

श्रद्धा की अब वह मधुर निशा फैलाती निष्फल अंधकार[2]

अथवा

मेरे खौल रहे हृत्सर में तुम भी आकर अवगाहो ।[3]

इनमें से प्रथम उदाहरण में निष्फल अन्धकार फैलाती निशा का और दूसरे उदाहरण में हृत्सर का सरल बिम्ब है। कहीं-कहीं कवि ने सरल छायात्मक बिम्बों की भी सृष्टि की है। जिनमें बिम्ब तो एक ही बनता है किन्तु उसकी आकृति पूर्णतः स्पष्ट नहीं होती—

रानी ! तुम वन्दिनी हो मेरी प्रार्थनाओं में ।[4]

इस पंक्ति में प्रार्थनाओं की आकृति स्पष्ट नहीं होती फिर भी कमला का बन्दिनी रूप अवश्य यहाँ उद्बुद्ध होता है।

(ख) खण्डित बिम्ब

प्रसाद-काव्य में खण्डित बिम्ब कम ही मिलते हैं। अनुभूतियों के बिखराव से खण्डित बिम्बों की रचना होती है और प्रसाद जी का ध्यान अनुभूति पर प्रायः इतना केन्द्रित रहता है कि एक साथ आने वाले बिम्ब परस्पर सम्बद्ध होते जाते हैं। फिर भी उनके काव्य में खण्डित बिम्ब ढूँढ़ निकालना असम्भव नहीं है। उदाहरणार्थ चिन्ता का स्वरूप निरूपित करते हुए कवि ने बिम्बों की ऐसी माला प्रस्तुत की है जिनका समग्र और संश्लिष्ट रूप नहीं बन पाता—

ओ चिन्ता की पहली रेखा,
अरी विश्व बन को व्याली;
ज्वालामुखी स्फोट के भीषण,
प्रथम कम्प सी मतवाली ।
हे अभाव की चपल बालिके,
री ललाट की खल रेखा !

---

1. कानन-कुसुम, पृ० 102
2. कामायनी (कर्म), पृ० 113
3. कानन-कुसुम, पृ०. 90
4. लहर (प्रलय की छाया), पृ० 71

हरी भरी सी दौड़ धूप, ओ
जल-माया की चल रेखा !
इस ग्रह कक्षा की हलचल !
तरल गरल की लघु लहरी;
जरा अमर जीवन की, और न
कुछ सुनने वाली, बहरी[1]

यहाँ कवि ने चिन्ता के लिए विश्ववन की व्याली, ज्वालामुखी का भीषण प्रथम कम्प, अभाव की चपल बालिका, ललाट की टेढ़ी रेखा, दौड़धूप, जल-माया की चंचल रेखा, गरल की छोटी-सी लहर और कुछ न सुनने वाली बहरी स्त्री के बिम्ब अंकित किये हैं। ये बिम्ब चिन्ता की अलग-अलग विशेषताओं की व्यंजना भले ही करते हों किन्तु सब मिलकर संश्लिष्ट बिम्ब की रचना नहीं करते। एक बिम्ब दूसरे बिम्ब में पर्यवसित होता हुआ किसी केन्द्रीय बिम्ब को परिपुष्ट नहीं करता। आगे की पंक्तियों को खण्डित बिम्बों की श्रेणी में रखा जा सकता है क्योंकि इनमें तारतम्य और सम्बद्धता का अभाव है। कवि ने इन बिम्बों को एक में समेट कर सामूहिक प्रभाव उत्पन्न करने का प्रयास नहीं किया है।

प्रसाद-काव्य में थोड़े ही खण्डित बिम्ब उपलब्ध होते हैं। झरना के ये बिम्ब भी इसी श्रेणी के बिम्ब हैं—

नदी की विस्तृत बेला शान्त, अरुण मण्डल का स्वर्ण विलास,
निशा का नीरव चन्द्र विनोद, कुसुम का हँसते हुए विकास[2]

प्रस्तुत पंक्तियों में चार बिम्ब संग्रथित हैं—नदी के शान्त विस्तृत तट का बिम्ब, अरुण के स्वर्णिम आभा बिखराने का बिम्ब, निस्तब्ध रात्रि में चन्द्रमा की क्रीड़ाओं का बिम्ब और कुसुम के हँसते हुए खिलने का बिम्ब। इनमें से प्रथम दो बिम्ब परस्पर सम्बद्ध होकर प्रातः (अथवा सन्ध्या) काल के नदी-तट का दृश्य उपस्थित कर देते हैं, जिसमें, 'शान्त' शब्द से श्रावण संवेदना का क्षीण स्पर्श भी हो जाता है। किन्तु तीसरे बिम्ब का दूसरे बिम्ब से और चौथे बिम्ब का तीसरे बिम्ब से ऐसा कोई सम्बन्ध नहीं है। ये क्रमशः अपने पूर्ववर्ती बिम्ब के अर्थगत सन्दर्भ को आगे नहीं बढ़ाते। फलतः इनमें अनुभूति का तारतम्य खण्डित हो गया है।

(ग) संश्लिष्ट बिम्ब

काव्य सृजन के क्षणों में प्रसाद जी के मन में प्रायः एक निश्चित केन्द्रीय संवेदना

1. कामायनी (चिन्ता), पृ० 10-11
2. झरना, पृ० 64

विद्यमान रहती थी, जहाँ तक पाठक को ले जाने के लिए वे बिम्बों का एक सम्पूर्ण संघटन तैयार कर देते थे। ऐसे ही बिम्बों को संश्लिष्ट बिम्ब कहा जाता है। इनमें कल्पनाशक्ति बिखरी हुई अनुभूतियों को आन्तरिक लय में इस प्रकार समन्वित कर देती है कि विभिन्न क्षेत्रों से आये हुए बिम्बों और उस समन्वित अनुभूति के बीच एक सूक्ष्म आनुषंगिक सम्बन्ध स्थापित हो जाता है। प्रसाद काव्य में यह आनुषंगिक सम्बन्ध और उसका प्रभाव अनेक रूपों में दृष्टिगत होता है। कहीं एक बिम्ब पर दूसरे को और दूसरे पर तीसरे को आरोपित कर दिया गया है, कहीं बिम्बों को अंगागि-भाव के संग्रथित किया गया है, कहीं एक ही मुख्य व्यापार से जोड़ कर उनका सम्बन्ध स्थापित किया गया है और कहीं अनेक बिम्बों को इस प्रकार क्रमबद्ध किया गया है कि उनके समग्र प्रभाव से एक विशेष वातावरण की सृष्टि हो जाती है। मनु के नर्ममय उपचार से झुकी हुई श्रद्धा का यह बिम्ब देखिये—

> धूम लतिका सी गगन तरु पर न चढ़ती दीन
> दबी शिशिर निशीथ में ज्यों ओस भार नवीन।
> झुक चली सव्रीड़ वह सुकुमारता के भार,
> लद गई पाकर पुरुष का नर्ममय उपचार।[1]

इन पंक्तियों में तीन बिम्बों का संश्लेषण हुआ है। ये बिम्ब हैं—प्रथम, पुरुष का नर्ममय उपचार पाकर सुकुमारता के बोझ से दबी हुई लज्जालु नारी का बिम्ब, दूसरा, शिशिर निशीथ में ओस के कारण आकाश में ऊपर तक चढ़ने में असमर्थ धुँएँ की परत का बिम्ब और तीसरा, ओस के भार से दब कर वृक्ष के ऊपर तक न चढ़ सकने वाली लता का बिम्ब। कवि ने पहले बिम्ब पर दूसरे को और दूसरे पर तीसरे को आरोपित कर इस प्रकार उनका संग्रथन किया है कि एक ही समग्र प्रभाव की सृष्टि होती है। शिशिर निशीथ और पुरुष के नर्ममय उपचार में तथा 'नवीन ओस भार' और 'सुकुमारता के भार' में कहीं गहरा अनुभूतिगत साम्य हैं। इसी प्रकार नारी के झुकने और धूमलतिका के झुकने में आकारगत साम्य है। यह आकारगत साम्य भी केवल बाहरी नहीं है वरन् पाठक की अनुभूति को गहराई तक छूने वाला है। यही इस संश्लिष्ट बिम्ब का केन्द्रीय तत्त्व भी है।

पुनः संश्लिष्ट बिम्ब की दृष्टि से कामायनी का यह प्रसिद्ध छन्द देखा जा सकता है—

> सिन्धु सेज पर धरा वधू अब तनिक संकुचित बैठी सी,
> प्रलय निशा की हलचल स्मृति में मान किये सी ऐंठी सी।[2]

---

1. **कामायनी (वासना)**, पृ० 77
2. **कामायनी (आशा)**, पृ० 26

इसमें सिन्धु और धरा के लिए क्रमशः सेज और वधू के बिम्ब प्रस्तुत हुए हैं। इनमें प्रमुख बिम्ब वधू का है और सेज का बिम्ब उसका अंगमात्र है। कवि ने वधू के बिम्ब को ही उभारने का विशेष प्रयास किया है। तनिक संकुचित, बैठी सी, मान किये सी और ऐंठी सी—इन विशेषणों की सहायता से उसकी मुद्रा को साकार किया गया है। इस प्रकार कवि ने यहाँ विभिन्न बिम्बों को अंगांगि-भाव से संयोजित कर संश्लिष्ट बिम्ब की योजना की है। किन्तु प्रसाद-काव्य में ऐसे संश्लिष्ट बिम्ब भी मिलते हैं जिनमें विभिन्न बिम्बों को किसी एक व्यापार से संयुक्त कर प्रभावान्विति का सृजन किया गया है। उदहारणार्थ—

रूप भरी, आशा भरी यौवन अधीर भरी,
पुतली प्रणयिनी का बाहुपाश खोलकर,
दूध भरी दूध सी दुलार भरी माँ की गोद
सूनी कर सो गये।[1]

इन पंक्तियों में 'प्रणयिनी का बाहुपाश' और 'मां की गोद' के दो बिम्बों को 'सो गये' क्रिया के द्वारा संयुक्त कर दिया गया है जिससे ये अलग अलग बिम्ब भी संश्लिष्ट होकर एक ही अन्तर्निहित अनुभूति को पाठक के हृदय में सम्प्रेषित करते हैं। यहाँ पहले तो कवि ने रूप भरी, आशाभरी, अधीर यौवनभरी—इन तीन विशेषणों से प्रणयिनी की सरस अनुभूति को और दूधभरी, दूध सी दुलारभरी—इन दो विशेषणों से 'मां की गोद' की वात्सल्यानुभूति को तीव्रतर बनाया है, पुनः 'खोलकर' 'सूनी कर' और 'सो गये' इन तीन क्रियाओं के द्वारा उनकी विरोधी अनुभूति जाग्रत कर दी है जो अपनी पूर्ववर्ती अनुभूति को अभिभूत कर लेती है। अन्ततः पाठक के मानस में पंचनद के सपूत सैनिकों के 'सोने' की कारुणिक दृश्य-संवेदना ही प्रमुखतः अवशिष्ट रह जाती है।

प्रसाद जी ने कुछ स्थलों पर मुख्य बिम्ब के संश्लिष्ट रूप को उभारने के लिए उसके विभिन्न अंगों के बिम्बों की विस्तृत योजना भी की है। उदाहरण के लिए उजड़े हुए सारस्वत नगर को लीजिए—

यह उजड़ा सूना नगर प्रान्त
जिसमें सुख-दुख की परिभाषा विध्वस्त शिल्प सी हो नितान्त
निज विकृत वक्र रेखाओं से, प्राणी का भाग्य बनी अशान्त
कितनी सुखमय स्मृतियाँ, अपूर्ण रूचि बन कर मँडराती विकीर्ण
इन ढेरों में दुखभरी कुरुचि दब रही अभी बन पत्र जीर्ण
आती दुलार को हिचकी सी सूने कोनों में कसक भरी
इस सूखे तरु पर मनोवृत्ति आकाश-बेलि सी रही हरी

---

1. लहर (शेरसिंह का शस्त्रसमर्पण), पृ० 54

जीवन समाधि के खण्डहर पर जो जल उठते दीपक अशान्त
फिर बुझ जाते वे स्वयं शान्त ।[1]

यहाँ 'उजड़ा सूना नगर प्रान्त' मुख्य बिम्ब है जो आगे के बिम्बों को एक में बाँध लेता है। विध्वस्त शिल्प, मँडराती स्मृतियाँ, ढेरों में दबे जीर्ण पत्र, सूने कोने, उनमें हिचकी की ध्वनि, सूखे वृक्ष पर छायी हुई अमर-बेलि समाधि के खण्डहर—ये कुछ बिम्ब उपस्थित कर कवि ने 'उजड़े सूने नगर प्रान्त' के बिम्ब को पूर्णता और संश्लिष्टता प्रदान की है। यहाँ कवि ने केवल इन बाह्य वस्तुओं और ध्वनियों की संवेदना ही जाग्रत नहीं की है वरन् साथ ही उनके द्वारा सुख, दुख, कुरुचि, दुलार, मनोवृत्ति सदृश अमूर्त भावों को मूर्त रूप देने का प्रयास भी किया है। समग्रतः इसमें सारस्वत नगर-निवासियों के असफल जीवन का और उजड़े सारस्वत प्रदेश का संश्लिष्ट बिम्ब उपस्थित हो गया है।

संक्षेप में, प्रसाद-काव्य में सरल और खण्डित बिम्बों की अपेचा संश्लिष्ट बिम्बों की प्रमुखता है।

4--मूर्तता के आधार पर वर्गीकरण

प्रथम अध्याय में हमने मूर्तता के आधार पर बिम्ब के तीन भेदों का उल्लेख किया है—(क) मूर्त बिम्ब, (ख) छायात्मक बिम्ब, (ग) अमूर्तगर्भ बिम्ब। प्रसाद के काव्य-बिम्बों की मूर्तता पर विचार करते समय उसमें दो विरोधी-सी प्रतीत होने वाली प्रवृत्तियां मिलती हैं। एक ओर तो कवि ने अमूर्त और अरूप भावों और अनुभूतियों को इन्द्रिय-संवेद्य बना कर प्रस्तुत किया है जिससे उनमें न्यूनाधिक रूप में मूर्तता के गुण का समावेश हो गया है और दूसरी ओर उसने मूर्त वस्तुओं, स्थितियों और व्यापारों के बिम्ब उपस्थित करते हुए अनुभूति की प्रेरणा से उनमें अमूर्तता का आधान कर दिया है। मूर्त वस्तुओं को प्रसाद जी ने इतने मूर्त रूप में कम ही उपस्थित किया है कि उनकी बाह्य संवेदना में पाठक का मन उलझ कर रह आये। परिणामतः उनके काव्य में मूर्त बिम्बों की अपेचा छायात्मक तथा अमूर्तगर्भ बिम्बों की प्रधानता हो गई है।

(क) मूर्त-बिम्ब

किसी वस्तु, स्थिति, व्यापार आदि का स्पष्ट चित्र अथवा उसकी मांसल संवेदना मूर्त बिम्ब के लिए आवश्यक है। प्रसाद जी ने अनेक स्थानों पर इस प्रकार के बिम्बों की योजना की है। कहीं उसका चित्रफलक छोटा है और कहीं विस्तृत। कामायनी के आरम्भ में चिन्तातुर मनु के समीप खड़े 'दो-चार' देवदारु वृचों का यह चित्र देखिए—

---

1. कामायनी (इड़ा), पृ० 131

उसी तपस्वी से लम्बे थे देवदारु दो चार खड़े,
हुए हिम धवल जैसे पत्थर बन कर ठिठुरे रहे अड़े ।[1]

इसमें दृश्य और स्पर्श संवेदना मांसल रूप में सम्प्रेषित हुई है । देवदारू के लम्बे, हिमाच्छादित वृक्षों का स्थिर चित्र उपस्थित किया गया है । 'ठिठुरे रहे अड़े' कह कर कवि ने शीत की स्पर्शानुभूति कराई है । प्रसाद-काव्य में प्रकृति के साथ-साथ मानव के ऐसे मूर्त बिम्ब भी प्राप्त होते हैं । मनु को खोजने के लिए निकली हुई श्रद्धा का निम्नांकित बिम्ब भी ऐसा ही मूर्त बिम्ब है जिसके समानान्तर 'मुरझाई कली' का एक दूसरा मूर्त बिम्ब भी रखा गया है—

शिथिल शरीर वसन विशृंखल कबरी अधिक अधीर खुली
छिन्न-पत्र मकरन्द लुटी सी ज्यों मुरझाई हुई कली ।[2]

इन पंक्तियों में श्रद्धा के चित्र को स्पष्ट करने के लिए कवि ने उसके शरीर, वसन और कबरी की क्रमशः शिथिल, बिखरी हुई और अधीरता से खुली हुई अवस्थाओं का रूपांकन किया है । इसी प्रकार कली के रूप को स्पष्ट करने के लिए उसने तीन विशेषणों का प्रयोग किया है—छिन्न-पत्र, मकरन्द लुटी सी और मुरझाई हुई ।

ऊपर के दोनों ही बिम्बों में स्थिर चित्र अंकित हुए हैं । परन्तु प्रसाद जी ने स्पन्दनशील और व्यापार-विधायक मूर्त बिम्बों की भी सफल और प्रभावशाली योजना की है । उदाहरण के लिए--

जलदागम मारुत से कम्पित पल्लव सदृश हथेली,
धीरे से श्रद्धा की मनु ने अपने कर में ले ली ।[3]

इन पंक्तियों में 'जलदागम मारुत से कम्पित पल्लव' का मूर्त बिम्ब अंकित हुआ है । दृश्य और स्पर्श संवेदनाएँ प्रमुख हैं । 'कम्पित पल्लव' से पल्लव का स्पन्दनयुक्त दृश्य बिम्ब उद्बुद्ध होता है किन्तु यह 'कम्पन' जलदागम मारुत के कारण है जिससे शीतलता की संवेदना भी सम्प्रेषित होती है ।

प्रसाद-काव्य में ऐसे मूर्त बिम्ब भी हैं जिनमें वस्तु-विशेष के साथ उसके परिवेश को भी साकार कर दिया गया है । कवि ने कहीं पर उस परिवेश का ब्यौरा दिया है और कहीं उसका संकेतमात्र कर उस वस्तु-विशेष के सम्पर्क से उसे मूर्तरूप दिया है । जैसे—

---

1. कामायनी (चिन्ता), पृ० 9
2. कामायनी (निर्वेद), पृ० 172-73
3. कामायनी (कर्म), पृ० 104

सूखी काष्ठ सन्धि में पतली अनल शिखा जलती थी,
उस धुँधले गृह में आभा से तामस को छलती थी।[1]

यहाँ कवि ने 'पतली अनल शिखा' का बिम्ब अंकित किया है। 'उस धुँधले गृह में आभा से तामस को छलती थी' इस वाक्य से अन्धकार को दूर करने में पतली अनल शिखा की असमर्थता का बोध तो होता ही है साथ ही 'उस धुंधले गृह' के परिवेश का बोध भी हो जाता है। 'तामस को छलती थी' वाक्यांश एक ओर तो 'अनल शिखा' में प्रखरता के अभाव की व्यंजना करता है और दूसरी ओर गृह के धुँधलेपन के बोघ को अधिक गहरा बना देता है।

(ख) छायात्मक बिम्ब

प्रसाद जी के काव्य में छायात्मक बिम्ब प्रभूत मात्रा में निबद्ध हुए हैं। इस प्रकार के बिम्बों के मूल में अन्तर्दृष्टि-विधायिनी कल्पना कार्यरत रहती है। उनमें वस्तुओं के स्पष्ट, यथातथ्य और मूर्त चित्र नहीं उभरते वरन् अनुभूति की सूक्ष्मता और गहनता से प्रेरित धुंधले अस्पष्ट चित्र ही जन्म लेते हैं। प्रसाद जी ऐसे धूमिल-स्वप्न सदृश चित्रों को सूक्ष्म संवेदना के स्तर पर बिम्बबद्ध करने में कुशल हैं। जैसे—

चिन्ता करता हूँ मैं जितनी उस अतीत की उस सुख की
उतनी ही अनन्त में बनती जातीं रेखायें दुख की।[2]

यहाँ अनन्त में बनती हुई दुख की रेखाओं का कोई स्पष्ट और मूर्त चित्र सामने नहीं छाता किन्तु साथ ही यह कोई तटस्थ कथन मात्र भी नहीं है। प्रमाता के अनुभव के के आधार पर रेखाओं की कोई न कोई धूमिल छाया उसको संवेदन के धरातल पर प्रभावित अवश्य करती है। प्रसाद जी की इस प्रसिद्ध कविवा में छायात्मक बिम्बों का सृजन हुआ है—

ले चल वहाँ भुलावा देकर,
मेरे नाविक ! धीरे धीरे।
जिस निर्जन में सागर लहरी,
अम्बर के कानों में गहरी—
निश्छल प्रेम-कथा कहती हो,
तज कोलाहल की अवनी रे।
जहाँ साँझ-सी जीवन छाया,
ढीले अपनी कोमल काया,

1. **कामायनी (कर्म)**, पृ॰ 96
2. **कामायनी (चिन्ता)**, पृ॰12

नील नयन से दुलकाती हो,
ताराओं की पाँत घनी रे।[1]

यहाँ अम्बर के कानों में निश्छल प्रेम-कथा कहने वाली सागर लहरी का और साँझ के समान अपनी कोमल काया को ढीली कर देने वाली जीवन-छाया का कोई स्पष्ट और मूर्त रूप नहीं उभरता। फिर भी उसकी क्षीण संवेदना पाठक तक सम्प्रेषित अवश्य हो जाती है तथा उसके मानस में कोई न कोई छवि अवश्य उद्‌बुद्ध होती हैं इसी प्रकार—

मिलन लगा हँसने जीवन के उर्मिल सागर के उस पार।[2]

अथवा—

नृत्य-शीला शैशव की स्फूर्तियाँ
दौड़ कर दूर जा खड़ी हो हँसने लगीं[3]

यहाँ भी जीवन के उर्मिल सागर और शैशव की स्फूर्तियों की स्पष्ट आकृतियाँ नहीं वरन् उनके धूमिल स्वप्निल सी संवेदनाएँ ही जगती हैं। फिर भी इन संवेदनाओं के माध्यम से भाव के सम्प्रेषण में कोई बाधा नहीं होती। अतः इनको छायात्मक बिम्ब की कोटि में रखा जायेगा। मिलन और स्फूर्तियों की अपनी कोई आकृति नहीं होती फिर भी कवि ने उनको 'हँसने' की क्रिया से सम्बद्ध करके दृश्य संवेदना का विषय भी बना दिया है। इसी प्रकार स्पर्श की झिलमिल अनुभूति से छायात्मक बिम्ब की रचना की गई है—

है स्पर्श मलय के झिलमिल सा
संज्ञा को और सुलाता है।[4]

मलय स्वयं अरूप होता है। उसमें केवल स्पर्श-संवेदना जगाने की क्षमता होती है किन्तु कवि ने 'मलय के झिलमिल' कहकर उसकी स्पर्श-संवेदना की और भी अमूर्त बना दिया है।

(ग) अमूर्त-गर्भ बिम्ब

अमूर्त-गर्भ बिम्ब से हमारा अभिप्राय उन बिम्बों से है जिनमें किसी अमूर्त भाव को रूपांकित किया जाता है। इनके मूल में प्रायः मानवीकरण की प्रवृत्ति कार्य करती है। प्रसाद जी के काव्य में अमूर्त भावों को मूर्त रूप देने की यह प्रवृत्ति अत्यन्त व्यापक रूप में मिलती है। सुख, दुःख, प्रेम, विराग, लज्जा, वासना, अपराध, कुतूहल, महत्त्व, वेदना, प्यास, असफलता आदि न जाने कितने शब्द हैं जिनसे कोई विशेष इन्द्रिय संवेदना

1. लहर, पृ० 14
2. कामायनी (आशा), पृ० 36
3. लहर (प्रलय की छाया), पृ० 60
4. कामायनी (काम), पृ० 58

उद्बुद्ध नहीं होती किन्तु जिनको लेकर प्रसाद जी ने अपनी कलात्मक क्षमता से इन्द्रिय-संवेद्य बिम्बों का सृजन किया है। जैसे—

मिला कहाँ वह सुख जिसका मैं स्वप्न देखकर जाग गया,
आलिंगन में आते-आते मुसक्याकर जो भाग गया[1]

इस बिम्ब का मूल शब्द 'सुख' है जो अमूर्त है। किन्तु मानवीकरण द्वारा कवि ने उसका एक दृश्य बिम्ब उपस्थित कर दिया है। व्रीडा का निम्नलिखित बिम्ब कवि ने दृश्य और स्पर्श संवेदनाओं से समन्वित करके उपस्थित किया है—

व्रीड़ा है यह चंचल कितनी विभ्रम से घूँघट खींच रही,
छिपने पर स्वयं मृदुल कर से क्यों मेरी आँखें मीच रही।[2]

यहाँ कवि ने 'विभ्रम से घूँघट खींचना' और 'छिपकर मृदुल कर से आँखें मींचना' इन क्रियाओं का आरोप कर लज्जा को चेतन रूप प्रदान किया है। अनेक स्थलों पर कवि ने एक से अधिक अमूर्त भावों को एक साथ बिम्बबद्ध किया है; जैसे—

अभिलाषा अपने यौवन में उठती उस सुख के स्वागत को,
जीवन भर के बल वैभव से सत्कृत करती दूरागत को।[3]

यहाँ 'अभिलाषा' और 'सुख' के बिम्ब प्रस्तुत हुए हैं।

ऊपर दिये गये सभी उदाहरणों में अमूर्त भावों के व्यापार-विधायक बिम्बों की योजना हुई है। किन्तु प्रसाद जी ने मुद्राओं की सहायता से भी ऐसे अनेक भावों का बिम्बांकन किया है—

जीवन की अविराम साधना भर उत्साह खड़ी थी।[4]
किन्तु आज अपराध हमारा अलग खड़ा है।[5]
उन्नत हुआ था भाल महिला महत्त्व का।[6]

इनमें से प्रथम दो में क्रमशः 'साधना' और 'अपराध' की खड़े होने की मुद्रा को और तीसरे में 'महिला महत्व' की सिर उठाये मुद्रा को बिम्बांकित किया गया है।

अब तक देखे गये सभी स्थलों में कवि ने अमूर्त भावों पर मानवोचित क्रियाओं का आरोप किया है जिससे ये अमूर्त भाव भी सजीव हो उठे हैं। किन्तु प्रसाद-काव्य में

1. लहर, पृ० 11
2. कामायनी (काम), पृ० 58
3. कामायनी (लज्जा), पृ० 80
4. कामायनी (कर्म), पृ० 88
5. कामायनी (संघर्ष), पृ० 162
6. लहर (प्रलय की छाया), पृ० 63

ऐसे स्थल भी मिल जाते हैं जहाँ प्रत्यक्ष रूप से कवि ने उन पर मानव सुलभ व्यापारों का आरोप नहीं किया है। ऐसे स्थलों पर ये भाव सजीव प्राणी की अपेक्षा निर्जीव वस्तुओं का आभास करते हैं। किन्तु संवेदना को स्पर्श करने की क्षमता इन बिम्बों में भी विद्यमान है, जैसे—

मैं ? कहाँ मैं ? से लिया करते सभी निज भाग
और देते फेंक मेरा तुच्छ प्राप्य विराग।[1]

यहाँ विराग की सजीव संवेदना नहीं जगती। तुच्छ, प्राप्य और फेंक देते—इन विशेषण और क्रिया शब्दों के द्वारा उसे कवि ने निर्जीव वस्तु के रूप में मूर्तवत् उपस्थित किया है और यह दृश्य संवेदना के धरातल पर पाठक को प्रभावित करता है।

प्रसाद जी ने इन अमूर्त भावों को विशेष परिवेश के बीच रख कर भी चित्रित किया है जिससे परिवेश का प्रभाव उसकी इन्द्रिय-संवेधता को बढ़ा देता है—

उषा अरुण प्याला भर लाती सुरभित छाया के नीचे
मेरा यौवन पीता सुख से अलसाई आँखें मीचे।[2]

यहाँ यौवन का बिम्ब प्रस्तुत करने के लिए कवि ने उसकी अलसाई आँखें मीचकर पीने की मुद्रा के साथ ही 'उषा' और 'सुरभित छाया' का चित्रण किया है जिससे इस बिम्ब में आकृति के साथ ही वर्ण, स्पर्श और गन्ध की संवेदनाओं का भी समावेश हुआ है। वस्तुतः प्रसाद-काव्य में अमूर्त भावों के बिम्बांकन की यह प्रवृत्ति व्यापक रूप में पायी जाती है। अतः उसमें अमूर्त-गर्भ बिम्ब बहुत बड़ी संख्या में गिलते हैं।

अभिप्राय यह है कि प्रसाद जी प्रायः किसी वस्तु का चित्रण यथावत् नहीं करते। वे अमूर्त में कुछ मूर्तता और मूर्त में कुछ अमूर्तता का संस्पर्श कर देते हैं। फलतः उनके काव्य में मूर्त बिम्ब कम हैं, छायात्मक और अमूर्त-गर्भ बिम्ब अधिक।

———

1. कामायनी (वासना), पृ० 70
2. कामायनी (निर्वेद), पृ० 178-79

तृतीय अध्याय

प्रसाद-काव्य में बिम्ब-योजना का विकास

परिस्थितियों के परिवर्तन और अनुभव के विस्तार के साथ-साथ अधिकांश कवियों की काव्य-प्रतिभा का विकास होता चलता है। काव्य का महत्वपूर्ण अंग होने के कारण बिम्बों में भी यह विकास परिलक्षित होता है। प्रसाद जी के सम्बन्ध में यह प्रसिद्ध है कि वे 'मूलतः एक विकासमान व्यक्तित्व के रचनाकार हैं'[1]। निराला जी से तुलना करने पर यह बात विशेषतः स्पष्ट हो जाती है। प्रसाद जी की आरम्भिक कविताओं में निराला जी की आरम्भिक कविताओं के समान काव्य-प्रतिभा का विकसित स्वरूप दृष्टिगत नहीं होता। साहित्यिक परिवेश और पारिवारिक परिस्थितियों के परिवर्तनों ने प्रसाद जी की काव्य-प्रतिभा के विकास में एक सीमा तक योगदान किया तथा जीवन के मधुर-तिक्त अनुभवों के बीच से गुजरती हुई उनकी काव्यानुभूति सूक्ष्म से सूक्ष्मतर और गहन से गहनतर होती गई। चित्राधार से कामायनी तक की प्रसाद जी की काव्य-यात्रा विस्तार की अपेक्षा गहराई की ओर सम्पादित हुई है। उनके काव्य-बिम्बों के विकास का अध्ययन करने से यह तथ्य भली-भाँति उद्भासित हो जाता है। आरम्भ में उनके अधिकांश काव्य-बिम्ब परिपाटी-विहित और बाह्याकृति को चित्रित करने वाले हैं किन्तु धीरे-धीरे उनमें इन्द्रिय-संवेद्यता, अनुभूति की गहनता और अर्थ के विभिन्न स्तरों को एक साथ व्यंजित करने की क्षमता का समावेश होता गया है।

प्रकाशन-काल के अनुसार प्रसाद की काव्य-कृतियों का क्रम इस प्रकार निर्धारित किया जाता है—चित्राधार, कानन कुसुम, करुणालय, प्रेम पथिक, महाराणा का महत्व, झरना, आँसू, लहर और कामायनी। इसी आधार पर उनके नाटकों का क्रम इस प्रकार है—सज्जन, कल्याणी परिणय, प्रायश्चित्त, राज्यश्री, विशाख, अजातशत्रु, कामना, स्कन्दगुप्त, एक घूंट, चन्द्रगुप्त और ध्रुवस्वामिनी। किन्तु न तो प्रसाद की काव्य-

---

1. डा० प्रेम शंकर : दो शब्द (उषा मिश्र : प्रसाद का पूर्ववर्ती काव्य, इलाहाबाद, प्रथम संस्करण 1970, पृ० 40)

कृतियों का ही विकासात्मक अध्ययन इतना सरल है और न उनके नाटकों में आए हुए गीतों और पद्यों का। इसके दो प्रमुख कारण हैं—एक तो इन कृतियों में समय-समय पर होने वाला परिवर्तन-परिवर्द्धन और दूसरा, एक ही समय की विभिन्न रचनाओं का विभिन्न काव्य-संग्रहों में संकलन। लहर और कामायनी के अतिरिक्त उनकी सभी काव्य-कृतियों में प्रथम प्रकाशन के पश्चात् पर्याप्त परिवर्तन-परिवर्द्धन हुआ है। अतः एक बार इस दृष्टि से प्रसाद की काव्य-कृतियों एवं नाटकों पर दृष्टिपात करना आवश्यक हो जाता है।

काव्य कृतियाँ

चित्राधार प्रसाद जी का प्रथम काव्य-संग्रह है। इसका प्रथम प्रकाशन सन् 1918 में हुआ। चित्राधार का वर्तमान स्वरूप सन् 1928 में निर्धारित हुआ। यह द्वितीय संस्करण था और प्रथम संस्करण से एकदम भिन्न। चित्राधार के उपलब्ध संस्करण में दो चम्पू (उर्वशी, बभ्रुवाहन), तीन प्रबन्ध काव्य (अयोध्या का उद्धार, वन मिलन, प्रेमराज्य), दो नाट्य (प्रायश्चित्त, सज्जन), दो कथाएँ (ब्रह्मर्षि, पंचायत), तीन प्रबन्ध (प्रकृति-सौन्दर्य, सरोज, भक्ति), पराग (22 कविताएँ) और मकरन्द बिन्दु (23 कवित्त, 3 सवैया, 14 पद) संकलित हैं। इनमें से हमको यहाँ चम्पुओं में संगृहीत पद्य-भाग प्रबन्ध काव्य, पराग और मकरन्द बिन्दु के काव्य-बिम्बों का ही अध्ययन करना है। अतः उनके रचना-काल अथवा प्रथम प्रकाशन काल पर विचार करना वांछनीय है।

'उर्वशी' चम्पू सं० 1963 वि० (सन् 1906) में लिखा गया और उसका प्रथम प्रकाशन सन् 1909 में स्वतन्त्र पुस्तक के रूप में हुआ था।[1] किन्तु चित्राधार में संगृहीत 'उर्वशी' में उसके थोड़े ही स्थल हैं। गद्य पूर्णतः नया है, कथा भी परिवर्तित हो गई है और अधिकांश पद्य-भाग भी या तो नया है या परिवर्तित है। वर्तमान स्वरूप सन् 1918 के लगभग का है जब इसे चित्राधार के प्रथम संस्करण में संकलित किया गया था—'बभ्रुवाहन' पहले इन्दु कला 2, किरण 12, आषाढ़ 1968 वि० (जुलाई 1911 ई०) में 'चित्रांगदा चम्पू' नाम से प्रकाशित हुआ था। 'अनुमान किया गया है कि इसकी रचना 1907 में हो गई थी[2]।'

'अयोध्या का उद्धार' प्रबन्ध काव्य का प्रकाशन इन्दु कला 1, किरण 10, वैशाख सं० 1967 (सन् 1910) में 'अयोध्योद्धार' शीर्षक से हुआ था। 'वन-मिलन' और 'प्रेम-राज्य' का प्रकाशन भी क्रमशः इन्दु के कला 1, किरण 6 पौष सं० 1966

1. देखिए—हरदेव बाहरी : प्रसाद साहित्य कोश, पृ० 54
2. वही, पृ० 284

(सन् 1909) और कला 1, किरण 4 कार्तिक सन् 1966 (सन् 1909) के अंकों में हो चुका था।

'पराग' के अन्तर्गत चित्राधार में संगृहीत कविताओं में से अधिकांश का प्रकाशन इन्दु में सन् 1909 और 1911 के मध्य हुआ था। 'विदाई' नामक कविता का प्रकाशन इसके जुलाई 1913 के अंक में हुआ 'मकरन्द बिन्दु' के दस कवित्त भी वसन्त, चन्द्र, कोकिल, सिरिस सुमन, तरुवर, भ्रमर, आवाहन, सुनो और कहो शीर्षकों से इन्दु के कला 3, किरण 3 मार्गशीर्ष 1968 (सन् 1911) अंक में प्रकाशित हुए थे। 'मकरन्द बिन्दु' की शेष रचनाएँ भी प्रसाद की आरम्भिक रचनाएँ ही हैं।

निष्कर्ष यह है कि 'चित्राधार' के वर्तमान संस्करण में, संगृहीत कविताएँ लगभग 1906 से 1918 के मध्य की हैं किन्तु उनमें से अधिकांश रचनाएँ सन् 1909 और 1911 के मध्य 'इन्दु' में प्रकाशित हो चुकी थीं।

कानन कुसुम का प्रथम संस्करण सन् 1913 में निकला।[1] इसका द्वितीय संस्करण 'चित्राधार' के प्रथम संस्करण (सन् 1918) में संगृहीत है। इसका तृतीय संस्करण पुनः स्वतन्त्र पुस्तक के रूप में सन् 1929 में प्रकाशित हुआ। यही संस्करण इस समय उपलब्ध है। 'कानन कुसुम' के इन तीन संस्करणों में कविताओं का बहुत उलट-फेर हुआ है। प्रथम संस्करण में ब्रज भाषा और खड़ी बोली दोनों की रचनाएँ संकलित की गई थीं। किन्तु वर्तमान संस्करण में केवल खड़ी बोली की कविताएँ हैं। वर्तमान संस्करण में इसका स्पष्ट उल्लेख है कि यह 'संवत् 1966 से 1974 तक की स्फुट कविताओं का संग्रह[2] है। इस संस्करण में 49 कविताएँ हैं। इनमें से कम से कम 38 कविताएँ 'इन्दु' 'नागरी प्रचारिणी पत्रिका' और 'सरस्वती' में सन् 1910 से 1914 के मध्य प्रकाशित हो चुकी थीं। 'महाकवि तुलसीदास' शीर्षक कविता का प्रकाशन यद्यपि सर्व प्रथम 'तुलसी ग्रन्थावली' के तृतीय भाग में सन् 1923 में हुआ तथापि इसका रचनाकाल सन् 1914 है।[3] शेष रचनाएँ भी सन् 1917 अथवा उसके पूर्व की हैं।

करुणालय का प्रकाशन सर्वप्रथम इन्दु कला 4, खण्ड 1 किरण 2 माघ सन् 1969 (फरवरी 1913) में हुआ। तत्पश्चात् इसे चित्राधार के प्रथम संस्करण (सन् 1918) में संकलित किया गया। स्वतन्त्र पुस्तक के रूप में इसका प्रकाशन सन् 1928 में हुआ। अब यह स्वतन्त्र पुस्तक में रूप के ही उपलब्ध है। इसके विभिन्न संस्करणों में

---

1. देखिए-किशोरी लाल गुप्त : प्रसाद का विकासात्मक अध्ययन, पृ० 37
2. कानन कुसुम, पृ० 5
3. देखिए—डा० गणेश खरे : युग कवि प्रसाद, कानपुर, 1967, पृ० 68

विशेष परिवर्तन नहीं हुआ है । अतः यह सन् 1913 से पूर्व की (सम्भवतः 1912 की) रचना है ।

प्रेम पथिक का वर्तमान स्वरूप में माघ शुक्ल 5 संवत् 1970 (जनवरी 1914) में प्रकाशित हुआ । किन्तु इससे आठ वर्ष पूर्व (सन् 1906) इसकी रचना ब्रज भाषा में हुई थी और उसका प्रकाशन इन्दु कला 1, किरण 2, भाद्रपद 1966 वि० (सन् 1909) में हुआ था । वर्तमान संस्करण में यह पूर्णतः परिवर्तित रूप में उपलब्ध है । अतः इसका रचनाकाल सन् 1913-14 मानना उचित होगा ।

महाराणा का महत्व का प्रकाशन इन्दु कला 5, खण्ड 1, किरण 6, जून 1914 में हुआ । इसको चित्राधार के प्रथम संस्करण (सन् 1918) में संकलित किया गया और पुनः सन् 1928 में यह स्वतन्त्र पुस्तक के रूप में प्रकाशित हुआ । दोनों संस्करणों में कोई विशेष परिवर्तन नहीं हुआ है ।

झरना का प्रथम संस्करण सन् 1918 में और द्वितीय संस्करण सन् 1927 में प्रकाशित हुआ । इसका द्वितीय संस्करण ही अब उपलब्ध है । दोनों संस्करणों में पर्याप्त अन्तर है । वर्तमान संस्करण में 55 रचनाएँ हैं । इनमें से केवल 22 रचनाएँ ही प्रथम संस्करण से ली गई हैं । 12 रचनाएँ चित्राधार प्रथम संस्करण (सन् 1918) में संगृहीत कानन कुसुम से ग्रहण की गई हैं । इस प्रकार कुल 34 रचनाएँ 1918 से पूर्व की हैं । शेष 21 रचनाएँ सन् 1918 से 1927 तक की प्रौढ़ रचनाएँ हैं जिनमें से अधिकांश का प्रकाशन 'माधुरी' के सन् 1923 और 1924 के विभिन्न अंकों में हुआ था । इस प्रकार 'झरना' के वर्तमान संस्करण में सन् 1914 से 1927 के मध्य की कविताओं का संकलन हुआ है ।

आँसू का प्रथम संस्करण सन् 1925 में निकला । इसका रचनाकाल सन् 1923-24 माना जाता है । इसका द्वितीय संस्करण सन् 1933 में प्रकाशित हुआ । यही 'आँसू' का वर्तमान संस्करण है । दोनों संस्करणों में बहुत अन्तर है । प्रथम संस्करण में केवल 126 छन्द थे । वर्तमान संस्करण के छन्द संख्या 1 से 122 (पृ० 7 से 53) तथा 128-129 (पृ० 55-56) प्रथम संस्करण से कुछ परिवर्तनों के साथ लिए गए हैं । छन्द-संख्या 123 से 127 (पृ० 54-55) और 130 से 190 (पृ० 57 से 79) नये छन्द हैं[1] जिनकी रचना सन् 1933 के लगभग हुई । यद्यपि द्वितीय संस्करण में आकर प्रथम संस्करण के छन्दों में पर्याप्त परिवर्तन हुआ तथापि कालक्रम की दृष्टि से वर्तमान

---

1. देखिए—निर्मल तालवार द्वारा सम्पादित 'प्रसाद' कल्याणमल लोढ़ा का लेख 'आँसू का पाठ भेद', पृ० 111

संस्करण में प्राप्त छन्दों को दो भागों में देखा जा सकता है—पहले वे जिनकी रचना सन् 1923-24 में हुई और दूसरे वे जिनकी रचना सन् 1933 के आसन्नभूत में हुई थी।

लहर का प्रथम प्रकाशन सन् 1935 में हुआ। इसमें झरना के द्वितीय संस्करण (सन् 1927) के बाद की स्फुट कविताओं का संग्रह है। इसके परवर्ती संस्करणों में परिवर्तन नहीं हुआ है। इस प्रकार 'लहर' के वर्तमान संस्करण में सन् 1927 के पश्चात् की कविताएँ संगृहीत हैं।

कामायनी का प्रकाशन महारात्रि सं० 1992 (फरवरी अथवा मार्च सन् 1936) में हुआ। किन्तु इस रचना का श्रीगणेश सन् 1928 में बसन्त पंचमी के दिन हो गया था।[1] इसी वर्ष 'सुधा' के अक्टूबर अंक में 'मनु की चिन्ता' शीर्षक से उसका कुछ अंश प्रकाशित हुआ था। इसके पश्चात् भी 'हंस', 'प्रेमा' और 'माधुरी, के कुछ अंकों में कामायनी के कुछ अंश प्रकाशित हुए।[2] इस प्रकार कामायनी सन् 1928 से 1936 के मध्य की रचना है।

नाटक

नाटकों के गीतों तथा पद्य-भागों पर बिम्ब के विकास की दृष्टि से विचार करने से पूर्व उनका कालक्रम निर्धारित करने के लिए प्रसाद के नाटकों के प्रकाशन काल पर भी संक्षेप में दृष्टिपात अपेक्षित है।

प्रसाद के आरम्भिक नाटकों में **सज्जन** का प्रकाशन सर्वप्रथम इन्दु के कला 2, किरण 8-11 फाल्गुन-ज्येष्ठ 1967-68 (सन् 1911) के संयुक्तांक में हुआ। **कल्याणी परिणय** 1912 ई० में नागरी प्रचारिणी पत्रिका में प्रकाशित हुआ था। पुनः कुछ परिवर्तन के साथ चन्द्रगुप्त के चतुर्थ अंक में इसका अन्तर्भाव हो गया। **प्रायश्चित्त** इन्दु कला 4, खण्ड 1, किरण 2 माघ 1969 (सन् 1913) में प्रकाशित हुआ। किन्तु इसमें गीतों अथवा पद्य का प्रयोग नहीं हुआ है।

राज्यश्री का प्रथम प्रकाशन इन्दु कला 6, खण्ड 1, किरण 1 जनवरी 1915 में हुआ। इसका संशोधित, परिवर्तित और परिवर्द्धित संस्करण संवत् 1983 (1927 ई०) में प्रकाशित हुआ। यही संस्करण अब उपलब्ध है। इसमें सात गीत हैं जिनमें से सुरमा द्वारा गाये गये प्रथम दो गीत संशोधित संस्करण में जोड़े गये हैं। प्रथम संस्करण के पद्यबद्ध संवादों को गद्य में बदल दिया गया है।

---

1. देखिए—किशोरी लाल गुप्त : **प्रसाद का विकासात्मक अध्ययन**, पृ० 6
2. विस्तार के लिए देखिए—सुधाकर पाण्डेय : **प्रसाद की कविताएँ**, 1967, वाराणसी, पृ० 66-67

विशाख पुस्तक रूप में सन् 1921 में प्रकाशित हुआ और **अजातशत्रु** सन् 1922 में। **जनमेजय का नागयज्ञ** का प्रकाशन सन् 1926 ई० है किन्तु किशोरी लाल गुप्त के अनुसार इसका रचनाकाल 1922-23 था।[1] इसी प्रकार **कामना** का पुस्तक रूप में प्रकाशन सन् 1927 में हुआ किन्तु यह 1923-24 में लिखी गई थी।[2] **स्कन्दगुप्त** का प्रकाशन काल सन् 1928 ई० है। **एक घूंट** का प्रकाशन 1929 ई० में हुआ। डा० जगन्नाथ शर्मा के अनुसार यह इसका लेखन काल है।[3]

चन्द्रगुप्त 1931 ई० में प्रकाशित हुआ। किन्तु इसके चतुर्थ अंक में कुछ परिवर्तन के साथ 'कल्याणी परिणय' का अन्तर्भाव हो गया है। 'कल्याणी परिणय' के निम्नलिखित गीत इसमें ले लिये गये हैं—(1) कैसी कड़ी रूप की ज्वाला (अंक 4, दृश्य 2, पृ० 162) (2) मधुप कब एक कली का है (अंक 4, दृश्य 4, पृ० 167-68) और (3) बज रही बंसी आठो याम की (अंक 4, दृश्य 4, पृ० 168)।[3] इनमें परिवर्तन भी बहुत कम हुआ है।

ध्रुव स्वामिनी का प्रथम संस्करण सन् 1933 ई० में हुआ।

1—काव्य-कृतियों में बिम्ब-योजना का विकास

बिम्ब-विधान के विकास की दृष्टि से प्रसाद की सम्पूर्ण काव्य-कृतियों को तीन भागों में बाँटा जा सकता है—

(1) आरम्भिक काव्य—आरम्भ से 1918 ई० तक। इसके अन्तर्गत चित्राधार, कानन कुसुम, करुणालय, प्रेम पथिक, महाराणा का महत्व, और झरना में संगृहीत आरम्भिक रचनाएँ हैं।

(2) मध्यवर्ती काव्य—1919 से 1927 ई० तक। इसके अन्तर्गत झरना के द्वितीय संस्करण में जोड़ी गई रचनाओं और आँसू के प्रथम संस्करण के छन्दों की गणना की जायेगी।

(3) प्रौढ़ काव्य—1928 से 1936 ई० तक। इसके अन्तर्गत लहर, कामायनी और आँसू के द्वितीय संस्करण में जोड़े गये छन्दों की गणना होगी।

(1) आरम्भिक काव्य

प्रसाद जी ने नियमित रूप से काव्य रचना लगभग सन् 1906 से आरम्भ की। अतः उनके आरम्भिक काव्य के अन्तर्गत सन् 1906 से 1918 ई० तक की रचनाएँ

1. देखिए—किशोरी लाल गुप्त : प्रसाद का विकासात्मक अध्ययन, पृ० 179
2. 3. देखिए—डा० जगन्नाथ प्रसाद शर्मा : प्रसाद के नाटकों का शास्त्रीय अध्ययन, 'प्रसाद की नाट्य कृतियों का कालक्रम'
3. देखिए—किशोरी लाल गुप्त : प्रसाद का विकासात्मक अध्ययन, पृ० 158-59

आएँगी। इनमें ब्रज भाषा और खड़ी बोली दोनों की रचनाएँ हैं। ब्रज भाषा की सम्पूर्ण रचनाएँ चित्राधार के वर्तमान संस्करण में संकलित हैं और खड़ी बोली की स्फुट कविताएँ कानन कुसुम में। करुणालय, महाराणा का महत्व और प्रेम पथिक, इस काल की खड़ी बोली की अन्य रचनाएँ हैं।

बिम्ब की दृष्टि से अध्ययन करने पर आरम्भिक काव्य में दो सोपान दृष्टिगत होते हैं—पहला 1906 से 1911 ई० तक और दूसरा 1912 से 1918 ई० तक। प्रथम सोपान में लगभग सम्पूर्ण 'चित्राधार' तथा कानन कुसुम की 1911 तक की रचनाएँ आ जाती हैं। कानन कुसुम की शेष कविताएँ, करुणालय, प्रेम पथिक और महाराणा का महत्व द्वितीय सोपान के अन्तर्गत हैं।

जैसा हम देख चुके हैं चित्राधार की अधिकांश रचनाएँ 1911 ई० तक की हैं। जिस समय प्रसाद जी ने काव्य-रचना के क्षेत्र में पदार्पण किया उस समय भारतेन्दु युग का प्रभाव पर्याप्त मात्रा में विद्यमान था। भारतेन्दु युग के माध्यम से मध्य काल की जो प्रवृत्तियाँ आधुनिक युग में आ गईं वे भी उस समय विद्यमान थीं। समस्यापूर्ति, कवि समयों का प्रयोग, परिपाटी विहित काव्य रचना आदि ऐसी ही कुछ प्रवृत्तियाँ हैं जो प्रसाद जी के आरम्भिक काव्य में एक सीमा तक दृष्टिगत होती हैं। क्योंकि ब्रजभाषा के काव्य के माध्यम से ये प्रवृत्तियाँ आधुनिक युग को प्राप्त हुई थीं, अतः प्रसाद जी के खड़ी बोली काव्य की अपेक्षा ब्रजभाषा काव्य में ये प्रवृत्तियाँ अधिक उपलब्ध होती हैं। इन प्रवृत्तियों का प्रभाव प्रसाद के काव्य-बिम्बों पर भी पड़ा है।

चित्राधार और कानन कुसुम दोनों के ही परिशीलन से यह महत्वपूर्ण तथ्य सामने आता है कि उनकी भक्तिपरक रचनाओं में बिम्बों का प्रायः अभाव है जबकि प्रकृति सम्बन्धी रचनाओं में वे न्यूनाधिक मात्रा में उपलब्ध होते हैं।

(क) प्रथम सोपान

बिम्ब के विषय की दृष्टि से विचार करने पर हम इस तथ्य पर पहुँचते हैं कि आरम्भिक काव्य काल के प्रथम सोपान की कविता में बिम्ब-चयन मानव की अपेक्षा प्रकृति के क्षेत्र से अधिक हुआ है। कवि ने मानव को बहुत सीमा तक मध्यकालीन दृष्टि से देखा है—चाहे वह पुरुष हो या नारी। 1907 की रचना 'बभ्रुवाहन' में प्रसाद जी ने अर्जुन को इस रूप में अंकित किया है—

> आयत उज्ज्वल भाल, करिकर गंजन कर युगल,
> विलुलित कुन्तल जाल, वृषभ-कन्ध राजीव चख।[1]

इसमें प्रयुक्त वृषभ कन्ध की उपमा ऋग्वेदकाल से चली आ रही है। नेत्रों के लिए

---

1. चित्राधार (बभ्रुवाहन), पृ० 29, 30

कमल का उपमान भी मध्यकाल में अत्यधिक प्रचलित था।

आरम्भिक काव्य के प्रथम सोपान में नारी के चित्रण में प्रसाद जी की दृष्टि प्रायः उसके वस्त्रों और अभूषणों तक सीमित रहती है, उसके बाह्य शारीरिक सौन्दर्य पर वह कभी जाती भी है किन्तु आन्तरिक सौन्दर्य की बाह्य अभिव्यक्ति पर कभी नहीं। वनमिलन (1909 ई०) के दो चित्र देखे जा सकते हैं, एक वनबालाओं का, दूसरा मेनका का—

वल्कल-वसन-विभूषित श्रंग सुमन की माला।
कर्णिकार को कर्नफूल विसवलय विसाला ॥
कुन्दकली सों कलित केश-अवली भल राजत।
चम्पक-कलिका-हार सुरुचि गल-बीच विराजत ॥[1]

यहाँ कवि का ध्यान वनबालाओं के वल्कलवसन और पुष्पाभरणों पर केन्द्रित रहा है; और—

कंचन कंकन किंकिनि को कलनाद सुनावत।
नन्दन-कानन-कुसुमदाम सौरभ सो छावत ॥
निज अमन्द सुचिचन्द-बदम सोभा दिखरावत।
जगमगात जाहिरहि जवाहिर को चमकावत ॥
निज अनूप अति ओपदार आभा दिखरावत।
चंचल चीनांशुक अंचल को चलत उड़ावत ॥
केश कदम्बन कलित कुसुम कलिका बिखरावत।
मंजु मेनका को देख्यो सब उतरत आवत ॥[2]

यहाँ भी कवि का ध्यान मेनका के वस्त्रों पर, आभूषणों पर और वस्त्राभूषणों की ध्वनि और गन्ध पर केन्द्रित रहा है। मेनका के स्वरूप के चित्रण के लिए कवि ने केवल एक पंक्ति लिखी है 'निज अनूप अति ओपदार आभा दिखरावत।' किन्तु इससे न तो मेनका का रूप (वर्ण और आकृति) उभरता है और न उसके अन्तर का आभास ही मिलता है।

इस काल में कवि ने जिन पुरुषों के चित्र प्रस्तुत किये हैं वे प्राचीन और मध्यकालीन पुरुष हैं और उनके चित्रण में भी मध्यकालीन परिपाटी का अनुसरण हुआ है।

---

1. चित्राधार (वन-मिलन), पृ० 63
2. चित्राधार (वन-मिलन), पृ० 69-70

प्रसाद-काव्य में आरम्भिक काल के प्रथम सोपान से ही प्रकृति का महत्वपूर्ण स्थान रहा है। उषा, रात्रि, पवन, चाँदनी, लता, सूर्य, चन्द्र आदि ने आरम्भ से ही प्रसाद के लिए काव्य-बिम्बों की सामग्री प्रदान की है। किन्तु इस काल के काव्य में नाम परि-गणनात्मक और आलंकारिक शैली का अनुसरण अधिक हुआ है। इनमें प्रायः उनकी मध्यकालीन दृष्टि प्रतिफलित हुई। उदाहरण के लिए कवि ने हिमालय को राजा के रूप में उपस्थित किया है—

> अरुण विभा विलसित-हिम-शृंग मुकुटवर छाजत।
> मालिनि मन्द प्रवाह सुखद-सुदुकूल विराजत॥
> तरुगन राजि कतहुँ-मरकत-हारावलि लाजै।
> साँचहु भूधरनृपति समान हिमालय राजै॥[1]

यहाँ 'भूधरनृपति समान हिमालय' के चित्रण में भी कवि की दृष्टि मुकुट, दुकूल और मरकत-हारावलि तक ही गई है, उसके गौरव, महत्व आदि पर नहीं। यहाँ बाह्य आकार-साम्य ही प्रमुखतः रहा है कवि ने उसे आन्तरिक प्रभाव साम्य से समन्वित करने का प्रयास नहीं किया है। यह प्रसाद जी के आरम्भिक काव्य की, विशेषतः उसके प्रथम सोपान की सीमा है।

प्रसाद जी की इस काल की कविताओं में पशु-पक्षियों के चित्र कम ही उप-लब्ध हैं और उनके चित्रण में परिपाटी का पालन ही अधिक हुआ है। प्रायः कवि ने या तो उनका नामोल्लेख करके सन्तोष कर लिया है या उसका सामान्य स्तर का वर्णन किया है। इन वर्णनों में संवेदना को जनाने की कोई विशेष क्षमता नहीं है। जैसे 'वन-मिलन' में मृग का यह रूप—

> शकुन्तला सों पालित तब वह मृग तहँ आयो
> सिर हिलाइ अरु चरण चूमि आनन्द मनायो।[2]

पशु की स्वाभाविक चेष्टाओं का जैसा बिम्ब कामायनी में प्रस्तुत किया है,[3] इसे उसका आरम्भिक रूप कहा जा सकता है।

प्रसाद जी की इस काल की कविता में प्रखर इन्द्रिय संवेदनाओं को उद्‌बुद्ध करने वाले लक्षित बिम्बों के स्थान पर प्रायः साधारण कोटि के वर्णन मिलते हैं और उप-लक्षित बिम्बों के स्थान पर आलंकारिक शैली के उपमान। उपलक्षित बिम्ब और प्राचीन परिपाटी के साधारण उपमान में प्रमुख भेद यह है कि प्रथम में अप्रस्तुत स्वतः स्फूर्त

---

1. चित्राधार (वनमिलन), पृ० 63
2. वही, पृ० 68
3. देखिए—कामायनी (वासना), पृ० 69

होता है और कवि का ध्यान दोनों के भेद पर नहीं रहता, दूसरे में अप्रस्तुत प्रयत्न-साध्य होता है और दोनों में भेद बना रहता है। प्रथम सोपान की कविताओं में अधिकांशतः दूसरे प्रकार के अप्रस्तुतों की ही योजना हुई है। उदाहरणार्थ—

यौवन ऊषा प्रथम प्रकट जब हिये भई है।
शैशव तारा निकट मलिनता धाय लई है॥
नवल राग सों रंग्यो गयो हियनभ-पट ऐसो।
सह्यो चण्डकर ताप तदपि सन्ध्या में तैसो॥
हाय प्रणय-स्मृति-सूर्य उदित नित हिय नभ होवै।
पूर्वराग विस्तारि अलौकिक रूप सँजोवै॥
पुनि धरि तीछन किरन बरसि विरहागिनि ज्वाला
शान्त होत लहि अश्रुवारि धाराहिं विशाला।[1]

प्रस्तुत पंक्तियों में यौवन, शैशव, हिय, प्रणय-स्मृति, पूर्वराग, अश्रुवारि आदि प्रस्तुतों के लिए ऊषा, तारा-निकर, नभ, सूर्य, धारा आदि अप्रस्तुओं को संजोने का प्रयत्न इतना स्पष्ट और प्रयत्न-साध्य है कि प्रस्तुत और अप्रस्तुत का भेद पाठक के सामने बराबर बना रहता है और किसी संश्लिष्ट बिम्ब की सृष्टि नहीं होती।

इन सीमाओं के होते हुए भी आरम्भिक काव्य के प्रथम सोपान में कुछ विकास-सूत्र भी मिलते हैं। उनमें से प्रथम सूत्र है मानवीकरण की प्रवृत्ति। प्रकृति के प्रसंग में कहीं-कहीं यह प्रवृत्ति परिलक्षित होती है। पवन, उषा, रात्रि, लताओं, पृथ्वी आदि को कुछ स्थलों पर मानवीय चेष्टाओं में संलग्न दिखाया गया है। ऐसे स्थलों पर प्रायः सुन्दर बिम्बों का आरम्भिक स्वरूप दृष्टिगत होता है। चित्राधार में धरा को दो स्थलों पर नारी सुलभ चेष्टाओं से समन्वित किया गया है। 1907 ई० की रचना 'बभ्रुवाहन' में धरा का मानवीकरण हुआ है—

'नव ऊषा-पट ओढ़ि धरा नव रूप सुधारत'[2]

1910 ई० में प्रकाशित 'वर्षा में नदी कूल' नामक कविता में सुन्दर सघन मेघों के प्रसंग में भी पृथ्वी का सुसज्जित रूप प्रस्तुत हुआ है—

सघन सुन्दर मेघ मनोहर गगन सोहत हेरि
धरा पुलकित अति अनन्दित रूप धर्‌यो चहुँ फेरि।[3]

किन्तु यहाँ मानवीकरण से संवेदना का पूर्ण सम्प्रेषण नहीं होता। 'पुलकित' और

1. चित्राधार (बभ्रुवाहन), पृ० 42
2. वही, पृ० 35
3. चित्राधार (वर्षा में नदी कूल), पृ० 152

'अनन्दित रूप' के द्वारा क्रमशः स्पर्श और नारी रूप की दृश्य संवेदना जाग्रत हो सकती थी किन्तु 'चहुँ फेरि' के उल्लेख के कारण नारी का यह रूप बाधित हो जाता है। कवि ने अन्धकार का भी मानवीकरण किया है—

निशापति को लखि कै वरराज। भज्यो तम अंग छिपावन काज॥
मनो द्रुम कन्दर में थल पाइ। लियो विसराम अरामहिं जाइ॥[1]

प्रसाद जी की यह रचना भी 1910 में प्रकाशित हुई थी। कानन कुसुम की इस काल की रचना में पवन का अपेक्षाकृत अधिक संवेदनापरक मानवीकृत बिम्ब प्रस्तुत हुआ है—

मधुर मलयानिल महक की मौज में मदमत्त है
लता-लतिका से लिपटकर ही महान प्रमत्त है
क्यारियों के कुसुम-कलियों को कभी खिझला दिया
सहज झोंके से कभी दो डाल को हि मिला दिया।[2]

मानवीकरण की जो प्रौढ़ पद्धति प्रसाद जी के परवर्ती काव्य में विकसित हुई है ये उसके कुछ आरम्भिक स्वरूप हैं, जिनमें से कुछ में प्राचीनता का प्रभाव पर्याप्त रूप में विद्यमान है और कुछ में नहीं। प्राचीनता का यह प्रभाव खड़ी बोली की अपेक्षा व्रज भाषा की रचनाओं में अधिक पाया जाता है।

अमूर्त भावों के जो मूर्त बिम्ब प्रसाद जी के प्रौढ़ काव्य में उपलब्ध होते हैं उनकी योजना का प्रयास भी कवि प्रसाद ने आरम्भ से ही किया है। यह विकास का दूसरा सूत्र है। सन् 1909 में प्रकाशित एक रचना में कवि ने हँसी को मूर्त रूप दिया है—

यद्यपि मुख मुसक्यान छिपावत है कपोल में।
तद्यपि हाँसी उछलि रही है दृगनि लोल में॥[3]

यह किशोर कवि का अत्यन्त सुन्दर प्रयास है जिसमें 'मुसक्यान' को छिपाने के कारण विशेष आकृति धारण कर लेने वाले कपोलों का चित्र भी है और इस प्रयास में आँखों से फूटती हँसी का चित्र भी। किन्तु आगे की पंक्तियों में कवि पुनः परिपाटीविहित अप्रस्तुतों की ही योजना करता है—'सुधर दन्त की पाँति, मनो मुक्ता चुनिराखे' जिससे अमूर्त हँसी का प्रभाव आगे नहीं बढ़ता।

---

1. चित्राधार (शरद पूर्णिमा), पृ० 162
2. कानन कुसुम (नव वसन्त), पृ० 24
3. चित्राधार (प्रेम राज्य), पृ० 80

'नीरव प्रेम' (जनवरी 1911 में प्रकाशित) में भी कवि ने नीरव प्रेम जैसे अमूर्त भाव का चित्रण किया है। इस कविता में कुछ इन्द्रिय-संवेद्य बिम्ब प्रस्तुत करने का प्रयास हुआ है—

कल निनादिनि धीर तरंगिनी। जबहि गावति है रस रंगिनी।
तुम मिलावत बीन तबै चहौ। कोउ सुनै तब तो चुप ह्वै रहो॥[1]

यहाँ कवि ने ध्वनि के विभिन्न स्तरों को पकड़ने का आरम्भिक प्रयास किया है। इसका विकास कामायनी जैसे प्रौढ़ काव्य में देखा जा सकता है।

प्राचीन परिपाटी की आलंकरिक शैली से भिन्न काव्य-बिम्ब की रचना के लिए स्वच्छन्द कल्पना की आवश्यकता होती है। प्रसाद जी ने इस काल में भी स्वच्छन्द कल्पना के महत्व को पहचाना है। सन् 1909 में प्रकाशित 'कल्पना-सुख' नामक कविता में उन्होंने इस महत्त्व को प्रतिपादित किया था—

हे कल्पना सुखदान। तुम मनुज जीवन प्रान॥
तुम विशद व्योम समान। तब अन्त नर नहिं जान॥
तव शक्ति लहि अनमेल। कवि करत अद्‌भुत खेल॥
लहि तृण सविन्दु तुषार। गुहि देत मुक्ताहार॥[2]

इस काल की कविता मे अप्रस्तुतों के चयन में भी स्वच्छन्द कल्पना का प्रयोग यत्र-तत्र हुआ है। उदाहरणार्थ कवि ने सन् 1911 में प्रकाशित 'एकान्त में' नामक कविता में हरियाली के बीच में से कल-कल करती बहती हुई नदी के लिए हँसती हुई कामिनी की यह कल्पना की है—

स्रोतस्विनी हरियालियों में कर रही कलरव महा।
ज्यों हरे घूंघट-ओट में है कामिनी हँसती अहा॥[3]

इस काल की कविता में लाक्षणिक मूर्तिमत्ता के प्रयोग भी देखे जा सकते हैं, जैसे—

बैठी मालिनि तीर सुभगवेतसी-कुंज में।
विलसत परिमल पूर समीरन केश पुंज में॥[4]

किन्तु प्रथम सोपान की कविताओं में ऐसे प्रयोगों के तुरन्त बाद ही पुनः परिपाटीविहित प्रयोग इनके प्रभाव को कम कर देते हैं, जिससे इनका समग्र प्रभाव पाठक को अभिभूत नहीं करता।

---

1. चित्राधार (नीरव प्रेम), पृ० 169
2. चित्राधार (कल्पना-सुख), पृ० 143-44
3. कानन कुसुम (एकान्त में), पृ० 59
4. चित्राधर (वन-मिलन), पृ० 64

(ख) द्वितीय सोपान

आरम्भिक काव्य के द्वितीय सोपान में मुख्यतः खड़ी बोली की कविताएँ आती हैं। यद्यपि इन कविताओं में भी प्राचीनता का प्रभाव विद्यमान है तथापि उससे स्वतन्त्र होने के प्रयास प्रथम सोपान की कविताओं की अपेक्षा इनमें अधिक परिलक्षित होता है।

कवि ने द्वितीय सोपान की कविताओं में बाह्य आकार-साम्य ही नहीं आन्तरिक प्रभाव-साम्य पर आधारित अप्रस्तुतों की भी योजना की है। इस काल की ब्रजभाषा की कविता में भी यह विशेषता देखी जा सकती है। उदाहरणार्थ जुलाई, 1913 में प्रकाशित 'विदाई' में कवि ने अतिथि के लिए प्रभाव-साम्य के आधार पर वसन्त और ग्रीष्म को अप्रस्तुत रूप में सँजोया है—

नव वसन्त सों अतिथि तुम, आवहु हिय हरखाय।
छोड़ि जात ग्रीषम तपन, जासों जिय जरि जाय ॥[1]

इन पंक्तियों में कामायनी के श्रद्धा सर्ग के 'कौन हो तुम वसन्त के दूत विरस पतझर में अति सुकुमार'[2]—इस बिम्ब का आरम्भिक संकेत देखा जा सकता है। किन्तु प्रस्तुत पंक्तियों में उसका आरम्भिक संकेत-मात्र है। बिम्ब के लिए जिस विशेषीकरण की आवश्यकता होती है, यहाँ उसका अभाव है। श्रद्धा सर्ग की पंक्ति में यह विशेषीकरण विद्यमान है।

द्वितीय सोपान की कविताओं में प्रथम की अपेक्षा स्वच्छन्द कल्पना का प्रयोग अधिक हुआ है। 1912 ई० में प्रकाशित 'महाक्रीड़ा' नामक कविता में कवि ने ऊषा के लिए पट की, प्रकृति के लिए सहचरी की ओर अरुण के लिए बिन्दी की कल्पना करते हुए नारी का यह चित्र प्रस्तुत किया है—

दे के ऊषा-पट प्रकृति को हो बनाते सहचरी।
भाल के कुंकुम-अरुण की दे दिया बिन्दी खरी।[3]

इसी प्रकार कवि ने हिलते हुए लता-पत्रों के लिए पंखा झलने की क्रिया की कल्पना की है—

कैसा सुन्दर दृश्य! लता-पत्र थे हिल रहे।
जैसे प्रकृति अदृश्य, बहुकर से पंखा झले।[4]

पृथ्वी और सागर के प्रसंग में कवि ने व्यजन की कल्पना कामायनी में भी की है।[5]

---

1. चित्राधार (विदाई), पृ० 158
२. कामायनी (श्रद्धा), पृ० 45
3. कानन कुसुम (महाक्रीड़ा), पृ० 17
4. कानन कुसुम (चित्रकूट), पृ० 104
5. देखिए—कामायनी (काम), पृ० 63

'भरत' नामक कविता (1913 ई०) में हिमगिरि के शृंग में लटकती फैली लताओं के लिए तपस्वियों की जटाओं की कल्पना की गई हैं।[1] इसी प्रकार खुले हुए सिंहद्वार के लिए दीन के खुले हुए मुख की कल्पना[2] भी कवि की आरम्भिक स्वच्छन्द कल्पना की परिचायक है।

इस काल की कविताओं में मानवीकरण की प्रवृत्ति प्रथम सोपान की कविताओं की अपेक्षा अधिक है। चाँदनी के चित्रण में कवि ने चेतनता का समावेश कर दिया है—

तारा-हीरक-हार पहनकर चन्द्रमुख
दिखलाती उतरी आती थी चाँदनी
(शाही महलों के ऊँचे मीनार से)[3]

यहाँ चाँदनी की चमक और उसका मीनार के ऊपरी भाग से धीरे-धीरे नीचे के भाग में फैलने की क्रिया का सुन्दर चित्रण हुआ है। प्रथम सोपान की कविताओं की अपेक्षा इस मानवीकरण में अधिक इन्द्रिय-संवेद्यता भी है।

सन् 12-13 तक आते-आते कवि प्रसाद मानवीकरण करते समय निर्जीव प्रकृति पर मानवसुलभ क्रियाओं का आरोप तो कर ही रहे थे, वे मानवीय भावों की झाँकी भी प्रकृति में देखने लगे थे—

कुल्या उसी गिरि प्रान्त में बहती रही कल नाद से
छोटी लहरियाँ उठ रही थीं आन्तरिक आह्लाद से।[4]

यहाँ छोटी लहरियों के उठने में कवि ने आन्तरिक आह्लाद की अनुभूति की है। प्रेम पथिक के आरम्भ में भी कवि ने चमेली के पुष्प का मानवीय चेष्टाओं और मानवीय भावनाओं से परिपूर्ण रूप अंकित किया है—

हरी डाल के सुखद हिंडोले में परिवर्धित होकर जो
अकपट विकसित भाव दिखाती है कैसी आनन्दमयी,
सरल विलोकन में जिसके आन्तरिक प्रेम है गरा हुआ
निर्निमेष, हो हँसती जैसे तन-मन की सुधि भूली सी।[5]

प्रस्तुत पंक्तियों में आन्तरिक प्रेम और तनमन की सुध भूल जाना ऐसी ही भावनाएँ हैं

---

1. कानन कुसुम (भरत), पृ० 111
2. देखिए—कानन कुसुम (शिल्प सौन्दर्य), पृ० 114
3. महाराणा का महत्त्व, पृ० 18-19
4. कानन कुसुम (भक्तियोग), पृ० 35
5. प्रेम पथिक, पृ० 7-8

जिनका स्पर्श चमेली के प्रसंग में हुआ है।

इस काल तक आकर प्रसाद जी की कविता में विभिन्न संवेदनाओं को जगाने वाले बिम्ब भी यत्र-तत्र मिलने लगते हैं। वर्ण, गन्ध और स्पर्श की अनुभूतियाँ यत्र-तत्र सुन्दर रूप से संप्रेषित हुई है। 'चित्रकूट' में जानकी के मुख और खुले हुए कच-भार का यह चित्र देखिए—

खुले हुए कच भार बिखर गये थे बदन पर
जैसे श्याम सिवार आस पास हो कमल के।[1]

यहाँ श्याम वर्ण की चेतना तो प्रमुख है ही, श्याम सिवार से घिरे कमल का चित्र होने के कारण हल्के लाल और काले दो विरोधी वर्णों की योजना भी हो गई है। इस प्रकार की विरोधी वर्ण-योजना प्रसाद के प्रौढ़ काव्य में अत्यन्त विकसित रूप में प्राप्त होती है।

स्नान करते समय जानकी के मुख पर झलकते हुए और चन्द्रमा के मन्द प्रकाश में चमकते हुए जल बिन्दुओं का यह दृश्य-बिम्ब भी द्रष्टव्य है—

जल बिन्दु थें जो वदन पर उस इन्दु मन्द प्रकाश में
द्रवचन्द्रकान्त मनोज्ञ मणि के बने विमल विलास में।[2]

इस काल की कविता में कहीं-कहीं अन्य इन्द्रिय-संवेद्य बिम्बों की योजना भी हुई है। गन्ध संवेदना का ऐसा एक उदाहरण देखा जा सकता है—

अकबर के साम्राज्य भवन के द्वार से
निकल रही थी लपट सुगन्ध सनी हुई
बसरा के 'गुलाब' से वासित हो रहा
भारत का सुख शीत पवन [3]

सुगन्ध सनी हुई लपट की यह अनुभूति पर्याप्त रूप से तीव्र है। यहाँ मुख्य बात यह है कि यह गन्ध सामान्य नहीं है वरन् 'गुलाब' की विशेष गन्ध है।

स्पर्श संवेदना के कुछ स्थल भी इस काल की कविता में उपलब्ध होते हैं। उदाहरणार्थ—

रविकर-सदृश हेमाभ उँगली से चरण-सरसिज छुआ
उन्निद्र होने से लगे दृगकंज, कम्प सहज हुआ
उस नित्यपरिचित स्पर्श से राघव सजग से हो गये[4]

---

1. कानन कुसुम (चित्रकूट), पृ० 103
2. कानन कुसुम (चित्रकूट) पृ० 106
3. महाराणा का महत्व, पृ० 19
4. चित्राधार (चित्रकूट), पृ० 106

यहाँ स्पर्श संवेदना ही प्रमुख है। स्पर्श के परिणाम का उल्लेख उसे अधिक सहज-संवेद्य बना देता है। किन्तु यहाँ वर्ण की संवेदना भी स्पर्श के साथ ही मिली हुई है। 'रवि-कर सदृश हेमाभ उंगली' से स्वर्णिम वर्ण का क्षीण बोध भी होता है। इस प्रकार यहाँ एक से अधिक संवेदनाओं को एक साथ प्रेषित करने का प्रयास भी हुआ है।

प्रसाद जी ने इस काल में अनुभूति को कुछ गहरे स्तर पर प्रेषित करने का प्रयास भी किया है। आगे चल कर ऐसा प्रयास प्रायः छायात्मक बिम्बों की सृष्टि में प्रतिफलित हुआ है।

यह सुन हँसी वह मूर्ति करुणा की हुई कादम्बिनी
फिर तो झड़ी-सी लग गई आनन्द के जल की घनी।[1]

यहाँ आनन्द के जल की घनी झड़ी से आन्तरिक शीतलता की अनुभूति को सम्प्रेषित किया गया है। इस प्रवृत्ति का विकास कामायनी में, विशेषतः काम, वासना आदि सर्गों में, हुआ है।

द्वितीय सोपान की कविता में अमूर्तगर्भ बिम्बों की भी योजना हुई है। कानन कुसुम, करुणालय, प्रेम पथिक और झरना सभी में इस प्रकार के कुछ स्थल उपलब्ध हैं। करुणालय में आशा का बिम्ब इस प्रकार प्रस्तुत हुआ है—

जीवन की आकुल आशा जब त्रस्त हो
एक एक दाने का आश्रय खोजती।[2]

यहाँ 'आशा' जैसे अमूर्त भाव को दीन हीन नारी के समान आचरण करते दिखा कर कवि ने साकार और सजीव बना दिया है। 'विरह' नामक कविता (सन् 1914) में स्मृति का चित्रण भी इसी प्रकार हुआ है। 'वह स्मृति जगती है प्रेम की नींद सो के'[3] और 'अर्चना' (झरना) के प्रथम संस्करण की रचना में 'अर्चना' का—

मन मन्दिर में नाथ हमारी 'अर्चना'
हुई उपेक्षित तुमसे, हँसती है हमें।[4]

इस प्रकार के अमूर्त-गर्भ बिम्बों का प्रयोग प्रसाद के परवर्ती काव्य में बढ़ता गया है और कामायनी में लज्जा जैसे अमूर्त भाव के सुन्दर बिम्बों की शृंखला संभव हुई है।

---

1. कानन कुसुम (भक्तियोग), पृ० 38
2. करुणालय, पृ० 23
3. कानन कुसुम (विरह), पृ० 75
4. झरना (अर्चना), पृ० 35

13

इस काल की कविता में कवि प्रसाद ने केवल प्रकृति के ही नहीं, मानव के भी बिम्ब अंकित किये हैं। 'चित्रकूट' जैसी कविताओं में दोनों को ही लगभग समान महत्त्व दिया गया है। ऐसी कविताओं में कवि ने नारी और प्रकृति को आमने-सामने रख कर सुन्दर चित्र उपस्थित किये हैं। नदी में स्नान करती हुई जानकी का यह चित्र दर्शनीय है—

आकण्ठ मज्जित जानकी चन्द्राभमय जल में खड़ी
सचमुच बदन विधु था, शरद घन बीच जिसकी गति अड़ी
जल की लहरियाँ घेरतीं बन मेघमाला-सी उसे
हो पवन-ताड़ित इन्दु कर मलता निरख करके जिसे।[1]

एक ओर मेघमाला सदृश जल लहरियों से घिरी हुई जानकी का रूप ओर दूसरी ओर पवन-ताड़ित, कर मलता इन्दु दोनों आमने-सामने आकर जैसे एक दूसरे के पूरक बन गये हैं। पशु-चित्रण में भी प्रसाद को अब प्रथम सोपान-काल की अपेक्षा अधिक सफलता प्राप्त हुई है। 'मन-मृग' का चित्र उदाहरण स्वरूप देखा जा सकता है—

जन्मातर स्मृति याद कर औ भूल कर निज चौकड़ी
मन-मृग रुका गर्दन झुका कर छोड़कर तेजी बड़ी
अज्ञात से पद चिह्न का कर अनुसरण आया यहाँ
निज नाभि-सौरभ भूल फूलों का सुरस पाया यहाँ।[2]

प्रस्तुत पंक्तियों में मन-मृग की चेष्टाओं का प्रभावशाली गत्यात्मक चित्र उपस्थित किया गया है। प्रथम सोपान की कविता 'वनमिलन' में अंकित मृग के चित्र[3] की तुलना करने से इसमें विकास के लक्षण स्पष्ट देखे जा सकते हैं।

पौराणिक प्रसंगों को धार्मिक विश्वास से अलगाकर सांकेतिक रूप में ग्रहण करते हुए उनको बिम्ब के रूप में प्रस्तुत करने की क्षमता के प्रमाण भी इस काल से प्राप्त होने लगते हैं। रात्रि में उदीयमान चन्द्रमा का चित्रण करते हुए कवि प्रसाद समुद्र मन्थन से निकलने वाले कलश का ऐसा ही बिम्ब उपस्थित करते हैं—

उदित कुमुदिनी-नाथ हुए प्राची में ऐसे
सुधा-कलश रत्नाकर से उठता हो जैसे।[4]

---

1. कानन कुसुम (चित्रकूट), पृ० 106
2. कानन कुसुम (हाँ, सारथे ! रथ रोक दो), पृ० 79
3. देखिए—चित्राधार (वन-मिलन), पृ० 63
4. कानन कुसुम (चित्रकूट), पृ० 101

'सुधा-कलश' में यहाँ समुद्र मन्थन का संकेत मात्र है अतः पाठक के मन में प्राची में उदित होते हुए चन्द्र के अनुरूप कलश का बिम्ब स्वतन्त्र रूप से उद्बुद्ध हो जाता है।

किन्तु द्वितीय सोपान की कविता में विकास के इतने संकेत होते हुए भी वह बिम्ब की दृष्टि से प्रमुखतः आरम्भिक काव्य ही है। इसमें कवि प्राचीन रूढ़ियों और आलंकारिक शैली से बहुत अधिक मुक्त नहीं हो सका है। प्रायः स्वच्छन्द कल्पना के तुरन्त पश्चात् ही कवि प्राचीन आलंकारिक शैली में उलझ जाता है जिससे बिम्ब का स्थायी या समग्र प्रभाव निर्मित नहीं हो पाता। उदाहरण के लिए 'प्रेम पथिक' की एक पंक्ति में कवि उषा का यह बिम्ब प्रस्तुत करता है—

मिटी मलिनता, रविकर पाकर उषा उठ खड़ी हुई अहो[1]

यहाँ रविकर का सहारा लेकर उठती हुई उषा का चित्र दृष्टि संवेदना के स्तर पर सम्प्रेषित होता है और उषा तथा युवती में कोई भेद नहीं प्रतीत होता। ऐसा लगता है कि यह एक स्वतः स्फूर्त चित्र है किन्तु इससे आगे की पंक्ति में कवि उपमा का सहारा लेता हुआ प्रेमी और प्रेयसी का दूसरा चित्र उपस्थित कर देता है—

जैसे प्रिय-कर का अवलम्बन किये प्रेयसी उठती है[2]

और इस प्रकार अन्ततः इसकी परिणति प्राचीन परिपाटी के अलंकार में हो जाती है। उषा और प्रेयसी, रवि और प्रिय—दो-दो अलग उपादान उपस्थित हो जाते हैं।

इसी प्रकार शाही महलों से उभरने वाली चाँदनी का यह चित्र, जिसे हम पिछले पृष्ठ पर देख चुके हैं—

तारा-हीरक-हार पहन कर चन्द्रमुख
दिखलाती, उतरी आती थी चाँदनी
(शाही महलों के ऊँचे मीनार से)

आगे की पंक्ति में अन्ततः उपमा में परिणत हो जाता है—

जैसे कोई पूर्ण सुन्दरी प्रेमिका
मन्थर गति से उतर रही हो व्योम से।[3]

इन उदाहरणों से ऐसा प्रतीत होता है कि इस काल में कवि को लच्छित बिम्ब प्रस्तुत करके यह सन्तोष नहीं होता कि एक बिम्ब पूरा हो गया है और फलतः वह पुनः एक अप्रस्तुत लाकर प्राचीन अलंकार-पद्धति का अनुसरण करते हुए उसे तथाकथित पूर्णता

---

1. प्रेम पथिक, पृ० 24
2. वही, पृ० 42
3. महाराणा का महत्व, पृ० 19

प्रदान करने में दत्तचित्त हो जाता है। कवि ने अपने परवर्ती काव्य में धीरे-धीरे इस प्रवृत्ति से मुक्ति प्राप्त की हैं।

संक्षेप में, प्रसाद जी के आरम्भिक काव्य में एक ओर तो प्राचीन परिपाटी का पर्याप्त प्रभाव है और दूसरी ओर नवीन बिम्ब-योजना की दिशा में आगे बढ़ने का प्रयास भी। ये दोनों विशेषताएँ कभी-कभी एक ही कविता में पूर्वापर क्रम से भी दृष्टिगत होती हैं। प्रथम सोपान की कविताओं में प्राचीन परिपाटी का प्रभाव प्रधान है, दूसरे सोपान की कविताओं में नवीनता की ओर बढ़ने का प्रयास भी परिलक्षित होता है।

(2) मध्यवर्ती काव्य

मध्यवर्ती काव्य के अन्तर्गत हमने झरना के द्वितीय संस्करण में जोड़ी गई रचनाओं तथा आँसू के प्रथम संस्करण के छन्दों की गणना की है। ये रचनाएँ मूलतः 1919 से 1927 ई० के मध्य लिखी गईं। आँसू के अधिकांश छन्द मूलतः 1923-24 में लिखे गये और झरना की इन कविताओं में से अधिकांश का प्रकाशन माधुरी में 1922 से 1925 के मध्य हुआ। इसकी शेष कविताएँ भी 1927 ई० के पूर्व लिखी गई। यह प्रसाद की काव्य-यात्रा का मध्यस्थल है। एक ओर उसमें प्रौढ़ता के पर्याप्त लक्षण दृष्टिगत होते हैं और दूसरी ओर उसमें आरम्भिक काव्य के चिह्न भी शेष हैं। आरम्भिक काव्य में कवि प्राचीन प्रभाव से अधिक मुक्त नहीं हो सका था। वह कभी प्रकृति को काव्य का विषय बनाता था और कभी भक्ति और विनयपरक कविताएँ रचता था। इस काल तक आते-आते उसके सामने उसका मार्ग जैसे स्पष्ट होने लगा है। आरम्भिक काव्य में स्वच्छन्दता की जिस प्रवृति के चिह्न मात्र दृष्टिगत होते थे, मध्यवर्ती काव्य में वह स्वच्छन्दता (कल्पना और भाव दोनों की) अधिक स्पष्ट हो गई है। फलतः कवि भेद प्रधान आलंकारिक पद्धति के स्थान पर मांसल बिम्बों की रचना करने में अधिक समर्थ हो सका। कुछ विषय तो इस दृष्टि से स्पष्टतः कवि की मध्यवर्ती स्थिति के द्योतक हैं। नारी रूप के बिम्बांकन को इस दृष्टि से देखा जा सकता है। आरम्भिक काव्य में नारी का चित्रण करते समय कवि के सम्मुख केवल प्राचीन उपमान आते हैं और प्रायः उन्हीं के आधार पर वह नारी का बिम्बांकन करता है। किन्तु मध्यवर्ती काव्य में जहाँ नारी का चित्रण हुआ है, वहाँ एक ओर तो परम्परागत अप्रस्तुतों की योजना की गई है और दूसरी ओर नवीन अप्रस्तुतों की भी, जिससे उसमें ताजगी भी आ जाती है। झरना की 'रूप' नामक कविता में नारी का रूपांकन इस प्रकार हुआ है—

ये बंकिम भ्रू-युगल कुटिल कुंतल घने
नील नलिन से नेत्र चपल मद से भरे
अरुण राग रंजित कोमल हिम खण्ड से—
सुन्दर गोल कपोल, सुधर नासा बनी।

धवल स्मित जैसे शारद घन बीच में—
(जो कि कौमुदी से रंजित है हो रहा)
चपला-सी है ग्रीवा हंसी से बढ़ी
रूप जलधि में लोल लहरियाँ उठ रहीं।
मुक्तागण है लिपटे कोमल कम्बु में
चंचल चितवन चमकीली है कर रही—
सृष्टि मात्र को, मानो पूरी स्वच्छता—
चीनांशुक बनकर लिपटी है अंग में।[1]

प्रस्तुत अवतरण में पहली, दूसरी, सातवीं और नौवीं पंक्ति में नयापन नहीं है वरन् कवि ने नेत्रों के लिए नील नलिन और ग्रीवा के लिए हंसी के परम्परागत उपमान उपस्थित किये हैं। किन्तु अन्य पंक्तियों में नये अप्रस्तुतों की योजना की गई है, जिसमें मांसल अनुभूति जाग्रत होती है। कपोल के लिए 'अरुण राग रंजित कोमल हिमखण्ड' का बिम्ब है जो वर्ण और स्पर्श-संवेद्य है। स्मित के लिए मुख्यतः दृश्य बिम्ब है : ज्योत्स्ना-रंजित शारदीय मेघ के बीच चपला। सम्पूर्ण रूप की तरल अनुभूति के सम्प्रेषण के लिए कवि ने 'जलधि में उठती लोल लहरियों' का बिम्ब अंकित किया है। दसवीं पंक्ति में चितवन की चंचलता और चमक का लक्षित बिम्ब उपस्थित करने का प्रयास है। चीनांशुक की कोमल स्पर्शानुभूति के लिए 'लिपटी है' क्रिया का सहारा लिया है। 'पूरी स्वच्छता' की उत्प्रेक्षा इस अनुभूति को तीव्रतर बनाने में सहायक होती है। इस प्रकार नारी के बिम्बांकन में कवि इस समय आरम्भिक काव्य की अवस्था से आगे बढ़ गया है।

आँसू में भी एक और प्राचीन परम्परागत उपमानों का प्रयोग करते हुए नारी रूप का चित्रण हुआ है तो दूसरी ओर उसके लिए नवीन बिम्बों की योजना हुई है जो नारी के शरीर की मासलता को नहीं वरन् उसके रूप की तरलता को इन्द्रिय-संवेद्य बना देते हैं। यदि ओठ, दाँत और नासिका के लिए क्रमशः विद्रुम, मोती और शुक[2] के परिपाटीबद्ध अप्रस्तुत आयोजित हैं तो भुजाओं के लिए अनंग के धनुष को दुहरी शिथिल शिंजिनी और तनु छवि सर की नव लहरी[3] के दो बिम्ब हैं जो भुजाओं की चंचलता और कोमलता के व्यंजक हैं और कवि की स्वच्छन्द कल्पना के द्योतक भी। इसी प्रकार हँसी के लिए 'मधु ऊषा के आँचल में विकसित सरसिज वन वैभव' का बिम्ब[4] कामा-

1. झरना (रूप), पृ० 20
2. आँसू, पृ० 23
3. वही, पृ० 24
4. वही, पृ० 23

यनी के श्रद्धा सर्ग में श्रद्धा की मुस्कान के बिम्बों का पूर्वरूप है।

बिम्ब के विकास की दृष्टि से इस काल की कविता की एक महत्वपूर्ण प्रवृत्ति है विशेषीकरण की प्रवृति। यह प्रवृत्ति आँसू में अपेक्षाकृत अधिक विद्यमान है। कवि 'में' 'मेरा' आदि के प्रयोग द्वारा अनुभूति को निर्दिष्ट कर देता है। उदाहरण के लिए आरम्भिक काव्य में जिस 'पवन' का मानवीकरण द्वारा चित्रांकन हुआ है, वह सामान्य पवन है। आँसू में पवन का बिम्ब विशिष्ट होकर आया है—

शीतल समीर आता है कर पावन परस तुम्हारा
मैं सिहर उठा करता हूँ बरसा कर आँसू धारा।[1]

यहाँ प्रथम पंक्ति में समीर का बिम्बांकन हुआ है और दूसरी पंक्ति में स्पर्श के परिणाम का अंकन है। प्रथम पंक्ति में 'तुम्हारा शब्द के प्रयोग से पवन का स्पर्शानुभव सामान्य न रह कर विशिष्ट बन जाता है। इसी प्रकार मिलन कुंज में सोती हुई चाँदनी का यह अनुभव भी 'वैसी' और 'मेंरे मिलन-कुंज में' इस शब्द और वाक्यांश के प्रयोग के कारण विशिष्ट अनुभव बन जाता है—

सोयेगी कभी न वैसी फिर मिलन कुंज में मेरे
चाँदनी शिथिल अलसायी सुख के सपनों से मेरे।[2]

इस काल की कविता में कवि ने मांसल बिम्बों का प्रयोग पर्याप्त संख्या में किया है। कुछ ऐसे स्थल भी हैं जहाँ संवेदना अत्यन्त प्रखर होकर उभरी है। उदाहरण के लिए आँसू का यह प्रसिद्ध छन्द देखा जा सकता है—

शशिमुख पर घूंघट डाले अंचल में दीप छिपाये
जीवन की गोधूली में कौतूहल से तुम आये।[3]

यहाँ प्रिय को कौतूहल के समान बताने के कारण यद्यपि सूक्ष्म अनुभूति को भी सम्प्रेषित किया गया है तथापि आरम्भ की पंक्तियों में शशि मुख पर घूंघट और अंचल में छिपाये दीप का चित्रण उसके भास्वर रूप को और दूसरी पंक्ति में गोधूली के वातावरण को प्रस्तुत कर कवि ने एक समग्र मांसल बिम्ब की सृष्टि की है। 'जीवन की गोधूली अर्थ के दो स्तरों का एक साथ उद्‌घाटन करती है। गोधूली का धूमिल वातावरण और जीवन में गहराती हुई निराशा दोनों को भास्वरता प्रदान करने वाले प्रिय की मूर्ति साकार हो जाती है।

---

1. आँसू, पृ० 77
2. आँसू, पृ० 27
3. वही, पृ० 19

कुछ उदाहरण ऐसे भी देखे जा सकते हैं जिनमें आज की 'नयी कविता' के सदृश बिम्ब-योजना हुई है, यद्यपि ये संख्या में बहुत कम हैं, जैसे—

टुकड़े-टुकड़े कर फेंका था जीवन का निगूढ़ आनन्द ।[1]

टुकड़े-टुकड़े कर फेंकने में जो विनाश की चेतना व्यक्त हुई है वह समग्रतः प्रसाद के कवि-व्यक्तित्व से मेल नहीं खाती, फिर भी आनन्द को 'समाप्त करने' के अर्थ को इस क्रिया के माध्यम से कवि ने मूर्त रूप दे दिया है ।

इस काल की कविता में प्रसाद जी ने विभिन्न इन्द्रिय संवेदनाओं का सफलतर समन्वय उपस्थित किया है, जिसका पूर्ण विकास उनके प्रौढ़ काव्य में हुआ । वस्तु-बोध के समय प्रमाता की केवल एक ही इन्द्रिय कार्य नहीं करती वरन् अन्य इन्द्रियाँ भी सजग रहती हैं । फलतः मन तक पहुँच कर ये संवेदनाएँ परस्पर संग्रथित हो जाती हैं । कवि की बिम्बगत प्रौढ़ता इन इन्द्रिय-संवेदनाओं के परस्पर अन्तरावलम्बन में देखी जाती है और यह प्रवृत्ति प्रसाद के मध्यवर्ती काव्य से मिलने लगती है । कवि ने एक ही संवेदना के विभिन्न स्तरों को भी देखा है । उसने सन्ध्या काल में धीरे-धीरे बढ़ती हुई कालिमा का बिम्बांकन किया है—

जब शान्त मिलन सन्ध्या को हम हेम जाल पहनाते
काली चादर के स्तर का खुलना न देखने पाते ।[2]

इस प्रवृत्ति का विकास आगे कामायनी के 'घनी कालिमा स्तर स्तर जमती पीन हुई'[3] आदि बिम्बों में देखा जा सकता है । संवेदनाओं के अन्तरावलम्बन भी इस काल की कविता में प्राप्त होते हैं । अनेक स्थानों पर कवि ने ध्वनि को दृश्य संवेदना का विषय बना दिया है । जैसे—

मुक्त व्योम में उड़ते-उड़ते डाल से
कातर अलस पपीहा की वह ध्वनि कभी ।
निकल-निकल कर भूल या कि अनजान में,
लगती है खोजने किसी को प्रेम से ।[4]

पपीहा की कातर ध्वनि श्रवण का विषय है । जब पपीहा मुक्त आकाश में उड़ते-उड़ते कातर ध्वनि करता है तो वह ध्वनि कभी एक स्थान से आती प्रतीत होती है और कभी

---

1. झरना (बिखरा हुआ प्रेम), पृ० 36
2. आँसू, पृ० 37
3. कामायनी (चिन्ता), पृ० 19
4. झरना (पावस प्रभात,) पृ० 22

दूसरे स्थान से। स्थान परिवर्तित करती हुई ध्वनि को कवि ने दृश्य संवेदना का विषय बनाते हुए उसे 'भूल या अनजान में निकल कर किसी को खोजने' की क्रिया से सम्बद्ध कर दिया है। परिणामतः वे दो संवेदनाएँ परस्पर संग्रथित हो गई हैं। आँसू में भी इस प्रकार के प्रयोग हुए हैं—

आती है शून्य क्षितिज से क्यों लौट प्रतिध्वनि मेरी
टकराती बिलखाती सी पगली सी देती फेरी।[1]

इस प्रकार के सहसंवेदनात्मक बिम्बों का विकास प्रसाद के प्रौढ़ काव्य में प्रभूत मात्रा में हुआ है। किन्तु आरम्भिक काव्य में प्रायः इकहरी अनुभूतियों को सम्प्रेषित किया गया है।

मध्यकालीन काव्य में प्रसाद जी ने सूक्ष्म पदार्थों का स्पन्दनशील बिम्बांकन किया है। ऐसे बिम्बों में वर्ण और स्पर्श की संवेदनाएँ प्रमुख हैं। उदाहरण के रूप में 'किरण' को देखा जा सकता है। इसमें कवि ने प्रभात में तिरछे रूप में पृथ्वी पर आने वाली अरुण किरण की मुद्रा, वर्ण, तरलता आदि का सुन्दर बिम्बांकन किया है—

स्वर्ण सरसिज किंजल्क समान
उड़ाती हो परमाणु पराग
धरा पर झुकी प्रार्थना सदृश
मधुर मुरली सी फिर भी मौन[2]

स्वर्ण सरसिज किंजल्क के उड़ते हुए पराग-परमाणुओं के बिम्ब से किरण के स्वर्णिम वर्ण और सूक्ष्म रूप की संवेदना जगती है, धरा पर प्रार्थना सदृश झुकने में उसकी आकृति और पवित्रता की। 'मधुर मुरली सी मौन' में कवि ने श्रवण-परक संवेदना को अत्यन्त आकर्षक और सूक्ष्म रूप में सम्प्रेषित किया है। उसने आगे किरए के लिए शिशु के मुख पर सविलास नाचती हुई, घुँघराली सुनहली लट के बिम्ब की योजना की है।

अरुण शिशु के मुख पर सविलास सुनहरी लट घुंँघराली कान्त।
नाचती हो जैसे तुम कौन ? उषा के अंचल में अश्रान्त।[3]

यहाँ शिशु की लट का बिम्ब सम्पूर्ण परिवेश के साथ उपस्थित हुआ है। शिशु की कोमलता, लट का सुनहरा रंग, उसके सविलास नृत्य की थिरकन—इन सबको तो कवि ने यहाँ बिम्ब में बाँधा ही है, उषा के अंचल में अश्रान्त कह कर निश्चित भाव से

1. आँसू, पृ० 8
2. झरना (किरण) पृ० 26
3. वही, पृ० 26

माँ के झीने आँचल की ओट में लेटे हुए बालक के परिवेश को भी उपस्थित कर दिया है। इस प्रकार के बिम्ब मुख्यतः मध्यवर्ती काव्य में प्राप्त होने लगते हैं और प्रौढ़ काव्य में उनका प्रभूत मात्रा में उपयोग हुआ है।

प्रसाद जी ने आरम्भिक काव्य में ही प्रकृति को मानवीय क्रियाओं से मंडित कर प्रस्तुत किया है, किन्तु वहाँ प्राचीन परिपाटी का प्रभाव भी न्यूनाधिक मात्रा में विद्यमान रहा है, यह देखा जा चुका है। मध्यवर्ती काव्य में ऐसे स्थानों पर कवि प्राचीनता के प्रभाव से मुक्त होने के लिए प्रयत्नशील है। झरना और आँसू दोनों ही की इस काल की कविताओं में यह प्रयास परिलक्षित होता है। उदाहरणार्थ 'पावस प्रभात' में 'नीरद माला के भूले भटके अंशों' से कभी छिपते और कभी उबरते प्रातःकालीन निष्प्रभ तारों को कवि ने मद्यप के रूप में बिम्बांकित किया है—

क्लान्त तारकागण की मद्यप-मण्डली नेत्र निमीलन करती है फिर खोलती।
रिक्त चषक सा चन्द्र लुढ़क कर है गिरा रजनी के आपानक का अब अन्त है।[1]

यहाँ कवि ने तारों और मद्यपों को दो अलग धरातलों पर प्रस्तुत नहीं किया। 'मद्यप' शब्द केवल संज्ञा ही नहीं विशेषण भी होता है फलतः तारकागण और मद्यप-मण्डली मिलकर एक हो गये हैं और अर्थ का अद्वैत उपस्थित हो गया हैं। 'रजनी के आपानक' में भी रजनी और आपानक उपमेय और उपमान नहीं है। इससे रात्रि में आयोजित आपानक का ही बोध होता है जो तारकागण और मद्यप मण्डली के अर्थ के अद्वैत को और भी गहरा बना देता है।

मधु मालतियाँ सोती हैं कोमल उपधान सहारे।
मैं व्यर्थ प्रतीक्षा लेकर गिनता अम्बर के तारे।[2]

यहाँ कवि ने मधु मालतियों के कोमल उपधान का सहारा लिये सोने का चित्रण कर और तुरन्त ही उससे अपनी असफल प्रतीक्षारत अवस्था की तुलना करके मधु मालतियों की निश्चिन्तता की व्यंजना कर दी है।

प्रसाद के मध्यवर्ती काव्य में विराट बिम्बों का चित्रण भी हुआ है। इस प्रकार के बिराट बिम्ब कवि के प्रौढ़ काव्य में विशेषतः कामायनी में पर्याप्त मात्रा में उपलब्ध होते हैं। उदाहरण के लिए आँसू का यह बिम्ब देखिए—

बुलबुले सिन्धु के फूटे नक्षत्र-मालिका टूटी।
नभ-मुक्त-कुन्तला धरणी दिखलाई देती लूटी।[3]

1. झरना (पावस प्रभात), पृ० 23
2. आँसू, पृ० 36
3. वही, पृ०, 10

प्रस्तुत पंक्तियों में कवि ने आकाश, नक्षत्र, पृथ्वी और सागर का विशाल फलक प्रस्तुत कर दिया है। 'नभ-मुक्त-कुन्तला धरणी' से कवि ने धरणी का बहुत विराट चित्र प्रस्तुत किया है। जैसे लुटी हुई किसी महिला के बाल बिखरे होते हैं उसी प्रकार पृथ्वी के ऊपर फैला हुआ आकाश दृष्टिगत होता है। पृथ्वी और आकाश को एक में समाहित कर लेने से इस विराट् बिम्ब की रचना हुई है।

अमूर्त भावों का बिम्बांकन, जिसे हमने अमूर्तगर्भ बिम्ब के नाम से पुकारा है, आरम्भिक काव्य में भी हुआ है किन्तु मध्यवर्ती काव्य में इस प्रकार के बिम्ब अधिक है और अधिक मांसल भी हैं। शान्ति, सुख, दुख, वेदना, विश्राम, करुणा, आशा, स्मृति, उल्लास आदि अमूर्त भावों को इस काव्य में रूपायित किया गया है, जैसे—

उच्छ्वास और आँसू में विश्राम थका सोता है।
रोई आँखों में निद्रा बनकर सपना होता है।[1]

इसमें विश्राम का मूर्तीकरण 'थककर सोना' क्रिया के द्वारा किया गया है। यहाँ केवल एक अमूर्तभाव का चित्रांकन हुआ है। किन्तु कुछ स्थलों पर कवि ने एक से अधिक भावों को एक साथ ही बिम्बों में बाँधा है। जैसे झरना की 'चिह्न' नामक कविता में उसने आशा, स्मृति और उल्लास को एक साथ उपस्थित किया है—

आशा थी परिहास कर रही स्मृति का होता था उपहास,
दूर क्षितिज में जाकर सोता था जीवन का नव उल्लास।[2]

दार्शनिक विचारों की बिम्बात्मक अभिव्यक्ति का आरम्भ इस मध्यवर्ती काव्य से ही हुआ है। प्रौढ़ काव्य में यह प्रवृत्ति व्यापक रूप में मिलती है। यहाँ इस प्रकार के स्थल बहुत ही कम हैं। उदाहरण के लिए यहाँ नियति को नटी के रूप में कन्दुक क्रीड़ा करते हुए चित्रित किया गया है—

नचती है नियति नटी सी कन्दुक क्रीड़ा सी करती,
इस व्यथित विश्व आँगन में अपना अतृप्त मन भरती।[3]

यहाँ कवि ने उपमा का सहारा लिया है, इसलिए बिम्ब की दृष्टि से दार्शनिक विचार की अभिव्यक्ति का आरम्भिक रूप कहा जा सकता है।

संक्षेप में, मध्यवर्ती काव्य में कवि आरम्भिक काव्य से आगे बढ़ा है। प्राचीन आलंकारिक परिपाटी से मुक्ति का प्रयास, विशेषीकरण की ओर बढ़ते कवि के चरण, विभिन्न इन्द्रिय-संवेदनाओं का मिश्रण विराट बिम्बों के चित्रण का आरम्भ आदि ऐसे

1. आँसू, पृ० 53
2. झरना (चिह्न), पृ० 31
3. आँसू, पृ० 51

चिह्न हैं जो आरम्भिक काव्य से मध्यवर्ती काव्य की विकसित अवस्था का बोध कराते हैं किन्तु इन सब चिह्नों का पूर्ण विकास मध्यवर्ती काव्य में नहीं हो सका। यह कार्य प्रौढ़ काव्य में सम्पादित हुआ।

(3) प्रौढ़ काव्य

हमने प्रौढ़ काव्य के अन्तर्गत आँसू के द्वितीय संस्करण में जोड़े गये छन्द, सम्पूर्ण लहर और कामायनी को लिया है। ये सम्पूर्ण रचनाएँ सन् 1928 से 1936 के बीच की हैं। इस काल तक आते-आते बिम्ब की दृष्टि से प्रसाद जी के काव्य में पूर्ण प्रौढ़ता आ गई है। विकास की जो सांकेतिक विशेषताएँ प्रसाद जी के आरम्भिक अथवा मध्यवर्ती काव्य में यत्र-तत्र दृष्टिगत होती थीं, वे इस काल के काव्य की सामान्य प्रवृत्ति बन गई है। कवि ने प्रस्तुत और अप्रस्तुत के भेद पर आधारित प्राचीन आलंकारिक पद्धति से प्रायः मुक्ति पा ली है। बिम्बांकन के समय कवि वस्तु की बाह्य आकृति की अपेक्षा उसमें अन्तर्निहित भावोद्बोधन की क्षमता पर ध्यान देता है। यही कारण है कि प्रसाद जी ने प्रौढ़ काव्य में अप्रस्तुतों की जो योजना की है वह मात्र बाह्याकार के आधार पर न होकर प्रभावसाम्य पर आधारित है। उन्होंने परिपाटीबद्ध अप्रस्तुतों को अपने इस काव्य में बहुत कम स्थान दिया है, जहाँ उनकी योजना की है वहाँ उन्हें बिम्बोद्बोधन की नयी क्षमता से मंडित कर दिया है। उदाहरण के लिए भारतीय काव्य में कमल और मधुकर बहुत प्रसिद्ध उपमान रहे हैं। अत्यधिक प्रयोग के कारण मूर्त रूप खड़ा करने की इनकी चमता समाप्त-प्राय हो गई है। किन्तु प्रसाद जी ने इन दोनों के बिम्ब को ताजा और प्रभविष्णु बना दिया है—

अभिलाषा के मानस में सरसिज सी आँखें खोलो,
मधुकर से मधु गुंजारो कलरव से फिर कुछ बोलो।[1]

'हथेली' के लिए पल्लव का उपमान अत्यन्त प्रसिद्ध रहा है। किन्तु प्रसाद ने अपनी सृष्टिविधायिनी कल्पना से उसमें नवीन बिम्बोद्भावक क्षमता का आधान कर दिया है—

जलदागम मारुत से कम्पित पल्लव सदृश हथेली,
श्रद्धा की, धीरे से मनु ने अपने कर में ले ली।[2]

प्राचीन कवियों के काव्य में पल्लव के स्थिर चित्र अंकित हुए हैं किन्तु प्रसाद जी ने 'जलदागम मारुत से कम्पित' विशेषण का प्रयोग कर उसे स्पन्दनशील बना दिया है। छायावादी कवि को किसी वस्तु का स्थिर चित्र प्रायः आकृष्ट नहीं करता, वह

---

1. आँसू, पृ० 65
2. कामायनी (कर्म), पृ० 104

उसके स्पन्दनशील और तरल रूप पर ही मुग्ध होता है। यह विशेषता प्रसाद के प्रौढ़ काव्य में प्रकृष्ट रूप में प्राप्त होती है। यही कारण है कि प्रसाद के इस काल में स्थिर बिम्बों की अपेक्षा व्यापार-विधायक बिम्बों की प्रमुखता है।

प्रसाद का प्रौढ़-काव्य परिपाटी विहित उपमानों से प्रायः मुक्त है। उसमें नवीन अप्रस्तुतों की योजना हुई है। रीति-कालीन कवियों को नारी का मुख चन्द्रमा या कमल के सदृश दिखाई देता था। प्रसाद के मध्यवर्ती काव्य में भी इन अप्रस्तुतों का प्रयोग हुआ है।[1] किन्तु कामायनी के मनु को श्रद्धा का मुख 'अरुण रवि मण्डल' जैसा दिखाई देता है—

आह ! वह मुख ! पश्चिम के व्योम बीच जब घिरते हो घनश्याम,
अरुण रविमण्डल उनको भेद दिखाई देता हो छविधाम।[2]

केवल इतना ही नहीं श्रद्धा के मुख के लिए 'एक लघु ज्वालामुखी' का बिम्ब भी उपस्थित किया गया है—

या कि, नव इन्द्रनील लघु शृंग फोड़ कर धधक रही हो कान्त,
एक लघु ज्वालामुखी अचेत माधवी रजनी में अश्रान्त।[3]

नारी के कोमल सुन्दर सुख के लिए सूर्य और ज्वालामुखी का अप्रस्तुत मध्यकालीन रीतिबद्ध कवि के लिए अकल्पनीय ही था। किन्तु प्रसाद ने इन दोनों को अपनी पुनः सृष्टिविधायिनी कल्पना और ललित कल्पना (फैंसी) का आश्रय लेकर अत्यन्त रंगीन और मृदु बना दिया है। दोनों ही बिम्बों को कवि ने पूरे परिवेश के साथ प्रस्तुत किया है। पश्चिम आकाश में घिरे हुए श्याम घनों को भेद कर झाँकते हुए अरुण रवि मण्डल का बिम्ब प्रकाश की प्रखरता को नहीं वरन् उसकी रंगीनी को ही सामने लाता है। इसी प्रकार ज्वालामुखी की धधकती कान्ति ही कवि को अभिप्रेत है, उसका प्रलयंकारी रूप नहीं। अतः कवि ने उसे 'अचेत' और 'लघु' बताया है। वह इन्द्रनीलमणियों का बना हुआ है, अश्रान्त है और बसन्त की रात्रि में धधक रहा है। दोनों ही बिम्बों में कवि में श्रद्धा के मुख के साथ उसकी 'नील परिधान' की झाँकी भी प्रस्तुत कर दी है।

यदि हम प्रसाद-काव्य के तीनों कालों में केवल नारी चित्रों को भी देखें तो बिम्ब-विकास की सरणी स्पष्टतः सामने आ सकती है। आरम्भिक काव्य में कवि ने

---

1. देखिए—आँसू, पृ० 21 और 23
2, कामायना (श्रद्धा), पृ० 43
3. वही, पृ० 43

प्रायः प्रसिद्ध उपमानों को काव्य-बद्ध किया है। मध्यवर्ती काव्य में उसने परिपाटीबद्ध अप्रस्तुतों को भी स्थान दिया है और नवीन अप्रस्तुतों को भी। किन्तु प्रौढ़-काव्य में आकर नारी-बिम्बों में नवीनता दृष्टिगत होगी। कवि की सृष्टि केवल उसके बाह्य आकार से बँध कर कभी नहीं रहती। कवि ने नारी के अन्तर में भी झाँका है। मनु को श्रद्धा 'हृदय की उदार बाह्य आकृति[1] दिखाई देती है। यदि हम आँसू के दो भिन्न कालों के छन्दों को भी लें तो भी यह अन्तर स्पष्ट हो सकता है। आँसू के प्रथम संस्करण के छन्दों में मुख के लिए विधु और कमल का, बालों के लिए जंजीर और सर्पों का, ओठों के लिए विद्रुमसीपी सम्पुट का, दाँतों के लिए मोती के दानों का, नासिका के लिए शुक का अप्रस्तुत लाया गया है।

बाँधा था विधु को किसने इन काली जंजीरों से
मणिवाले फणियों का मुख क्यों भरा हुआ हीरों से ?[2]
विद्रुम सीपी सम्पुट में मोती के दाने कैसे
है हंस न, शुक यह, फिर क्यों चुगने को मुक्ता ऐसे ?[3]

यहाँ अधिकांश अप्रस्तुत परम्परागत हैं। दूसरी ओर काली पुतली के लिए अतृप्ति जलधि में तिरती हुई नाव, अंजन-रेखा के लिए कालापानी के सागर-तट, बरौनी के लिए तूलिका, कानों के लिए कमल के समीप सजे हुए दो कमल-किसलय[4] आदि के बिम्बों में नवीनता है। फिर भी इनमें कवि का ध्यान बहुत सीमा तक बाह्य आकृति पर केन्द्रित है। किन्तु आँसू के ही द्वितीय संस्करण की रचनाओं में बाह्य आकृति की अपेक्षा सौन्दर्य का तरल, स्पन्दनशील स्वरूप बिम्बांकित हुआ है—

जिसमें इतराई फिरती नारी-निसर्ग-सुन्दरता
छलकी पड़ती हो जिसमें शिशु की उर्मिल निर्मलता
आँखों का निधि वह मुख हो अवगुण्ठन नील गगन-सा
यह शिथिल हृदय ही मेरा खुल जावे स्वयं मगन-सा।[5]

कवि ने यहाँ नारी के मुख के नैसर्गिक सौन्दर्य और उस पर झलकने वाली हृदय की निश्छलता को अंकित किया है। कवि की दृष्टि में अवगुंठन भी नील गगन के समान

1. कामायनी (श्रद्धा) पृ० 42
2. आँसू, पृ० 21
3. वही, पृ० 23
4. देखिए-आँसू, पृ० 22-23
5. वही, पृ० 68

है जिसमें वर्ण के साथ ही उसकी निर्मलता का भी बोध हो जाता है। इस प्रकार आँसू में ही मध्यवर्ती-काव्य काल की रचनाओं और प्रौढ़-काव्य काल की रचनाओं में विकास के अलग-अलग चरण विद्यमान हैं।

कामायनी तथा लहर में नारी चित्रण में कवि की दृष्टि बाह्य आकृति तक सीमित नहीं रही है। कवि नारी के मन में पैठ कर प्रायः उनकी झलक दिखाता है। श्रद्धा के रूप चित्रण में भी यह विशेषता देखी जा सकती है, जहाँ कवि मुख्यतः उसके रूप-सौन्दर्य का चित्रण करना चाहता है। वहाँ कवि श्रद्धा के बाह्य मूर्त रूप की अपेक्षा मनु के मन पर पड़ने वाले प्रभाव की व्यंजना अधिक करता है। ऊपर हम श्रद्धा के रूपांकन के दो छन्द उद्धृत कर चुके हैं जिसमें उसके मुख के लिए 'अरुण रवि मण्डल' और 'अचेत ज्वालामुखी' के बिम्ब हैं। यहाँ कवि ने श्रद्धा के मुख के प्रखर गौर वर्ण के सुन्दर बिम्ब तो प्रस्तुत किये ही हैं, मनु के मन को अपनी ओर खींच लेने की चमता की व्यंजना भी की है। गुर्जर देश की रानी कमला के सौन्दर्य चित्रण में भी कवि ने मन को झंकृत करने वाले बिम्बों की सृष्टि की है। वहाँ भी केवल बाह्य रूप का वर्णन नहीं है। कमला स्वयं कहती है—

मेरे उस यौवन के मालती-मुकुल में
रन्ध्र खोजती थीं, रजनी की नीली किरणें
उसे उकसाने की हँसाने को।
पागल हुई मैं अपनी ही मृदु गन्ध से—
कस्तूरी मृग जैसी।
पश्चिम जलधि में,
मेरी लहरीली नीली अलकावली समान
लहरें उठती थीं मानो चूमने को मुझको,
और साँस लेता था समीर मुझे छूकर।[1]

मालती-मुकुल में रजनी की नीली-किरणों का रन्ध्र खोजना—एक अछूता बिम्ब है। पाँचवीं पंक्ति में कवि ने कैस्तूरी मृग को अप्रस्तुत रूप में निरूपित किया है और कस्तूरी मृग पहले से प्रसिद्ध उदाहरण रहा है तथापि चतुर्थ पंक्ति में यौवन की मृदुगन्ध का जो उल्लेख किया है और 'पागल हुई मैं' के द्वारा उसके परिणाम को प्रदर्शित किया है, उससे कस्तूरी मृग के बिम्ब में भी नयापन आ गया है। अलकों का नीलापन और लहरीलापन संवेदना के धरातल पर चित्रित हुआ है। अन्तिम पंक्ति में शरीर के स्पर्श

---

1. लहर (प्रलय की छाया) पृ० 59

की कोमलता और प्राण-दायिनी क्षमता का अंकन भी सफलता के साथ हुआ है।

प्रौढ़ काव्य में कवि प्रसाद ने बिम्ब को पूर्णतः संवेदना के धरातल पर प्रतिष्ठित किया है। इस काव्य में कवि ने दृश्य, ध्वनि, गन्ध और स्पर्श संवेदनाओं की अत्यन्त प्रखर अनुभूतियों सम्प्रेषित की हैं। दृश्य बिम्बों में महत्वपूर्ण तत्व है वर्ण-संवेदना। काव्य के इस प्रौढ़ स्तर तक आते-आते कवि प्रसाद में अत्यन्त सूक्ष्म वर्ण-संवेदना विकसित हो गई है। नील वर्ण के प्रति उनका झुकाव आरम्भिक काव्य से ही दृष्टिगत होता है, किन्तु स्वर्णिम वर्ण के प्रति उनकी रुझान प्रमुखतः प्रौढ़ काव्य में परिलक्षित होती है। रंगों की इकहरी अनुभूति प्रसाद के आरम्भिक काव्य से यत्र-तत्र मिलने लगी थी किन्तु रंगों के विभिन्न स्तरों का भावात्मक विश्लेषण कर एक साथ ऐसे स्तरों के चित्रण की पूर्ण क्षमता प्रौढ़ काव्य में आकर विकसित हुई। उदाहरण के लिए श्रद्धा की मुस्कान का चित्रण करते समय कवि प्रसाद ने अरुण वर्ण के दो स्तरों को अत्यन्त कलात्मक ढंग से प्रस्तुत किया है—

> और उस मुख पर वह मुसक्यान रक्त किसलय पर ले विश्राम
> अरुण की एक किरण अम्लान अधिक अलसाई हो अभिराम।[1]

किसलय की सहज लालिमा और उस पर विश्राम करती हुई अरुण की ताजा किरण दोनों का पृथक्-पृथक् उल्लेख करके भी दोनों की अरुणिमा की समन्वित अनुभूति का सम्प्रेषण करने की यह क्षमता प्रसाद जी के प्रौढ़ काव्य की विकसित बिम्ब-योजना का प्रमाण है। यहाँ कवि वर्णों की एकता में अनेकता और अनेकता में एकता को सफलतापूर्वक अंकित कर सका है।

प्रौढ़ काव्य में आकर कवि प्रसाद वर्ण-संवेद्य बिम्बों की रचना करते समय रंगों के शुद्ध प्रारम्भिक रूपों (प्राइमरी कलर्स) को प्रस्तुत न कर रंगों की विभिन्न अवस्थागत छवियों को प्रस्तुत करते हैं। इसी प्रयास में उन्होंने रंगों का विश्लेषण किया है। किन्तु यह विश्लेषण बुद्धिपरक वैज्ञानिक विश्लेषण न होकर विशुद्ध रूप से कलाकार का अनुभूतिपरक विश्लेषण है। फलतः वह प्रमाता के हृदय को आकृष्ट करता है और उसके मनश्चक्षुओं के सम्मुख वर्णों को सूक्ष्म अनुभूतिप्रवण छवियाँ उरेह देता है। ऐसी छवियों को कवि ने अधिकांशतः प्रकृति के विभिन्न अवयवों में देखा, अनुभव किया और उन्हीं के माध्यम से उन्हें अंकित किया है। उदाहरण के लिये सन्ध्या के समय कालिमा और अरुणिमा के ये स्तर प्रसाद जी की पुनःसृष्टि-विधायिनी कल्पना द्वारा किये गये भावात्मक विश्लेषण का ही परिणाम है—

---

1. कामायनी (श्रद्धा), पृ० 43

उठ रही थी कालिमा धूसर क्षितिज से दीन,
भेंटता अन्तिम अरुण आलोक वैभव हीन।
यह दरिद्र मिलन रहा रच एक करुणा-लोक,[1]

यहाँ काला रंग पूरी तरह काला (लैम्पब्लैक) नहीं है, 'धूसर क्षितिज' की धूमिलता का प्रभाव उस पर अवश्य विद्यमान है। दूसरी ओर अरुण वर्ण भी लाल रंग के आरम्भिक रूप (क्रिमसन) को प्रस्तुत नहीं करता। यह 'वैभव हीन' है। उठती हुई कालिमा से उसे 'भेंटते हुए' चित्रित कर कवि ने उसमें धूमिलता की अनुभूति जगा दी है, जैसे लाल रंग में भूरा रंग (ग्रे कलर) मिला दिया हो। ध्यान देने की बात यह है कि रंगों की यह योजना बाह्य प्रकृति के यथातथ्य चित्रण के आग्रह से प्रेरित होकर नहीं की गई है वरन् कवि पुनरुत्थान काल के एक सफल कलाकार के समान[2] छितिज के निकट इस वर्णच्छवियों की योजना द्वारा अवसाद की व्यापक अनुभूति कराना चाहता है। वस्तुतः इस काल तक आते-आते कवि प्रसाद ने प्रत्येक वर्ण की विभिन्न छवियों के अनुभूतिगत प्रभाव को भलीभाँति हृदयंगम कर लिया है और तदनुरूप ही वर्ण-बिम्बों की योजना की है।

नाद, स्पर्श और गन्ध संवेदनाओं का पूर्ण विकास भी प्रसाद जी के प्रौढ़ काव्य में ही दृष्टिगत होता है। नाद संवेदनाओं के केवल कुछ ही बिम्ब इससे पूर्व उपलब्ध होते हैं। आरम्भिक काव्य में कुछ अनुरणनात्मक ध्वनि बिम्बों की योजना हुई है। वहाँ कवि की दृष्टि बहुत सीमा तक प्राचीन प्रभाव से आक्रान्त रही थी, अतः कल्पना में नाद का प्रभावशाली बिम्ब प्रस्तुत करने की क्षमता उसमें नहीं आ सकी। मध्यवर्ती काव्य में भी ऐसे बिम्बों का समुचित विकास नहीं हो सका। इसका विकसित रूप मुख्यतः लहर और कामायनी में दृष्टिगत होता है। यह महत्त्वपूर्ण तथ्य है कि पन्त के समान प्रसाद की वृत्ति अनुरणनात्मक ध्वनि बिम्बों के सृजन में नही रमती। 'कंकण क्वणित रणित नूपुर थे'[3] जैसे ध्वनि बिम्ब उनमें कम ही हैं। प्रसाद पाठक की कल्पना में नाद के पूरे बिम्ब को उद्‌बुद्ध करते हैं; फलतः उसमें न्यूनाधिक रूप में दृश्य संवेदना भी समन्वित हो जाती है। प्रसाद की यह क्षमता मुख्यतः उनके प्रौढ़ काव्य में ही विकसित हो सकी है। उदाहरण के लिये 'अन्धकार के अट्टहास सी मुखरित सतत चिरन्तन सत्य'[4]

1. कामायनी (वासना), पृ० 68
2. अवनीन्द्र नाथ टैगोर, नन्दलाल बोस, एम० के० वर्मा आदि के 'वाशपद्धति' में बनाये गये चित्र द्रष्टव्य हैं।
3. कामायनी (चिन्ता), पृ० 16
4. वही, पृ० 23

मृत्यु के इस चित्रण में प्रसाद जी ने केवल वर्णों की योजना द्वारा ध्वनि को प्रस्तुत नहीं किया। घने अन्धकार में उठने वाला अट्टहास व्यक्ति की सम्पूर्ण चेतना को एकाएक अभिभूति कर लेता है। कवि ने यहाँ अट्टहास के ऐसे ही नाद को पाठक की कल्पना में उद्‌बुद्ध किया है। इस प्रकार के प्रभावशाली बिम्ब प्रसाद के आरम्भि काव्य में उपलब्ध नहीं होते। मध्यवर्ती काव्य में 'तभी कामना के नूपुर की हो जाती झंकार'[1]—जैसे एक दो बिम्ब देखे जा सकते हैं। गन्ध बिम्बों का पूर्ण विकास भी प्रौढ़ काव्य में हुआ है। 'अब न कपोलों पर छाया सी, पड़ती मुख की सुरभित भाप'[2]—ऐसी गन्ध की मूर्त और मांसल संवेदनाएँ प्रसाद के प्रौढ़ काव्य में ही उपलब्ध होती है। स्पर्श संवेदनाओं का आरम्भिक और मध्यवर्ती काव्य में अभाव नहीं है। प्रकृति सम्बम्धी बिम्बों में प्रसाद जी ने स्पर्श संवेदना को जगाया है। किन्तु प्रौढ़ काव्य में कवि ने जिस प्रकार के मांसल स्पर्श बिम्बों की सृष्टि की है उस प्रकार के बिम्ब पूर्ववर्ती काव्य में प्रास नहीं होते। उदाहरण के लिए चुम्बन के बिम्ब प्रसाद के आरम्भिक काव्य में भी मिलते हैं और मध्यवर्ती काव्य में भी, किन्तु कामायनी में अंकित बिम्ब की समता उनमें से कोई नहीं कर सकता—

> और एक फिर व्याकुल चुम्बन रक्त खौलता जिससे
> शीतल प्राण धधक उठता है तृषा तृप्ति के मिस से।[3]

स्पर्श संवेदना की पूर्णता उसके परिणाम के चित्रण में निहित होती है और कवि ने यहाँ उसे अत्यन्त सशक्त रूप में अंकित किया है। यह प्रवृत्ति प्रसाद के प्रौढ़ काव्य में प्रचुर मात्रा में पाई जाती है।

संवेदना की दृष्टि से प्रसाद के काव्य-बिम्ब समन्वय की दिशा में आगे बढ़े हैं। आरम्भिक काव्य में ये संवेदनाएँ जहाँ भी हैं, इकहरी हैं। मध्यवर्ती काव्य में यत्र-तत्र संवेदनाओं के समन्वय का प्रयास हुआ है, किन्तु अधिकांशतः संवेदनाएँ इकहरी हैं। प्रौढ़ काव्य में प्रसाद ने एकहरी संवेदनाओं का चित्रण बहुत कम किया है। यहाँ जब भी कवि एक संवेदना को बिम्बों में प्रस्तुत करता है तभी कोई दूसरी संवेदना या तो उसमें मिश्रित हो जाती है या उसके तुरन्त बाद उपस्थित हो जाती है जिससे समग्ररूप में पाठक को मिश्र संवेदना की अनुभूति होती है। कवि ने ध्वनि को प्रायः दृश्य के धरातल पर प्रस्तुत

1. झरना (अव्यवस्थित), पृ० 16
2. कामायनी (चिन्ता), पृ० 16
3. कामायनी (कर्म), पृ० 113

किया है। इसका एक उदाहरण हम मध्यवर्ती काव्य के विवेचन में देख चुके हैं। प्रौढ़ काव्य में ध्वनि और दृश्य के मिश्रण के कई स्तर दृष्टिगोचर होते हैं। कुछ ऐसे बिम्ब हैं जहाँ कवि ने ध्वनि को वर्ण में अथवा वर्ण को ध्वनि में विलीन होते हुए अंकित किया है। दूसरा स्तर वह है जहाँ ध्वनि मानवीय क्रियाओं में संलग्न होने के कारण दृश्य होकर उपस्थित हुई है। तीसरा स्तर वह है जहाँ कवि ने ध्वनि के लिए वर्ण-बोधक विशेषण का प्रयोग किया है अथवा वर्ण के लिए ध्वनि-बोधक विशेषण का। प्रथम स्तर के उदाहरण के रूप में प्रलय की छाया से यह बिम्ब लिया जा सकता है—

नूपुरों की झनकार घुली-मिली जाती थी
चरण अलक्तक की लाली से
जैसे अन्तरिक्ष की अरुणिमा
पी रही दिगन्त व्यापी सन्ध्या संगीत को [1]

ध्वनि-दृश्य संवेदनाओं के मिश्रण का दूसरा स्तर निम्नलिखित पंक्तियों में देखा जा सकता है—

प्यार भरे श्यामल अम्बर में जब कोकिल की कूक अधीर,
नृत्य शिथिल बिछली पड़ती है, वहन कर रहा उसे समीर। [2]

तीसरे स्तर के उदाहरण 'नील प्रतिध्वनि'[3] आदि प्रयोगों में मिलते हैं। प्रौढ़ काव्य से पूर्व प्रसाद-काव्य में ध्वनि-दृश्य के जो मिश्र-बिम्ब कहीं-कहीं मिलते हैं वे दूसरे स्तर के हैं। मिश्रण के ये विभिन्न स्तर प्रौढ़ काव्य में ही विकसित हुए हैं।

दुहरी मिश्र-संवेदनाओं में दृश्य-स्पर्श तथा दृश्य-गन्ध की संवेदनाओं के अनेक उदाहरण प्रसाद के प्रौढ़ काव्य में प्राप्त होते हैं। प्रौढ़ काव्य में ऐसी मिश्र-संवेदनाओं के बिम्ब भी मिलते हैं जहाँ दो से अधिक संवेदनाएँ एक ही बिम्ब में गुम्फित हुई हैं। इस प्रकार की मिश्र-संवेदनाओं में दृश्य-गन्ध-स्पर्श, दृश्य-स्पर्श-ध्वनि, दृश्य-ध्वनि-गन्ध के बिम्ब प्रमुख रूप में उपलब्ध होते हैं। इस प्रवृत्ति का विकास भी प्रसाद के प्रौढ़ काव्य में ही दृष्टिगत होता है। इससे पूर्व कहीं-कहीं केवल दुहरी संवेदनाओं के मिश्रित रूप मिलते हैं। इस दृष्टि से कामायनी के चिन्ता सर्ग में देव-सृष्टि के संस्मृत बिम्बों और लज्जा सर्ग के पूर्वार्द्ध को विशेष रूप से देखा जा सकता है। कामायनी के अन्य सर्गों में

---

1. लहर (प्रलय की छाया), पृ० 60
2. लहर (मधुर माधवी सन्ध्या में....), पृ० 44
3. कामायनी (इड़ा), पृ० 130

तथा लहर की 'प्रलय की छाया' आदि कुछ कविताओं में कहीं-कहीं इस प्रकार के मिश्र-बिम्बों की योजना हुई है।

प्रसाद जी के काव्य-बिम्बों के विकास की एक और महत्वपूर्ण दिशा है—छायात्मक बिम्बों का सृजन। यद्यपि प्रसाद-काव्य में दृश्य-बिम्बों की प्रधानता है तथापि सूक्ष्म अनुभूतियों के कवि होने के कारण प्रसाद ने बाह्य आकृति की अपेक्षा अनुभूति की तीव्रता पर अधिक ध्यान दिया है और यह अनुभूति समय के साथ-साथ गहरी तथा सूक्ष्म होती गई है। फलतः प्रौढ़ काव्य में उनके बिम्ब प्रायः एक सहज संकेतग्राह्य अस्पष्टता लिए रहते हैं, जिससे किसी वस्तु का स्पष्ट चित्र न उभर कर उसका धुंधला रूप धूमिल भाव-बोध के साथ उभरता है। ऐसी स्थिति में उस बिम्ब से केवल दृष्टि ही नहीं वरन् मन की सम्पूर्ण ग्राहिका शक्ति भी प्रभावित होती है। ऐसे कुछ बिम्बों का विवेचन हम वर्गीकरण के अन्तर्गत छायात्मक बिम्बों के प्रसंग में कर चुके हैं। यहाँ ध्यान देने की बात यह है कि इस प्रकार के बिम्बों का विकास मुख्यतः प्रसाद के प्रौढ़ काव्य में हुआ है। आँसू के परवर्ती छन्दों, लहर की कविताओं और कामायनी—तीनों में ही इस प्रकार के बिम्बों की योजना हुई है। उदाहरणार्थ

वे कुछ दिन कितने सुन्दर थे
\+ + +
प्राण पपीहा के स्वर वाली
बरस रही थी जब हरियाली
रस जलकन मालती-मुकुल से
जो मदमाते गन्ध-विधुर थे।[1]

यहाँ कवि ने अतीत के सुखद जीवन की अनुभूति सम्प्रेणित करने के लिए जिन बिम्बों की सृष्टि की है उनसे स्पष्ट आकृति न उभर कर एक ऐसा घुँधला भाव बोध जगता है जिसमें ध्वनि, वर्ण, गन्ध और स्पर्श की संवेदनाएँ घुल-मिल गई हैं और मन को समग्र रूप से प्रभावित करती हैं। कामायनी से भी ऐसा एक उदाहरण देखा जा सकता है—

वरदान सदृश हो डाल रही नीली किरनों का बुना हुआ,
यह अंचल कितना हलका सा कितने सौरभ से सना हुआ।[2]

यहाँ कवि ने लज्जा भाव को चित्रित करने के लिए नीली किरणों से बुने हुए जिस अंचल

1. लहर, पृ० 27
2. कामायनी (लज्जा), पृ० 79

का बिम्ब प्रस्तुत किया है उसकी स्पष्ट रूपरेखा की अपेक्षा वर्ण, गन्ध, हल्केपन आदि की धूमिल संवेदना से समन्वित झिलमिल-सी झलक-भर उभरती है। इस प्रकार के बिम्ब निश्चय ही प्रसाद के बिम्बों की विकसित अवस्था का बोध कराते हैं। कवि इन बिम्बों की स्पष्ट बाह्य रेखाओं को धुँधला बना कर स्वच्छन्द कल्पना को गति प्रदान करता है। इस रूप में ही अनुभूतियों को मिलेजुले रूप में सफलता पूर्वक पाठक तक पहुँचाया जा सकता है। इस प्रयास में कवि बिम्ब की आकृतिपरक सीमा को तोड़ कर उसे असीम व्यंजनाओं और गहन अनुभूति के सम्प्रेषण के योग्य बना देता है।

प्रौढ़-काव्य काल तक आकर प्रसाद की कविता में एक और प्रवृत्ति का विकास हुआ है—वह है बिम्ब-पुंजों की रचना। पहले कवि प्रायः छोटे-छोटे बिम्बों की रचना करता था परन्तु प्रौढ़ काव्य में उसने अनेक स्थानों पर इस प्रकार के बिम्बों की रचना की है जो अलग होकर भी पूर्णतः स्वतन्त्र नहीं हैं। किसी एक अनुभूति अथवा प्रसंग के माध्यम से वे परस्पर संग्रथित हैं। आँसू के प्रथम संस्करण के छन्दों और द्वितीय संस्करण के छन्दों की तुलना से इस तथ्य को हृदयंगम किया जा सकता है। प्रथम कोटि के छन्द प्रायः स्वतन्त्र हैं। एक छन्द में जो बिम्ब नियोजित है वह दूसरे छन्द के बिम्ब या बिम्बों से सम्बद्ध नहीं हैं। परन्तु दूसरे संस्करण के अधिकांश छन्दों के बिम्ब बिम्ब-पुंजों के रूप में उपस्थित हुए हैं। उदाहरण के लिए 'जिसके आगे पुलकित हो जीवन है सिसकी भरता' (पृष्ठ ६४) से 'मधुपों से मधु गुंजारो कलरव से फिर कुछपोलो' (पृष्ठ ६५) तक पाँच छन्दों में परस्पर सम्बद्ध बिम्ब-पुंज की योजना हुई है। कामायनी में इससे भी अधिक दूरव्यापी बिम्ब-मालाओं का अंकन हुआ है और इस प्रकार के बिम्बों में एक माला जसी सघनता भी है। उदाहरणार्थ—

अम्बरचुम्बी हिम-शृंगों से कलरव कोलाहल साथ लिये,
विद्युत की प्राणमयी धारा बहती जिसमें उन्माद लिये।
मंगल कुंकुम की श्री जिसमें निखरी हो ऊषा की लाली,
भोला सुहाग इठलाता हो ऐसी हो जिसमें हरियाली।

से लेकर—

उज्ज्वल वरदान चेतना का सौन्दर्य जिसे सब कहते हैं,
जिसमें अनन्त अभिलाषा के सपने सब जगते रहते हैं।[1]

तक इन सम्पूर्ण छन्दों में जो बिम्ब अंकित हुए हैं वे एक माला में पिरोये हुए हैं और 'सौन्दर्य' के विभिन्न पक्षों और प्रभावों के चित्रण के लिए लाये गये हैं। सम्पूर्ण बिम्ब-

1. **कामायनी (लज्जा)**, पृ० 81--83

पुंज का अंग रहकर प्रत्येक बिम्ब प्रभावशाली बन गया है। बिम्ब-पुंज से स्वतन्त्र होकर उसके प्रभाव में, अनुभूति की गहराई में और उसके द्वारा प्रेषित संवेदना की तीव्रता में कमी अवश्य होती है।

प्रसाद जी ने प्रौढ़ काव्य में, विशेषतः कामायनी में, प्राचीन परिपाटी के अलंकारों के स्थान पर प्रायः प्राचीन प्रसंगों के संकेत दिये हैं जिससे उनके बिम्बों में प्रसंगगर्भत्व का गुण आ गया है। यह प्रसंगगर्भत्व सम्पूर्ण कामायनी में विद्यमान है। फिर भी इड़ा सर्ग के 'किस गहन गुहा से अति अधीर', 'जीवन निशीथ के अन्धकार', 'जीवन का लेकर नव विचार', 'यह अभिनव मानव प्रजा सृष्टि', 'शनि का सुदूर वह नील लोक'[1] आदि छन्दों को उदाहरण के लिए देखा जा सकता है। काम सर्ग में काम के द्वारा वर्णित सृष्टि के विकास, काम और रति की उसमें स्थिति आदि के प्रसंगों में भी इसी प्रकार का प्रसंगगर्भत्व है। परमाणुओं के संश्लिष्ट होने से सृष्टि की रचना होती है, शास्त्रों के इस कथन का संदर्भ निम्नलिखित बिम्ब में द्रष्टव्य है—

वह मूल शक्ति उठ खड़ी हुई अपने आलस का त्याग किये।
परमाणु बाल सब दौड़ पड़े जिसका सुन्दर अनुराग लिये।
कुंकुम का चूर्ण उड़ाते से मिलने को गले ललकते से,
अन्तरिक्ष के मधु उत्सव के विद्युत्कण मिले झलकते से।[2]

इस प्रकार के प्रसंगगर्भत्व के कारण प्रसाद के प्रौढ़ काव्य में स्वच्छन्दता के साथ आभिजात्य गरिमा का भी योग हो गया है जिससे प्रसाद के बिम्ब उनके अनेक समकालीन कवियों के बिम्बों से पृथक् प्रतीत होने लगते हैं।

प्रसाद के प्रौढ़ काव्य के बिम्बों में नाटकीय तत्त्व का भी पर्याप्त विकास हुआ है। कवि के साथ-साथ नाटककार होने के कारण प्रसाद के काव्य में इस तत्त्व का विकास हो सका है। नाटकीय तत्त्व प्रसाद की आख्यानक कविताओं और कामायनी के चिन्ता सर्ग में नाटकीय पृष्ठभूमि की उपस्थिति से बिम्बों का सौन्दर्य बढ़ गया है। इस सर्ग में उपस्थित देव-सृष्टि सम्बन्धी संस्मृत बिम्ब मनु के 'स्वगत कथन' ही हैं। लज्जा और इड़ा सर्गों में भी एक विशेष प्रकार की सन्दर्भाश्रित नाटकीयता है। चिन्ता सर्ग के आरम्भ में जो विशेष प्रकार की नाटकीय स्थिति है उसे हम आज की 'फोटोग्राफी' कला की भाषा में 'लांगशाट' 'मिड्शाट' और 'क्लोज अप' की क्रमिक योजना कह सकते

1. **कामायनी (इड़ा) क्रमशः** पृ० 128, 130, 132, 135 **और** 141
2. **कामायनी (काम)** पृ० 62-63

हैं। आरम्भ के तीन छन्दों में प्रसाद जी की दृष्टि—हिमगिरि का उत्तुंग शिखर, नीचे जल का प्रसार, दूर-दूर तक विस्तृत हिम, शिला चरण से टकराता पवन और उनके बीच में भीगे नयनों से प्रलय प्रवाह को देखता हुआ एक पुरुष—इस व्यापक फलक पर बिखरी रही है। चतुर्थ पंचम छन्दों में कवि ने दृष्टि को तपस्वी के समान साधना करते हुए पुरुष और पास में खड़े दो-चार देवदारुओं तक सीमित किया है। अन्ततः षष्ठ एवं सप्तम छन्दों में कवि की दृष्टि पूर्णतः उस पुरुष पर केन्द्रित हो गई हैं।[1] इन तीनों चरणों में कवि ने दृष्टि के केन्द्रीकरण का जो क्रम स्थापित किया है, उसके कारण यहाँ एक विशेष प्रकार की प्रभावशाली नाटकीयता का समावेश हो गया है। कुछ ऐसा ही क्रम श्रद्धा सर्ग में श्रद्धा के वर्णन में भी देखा जा सकता है।[2]

लहर में संग्रहीत 'प्रलय की छाया' नामक कविता में भी अनेक नाटकीय स्थितियाँ आई हैं। यह सम्पूर्ण कविता ही एक लम्बा स्वगत-संलाप है और इसमें कमला के जीवन में घटित होने वाले नाटकीय परिवर्तनों को बिम्बों द्वारा अंकित किया गया है। इस दृष्टि से नाटकीय त्वरा और सहसा-गूंज उठने वाले वज्रनिर्घोष की नाटकीय स्थिति को अंकित करने वाली ये पंक्तियाँ देखी जा सकती हैं—

'मृत्युदण्ड।'
वज्र निर्घोष सा सुनाई पड़ा भीषणतम—
मरता है मानिक।
गूंज उठा कानों में[3]—

\+ + + +

"जीवन अलभ्य है जीवन सौभाग्य है।"
उठी एक गर्व-सी
किन्तु झुक गई अनुनय की पुकार में
"उसे छोड़ दीजिए"—निकल पड़ा मुँह से।
हँसे सुलतान और अप्रतिभ होती मैं
जकड़ी हुई थी अपनी ही लाज शृंखला में।[4]

त्वरा के साथ ही अन्तर्द्वन्द्व, उस अन्त द्वन्द्व से अनजाने ही परिचालित होती हुई कमला

---

1. कामायनी (चिन्ता), पृ० 9-10
2. कामायनी (श्रद्धा), पृ० 42-44 (छन्द संख्या 5 से 16)
3. लहर (प्रलय की छाया), पृ० 69
4. लहर (प्रलय की छाया), पृ० 73–74

और पुनः अपने ही अप्रत्याशित व्यवहार से उसका अभिभूत होना, ये सभी नाटकीय स्थितियाँ अत्यन्त कलात्मक लाघव के साथ बिम्बांकित हुई हैं । इस प्रकार की नाटकीयता का समुचित विकास प्रसाद से प्रौढ़काव्य में हुआ है ।

प्रसाद के काव्य-बिम्बों में अनुभूति के साथ वैचारिकता का समन्वय हुआ है । इस प्रवृत्ति का प्रारम्भ उनके मध्यवर्ती काव्य से हो गया था, इसकी चर्चा मध्यवर्ती काव्य-विकास में की जा चुकी है । इसका पूर्ण विकास उनके प्रौढ़ काव्य में हुआ है । आरम्भिक काव्य की भक्ति भावना ही आगे चल कर दार्शनिक चिन्तन में परिणत हो गई है । किन्तु यह चिन्तन कोरा भावहीन चिन्तन नहीं है, उसमें अनुभूति का भी समन्वय है । अतः इससे प्रसाद-काव्य में अनेक सुन्दर बिम्बों का सृजन हो सका है । लहर संग्रह की 'अशोक की चिन्ता' में अधिकांश बिम्बों के मूल में विचार-अनुभूति की यही समन्वित प्रेरणा है । कामायनी में चिन्ता, आशा, श्रद्धा, इड़ा, रहस्य, आनन्द आदि सर्गों में इस प्रकार के अनेक बिम्बों की योजना हुई है । हम इस प्रकार के बिम्बों का विस्तृत अध्ययन पंचम अध्याय में करेंगे ।

संक्षेप में, प्रसाद के प्रौढ़ काव्य में उनके काव्य-बिम्ब पूर्ण विकसित अवस्था में पहुँच गये हैं । रूढ़ियों से मुक्त होकर संवेदनापरक और सूक्ष्म अनुभूतिप्रवण बिम्बों के सृजन के साथ ही कवि ने अनुभूति-विचार के समन्वित स्वरूप को भी बिम्बों में मूर्तरूप दिया है ।

2. नाटकों के गीतों में बिम्ब-योजना का विकास

नाटकों के गीतों और पद्यबद्ध संवादों का स्वतन्त्र कविताओं से विशिष्ट स्थान होता है । नाटकों में गीतों की योजना पात्रों और परिस्थितियों के अनुरूप की जाती है । जो गीत पात्र और परिस्थिति के अनुकूल नहीं होते, नाट्यकला की दृष्टि से उनको सदोष माना जाता है । फलतः इन गीतों की बिम्ब-योजना पर पात्र और परिस्थित का प्रभाव भी होता है । यदि गीत को उसके स्थान से अलग कर दिया जाय तो प्रायः बिम्ब के रूप और व्यंजना को क्षति पहुँचती है तथा बिम्ब एक सीमा तक प्रभावहीन हो जाता है । यही कारण है कि यहाँ नाटकों के गीतों और कविताओं में बिम्ब-योजना के विकास को अन्य काव्य कृतियों की बिम्ब-योजना के विकास से पृथक् करके देखने की आवश्यकता अनुभव हुई है ।

सज्जन से ध्रुवस्वामिनी तक प्रसाद की सम्पूर्ण नाट्यकृतियों का प्रकाशन सन् 1911 से 1933 के मध्य हुआ । अतः इन नाटकों के गीतों एवं पद्यबद्ध संवादों का काल भी लगभग यही माना जा सकता है । बिम्ब के विकास की दृष्टि से अध्ययन करने पर इन गीतों में विकास की लगभग वही सरणी दृष्टिगत होती है जिसका बिवेचन

काव्य कृतियों के बिम्ब-विकास के अन्तर्गत किया गया है। इन गीतों को भी इस दृष्टि से, तीन कालों में विभाजित किया जा सकता है—(1) आरम्भिक काल (सन् 1911 से 1915 तक), (2) मध्यकाल (सन् 1921 से 1026 तक) और (3) प्रौढ़ काल (सन् 1928 से 1933 तक)। आरम्भिक काल के अन्तर्गत सज्जन और राज्यश्री के गीत आएँगे, मध्यकाल के अन्तर्गत विशाख, अजातशत्रु, जनमेजय का नागयज्ञ और कामना के गीत तथा प्रौढ़ काल के अन्तर्गत स्कन्दगुप्त, एक घूंट, चन्द्रगुप्त और ध्रुवस्वामिनी के गीत। राज्यश्री के प्रथम प्रकाशन और विशाख के प्रकाशन के बीच लगभग 6 वर्षों का अन्तराल रहा है।

आरम्भिक काल के गीत एवं पद्यबद्ध संवाद

इस काल में मुख्यतः सज्जन और राज्यश्री के गीत और पद्यात्मक संवाद आते हैं। कल्याणी परिणय के जो तीन गीत चन्द्रगुप्त नाटक के वर्तमान संस्करण के चतुर्थ अंक में अत्यल्प परिवर्तन के साथ उपलब्ध हैं वे भी इसी काल के गीतों के बिम्बों की स्थिति से विशेष भिन्न नहीं हैं। ये गीत हैं—कैसी कड़ी रूप की ज्वाला,[1] मधुप कब एक कली का है[2] और बज रही बंशी आठों याम की।[3] दूसरी ओर राज्यश्री में सुरमा द्वारा गाये गये प्रथम दो गीत[4] सन् १९२९ में इसके परिवर्द्धित संस्करण में जोड़े गये हैं। बिम्ब की दृष्टि से भी उनको प्रौढ़ काल की रचना मानना ही उचित होगा।

सज्जन के गीत और पद्य ब्रज भाषा में हैं और बिम्ब की दृष्टि से उनमें से अधिकांश महत्वहीन हैं। इस नाटक में गीत केवल एक है, शेष पद्यबद्ध संवाद हैं। 'सदा जुग-जुग जीओ महाराज'[5] गीत में किसी बिम्ब या अप्रस्तुत की योजना नहीं हुई है। अधिकांश पद्यों में भी सामान्य नीतिकथन अथवा सपाटवयानी ही है। केवल तीन पदों में प्रकृति का चित्रण है। इनमें से एक में प्रकृति-चित्रण उपदेश के लिए हुआ है[6] अतः उसमें किसी प्रकार के रूपांकन का प्रयास परिलक्षित नहीं होता। केवल दो

1. चन्द्रगुप्त, अंक 4, दृश्य 2, पृ० 162
2. वही, अंक 4, दृश्य 4, पृ० 167-168
3. वही, अंक 4, दृश्य 4, पृ० 168
4. राज्यश्री, अंक 1, दृश्य 3 पृ० 18-19 तथा अंक २, दृश्य 6, पृ० 4२-43
5. चित्राधार (सज्जन), प० 101
6. वही, पृ० 112

पद्य ऐसे हैं जिनमें प्रकृति-चित्रण द्वारा मानस में प्रकृति के मूर्त रूप उपस्थित करने का प्रयास किया गया है। इनमें से एक सूत्रधार के संवाद का अंग है।[1] इसमें शरद ऋतु में जल, सारस, मयूरी, आकाश और पवन की स्थिति का वर्णन है। दूसरा पद्य कर्ण और दुर्योधन का पारसी नाट्य शैली का संवाद है जिसमें प्रकृति चित्रण के प्रसंग में दो सुन्दर अप्रस्तुतों की योजना हुई हैं—

दुर्यो०—नील-सरोवर बीच इन्दीवर अवली खिली।
कर्ण—मनु कामिनी कच बीच नीलम की बेंदी लसै॥
दुर्यो०—जल महँ परसि सुहात कुसुमित शाखा तरुन की।
कर्ण—मनु दरपन दरसात निज मुख चूमत कामिनी॥[2]

यहाँ कर्ण के संवादों में से प्रथम में जो 'कामिनी कच बीच नीलम की बेंदी' का अप्रस्तुत है उस पर रीति-कालीन काव्य का प्रभाव स्पष्ट है। फिर भी नील वर्ण के दो छाया-स्तरों की अनुकूल-वर्ण-योजना के कारण यह आरम्भिक गीतों में महत्वपूर्ण है। इसमें प्रसाद के बिम्ब-विकास के सूत्र देखे जा सकते हैं। वर्ण-संवेदना का प्रसाद के बिम्बों में महत्वपूर्ण स्थान है, यह हम पहले देख चुके हैं। कर्ण के ही दूसरे संवाद में उत्प्रेक्षा के रूप में रूपगर्विता कामिनी का सुन्दर कल्पना-चित्र उपस्थित हुआ है। कुसुमित शाखा और सुन्दर सुकोमल कामिनी, जल और दर्पण, जल का स्पर्श कर प्रसन्न होना और अपने मुख की प्रतिच्छवि को चूमना—इन विभिन्न वस्तुओं और क्रियाओं की बिम्ब-प्रतिबिम्ब स्थिति से एक सुन्दर बिम्ब की सृष्टि हुई है। पारसी संवाद शैली के प्रभावित होने के कारण यह पद्य नाट्य-कला की दृष्टि से भले ही महत्वहीन हो किन्तु बिम्ब के विकास की दृष्टि से प्रसाद के नाटकों में इसका ऐतिहासिक महत्व असंदिग्ध है।

सूत्रधार के शरद् ऋतु विषयक पद्य में शरद् ऋतु का कोई विशिष्ट चित्र नहीं उभरता—

भयो विमल जल लोल नलिन की अवली फूली।
सारस करत कलोल मयूरी बोलन भूली॥
निर्मल नील अकास कास फूले कूलन में।
शीतल मन्द सुवास पवन खेलें फूलन मैं॥[3]

यहाँ कवि ने शरद का परम्परागत वर्णन किया है। एक अन्य पद्य में भी परम्परा से

1. चित्राधार (सज्जन), पृ० 100
2. वही, पृ० 104
3. चित्राधार (सज्जन), पृ० 100

दबी हुई कल्पना की झाँकी मिलती है—'प्राची दिशा शशि मिसै हँसती सदा ही ।'[1] यहाँ कवि ने प्राची दिशा से हँसने की कल्पना की है किन्तु 'शशि मिसै' का प्रयोग प्राचीदिशा की हँसी के दृश्य को बिम्ब नहीं बनने देता, दोनों में भेद उपस्थित कर देता है। इन कतिपय उदाहरणों से ही यह तथ्य प्रकट होता है कि सज्जन के पद्यों में परम्परागत अलंकार और वर्णन शैली का अनुसरण हुआ है । यहाँ स्वच्छन्द कल्पना की ओर कवि बढ़ा है वहाँ भी परम्परा का प्रभाव उसे अभिभूत कर लेता है ।

राज्यश्री नाटक में परिवर्द्धित संस्करण के 2 गीतों के अतिरिक्त केवल पाँच गीत हैं जिसमें एक नेपथ्य से गाया गया है, एक राज्यश्री द्वारा, दो सुरमा द्वारा और एक समवेत रूप में । इनमें से चार प्रार्थना और संबोध गीत हैं । बिम्ब की दृष्टि से ये गीत अत्यन्त साधारण कोटि के हैं । एक सम्बोध गीत में करुणा के लिए सरोवर का उपमान प्रस्तुत हुआ है—

स्नान कर करुणा सरोवर धुले तेरा कीच ।[2]

किन्तु इसमें सरोवर का कोई चित्र नहीं उभरता । नाटक के अन्तिम और समवेत स्वर में गाये गये गीत में करुणा के लिए प्रस्तुत कादम्बिनी के उपमान से स्पर्श की अनुभूति कराने का प्रयास हुआ है—

करुणा-कादम्बिनि बरसे !
दुख से जली हुई यह धरणी प्रमुदित हो सरसे ।[3]

पृथ्वी का दुख से जली होना और प्रमुदित होकर सरस होना—इन दो क्रियाओं की सहायता से स्पर्शानुभूति जगाने का प्रयास हुआ है । सुरमा के विगत जीवन की व्यंजना करने वाले गीत में अमूर्त भावों के मूर्त प्रयोग का आरम्भिक रूप देखा जा सकता है जिसका विकास मध्यकाल और प्रौढ़काल के गीतों में हुआ है । किन्तु इस गीत में ये प्रयोग पूरी तरह मूर्त संवेदना जगाने में समर्थ नहीं हुए—

मुख देख सभी सुख खो दिया था
दुख मोल इसी सुख को लिया था ।[4]

समग्रतः आरम्भिक काल के नाटकों के गीतों और पद्यों में बिम्बों की अत्यन्त न्यूनता है । जो बिम्ब हैं वे परिपाटी विहित अलंकारों के रूप में हैं ।

---

1. **चित्राधार (सज्जन), पृ०** 107
2. **राज्यश्री, अंक** 3, **दृश्य** 2, **पृ०** 55
3. **वही, अंक** 4, **दृश्य** 4, **पृ०** 75
4. **राज्यश्री, अंक** 3, **दृश्य** 4, **पृ०** 60

मध्यवर्ती काल के गीत

बिम्ब के विकास की दृष्टि से हमने विशाख, अजातशत्रु, जनमेजय का नागयज्ञ और कामना के गीतों को इस काल के अन्तर्गत लिया है। कवि प्रसाद ने आरम्भिक काल के गीतों से इन गीतों में प्रगति की है। इन नाटकों के गीतों में वर्ण और स्पर्श संवेदनाओं से बिम्बों की रचना करने में कवि को सफलता मिली है। कहीं-कहीं एकाधिक संवेदनाओं को समन्वित करने का प्रयास भी परिलक्षित होता है।

विरोधी-वर्ण-योजना और अनुकूल-वर्ण-योजना के उदाहरण विशाख में ही देखे जा सकते हैं। चन्द्रलेखा को देखकर विशाख कहता है—

> धने धन बीच कुछ अवकाश में यह चन्द्रलेखा सी।
> मलिन पट में मनोहर है, निकष पर हेम लेखा सी ॥[1]

यहाँ मलिन वस्त्र धारण करने वाली चन्द्रलेखा के रूपांकन के लिए दो बिम्ब उपस्थित हुए हैं—एक तो घने बादलों के बीच चन्द्रलेखा का और दूसरे निकष पर हेम लेखा का। यथपि कवि ने यहाँ स्वयं काले अथवा घूसर वर्ण का उल्लेख नहीं किया है तथापि 'घने बादलों' और 'निकष' का वर्ण काला होता है अतः विशेषण के अभाव में भी पाठक के मानस में इन संज्ञा शब्दों से ही काले वर्ण की संवेदना उद्‌बुद्ध हो जाती है। दूसरी ओर 'चन्द्रलेखा' संज्ञा से ही उज्ज्वल वर्ण की और 'हेम रेखा' से उसके स्वर्णिम वर्ण की अनुभूति होती है और इस प्रकार दो युग्मों के माध्यम से कवि विरोधी वर्णों की संवेदना जगाने में सफल हुआ है। इसी प्रसंग में कवि ने कुसुम रज से ढँके कमल का बिम्ब उपस्थित किया है—

> सलोने अंग पर पट हो मलिन भी रंग लाता है,
> कुसुम रज से ढंका भी हो, कमल फिर भी सुहाता है।[2]

यहाँ मलिन पट का वर्ण निकष के समान काला प्रतीत नहीं होता वरन् घूसर वर्ण का प्रतीत होता है। कुसुम रज और कमल के वर्ण विरोधी नहीं वरन् अनुकूल वर्ण की संवेदना जगाते हैं। इन दो छन्दों पर कालिदास के अभिज्ञान शाकुन्तलम् का प्रभाव भी प्रतीत होता है—

> सरसिजमनुविद्ध शैवलेनापि रम्यं
> मलिनमपि हिमांशोर्लक्ष्म लक्ष्मीं तनोति।

---

1. **विशाख, अंक** 1, **दृश्य** 1, पृ० 14
2. **विशाख, अंक** 1, **दृश्य** 1, पृ० 12

इयमधिकमनोज्ञा वल्कलेनापि तन्वी
किमिव हि मधुराणां मण्डनं नाकृतीनाम् ॥[1]

किन्तु कालिदास के इस छन्द की परिणति सामान्य निष्कर्ष में होती है, प्रसाद को इन पंक्तियों की नहीं। कालिदास ने कमल को शैवाल से घिरे हुए प्रस्तुत किया है जो विरोधी वर्ण-योजना का उदाहरण माना जा सकता है, यहाँ कमल को पुष्परज से ढका हुआ अंकित किया गया है।

स्पर्श संवेदना की अनुभूति कराने के लिए कवि ने सब और शीतलता का अस्तित्व अंकित किया है—

शीतल धरती हो गई, शीतल पड़ी फुहार
शीतल छाती से लगो, शीतल चले बयार ।[2]

मिश्र संवेदनाओं के कुछ उदाहरण भी इस काल के गीतों में मिलते हैं। विशाख से कामना तक इस प्रकार के बिम्बों का अस्तित्व है। जैसे विशाख में स्वर के साथ दृश्य संवेदना का यह समन्वय—

कुंज में वंशी बजती है।
स्वर में खिंचा जा रहा मन क्यों बुद्धि बरजती है,
सन्ध्या रागमयी तानों के भूषण सजती है।[3]

आरम्भ की दो पंक्तियों में नाद-संवेदना की प्रधानता है, किन्तु तीसरी पंक्ति में रागमयी तानों को सन्ध्या और भूषण के माध्यम से दृश्य संवेदनाओं का भी विषय बना दिया गया है। हम यह पहले ही देख चुके हैं कि प्रसाद के बिम्ब विशेषणों की अपेक्षा संज्ञाओं पर अधिक आधारित हैं। सन्ध्या और भूषण शब्द भी अनुषंग के नियम के अनुसार पाठक के मन में वर्ण-अनुभूति सम्प्रेषित करते हैं। मिश्र संवेदनाओं के कुछ ऐसे स्थल भी हैं जहाँ संवेदनाओं को एक दूसरे में मिलाया नही गया है किन्तु कई संवेदनाओं को एक इस प्रकार रखा गया है कि मिश्र संवेदनाओं की अनुभूति होती है। इसके लिए हम कामना में उस स्थल को देख सकते हैं जहाँ वन लक्ष्मी खेत के एक तृण-कुसुम को देख, कर उसकी ओर से गीत गाती है।[4]

---

1. कालिदास : अभिज्ञान शाकुन्तलम्, संपादक शारदा रंजन राय, 1959, अंक 1 छन्द 17 पृ० 116
2. कामन, अंक 2 दृश्य 3, पृ० 42
3. विशाख, अंक 1, दृश्य 3, पृ० 23
4. कामना, अंक 3, दृश्य 4, पृ० 79-80

इस काल के गीतों में प्रसाद की स्वच्छन्द कल्पना को प्रस्फुटित होने का भी अवसर मिला है जिसके कारण कई सुन्दर बिम्बों का सृजन हुआ है। मेघ की प्रतीक्षा में विरुद्धक को ऐसा प्रतीत होता है जैसे ये मेघ अलकापुरी की किसी यक्षिणी के पलकों का सहारा लिये सो रहे हों—

अलका की किस विकल विरहिणी की पलकों का ले अवलम्ब
सुखी सो रहे थे इतने दिन, कैसे हे नीरद निकुरम्ब !
+ + +
चपला की व्याकुलता लेकर, चातक का ले करुण विलाप
तारा आँसू पोंछ गगन के रोते हो किस दुख से आप ।[1]

सुखपूर्वक सोने में जहाँ सुख और संतोष की अनुभूति के साथ सोने की मुद्रा भी दृश्य संवेदना का विषय बनती है, वहीं 'अलका की विकल विरहिणी' के प्रसंगगर्भत्व के कारण कालिदास के मेघदूत की 'तन्वी, श्यामा, शिखरदशना, पक्व-बिम्बाधरोष्ठी, मध्येक्षामा, चकितहरिणीप्रेक्षणा, निम्ननाभि, श्रोणी भार से अलसगमना, स्तोकनम्रा, एकवेणीधरा[2] यक्षिणी की पलकों का सुकोमल बिम्ब उपस्थित होकर विरही यक्ष के समान विरुद्धक के मन में परिव्याप्त मल्लिका की विरहानुभूति को भी सूक्ष्म रूप में पाठक के मानस में सम्प्रेषित कर देता है। इसी प्रकार गगन के तारे रूपी आँसुओं को पोंछ कर मेघ के रोने का बिम्ब प्रसाद की स्वच्छन्द कल्पना को अंकित करता है और प्रसंगानुरूप अनुभूति भी जगाता है।

वस्तुतः इस काल में प्रसंगानुरूप प्रकृति के बिम्ब उपस्थित करने में कवि बहुत सफल रहा है। विशाख, अजातशत्रु, जनमेंजय का नागयज्ञ और कामना, सभी में इस प्रकार के विम्बों की योजना हुई है। उदाहरणार्थ—

मधुप पी रहे मधुर मधु, फूलों का सानन्द,
तारा-मद्यपमण्डली, चषक भरा यह चन्द
सजा आपानक निराला
पीले प्रेम का प्याला ।[3]

---

1. अजातशत्रु, अंक 3, दृश्य 3, पृ० 112
2. देखिए कालिदास : मेघदूत (उत्तरमेघ) छन्द 79 (साहित्य अकादमी द्वारा प्रकाशित, सुशील कुमार डे द्वारा सम्पादति प्रथम संस्करण सन् 1957, पृ० 66)
3. कामना, अंक 1, दृश्य 6, पृ० 33

मधुपों का मधुपान एक स्वाभाविक क्रिया है, किन्तु तारों की मद्यप मण्डली और चन्द्रमा का भरा चषक कविकल्पना द्वारा प्रस्तुत बिम्ब है। ये बिम्ब विलास द्वारा आयोजित गोष्ठी के प्रसंग में उपस्थित हुए हैं। इस प्रसंग के कारण इनकी सुन्दरता और प्रभविष्णुता बढ़ गई है। जनमेजय का नागयज्ञ में इसी प्रकार वृद्ध कुलपति वेद की युवा पत्नी दामिनी के मन की अतृप्त इच्छा और उत्तंग के प्रति उसके आकर्षक की झलक दिखाने के जिए कवि ने उसके द्वारा जो गीत गवाया है उसमें प्रसंगानुकूल पवन और कर्णिका का यह व्यापार-विधायक बिम्ब उपस्थित किया है—

पवन भी रहा लगाये घात
मैं बैठी द्रुम-दल समेट कर रही छिपाये गात।
खोल कर्णिका के कपाट वह निधड़क आया प्रात।
बरजोरी रस छीन ले गया, करके मीठी बात।[1]

यहाँ प्रातःकाल कर्णिका के कपाट खोल कर पवन के निधड़क होकर आने और मीठी बातें करके बरजोरी रस छीन ले जाने में प्रकृतिपरक यौन बिम्ब तो उपस्थित हुआ ही है साथ ही दामिनी उत्तंग से जिस व्यवहार की आशा और आकांक्षा लिये बैठी है उसकी भी अभिव्यक्ति हुई है।

इस काल में कवि प्रसाद ने प्रभावाभिव्यंजक बिम्बों की भी सृष्टि की है। इस प्रकार के बिम्बों में बिम्ब की बाह्य आकृति का ब्योरा उपस्थित नहीं किया जाता, वरन् मन की भावना के अनुरूप बिम्ब लाकर उसे अपूर्ण रूप में छोड़ दिया जाता है और अनुषंगों के नियम से प्रभाता के मन में स्वतः ही उस भावना के अनुरूप बिम्ब उपस्थित हो जाता है। उदाहरणार्थ—

कार्तिक कृष्णा कुहू क्रोध से काले करका भरे हुए।
नीरद जलधि क्षुब्ध हो भीमा प्रकृति हृदय भय भरे हुए।
खोजा हमने हाथ पकड़ ले साथी कोई नहीं मिला,
दीपमालिका हुई वहीं पर तेरी छवि की, प्राण मिला॥[2]

प्रथम पंक्ति द्वारा प्रस्तुत पृष्ठभूमि में अन्तिम पंक्ति प्रकाश और उल्लास के वातावरण को एक बारगी ही रूपायित करके एक विशेष प्रभाव की सृष्टि कर देती है।

इस काल की कविता में दार्शनिक विचारों की भी बिम्बात्मक अभिव्यक्ति हुई है। उदाहरण के लिए अजातशत्रु में करुणा के विश्वव्यापी स्वरूप को व्यक्त करने के

---

1. जनमेजय का नाग यज्ञ, अंक 1, दृश्य 2, पृ० 13
2. विशाख, अंक 2, दृश्य 4, पृ० 51

लिए गोधूली के रागपटल में फहराते हुए स्नेहांचल, स्निग्ध उषा के शुभ गगन में दिखाई देते हास-विलास, मुग्ध बालक के मुख पर बरसती चन्द्रकान्ति और निर्निमेष ताराओं के नेत्रों में भरी ओस-बूंदों के बिम्ब अभिव्यक्ति के लिए उपस्थित किये गये हैं।[1] इसी प्रकार 'विश्व मोह जाल है'—इस विचार की अभिव्यक्ति के लिए वीचियों और भँवरों से युक्त समुद्र का उपमान उपस्थित किया गया है।[2]

किन्तु बिम्ब की दृष्टि से सुन्दर गीतों को देखकर यह निष्कर्ष नहीं निकाला जा सकता कि इस काल में प्रसाद के गीत पूर्णतः परिपक्व अवस्था में पहुँच गये हैं। इन गीतों के साथ ही इस काल के नाटकों में 'लगादो गहने का बाजार'[3] 'मचा है जगभर में अन्धर',[4] जैसे बाजारू गीत भी हैं, 'घबराना मत इस असार संसार से'[5] जैसे उपदेशपरक गीत भी, और 'लोभ सुख का नहीं, न तो डर है। प्राण कर्तव्य पर निछावर है',[6] 'अकेली छोड़ कर जाने न दूँगी, 'प्रणय को तोड़ कर जाने न दूँगी'[7] जैसे पारसी थियेट्रीकल कम्पनियों के प्रत्यक्ष प्रभाव से जन्मे पद्यात्मक संवाद भी। प्रसाद जी ने पद्यबद्ध संवादों की योजना लगभग 1928 ई० तक की। यही कारण है कि उनके स्कन्दगुप्त जैसे प्रौढ़ नाटक में भी ऐसे एक संवाद की योजना की गई है।[8] किन्तु इसके बाद प्रसाद के नाटकों में यह प्रवृत्ति दृष्टिगत नहीं होती है। राज्यश्री के सन् 1929 में प्रकाशित संशोधित संस्करण में उन्होंने सभी पद्यबद्ध संवादों को हटा दिया। एक घूंट, चन्द्रगुप्त और ध्रुवस्वामिनी में भी इनको कोई स्थान नहीं दिया गया। इस प्रकार बिम्ब के विकास की दृष्टि से इस काल के नाटकों के गीतों का स्थान आरम्भिक नाटकों और प्रौढ़ नाटकों के गीतों के मध्य ही निर्धारित किया जा सकता है।

प्रौढ़ काल के गीत

प्रौढ़ काल के अन्तर्गत स्कन्दगुप्त, एक घूंट, चन्द्रगुप्त और ध्रुवस्वामिनी नाटकों के गीत आते हैं। इस काल तक आकर प्रसाद के गीतों में बिम्ब की दृष्टि से गहराई,

---

1. देखिए—अजातशत्रु, अंक 1, दृश्य 2, पृ० 29
2. देखिए—अजातशत्रु, अंक 2, दृश्य 7, पृ० 89
3. विशाख, अंक 2, दृश्य 2, पृ० 42-43
4. वही, अंक 1, दृश्य 2, पृ० 21
5. वही, अंक, 1, दृश्य 4, पृ 32
6. अजातशत्रु, अंक 2, दृश्य 9, पृ० 99
7. विशाख, अंक 2, दृश्य 4, पृ० 48
8. स्कन्दगुप्त, अंक 1, दृश्य 6, पृ० 40

सूक्ष्म भावों की सुन्दर मूर्त अभिव्यक्ति, एक साथ ही वर्ण, नाद, गन्ध स्पर्श आदि संवेदनाओं की समन्वित भावानुकूल योजना आदि का पूर्ण विकास परिलक्षित होता है। प्रसंग, पात्र आदि के कारण नाटकों के गीतों की एक सीमा होती है। कवि प्रत्यक्ष रूप से अपनी अनुभूतियों को प्रकट न कर उनकी पात्रानुकूल अभिव्यक्ति करने के लिए बाध्य होता है। गीत प्रायः छोटे ही हो सकते हैं। ये सीमाएँ प्रसाद के नाटकों के गीतों में भी हैं। उसका प्रसंग के अन्तर्गत विशेष महत्त्व है। फिर भी प्रौढ़ काल के गीतों में ऐसे अनेक गीत हैं जो प्रसंग से अलग होकर अपना बिम्बात्मक महत्त्व बनाए रखते हैं। स्कन्दगुप्त के एक-दो गीतों को छोड़कर सभी गीत स्तर की दृष्टि से उच्च कोटि के हैं। इन गीतों में से कुछ में कवि ने अनुभूति की गहन अभिव्यक्ति के साथ ऐन्द्रिय संवेदनाओं के विभिन्न स्तरों को एक साथ ही जगाने में सफलता पाई है। उदाहरणार्थ—

अरुण यह अधुमय देश हमारा।
जहाँ पहुँच अनजान क्षितिज को मिलता एक सहारा।
सरस तामरस गर्भ विभा पर नाच रही तरुशिखा मनोहर।
छिटका जीवन हरियाली पर मंगल कुंकुम सारा।[1]

चन्द्रगुप्त नाटक के इस प्रसिद्ध गीत में अरुण वर्ण की अनेक छवियाँ प्रस्तुत हुई हैं। उदीयमान सूर्य की अरुणिमा, तामरस के भीतर की पीत-रक्तिमा और मंगल कुंकुम की लालिमा का तो प्रत्यक्ष संकेत इसमें है ही किन्तु मंगल कुंकुम आदि के उल्लेख से हरी-हरी घास पर दूर तक छिटकी हुई सुनहरी-लाल रंग की सुखद धूप के साथ ही अनेक मांगलिक अवसरों पर प्रभाता के अनुभव में आये लाल वर्ण के अनेक छायास्तर भी साकार हो उठते हैं और साथ ही मंगल कलश पर रखे हुए, बंदनवार के रूप में टके हुए आम्रपल्लवों आदि की पवित्रता में लिपटी हुए हरीतिमा भी उसके लिए स्मृति के माध्यम से सहज संवेद्य हो उठती है। इसमें अनुराग, पवित्रता अदि के साथ ही मनोहर तरुशिला की थिरकन मिल जाने से एक स्पन्दनशील बिम्ब की सृष्टि होती है।

प्रसाद जो ने इस काल की कविता में वर्ण ही नहीं ध्वनि आदि अन्य संवेदनाओं से वर्ण बिम्बों की भी सफल योजना की है। चन्द्रगुप्त नाटक के इस प्रसिद्ध गोत में जिस नादानुप्रेरित विराट बिम्ब की योजना हुई है, वह सम्पूर्ण प्रसाद-काव्य में अपने ढंग का निराला बिम्ब है—

हिमाद्रि तुंग शृंग से प्रबुद्ध शुद्ध भारती—
स्वयंप्रभा समुज्ज्वला स्वतन्त्रता पुकारती—

---

1. चन्द्रगुप्त, अंक 2, दृश्य 1, पृ० 89

अमर्त्य वीर पुत्र हो, दृढ़प्रतिज्ञ सोच लो
प्रशस्त पुण्य पन्थ है, बढ़े चलो बढ़े चलो ।[1]

यहाँ, विशेषतः आरम्भ की पंक्तियों से एकाएक किसी स्पष्ट अर्थ का बोध नहीं होता फिर भी हिमाद्रितुंग शृंग से यहाँ ऊँचाई का अस्पष्ट किन्तु उदात्त बिम्ब बनता है और संयुक्त व्यंजनों तथा अनुस्वारों की नादात्मक योजना के कारण एक विशेष प्रकार के वातावरण की सृष्टि हो जाती है । कुछ अन्य कविताओं में प्रकृति के व्यापक चित्रफलक को लेकर भी बिम्ब अंकित किये गये हैं । ऐसे स्थलों पर प्रसंगानुकूलता बिम्ब को अधिक प्रभविष्णु बनाने में सहायक होती है। जैसे, आपानक गोष्ठी में सन्ध्या के समय नर्तकियों के निम्नलिखित गीत में सन्ध्या की लालिमा और मदिरा की लालिमा मिलकर एक हो गयी है और प्रकृति में दूर-दूर तक उसका प्रसार हो गया है—

अस्ताचल पर युवती सन्ध्या की खुली अलक घुँघराली है ।
लो, मानिक मदिरा की धारा अब बहने लगी निराली है ।
भर ली पहाड़ियों ने अपनी झीलों की रत्नमयी प्याली ।
झुक चली चूमने वल्लरियों से लिपटी तरु की डाली है ।[2]

युवती सन्ध्या द्वारा बहायी गयी मानिक मदिरा और इस मदिरा से भरी हुई झीलों की प्याली के ये बिम्ब बहुत विस्तृत चित्रफलक पर अंकित हैं । अन्तिम पंक्ति में अंकित वल्लरियों और वृक्षों के आलिंगन और चुम्बन का कोमल व्यापार इस विस्तार और विराटता को और भी बढ़ा देता है ।

प्रौढ़ काल के गीतों में छायात्मक एवं अमूर्तगर्भ बिम्बों के सृजन की दिशा में पर्याप्त विकास हुआ है । सुख, वेदना, प्रेम, श्रद्धा, अनुनय, विश्वास, नीरवता, सौन्दर्य, हँसी, अनुराग, यौवन आदि अनेक अमूर्त भावों, अवस्थाओं और व्यापारों को लेकर कवि ने सुन्दर बिम्बों की रचना की है । चन्द्रगुप्त में यौवन के साथ फूटने वाले सरस सलज्ज सौन्दर्य का चित्रण इस प्रकार हुआ है—

तुम कनक किरण के अन्तराल में लुक-छिप कर चलते हो क्यों ?
नतमस्तक गर्व वहन करते यौवन के धन रसकन झरते
हे लाज भरे सौन्दर्य ! बता दो मौन बने रहते हो क्यों ?
अधरों के मधुर कगारों में कल कल ध्वनि की गुंजारों में
मधु सरिता-सी यह हँसी तरल अपनी पीते रहते हो क्यों ?[3]

1. चन्द्रगुप्त, अंक 4, दृश्य 6, पृ० 177
2. ध्रुवस्वामिनी, अंक 2, पृ० 40-41
3. चन्द्रगुप्त, अंक 1, दृश्य 2, पृ० 54-55

इन पंक्तियों में सौन्दर्य के बाह्य आवरण के चित्रण का प्रयास नहीं है, वरन् सौन्दर्य के आन्तरिक प्रभाव से उत्पन्न चेष्टाओं के चित्रण द्वारा उसे साकार बनाया गया है। सूक्ष्म अनुभूतियों और अमूर्त भावों के मूर्तीकरण की इस प्रवृत्ति के फलस्वरूप कामायनी में 'लज्जा' आदि के सुन्दर बिम्बों का जन्म हुआ। नीरवता की अँगड़ाई का यह बिम्ब भी इसी स्तर का है—

छलछल थे सन्ध्या के श्रमकण, आँसू-से गिरते थे प्रतिक्षण।
मेरी यात्रा पर लेती थी नीरवता अनन्त अँगड़ाई।[1]

इस काल के कुछ गीतों में कई अमूर्त भावों का एक साथ मूर्तीकरण कर कवि ने जटिल बिम्बों की रचना की है—

उखड़ी साँसें उछल रही हों, धड़कन से कुछ परिमित हो,
अनुनय उलझ रहा हो तीखे तिरस्कार से लांछित हो।
यह दुर्बल दीनता रहे उलझी फिर चाहे ठुकराओ,
निर्दयता के इन चरणों से जिसमें तुम भी सुख पाओ।[2]

उखड़ी साँसों का उछलता, तिरस्कार से लांछित होकर भी अनुनय का उससे उलझना, दुर्बल दीनता का निर्दयता के चरणों से लिपटना—सभी में मानवीय क्रियाओं के संयोग से अमूर्त भावों को साकारता प्रदान की गई है।

कवि प्रसाद ने कामायनी, लहर आदि में जिस प्रकार अतीत की ओर प्रत्यावर्तन किया है और पौराणिक ऐतिहासिक बिम्बों की योजना की है उसी प्रकार स्कन्दगुप्त नाटक के एक गीत में कुछ ऐतिहासिक संकेतात्मक बिम्ब उपस्थित किये हैं। यद्यपि प्रसाद जी के अधिकांश नाटक ऐतिहासिक हैं जिनमें उनको भारत के स्वर्णिम अतीत को अंकित करने का पूरा अवसर प्राप्त हुआ है तथापि उन नाटकों के गीतों में प्रथम बार ऐतिहासिक बिम्बों की योजना इस प्रौढ़ काल के नाटक स्कन्दगुप्त में ही हुई है। मातृगुप्त के प्रयाणगीत[3] में मनु, दधीच, राम और बुद्ध से सम्बद्ध प्रसंगों को बिम्बांकित किया गया है। उदाहरणार्थ दधीच और इन्द्र से सम्बद्ध प्रसंग इस प्रकार उपस्थित हुआ है—

सुना है दधीच का वह त्याग हमारी जातोयता विकास।
पुरन्दर ने पवि से है लिखा, अस्थि-युग का मेरे इतिहास।

पुरन्दर द्वारा वज्र से अस्थि-युग का इतिहास लिखे जाने में एक ओर जहाँ लिखने की

1. स्कन्दगुप्त अंक 5, दृश्य 5, पृ० 165
2. वही अंक 5, दृश्य 2, पृ० 155
3. स्कन्दगुप्त, अंक 4, दृश्य 5 पृ० 162-63

क्रिया का बिम्ब उपस्थित होता है वहीं दधीच की अस्थियों से वज्र के निर्माण और वृत्रासुर के वध आदि की घटनाएँ भी आनुषंगिक रूप में स्मृति-पथ में उपस्थित होती हैं। इन सभी ऐतिहासिक बिम्बों से जातीय गौरव की अनुभूति होती है।

संक्षेप में, प्रसाद के नाटकों के गीतों में विकास के स्पष्ट सोपान देखे जा सकते हैं। आरम्भिक काल में बिम्बों का अभाव दिखाई देता है। जहाँ बिम्बों की योजना हुई है वहाँ भी प्राचीन परिपाटी का प्रभाव है। उनमें स्वतःस्फूर्त बिम्बों की योजना नहीं हुई है। मध्यवर्ती काल के गीतों में एक ओर विभिन्न संवेदनाओं को जगाने वाले, प्रभावाभिव्यंजक और स्वच्छन्द कल्पना पर आधारित बिम्बों की योजना हुई है तो दूसरी ओर उनमें बहुत हलके स्तर के बाजारू गीत और पारसी थियेट्रीकल कम्पनियों के प्रत्यच्च प्रभाव से प्रेरित बिम्ब-विहीन गीत भी हैं। इन गीतों में एक सीमा तक परिपाटी का प्रभाव भी परिलक्षित होता है। प्रौढ़ काल के गीतों में प्रसा॰ जी परिपाटीगत प्रभाव से मुक्त हो गये हैं। इस काल के गीतों में छायात्मक, अमूर्तगर्भ, ऐतिहासिक और नादानुप्रेरित उदात्त बिम्बों का सृजन उनकी प्रौढ़ता का प्रमाण कहा जा सकता है।

3—पुनरावृत्त बिम्बों का विकासात्मक अध्ययन

हमने अब तक प्रसाद काव्य के तीन सोपानों का पृथक्-पृथक् अध्ययन किया है। तीनों सोपानों को एक साथ देखने से काव्य-बिम्ब का विकास भली-भाँति स्पष्ट हो सकेगा। इसके लिए हम कुछ ऐसे बिम्बों को देखेंगे जिनकी पुनरावृत्ति प्रसाद-काव्य में विभिन्न कालों में हुई है। प्रसाद जी ने एक ही वस्तु, क्रिया, भाव आदि का बिम्बांकन अनेक बार किया है। यह तथ्य प्रथम दृष्टि में प्रसाद-काव्य का एक दोष प्रतीत हो सकता है, किन्तु वस्तुतः ऐसे बिम्बों में कवि का व्यक्तित्व अधिक गहराता हुआ व्यक्त हुआ है। फलतः उनमें बिम्ब का स्तर उठता गया है।

प्रिय की स्निग्ध दृष्टि प्रेमी को शीतलता प्रदान करती है। शीतलता की इस अनुभूति को अभिव्यक्त करने के लिए कवि ने दृष्टि के लिए धारा का बिम्ब प्रस्तुत किया है। इस प्रकार का बिम्ब चित्राधार, झरना और कामायनी तीनों में आया है, किन्तु तीनों बिम्बों के स्तर का भेद यहाँ स्पष्ट देखा जा सकता है। झरना में यह इस प्रकार है—

> रूप के प्रभाव भरि आनन्द अपार खिल्यो
> हृदय स्वभाव-मकरन्द लै अमल पर॥
> सींचत युगल दृग-कुम्भ सुधा-धारन ते
> पूजत 'प्रसाद' प्रेम पूरन अचल पर॥[1]

1. चित्राधार (मकरन्द बिन्दु), पृ० 179

यहाँ प्राचीन आलंकारिक शैली की प्रधानता स्पष्ट है। कवि की दृष्टि घट और धारा पर मुख्यतः केन्द्रित रही है और घट का अत्यन्त स्थूल बिम्ब प्रस्तुत हुआ है जिसमें ताजगी नहीं है। साथ ही यह बिम्ब इकहरा है।

कर गई प्लावित तन मन सारा।
एक दिन तव अपांग की धारा ॥
हृदय से झरना—
बह चला, जैसे दृगजल ढरना।[1]

झरना की इन पंक्तियों मे भी 'अपांग की धारा' का बिम्ब प्रस्तुत हुआ है किन्तु प्रथम स्थल के समान इसमें प्रस्तुत-अप्रस्तुत का भेद स्पष्ट नहीं है। अपांग की धारा का बिम्ब सीधे उभरता है और इसमें प्रभाव के चित्रण की प्रधानता है। किन्तु यहाँ भी बिम्ब इकहरा ही है।

लतिका घूंघट से चितवन की वह कुसुम दुग्ध सी मधु धारा,
प्लावित करती मन अजिर रही था तुच्छ विश्व वैभव सारा।[2]

कामायनी के इस छन्द में संश्लिष्ट बिम्ब की योजना की गई हैं। यौवन के प्रतीक के रूप में वसन्त के रूपांकन का प्रसंग है। आँगन में लतिका के घूंघट से झाँकते हुए कुसुम-मधु और मनु के मन को प्लावित करने वाली देव-कामिनियों की घूंघट से झाँकती मधुर चितवन-दोनों का संश्लिष्ट बिम्ब उभरता है। इस बिम्ब में दोनों का भेद सामने नहीं आता। यहाँ पर कवि की दृष्टि मुख्यतः प्रभाव की व्यंजना पर रही है, बाह्याकृति पर नहीं। अन्तिम दो पंक्तियों में चितवन की मधुधारा के प्रभाव की अभिव्यक्ति की गई है। दृश्य-स्पर्श संवेदनाओं को सूक्ष्म स्तर पर सम्प्रेषित किया गया है। इस प्रकार इन तीन कविताओं में एक ही स्थिति का चित्रण होने पर भी तीनों में बिम्ब के विकास की विभिन्न अवस्थाएँ दृष्टिगत होती हैं।

'मानस' के बिम्ब प्रसाद के अधिकांश काव्य-ग्रन्थों में आये हैं। प्रायः मानस मानसरोवर और मन—दोनों का बोध कराता है। फिर भी विभिन्न कालों की कविताओं में स्तर की भिन्नता विकास के क्रम को स्पष्ट कर देती है। हम यहाँ क्रमशः चित्राधार, आँसू और लहर से मानस के बिम्बों को लेंगे।

मानस ! तुम मानस सम विमल विशाल।
अगनित बीचि बिलोल मनोहर माल ॥

---

1. झरना (झरना), पृ० 14
2. कामायनी (काम), पृ० 55

उठत, चारु मिलि जात करत अति केलि।
तव तरंग अति मधुर सुधा अवहेलि॥
तब पुलिनोपरि बैठि मनुज मनमान।
सुनत अनोखो तव तरंग की तान॥[1]

प्रस्तुत पंक्तियों में कवि के लिए मानस (मानसरोवर) की उपमा दी है और उसकी दृष्टि अप्रस्तुत के बाह्य रूप उसकी विमलता, विशालता, तरंगों के उठने-मिलने की क्रिया, किनारे पर बैठे मनुष्यों के द्वारा तरंगों की अनोखी तान के सुने जाने आदि पर केन्द्रित रही है। फलतः बिम्ब इकहरा और बाह्यकृति को प्रस्तुत करने वाला है। किन्तु आँसू के इस छन्द में—

लहरों में प्यास भरी है, है भँवर पात्र भी खाली
मानस का सब रस पीकर लुढ़का दी तुमने प्याली।[2]

मानस का दुहरा बिम्ब अंकित हुआ है। इस बिम्ब की योजना एक विशेष अनुभूति (विरहानुभूति) की अभिव्यक्ति के लिए की गई है, केवल मानस के बाह्य रूप के चित्रण के लिए नहीं। इसलिए लहर के रूप के साथ ही प्यास की भी अनुभूति जगती है। लहर में—

ओ री मानस की गहराई।
तू सुप्त, शान्त कितनी शीतल—
निर्वात मेघ ज्यों पूरित जल—
नव मुकुर नीलमणि फलक अमल,
ओ पारदर्शिका! चिर चंचल—
यह विश्व बना है परछाईं।[3]

मानस का यह बिम्ब-स्पर्श संवेद्य और जटिल है। 'मानस' के श्लिष्ट प्रयोग के कारण मानसरोवर की गहराई के साथ मन की गहराई की व्यंजना तो इसमें होती ही है साथ ही दो अन्य बिम्बों का भी इस पर आरोप किया गया है—जलपूरित निर्वात मेघ का और नीलमणि मुकुर के नवीन निर्मल फलक का। जिस अनुभूति को कवि मानस के बिम्ब द्वारा सम्प्रेषित करना चाहता है उसको ये दोनों बिम्ब अग्रसर करते हैं।

---

1. **चित्राधार (मानस)** पृ०, 145
2. **आँसू,** पृ० 28
3. **लहर (ओ री मानस की गहराई),** पृ० 43

ये दोनों बिम्ब 'मानस' को शीतलता, निर्मलता और नीलवर्ण को इन्द्रिय संवेद्य बनाते हैं। इसमें संवेदनाओं के साथ विचार का भी समन्वय किया गया है। 'यह विश्व बना है परछाई'—यह वाक्य मानसरोवर के प्रसंग मे दृश्य बिम्ब की सृष्टि करता है किन्तु मन के प्रसंग में इससे दार्शनिक विचार की बिम्बात्मक अभिव्यक्ति हुई है।

नारी की आयु ढलने के साथ ही उसका सौन्दर्य भी ढलने लगता है। प्रसाद ने इसके लिए हिम विन्दु के ढुलकने का बिम्ब प्रेम-पथिक और लहर दोनों मे अंकित किया है। यहाँ विकास ही दृष्टि से दोनों की तुलना की जा सकती है।

वह उन्मादक रूप, शिशिर की बूँद सदृश क्या ढुलक गया ?[1]

और

ढुलक रही है हिम-विन्दु सी
सत्ता सौन्दर्य के चपल आवरण की।[2]

इनमें प्रथम प्रेम-पथिक से और दूसरा लहर से है। प्रथम में ढुलकने की क्रिया एक बारगी ही सम्पन्न हो चुकी है दूसरे में यह क्रिया हो रही है। प्रथम में उन्मादक रूप नारी के स्थूल रूप का बोधक है। दूसरे में 'सौन्दर्य के चपल आवरण की सत्ता' सौन्दर्य का सूक्ष्म रूप प्रस्तुत करती है। फलतः इनके सम्पर्क से प्रथम में शिशिर की बूंद का बाह्य-रूप सामने आता है और दूसरे में हिम विन्दु के बाह्य आकार की अपेक्षा उसके ढुलकने की निरन्तर चलने वाली क्रिया मानस में उभरती है। इसमें क्रिया की निरन्तरता के कारण आनुषंनिक रूप से ओस के ढुलकने के प्रातःकालीन वातावरण का भी मानस-प्रत्यक्ष होता है।

चित्राधार,[3] झरना[4] और कामायनी के काम सर्ग[5] में अंकित वसन्त के बिम्बों की भी तुलना की जा सकती है। प्रथम में वसन्त का इकहरा चित्रण है, कवि की दृष्टि बाह्य वस्तुओं और क्रियाओं तक सीमित है। दूसरे में कवि ने वसन्त और यौवन के भीतर के स्पन्दन को आमने-सामने प्रस्तुत किया है, किन्तु दोनों में कुछ सीमा तक भेद वना हुआ है। तीसरे में वसन्त और जीवन एकाकार हो गये हैं। बिम्ब में सूक्ष्मता है। वसन्त में मानव क्रियाओं के साथ मानव की सूक्ष्म भावनाओं का

1. प्रेमपथिक, पृ० 25
2. लहर (प्रलय की छाया), पृ०, 80
3. चित्राधार (मकरन्द बिन्दु का प्रथम छन्द), पृ० 175
4. झरना (वसन्त की प्रथम छः पंक्तियाँ), पृ० 25
5. कामायनी (काम सर्ग के प्रथम पाँच छन्द), पृ० 54

भी समावेश है। इसी प्रकार चित्राधार[1] और कामायनी[2] में अंकित गिरि के गले लगी सरिता के बिम्बों, प्रेमपथिक[3] और कामायनी[4] में अंकित अपने अंगों को छिपाती हुई कालिका के बिम्बों, काननकुसुम[5] और लहर[6] में चित्रित अस्त होते सूर्य के बिम्बों आदि की तुलना करने पर यह भली-भाँति स्पष्ट हो जाता है कि कवि प्रसाद का काव्य परिपाटीबद्ध अप्रस्तुतों से स्वतःस्फूर्त बिम्बों और बाह्याकृति निरूपक स्थूल बिम्बों से प्रभावाभिव्यंजक सूक्ष्म बिम्बों की ओर गतिशील हुआ है।

बिम्बों के विकास के अब तक किये गये सम्पूर्ण विवेचन के आधार पर हम इस निष्कर्ष पर पहुँचते हैं कि प्रसाद का काव्य बाह्याकृति पर आधारित परिपाटीबद्ध उपमान-योजना से आरम्भ होकर क्रमशः प्रभावसाम्य पर आधारित अप्रस्तुत-योजना से होता हुआ सूक्ष्म अनुभूतिप्रवण बिम्बांकन की प्रौढ़ अवस्था तक पहुँचा है। उसमें रागात्मक पुनःसृष्टि-विधायिनी कल्पना का विकास धीरे-धीरे हुआ है और प्रौढ़ अवस्था तक पहुँच कर उसमें स्वच्छन्द कल्पना, अनुभूति और विचार से समन्वित बिम्बांकन की विशेष क्षमता आ गई है। प्रसाद के बिम्ब शनैः-शनैः अनुभूति की गहराई में उतरते गये हैं, जिससे प्रौढ़ काव्य तक आते-आते कवि अमूर्तप्राय संवेदनाओं से परिपूर्ण, अर्थ के अनेक स्तरों की एक साथ व्यंजना करने वाले, स्पन्दशील छायात्मक बिम्बों के सृजन में विशेष दक्ष हो गया है। इस प्रकार के काव्य-बिम्ब उनके सम्पूर्ण काव्य में विकास की दिशा में निरन्तर गतिशील रहे हैं।

●

---

1. चित्राधार (उर्वशी के आरम्भ की सातवीं और आठवीं पंक्तियाँ), पृ० 9
2. कामायनी (काम सर्ग का 49वाँ छन्द), पृ० 63
3. प्रेमपथिक (आरम्भ की छठी पंक्ति), पृ० 1
4. कामायनी (लज्जा सर्ग की प्रथम दो पंक्तियाँ), पृ० 78
5. कानन कुसुम (भक्तियोग की प्रथम चार पंक्तियाँ), पृ० 34
6. लहर (पेशोला की प्रतिध्वनि की प्रथम छः पंक्तियाँ), पृ० 56

चतुर्थ अध्याय

प्रसाद की बिम्ब-योजना का परीक्षण

असफल बिम्ब-योजना प्रायः सम्पूर्ण काव्य को असफल बना देती है और काव्य की सफलता के लिए उसमें सफल बिम्ब-योजना अपेक्षित होती है। अतः बिम्ब-योजना की सफलता, असफलता, नवीनता और परम्परा-पालन की दृष्टि से प्रसाद-काव्य का परीक्षण उसके सम्यक् अध्ययन के लिए आवश्यक है। हम यहाँ क्रमशः इन दृष्टियों से प्रसाद के काव्य-बिम्बों का अध्ययन और परीक्षण करेंगे।

1. सफल बिम्ब

काव्य-बिम्बों में जिन गुणों को सर्वाधिक महत्त्व प्रदान किया जाता है उनकी विद्यमानता ही बिम्बों को सफल बनाती है। सी० डे० लीविस ने काव्य-बिम्बों में जो गुण आवश्यक माने हैं,[1] उनको किंचित् परिवर्तन के साथ बिम्ब-योजना की सफलता बनाया जा सकता है। ये इस प्रकार हैं—

(क) उत्तेजकता या उद्बोधकता (इवोकेटिवनैस)

(ख) तीव्रता या गहनता (इण्टैन्सिटी)

(ग) ताजगी (फ्रैशनेस)

(घ) परिचय (फैमिलियरिटी)

(ङ) व्यंजकता (सजैस्टिवनैस)

(च) औचित्य (कांग्रूइटी)

प्रसाद के काव्य बिम्बों को हम क्रमशः इन्हीं कसौटियों पर कस कर देखेंगे—

(क) उत्तेजकता या उद्बोधता—प्रमाता के मन में सुप्त भावों और अनुभूतियों को उद्बुद्ध करने की क्षमता बिम्ब की सफलता के लिए आवश्यक है। यह क्षमता बिम्ब

---

1. देखिए—सी० डे० लीविस : दी पोइटिक इमेज, पृ० 40-55

के केवल किसी एक अंश में नहीं रहती वरन् समग्र बिम्ब ही अनुभूति को उद्बुद्ध करता है। नवीन बिम्बों में यह क्षमता विशेष रूप से विद्यमान रहती है किन्तु रूढ़िगत बिम्ब भी नवीन सन्दर्भ और नवीन भंगिमा के साथ प्रस्तुत होने पर भावोद्बोधन की क्षमता से मंडित हो उठते हैं। कभी-कभी तो केवल एक शब्द भी भाव को उत्तेजित कर देता है। एक सफल बिम्ब यद्यपि सभी पाठकों के मानस में अनुभूति को उत्तेजित करता है तथापि यह उत्तेजना एक सीमा तक व्यक्ति सापेक्ष्य होती है। प्रमाताओं के रुचि-भेद, संस्कार-भेद और अनुभव-भेद के कारण एक ही बिम्ब विभिन्न प्रमाताओं के मन में भिन्न-भिन्न मात्राओं में अनुभूति का स्फुरण करता है।

प्रसाद के काव्य-बिम्बों में भावोद्बोधन की च्मता विशेष रूप से विद्यमान है। प्रसाद अनुभूति के कवि हैं। फलतः उनके काव्य में बिम्ब-योजना केवल बाह्याकार के रेखांकन के लिए नहीं होती। उसमें अनिवार्यतः अनुभूति की प्रेरणा रहती है जो प्रमाता के मन में भी अनुभ्ति को उद्बुद्ध कर देती है। यह विशेषता उनके मध्यवर्ती और प्रोढ़ काव्य में विशेषतः द्रष्टव्य है। उदाहरण के लिए—

रूप भरी, आशा भरी यौवन अधीर भरी,
पुतली प्रणयिनी का बाहुपाश खोलकर,
दूध भरी दूध सी दुलार भरी माँ की गोद
सूनी कर सो गये।[1]

प्रतारणा के शिकार पंचनद के सपूतों की मृत्यु का यह बिम्ब पाठक के मन में करुणा और विषाद की एक तीखी अनुभूति जगा देता है। 'रूप भरी, आशा भरी, अधीर यौवन भरी प्रणय की पुतली' का बिम्ब एक ओर मन में कोमलता, स्नेह आदि को जगाता है और दूसरी आर 'दूध सी दुलार भरी मां की गोद' का बिम्ब सहज वात्सल्य और पवित्रता के भाव को उद्बुद्ध करता है किन्तु तुरन्त ही 'बाहुपाश खोलकर' और 'सूनीकर सो गये' इन दो क्रियाओं के द्वारा प्रस्तुत 'शून्यता' और 'खुले हुए बाहुओं' के बिम्बों से—इन भावों की परिणति विषाद में हो जाती है और विरोधी (कण्ट्रास्ट) भावों की योजना होने के कारण विषाद की अनुभूति पाठक को गहराई तक छू जाती है।

एक ही अनुभूति को जगाने वाले अनेक बिम्बों की योजना भावोद्बोधन में विशेष सक्षम होती है। विरह-विधुरा, एकाकिनी श्रद्धा की अवस्था के चित्रण के लिए प्रसाद जी ने एक साथ सात बिम्बों की क्रमिक योजना की है—

कामायनी कुसुम वसुधा पर पड़ी न वह मकरन्द रहा
एक चित्र बस रेखाओं का अब उसमें है रंग कहाँ!

---

1. लहर (शेरसिंह का शस्त्र समर्पण), पृ० 54

वह प्रभात का हीन कला शशि, किरन कहाँ चाँदनी रही,
वह सन्ध्या थी, रवि शशि तारा ये सब कोई नहीं जहाँ !
जहाँ तामरस इन्दीवर या सित शतदल हैं मुरझाये,
अपने नालों पर, वह सरसी श्रद्धा थी न मधुप आये;
वह जलधर जिसमें चपला या श्यामलता का नाम नहीं
शिशिर कला की क्षीण स्रोत वह जो हिमतल में जम जाये।[1]

मकरन्दहीन कुसुम, रंगहीन रेखा-चित्र, प्रभात कालीन कलाहीन शशि, रविशशि-ताराहीन सन्ध्या, मुरझाये हुए कमलों वाली सरसी, (जल की) श्यामलताहीन जलधर और हिमतल में जमी हुई शिशिर कला की क्षीण स्रोत के बिम्बों से श्रद्धा की मलिन, निष्प्रभ विरह-विधुरा मूर्ति तो उभरी ही साथ ही है उसके मन की विवशता और निरवलम्बिता की भावना भी व्यक्त होकर पाठक के मन में वेदना की क्षीण अनुभूति जगा देती है।

(ख) **तीव्रता और गहनता**—बिम्ब को सफलता के लिए यह गुण भी आवश्यक है। जब कवि अनुभूति को अधिक गहन स्तर पर सम्प्रेषित करने के लिए बिम्ब की योजना करता है तो बिम्ब में यह गुण समाविष्ट हो जाता है। कम से कम शब्दों द्वारा अधिक से अधिक सार्थक और अनुभूति की सघनता से तीव्र और गहन बिम्ब की सृष्टि होती है। इसीलिए इसमें कम से कम शब्दों का प्रयोग किया जाता है जिससे बिम्ब में कसावट रह है। कवि को शब्द-चयन में सावधान और सजग रहना होता है। केवल् अलग-अलग बिम्ब ही नहीं बिम्बों के सम्पूर्ण साँचे में भी कसावट अपेक्षित होती है। बिम्ब की गहनता में सन्दर्भ का विशेष हाथ होता है। सन्दर्भ के कारण उत्पन्न होने वाला संवेदनात्मक प्रभाव बिम्ब की तीव्रता और गहनता को बढ़ा देता है। उदाहरणार्थ—

सुनकर क्या तुम भला करोगे—मेरी भोली आत्म-कथा ?
अभी समय भी नहीं—थकी सोयी है मेरी मौन व्यथा।[2]

यहाँ अन्तिम चरण में 'थक कर सोयी हुई मौन व्यथा' में अनुभूति की गहनता और तीव्रता है। यह अपने सम्पूर्ण सन्दर्भ के प्रभाव को अपने में समेटे हुए है। मुरझा कर गिरती पत्तियों, रीती गागर, आलिंगन में आते-आते मुसक्या कर भाग जाने वाले सुख, हारे-थके पथिक के लिए पाथेय बनी हुई स्मृतियों और कन्था की सींवन—इन सम्पूर्ण

1. कामायनी (स्वप्न), पृ० 143-44
2. लहर (मधुप गुनगुना कर....), पृ० 11

सन्दर्भों के प्रभाव को अपने में समाहित किये हुए यह छोटा-सा बिंब पाठक के मन में कवि की अभीष्ट सम्प्रेष्य अनुभूति को गहराई और तीव्रता के साथ सम्प्रेषित करता है। 'थक कर सोने' में हताशा और आत्म-संतोष की सम्मिलित अनुभूति व्यक्त हुई है।

जब अपने आप में एक सम्पूर्ण परिवेश को समेटे हुए बिम्ब उपस्थित होता है तो उससे व्यक्त होने वाली अनुभूति गहन हो जाती है। प्रसाद के काव्य-बिम्बों में यह गुण प्रायः दृष्टिगत होता है। उदाहरण के लिए—

स्नेहालिंगन की लतिकाओं की झुरमुट छा जाने दो!
जीवन-धन! इस जले जगत को वृन्दावन बन जाने दो।[1]

यहाँ शीतलता और संतोष की जो अनुभूति व्यक्त हुई है, यह वृन्दावन के सम्पूर्ण स्मृतिगत परिवेश के कारण गहन और तीव्र हो गयी है। कृष्ण की रास आदि अनेक लीलाओं का आनुषंगिक रूप से स्मरण कराने वाला 'वृन्दावन' शब्द अकेला ही एक सम्पूर्ण परिवेश की रचना पाठक के मन में कर देता है। स्नेहालिंगन और लतिकाओं की झुरमुट—दोनों स्वयं ही शीतलता और तृप्ति की अनुभूति कराने वाले हैं, फिर 'वृन्दावन' का परिवेश स्मृति में उपस्थित होकर इस अनुभूति को अनेकशः गहरा बना देता है।

प्रसाद जी की बिम्ब रचना में शब्द चयन का विशेष महत्त्व है। कहीं-कहीं एक शब्द ही अनुभूति को अत्यन्त तीव्र बना देता है; जैसे—

इस करुणा कलित हृदय में अब विकल रागिनी बजती
क्यों हा हा कार स्वरों में वेदना असीम गरजती।[2]

आँसू के इस प्रथम छन्द में कवि ने मन की व्याकुलता और तीव्र वेदना की अभिव्यक्ति की है। कवि को केवल स्वर का हा हा कार कह कर सन्तोष नहीं हुआ। अतः उसने वेदना के असीम गर्जन का बिम्ब अंकित किया है। वेदना का असीम गर्जन पाठक के मानस में नाद बिम्ब की रचना करता है। 'गरजती' क्रिया से आलोड़ित सागर की क्षुब्ध लहरों का गर्जन साकार हो उठता है। हा हा कार से मिलकर यह गर्जन 'वेदना' की अनुभूति को तीव्र बना देता है।

विरोधी वस्तुओं और स्थितियों आदि की बिम्ब-योजना के द्वारा भी प्रसाद जी ने अनुभूति को गहरा बनाया है। जिस प्रकार चित्रकला में किसी रंग को उभारने के लिए चित्रकार पृष्ठभूमि में विरोधी रंग की योजना करता है उसी प्रकार काव्य में किसी भाव या अनुभूति को तीव्रतर बनाने के लिए विरोधी अनुभूतियों को जगाने वाली

1. लहर (जग की सजल कालिमा....), पृ० 29
2. आँसू, पृ० 7

वस्तुओं के बिम्ब आमने-सामने लाये जाते हैं। एकाकी जीवन व्यतीत करने वाले मनु को श्रद्धा का आगमन कितना सुखद, शीतल और अपने भविष्य को प्रकाशमय बनाने वाला प्रतीत होता है, यह उनके कथन में व्यक्त हुआ है—

कौन हो तुम वसन्त के दूत विरस पतझड़ में अति सुकुमार,
घन तिमिर में चपला की रेख तपन में शीतल मन्द बयार।[1]

यहाँ 'विरस पतझड़' के साथ 'वसन्त के अति सुकुमार दूत' का बिम्ब लाया गया है, इसी प्रकार 'घने अन्धकार' के साथ 'बिजली की रेखा' का और 'तपन' के साथ 'शीतल मन्द बयार' का बिम्ब आया है। इनमें से दूसरे में दृश्य के विरोध की व्यंजना हुई है, तीसरे में स्पर्श के विरोध की और प्रथम में स्पर्श, वर्ण आदि अनेक पक्षों के विरोध की। इन विरोधी बिम्बों की योजना द्वारा ही कवि ने मनु के शान्ति और सन्तोष की अनुभूति को तीव्र बनाया है।

संक्षेप में, प्रसाद के काव्य-बिम्बों में गहनता और तीव्रता का गुण प्रायः रहता है और कवि ने अपने बिम्बों में इस गुण का अनेक प्रकार से समावेश किया है।

(ग) ताजगी—बिम्ब की ताजगी उसकी सफलता का मूलमन्त्र है। रूढ़ और परम्परागत उपमान अपने परम्परागत सन्दर्भ में उपस्थित होकर न तो मूर्त संवेदना जगाने में समर्थ होते हैं और न उनमें कोई आकर्षण होता है। अतः ताजगी के लिए बिम्ब में किसी न किसी प्रकार की नवीनता आवश्यक होती है। यह नवीनता वस्तु की भी हो सकती है और प्रयोग की भी। सन्दर्भ और परिवेश की नवीनता परम्परागत वस्तु के बिम्ब को भी ताजा बना देती है।

प्रसाद के काव्य-बिम्बों में ताजगी का गुण भरपूर मात्रा में विद्यमान है। उनका काव्य-सम्बन्धी दृष्टिकोण मध्यकालीन अथवा भारतेन्दुयुगीन गतानुगतिकता से मुक्त है। उनसे आरम्भिक काव्य में इसके अपवाद मिल सकते हैं किन्तु परवर्ती काव्य में नहीं। उनके पूर्व काव्य में वस्तुओं को जिस स्थूल दृष्टि से देखन की परम्परा चली आ रही थी, प्रसाद ने धीरे-धीरे उससे पूर्ण मुक्ति पा ली थी। उदाहरण के लिए यौवन के प्रथम आगमन और अनुभव के प्रसंग को लिया जा सकता है। रीतिकाल में इस प्रसंग के लिए अंगों में घटित होने वाले परिवर्तनों को स्थूल दृष्टि से चित्रित करने की परिपाटी प्रचलित थी। भारतेन्दुयुगीन काव्य में भी प्रायः इसी परिपाटी का अनुसरण हुआ है। किन्तु कवि प्रसाद ने गुर्जर-सुन्दरी कमला की इस अवस्था का चित्रण ताजे बिम्बों की योजना द्वारा किया है—

1. कामायनी (श्रद्धा), पृ० 45

नृत्यशीला शैशव की स्फूर्तियाँ
दौड़कर दूर जा खड़ी हो हंसने लगीं ।
मेरे तो,
चरण हुए थे विजड़ित मधुभार से ।
हँसती अनंग बालिकाएँ अन्तरिक्ष में
मेरी उस क्रीड़ा के मधु अभिषेक में
नतशिर देख मुझे ।

और—

पलकें मदिर भार से थीं झुकीं पड़तीं ।
नन्दन की शत-शत दिव्य कुसुम-कुन्तला
अप्सराएँ मानो वे सुगन्ध की पुतलियाँ
आ-आकर चूम रहीं अरुण अधर मेरा
जिसमें स्वयं ही मुस्कान खिली पड़ती ।[1]

यहाँ कवि ने शैशव सुलभ चपलता के स्थान पर अंग-अंग में समाने वाले संकोच की व्यंजना के लिए शैशव की स्फूर्तियों, विजड़ित चरण, सिर की विनम्रता, झुकी पड़ती पलकों और मुस्कान से पूर्ण अधर—इनके पाँच बिम्ब उपस्थित किये हैं । इन सभी में नवीनता है जो समग्र रूप से जीवन सुरा को पहली प्याली[1] पीने वाली कमला के आंगिक और मानसिक परिवर्तनों का एक ताजगीपूर्ण बिम्ब उपस्थित करती हैं । सर्वप्रथम कवि ने स्फूर्ति जैसे अमूर्त भाव को दौड़ना, दूर जाना, खड़ी होना और हँसना—इन चार क्रियाओं की क्रमिक योजना द्वारा यौवन सुलभ अनुभूति जाग्रत करने वाला मूर्त रूप प्रदान किया है । चरणों के विजड़ित होने के मूल में कवि ने मधुभार की कल्पना की है । पलकों के झुकने के लिए 'मदिर भार' की कल्पना की है जिससे मदिरा पान करने वाले की झुकी पड़ती पलकों और उनमें भरी हुई खुमारी का बिम्ब साकार हो उठता है । 'अन्तरिक्ष में हँसती हुई अनंग-बालिकाओं' और 'अरुण अधर को चूमती हुई, नन्दन कानन की शत-शत दिव्य कुसुम-कुन्तला, सुगन्ध की पुतली अप्सराओं' के बिम्ब कमला की अनुभूतियों को साकार कर एक प्रसंगानुकूल ताजगी की अनुभूति पाठक को भी करा देती है । अप्सराओं द्वारा अपने अधर को चूमे जाने का आभास पाने से कमला के अधर पर जो मुस्कान खिली पड़ती है उसका भी बहुत सहज और निश्छल बिम्ब अंकित किया

1. लहर (प्रलय की छाया), पृ० 60
2. वही, पृ० 61

गया है । समग्ररूप से यौवनागम का ऐसा संश्लिष्ट बिम्ब उभरता है जिसमें नवीनता भी है और ताजगी भी ।

अस्ताचलगामी सूर्य की किरणों के लिए लाये गये विहग बालिकाओं के इस बिम्ब में भी अत्यधिक ताजगी है—

नील गगन में उड़ती-उड़ती विहग बालिका सी किरनें,
स्वप्न लोक को चली थकी सी नींद सेज पर जा गिरने ।[1]

किरणों के लिए विहग बालिका का यह बिम्ब नवीनता लिए हुए है । नील गगन में उड़ने की क्रिया उभयनिष्ठ होने के कारण प्रस्तुत और अप्रस्तुत एक दूसरे को प्रभावित करते हैं और किरणों का धूमिल आलोक तथा विहग बालिकाओं की कोमलता मिलकर एक नयी मिश्र अनुभूति जाग्रत करती है । 'नींद सेज पर जा गिरने' से उनकी कोमलता और 'स्पप्न लोक' से सपनों के एक मधुर संसार का बोध होता है । ये सब मिलकर बिम्ब में ताजगी का संचार कर देते हैं ।

किरण को सम्बोधित इन पंक्तियों में भी इसी प्रकार का ताजगी का गुण विद्यमान है—

किरण ! तुम क्यों बिखरी हो आज, रँगी हो तुम किसके अनुराग;
स्वर्ण सरसिज किंजल्क समान, उड़ाती हो परमाणु पराग ।[2]

यहाँ ताजगी मुख्यतः दूसरी पंक्ति में है । 'सरसिज' का बिम्ब तो भारतीय काव्य में अत्यन्त प्रचलित रहा है किन्तु कवि ने यहाँ किरण के चित्रण के लिए स्वर्ण-सरसिज के किंजल्क के उड़ते हुए पराग परमाणुओं का बिम्ब अंकित किया है जिसके कारण स्वर्ण के वर्ण-वैभव और पराग परमाणुओं के स्पन्दन के एकत्र संघटन से बिम्ब में नवीनता और ताजगी आ गई है ।

(घ) **परिचय**—परिचय नवीनता का पूरक गुण है । बिम्ब की वस्तु जब जीवन के परिचित क्षेत्रों से ली जाती है, तभी बिम्ब सफल हो सकता है। यद्यपि प्रायः कवि की पुनर्सृष्टि-विधायिनी कल्पना परिचित वस्तुओं को संशोधित रूप में उपस्थित करती है अथवा उसकी ऐक्यविधायिनी कल्पना अनेक परिचित वस्तुओं का समीकरण कर उनको नया रूप प्रदान कर देती है तथापि इन रूपों का आधार परिचित वस्तुएँ होनी चाहिए और नये रूप इतने नये नहीं होने चाहिए कि उनसे पाठक का मानस-साक्षात्कार ही न हो

1. कामायनी (स्वप्न), पृ० 144
2. झरना (किरण), पृ० 26

सके। पाठक उन्हीं बिम्बों का मानस-प्रत्यक्ष भली-भाँति कर सकते हैं जिनकी आधारभूत वस्तु के साथ उनका पहले से रागात्मक सम्बन्ध हो अथवा कम से कम जिससे वे पहले ही परिचित हों। फलतः कवि के वे बिम्ब अधिक सफल होते हैं जिनसे अधिक से अधिक पाठक परिचित हों। निःसन्देह देश और काल के अन्तर से पाठकों और कवि के इस परिचय में अन्तर हो सकता है। अमरीका अथवा इंगलैण्ड में किसी मास विशेष में जो मौसम होता है उस मास में वही मौसम भारत में भी हो यह आवश्यक नहीं है। इसी प्रकार भारत में दो हजार वर्ष पूर्व जो वस्तुएँ यहाँ के निवासियों के लिए अत्यन्त परिचित थी वे ही आज भी परिचित हों यह भी आवश्यक नहीं है। फिर भी एक देश में प्रायः प्रकृति में परिवर्तन कम ही होते हैं और मनुष्य प्रत्यक्ष रूप से अथवा संस्कार के माध्यम से प्रकृति से न्यूनाधिक रूप में परिचित होता है। यही कारण है कि यान्त्रिक जीवन के बिम्बों की अपेक्षा प्रकृति से ग्रहीत बिम्ब अधिक काल तक अपना प्रभाव बनाए रखते हैं। लगभग दो हजार वर्ष पूर्व कालिदास ने प्रकृति के जो बिम्ब अपने काव्य में उपस्थित किये थे वे आज भी हमको प्रभावित करते हैं और उनमें से अधिकांश की सफलता असंदिग्ध है।

हम द्वितीय अध्याय में देख चुके हैं कि प्रसाद जी ने मानव जीवन की अपेक्षा प्रकृति से अपने बिम्बों की वस्तु अधिक मात्रा में ग्रहण की है। मानव जीवन से गृहीत बिम्बों में भी मानव के सहज रूप और उसकी सहज चेष्टाओं को ही अधिकतर अंकित किया गया है, उसके यान्त्रिक जीवन और परम्पराओं को नहीं, जो प्रायः बदलती रहती हैं। उदाहरणार्थ माँ के आँचल में लेटे हुए शिशु के मुख पर हवा से हिलती लट को अधिकांश लोगों ने देखा होगा। यह मानव जीवन का अत्यन्त परिचित दृश्य है। कवि प्रसाद की पुनर्सृष्टिविधायिनी कल्पना ने उस लट को घुँघराली और सुनहरी बना कर किरण के स्वरूप को साकार करने वाले सफल बिम्ब का रूप प्रदान किया है—

> अरुण शिशु के मुख पर सविलास, सुनहली लट घुँघराली कान्त,
> नाचती हो जैसे तुम कौन ? उषा के अंचल में अश्रान्त[1]।

माँ का झीना आँचल और ऊषा का स्वर्णिम अंचल, शिशु के मुख पर विलासपूर्वक नाचती सुनहरी घुंघराली लट और अरुण बिम्ब से थिरकती सी निकलती प्रभातकालीन सुनहरी किरण—अप्रस्तुत और प्रस्तुत दोनों ही जीवन के परिचित क्षेत्रों से गृहीत हैं। परिणामतः ताजगी और परिचितता के सन्तुलित समन्वय से परिपूर्ण यह बिम्ब अत्यन्त सफल और प्रभावोत्पादक है।

---

1. झरना (किरण), पृ० 26

इसी प्रकार दैनिक जीवन के अत्यन्त परिचित व्यापार द्वारा निम्नलिखित बिम्ब उपस्थित किया गया है—

नहीं पा सका हूँ मैं जैसे, जो तुम देना चाह रही
क्षुद्र पात्र ! तुम उसमें कितनी, मधु धारा हो ढाल रही ।[1]

छोटे पात्र में कितनी भी मधु धारा ढाली जाय उसमें अपनी क्षमता से अधिक मधु ठहर ही नहीं सकता ।

मुख की दो परिचित मुद्राओं के माध्यम से कवि ने प्रकृति के परिवर्तन का कितना सुन्दर अंकन किया है—

वह विवर्ण मुखत्रस्त प्रकृति का आज लगा हँसने फिर से
वर्षा बीती हुआ सृष्टि में, शरद विकास नये सिर से ।[2]

प्रसाद ने जहाँ अनेक बिम्बों को मिला कर जटिल बिम्बों का सृजन किया है वहाँ उन्होंने प्रायः परिचित वस्तुओं और व्यापारों को ही आधार बनाया है । उदाहरण के लिए—

धूम लतिका सी गगन तरु पर न चढ़ती दीन,
दबी शिशिर निशीथ में ज्यों ओस भार नवीन।
झुक चली सव्रीड़ वह सुकुमारता के भार,
लद गई पाकर पुरुष का नर्ममय उपचार ।[3]

शिशिर की रात्रि में धुआँ आकाश में ऊपर नहीं चढ़ पाता । निचले स्तर पर ही उसकी एक परत बन जाती है । इसी प्रकार नयी लता ओस के भार से वृक्ष पर चढ़ नहीं पाती वह दब-सी जाती है—ये दोनों ही दृश्य अत्यन्त परिचित हैं । कवि की सृजनात्मक कल्पना ने इन दोनों को मिलाकर एक तीसरे व्यापार की तुलना में उपस्थित कर दिया है—पुरुष का नर्ममय उपचार पाकर सुकुमारता के कारण लज्जापूर्वक श्रद्धा का झुकना । इस प्रकार जटिल होते हुए भी यह बिम्ब परिचित आधार के कारण पाठक को प्रभावित करता है ।

(ङ) **व्यंजकता**—बिम्ब को सफलता के लिए व्यंजकता का गुण भी आवश्यक हैं । बिम्ब के लिए इतना ही पर्याप्त नहीं है कि वह एक बार पाठक के मन में किसी

---

1. **कामायनी (निर्वेद)**, पृ० 184
2. **कामायनी (आशा)**, पृ० 25
3. **कामायनी (वासना)**, पृ० 77

अनुभूति का स्पर्श करा दे। पूर्णतः सफल बिम्ब वह होता है जो उसे पूर्णतः भाव विभोर कर दे। जो बिम्ब कंकड़ी फेंकने से जलाशय में उठने वाली वर्तुलाकार लहरों की दीर्घ परम्परा के समान पाठक के मानस में भावों की परम्परा स्थापित कर देता है, वही सफल बिम्ब होता है। यह गुण संक्षिप्त और सुगठित बिम्बों में अधिक मिलता है। प्रसाद के अधि- कांश बिम्बों में व्यंजकता का गुण विद्यमान रहता है। वे किसी प्रमुख अनुभूति को सम्प्रेषित करने के साथ-साथ पाठक के मानस में अन्य सम्बद्ध भाव-परम्परा अथवा विचार-परम्परा को भी झंकृत कर देते हैं। उदाहरण के लिए—

धीर समीर परस से पुलकित विकल हो चला भ्रान्त शरीर,
आशा की उलझी अलकों से उठी लहर मधु गन्ध अधीर।[1]

यहाँ कवि ने आशा जैसे अमूर्त भाव के लिए उलझी अलकों का बिम्ब प्रस्तुत किया है और उसे गन्ध संवेदना से परिपूर्ण बनाया है। किन्तु अलकों से उठने वाली, अधीर बनाने वाली, मधु गन्ध की मादक संवेदना के साथ ही मनु के जीवन से सम्बद्ध अनेक अनुभूतियाँ भी एक-एक कर परतों के समान उघड़ती हैं। एक ओर तो मनु के मन में उठने वाली आशा, ज्योत्स्नास्नात रात्रि के मादक वातावरण में उनकी देव-जीवन की प्रेयसी की अलकों से उठी हुई मदिर गन्ध के समान अधीर बनाती है और दूसरी ओर वह प्रेयसी की अलकों के समान ही उलझी हुई प्रतीत होती है। अलकों की यह उल- झन मनु के जीवन की उलझनों की भी व्यंजना करती है। मनु अपने एकाकी जीवन के विपरीत प्रकृति में 'दिवा-रात्रि या मित्र वरुण की बाला का अक्षय श्रृङ्गार' देखते थे। 'अनादि वासना मधुर प्राकृतिक भूख के समान' उनके मन में जाग गई थी और उनका मन 'चिर-परिचित द्वन्द्व सुख' चाह रहा था।[2] किन्तु उनके मन में जिस आशा का संचार हुआ उसने उनको केवल अधीर बना कर छोड़ दिया था। वह उलझनों से भरी हुई थी अतः मनु की इच्छा पूरी नहीं हो सकती थी। इस प्रकार इस सह-संवेदनात्मक बिम्ब के माध्यम से कवि ने मनु की तत्कालीन स्थिति की अत्यन्त मार्मिक व्यंजना कर दी है।

कामायनी के इड़ा सर्ग के निम्नलिखित छन्द में भी मुख्य बिम्ब की दृश्य संवे- दना के साथ-साथ एक भाव-परम्परा व्यंजित होती है—

सौन्दर्य जलधि से भर लाये तुम केवल अपना गरल पात्र।[3]

---

1. **कामायनी (आशा)**, पृ० 37
2. **वही**, पृ० 36
3. **कामायनी (इड़ा)**, पृ० 134

काम की इस वाणी में जलधि से पात्र को भर कर लाने का दृश्य बिम्ब तो उभरता ही है साथ ही मनु के मन की कलुषता, स्वार्थपरता, श्रद्धा के सौन्दर्य की पवित्रता आदि के भाव एक-एक कर पाठक के मन को झंकृत करते जाते हैं। प्रसाद ने सौन्दर्य को मूलतः पवित्र माना है—'उज्ज्वल वरदान चेतना का सौन्दर्य जिसे सब कहते हैं'[1] और इसका उल्लेख वे कामायनी के ही लज्जा सर्ग में कर चुके हैं। श्रद्धा का सौन्दर्य भी केवल पवित्र ही नहीं जलधि के समान असीम भी है। जिसका हृदय रूपी पात्र स्वच्छ होगा वह उस सौन्दर्य से पावन भाव को ग्रहण करेगा। किन्तु मनु का मन सब कुछ को स्वायत्त करने की झोंक में श्रद्धा के केवल बाह्य सौन्दर्य को वासना-हलाहल से पंकिल हृदय पात्र में समेटने के लिए प्रयत्नशील रहा। जिस पात्र में पहले ही हलाहल का प्रभाव हो उसमें पहुँच कर निर्मल और अमृततुल्य जल भी हलाहल ही बन जायेगा।

कृष्णागुरुवर्तिका का निम्नलिखित बिम्ब भी एक ओर जल कर समाप्तप्राय होती धूमरेखा मात्र शेष अगरावर्तिका की दृश्य-गन्ध संवेदना प्रस्तुत करता है और दूसरी ओर कमला की तत्कालीन बाह्य और मानसिक स्थिति की सफल व्यंजना भी करता है—

कृष्णागुरुवर्तिका
जल चुकी स्वर्णपात्र के ही अभिमान में
एक धूम-रेखा मात्र शेष थी,
उस निस्पन्द रंग मन्दिर के व्योम में
क्षीण-गन्ध निरवलम्ब।[2]

इस बिम्ब में कृष्णागुरुवर्तिका कमला का प्रतीक है। कमला ने भारतेश्वरी पद के अभिमान में अपने नारीत्व को ही भस्मीभूत कर दिया। जीवन को पुलकित करने वाली नारीत्व की सुगन्ध भी उसी के साथ समाप्त हो गई और वह क्षीणधूमरेखा के समान निःसार होकर उस रंगमन्दिर के वातावरण में ही खो गई। उसका व्यक्तित्व समाप्त हो गया।

प्रसाद जी ने मनु की वाणी में उसकी स्थिति की कितनी सार्थक और सारगर्भित व्यंजना की है—

एक विस्मृति का स्तूप अचेत
ज्योति का धुँधला सा प्रतिबिम्ब,[3]

---

1. कामायनी (लज्जा), पृ० 83
2. लहर (प्रलय की छाया), पृ० 76
3. कामायनी (श्रद्धा), पृ० 45

इन दो पंक्तियों में दो बिम्ब प्रस्तुत हुए हैं—विस्मृति का अचेत स्तूप और ज्योति का धुंधला सा प्रतिबिम्ब। 'स्तूप' शब्द को यद्यपि यहाँ एक नये सन्दर्भ में अंकित किया गया है तथापि उसके साथ जो ऐतिहासिक और सांस्कृतिक धारणाएँ अब तक चली आई हैं वे इसमें अपूर्व व्यंजकता ला देती हैं। द्वितीय पंक्ति से भी ज्योति की धुँधली वर्ण संवेदना तो जागती ही है साथ ही देव जाति के चमक-दमक भरे जीवन और उसके धुँधले प्रतिबिम्ब के समान अवशिष्ट मनु के निष्प्रभ, निरीह जीवन की भी सफल व्यंजना हुई है। इस प्रकार इन दोनों बिम्बों से मनु के अतीत और वर्तमान की विषमताओं की व्यंजना सुन्दर ढंग से हो जाती है।

ज्ञान लोक के प्राणियों के चित्रण में से ऐसी ही व्यंजना का एक उदाहरण लिया जा सकता है—

> न्याय तपस ऐश्वर्य में पगे ये प्राणी चमकीले लगते,
> इस निदाग मरु में सूखे से स्रोतों के तट जैसे जगते।[1]

निदाघ में मरुस्थल में सूखे हुए सोतों के बिम्ब से उनकी ऊपरी चमक का बोध भी होता है और साथ ही उनके अन्तर की रस-हीनता की भी सफल व्यंजना हो जाती है।

(च) औचित्य—बिम्ब की सफलता के लिए उसमें औचित्य का गुण आवश्यक है। यदि यह कहा जाये कि औचित्य के अन्तर्गत बिम्ब के अधिकांश गुण समाहित हो जाते है तो कोई अतिशयोक्ति न होगी। यहाँ औचित्य का अभिप्राय है संतुलन और अनुरूपता। बिम्ब उपात्त वस्तु, पात्र और प्रसंग के अनुरूप हो यही पर्याप्त नहीं है वह भावात्मक संगति (पैसनेट आर्ग्यूमेन्ट) और काव्य-विधा के भी अनुकूल होना चाहिए। उदाहरणार्थ बड़े-बड़े रूपक महाकाव्य या वर्णनात्मक काव्य के अनुकूल तो होते हैं किन्तु छोटे-छोटे गीतों के अनुकूल नहीं।

प्रसाद जी ने बिम्बों में इस सन्तुलन और अनुरूपता का ध्यान रखा है। उदाहरण के लिए उन्होंने यौवन के बिम्ब छोटे गीतों में भी प्रस्तुत किये हैं और कामायनी महाकाव्य में भी, किन्तु दोनों में संक्षिप्तता और विस्तार की दृष्टि से पर्याप्त अन्तर है। ध्रुवस्वामिनी के गीत में यह बिम्ब संक्षिप्त है—

> यौवन तेरी चंचल छाया
> इसमें बैठ घूंटभर पीलूं जो रस तू है लाया।[2]

इसमें यौवन की शीतलता और सरसता को संवेद्य बनाया गया है, किन्तु कामायनी

1. **कामायनी (रहस्य)**, पृ० 216
2. **ध्रुवस्वामिनी**, अंक 2, पृ० 37

के काम सर्ग में वसन्त के माध्यम से उसका व्यापक चित्रण हुआ है।[1] बिम्ब के विस्तार का यह अन्तर मुख्यतः काव्य-विधा के अन्तर के कारण है।

प्रसाद जी ने अपने काव्य-बिम्बों में वस्तुगत औचित्य का निर्वाह भली भाँति किया है। उदाहरणार्थ उन्होंने प्रायः सागर के गाम्भीर्य और विस्तार को नदियों के उफान और कल्लोल को, लहरों के स्पन्दन को, चन्द्र और ज्योत्स्ना की शीतलता को, पुष्पों की सुगन्ध और कोमलता को, कलियों के मुग्धभाव को, उषा के स्वर्णिम रूप को और सन्ध्या के अवसाद को बिम्बांकित किया है। प्रसाद को वसन्त और यौवन में अत्यन्त सामीप्य दिखाई दिया है और वर्षा में उनको प्रायः करुणा की प्रेरणा का आभास हुआ है।

किन्तु विशाल वस्तु को सदैव विशाल रूप में और लघु वस्तुओं को सदैव लघु रूप में प्रस्तुत करने में ही औचित्य की रक्षा नहीं होती। प्रमुख तत्त्व है बिम्ब का प्रेरक मूल भाव और विभिन्न बिम्बों को एक सूत्र में बाँधने वाली अनुभूति। बिम्ब कवि के कथ्य के अनुरूप हो, यह आवश्यक है। प्रसाद जी ने भी कुछ स्थलों पर प्रेरक अनुभूति के अनुसार उपात्त वस्तुओं के रूप में इस प्रकार का परिवर्तन किया है। जब वे सागर को बौने के रूप में बिम्बांकित करते हैं—

देखा बौने जलनिधि का शशि छूने को ललचाना,
यह हाहाकार मचाना फिर उठ-उठ कर गिर जाना।[2]

तो बौद्धिक तर्क की दृष्टि से उसका यह रूप असंगत प्रतीत हो सकता है किन्तु वस्तुतः कवि जिस विश्वव्यापी वेदना की अभिव्यक्ति करना चाहता है, यह बिम्ब उसी के अनुकूल है और इसमें औचित्य की पूरी रक्षा हुई है।

इसी प्रकार जब कमला के मन में प्रतिशोध और आत्मघात की आकांक्षा के स्थान पर जीवन के प्रति मोह का भाव जागता है तो उस भाव की अभिव्यक्ति के लिए भी कवि ने विशाल वस्तुओं में दीनता और याचना के भाव दिखा कर उन्हें लघु रूप में प्रस्तुत किया है—

अपना दल-अंचल पसार कर बन-राजी,
माँगती है जीवन का बिन्दु बिन्दु ओस-सा
क्रन्दन करता सा जलनिधि भी
माँगता है नित्य मानो जरठ भिखारी-सा

---

1. देखिए—कामायनी के काम सर्ग के आरम्भिक 8 छन्द, पृ० 54-55
2. आँसू, पृ० 77

जीवन की धारा मीठी-मीठी सरिताओं से ।
व्याकुल हो विश्व, अन्ध तम से
भोर में ही माँगता है
जीवन की स्वर्णमयी किरणें प्रभा भरी ।[1]

ऐसे स्थलों पर बिम्ब का औचित्य इस बात पर निर्भर है कि कवि इन बिम्बों के माध्यम से अपने अभिप्रेत अर्थ और प्रसंगगत मूल अनुभूति को कहाँ तक सम्प्रेषित कर सका है । जहाँ कवि केवल बौद्धिक-चमत्कार दिखाने के लिए वस्तुओं के रूपों में परिवर्तन कर उन्हें बिम्बबद्ध करता है, वहाँ बिम्ब के औचित्य की रक्षा नहीं होती । प्रसाद ने कहीं भी केवल इस प्रकार के चमत्कार प्रदर्शन के लिए वस्तुओं का रूप परिवर्तन नहीं किया । उपर्युक्त उद्धरण में भी बन-राजी, जलनिधि और विश्व के याचक रूप में बिम्बांकन से कमला के मन में व्याप्त जीवन के प्रति मोह के भाव की बहुत व्यापक अभिव्यक्ति हुई है । यह मूल भाव ही इन तीन बिम्बों को बांधता है । अतः इनका औचित्य भी असंन्दिग्ध है ।

प्रबन्ध अथवा कथात्मक काव्य में औचित्य-रक्षा की दृष्टि से कवि को बिम्ब की पात्रानुकूलता का ध्यान रखना भी आवश्यक होता है । वस्तु, प्रसंग और काव्य-विधा समान होने पर भी पात्र-भेद से बिम्बों में सूक्ष्म भेद हो जाते हैं । प्रसाद जी ने पात्रानुकूल बिम्बों की सृष्टि की है । एक ही प्रकार के बिम्बों में जो सूक्ष्म भेद परिलक्षित होता है, उसके ही माध्यम से इसको समझा जा सकता है । उदाहरण के लिए हम झुकी हुई पलकों के दो बिम्ब लें—

पलकें मदिर भार से थीं झुकी पड़तीं [2]

और—

छूने में हिचक, देखने में
पलकें आँखों पर झुकती हैं ।[3]

दोनों में पलकों के झुकने की क्रिया को बिम्बबद्ध किया गया है । किन्तु पहले बिम्ब में 'मदिर भार' का समावेश उसे दूसरे बिम्ब से विशिष्ठ बना देता है । दूसरे बिम्ब में किसी को देखने मात्र से, लज्जा के उदय से, पलकों के झुकने की क्रिया सम्पन्न होती है । प्रथम बिम्ब में पलकों की झुकने की क्रिया का कारण अन्तर मे व्याप्त मदिरा

1. लहर (प्रलय की छाया), पृ० 70
2. वही, पृ० 60
3. कामायनी (लज्जा), पृ० 80

के नशे की-सी अनुभूति है। इसमें मदिरा के नशे के तीव्र प्रभाव से अभिभूत नारी की झुकी हुई पलकों का बिम्ब उभरता है जबकि दूसरे में किसी मुग्धा की लज्जा-वनत पलकों का। इस सूक्ष्म भेद का कारण पात्र-भेद है। प्रथम बिम्ब गुजरात की अनिन्द्य सुन्दरी कमला के प्रथम-यौवनागम के समय का है। वह अपने सौन्दर्य के प्रति सजग (कॉन्सस) है और वह इस तथ्य से भली-भाँति परिचित है कि सुन्दरता में कोई बाला उसकी समता नहीं कर सकती। इस सजगता के कारण मदिरा का-सा प्रभाव उसके मानस और अंग पर हुआ है। दूसरा बिम्ब श्रद्धा का है। मनु को देखने या उनका विचार करने मात्र से ही उसकी पलकें सहज रूप से झुक जाती हैं। श्रद्धा की सरलता एवं मुग्धता तथा कमला की अपने सौन्दर्य के प्रति सजगता का जो सूक्ष्म चरित्रगत भेद है, प्रसाद जी ने उसके अनुरूप बिम्बों की रचना की है। इस प्रकार के सूक्ष्म भेदों से ही बिम्बों के औचित्य का समुचित बोध हो सकता है।

संक्षेप में, प्रसाद के काव्य बिम्बों में वस्तु, अनुभूति, प्रसंग, पात्र, काव्य-विधा आदि सभी के अनुरूप औचित्य का समुचित निर्वाह हुआ है।

2. असफल बिम्ब

बिम्ब की सफलता के लिए जिन गुणों की अपेक्षा की जाती है उनका अभाव अथवा वैपरीत्य प्रायः बिम्ब को असफल बना देता है। इस स्थिति में बिम्ब पाठक के मन पर अपेक्षित प्रभाव डालने में असमर्थ रहते हैं अथवा विपरीत प्रभाव डालते हैं। जिन दोषों के कारण कोई बिम्ब असफल बिम्ब कहलाता है वे मुख्यतः निम्नलिखित हैं—

(क) भावापकार
(ख) रूढ़ि
(ग) सन्दर्भ की उपेक्षा
(घ) अतिनवीनता
(ङ) बौद्धिकता
(च) अनौचित्य

(क) भावापकार—कवि बिम्ब के माध्यम से किसी न किसी भाव को अभिव्यक्त करना चाहता है। जब कोई बिम्ब उस अभीष्ट भाव के विरोधी भाव अथवा अनुभूति को व्यक्त करने लगता है तो यह दोष उपस्थित होकर बिम्ब को असफल बना देता है। प्रसाद मुख्यतः अनुभूति के कवि हैं अतः इस दोष का समावेश उनके बिम्बों में प्रायः नहीं होता। बहुत खोज करने पर बहुत थोड़ी संख्या में इस प्रकार के बिम्ब मिल सकते हैं। ये स्थल सामान्यतः दो प्रकार के हैं—एक वे जहाँ कवि प्राचीन आलंकारिक दरबारी काव्य से किसी प्रकार प्रभावित हैं और दूसरे वे जहाँ उस पर फारसी या उर्दू

शायरी का प्रभाव है। प्रथम प्रकार का उदाहरण 'उर्वशी' से लिया जा सकता है—

चिर पराजित मनुज, कुहुरे कौन सुख की आस ?
देत सरबस सौंपि, इन चिर विजयिनी गन पास।
जिन्हें केवल है विनोद अहेर को दिन रैन,
काढ़ि कोमल लेत हिय निज नैन को करि पैन ॥[1]

यहाँ कवि ने हृदय और नेत्रों को जिस स्थूल रूप में प्रस्तुत किया है और जिन क्रिया-व्यापारों में उनको संलग्न दिखाया है, वे मूल भाव के उपकारक नहीं हैं। दृष्टि की तीक्ष्णता स्थूल रूप में आने पर प्रभावहीन होकर ही नहीं रह जाती वरन् विपरीत प्रभाव की भी सृष्टि करती है। किसी रमणी के द्वारा पुरुष के हृदय को आकृष्ट करने में सौन्दर्य का जो मधुर मादक और कोमल प्रभाव होता है, 'नैन को पैना कर कोमल हृदय को निकाल लेना'—इस उक्ति के द्वारा उस प्रभाव की अनुभूति नहीं होती, वरन् किसी पैनी छुरी आदि से मांस के कोमल पिण्ड को निकालने का विपरीत प्रभाव उत्पन्न करने वाला बिम्ब बनता है। अतः समग्र रूप से 'अहेर' का यह बिम्ब भाव का अपकारक है, उपकारक नहीं।

'आँसू' के निम्नलिखित छन्द में फारसी या उर्दू शायरी का प्रभाव होने के कारण प्रेम की कोमल अनुभूति के स्थान पर हल्की जुगुप्सा को जगाने वाला बिम्ब उपस्थित हुआ है।

छिल-छिल कर छाले फोड़े मल-मल मृदुल चरण से
धुल-धुल कर बह रह जाते आँसू करुणा के कण से।[2]

यहाँ कवि ने चरण द्वारा छील-छील कर छालों के फोड़े जाने और उनमें से पानी के बहने का जो बिम्ब अंकित किया है वह भारत में प्रचलित विरह की भावना के प्रतिकूल प्रभाव उत्पन्न करता है अतः मूल भाव का अपकारक है।

किन्तु पुनः इस बात का उल्लेख करना आवश्यक है कि इस प्रकार के भावापकारक बिम्ब प्रसाद-काव्य में अत्यन्त विरल हैं और उनको केवल अपवाद कहना ही तर्कसंगत होगा। अन्यथा प्रसाद जी के बिम्बों से अनुकूल अनुभूति का सुष्ठु सम्प्रेषण ही हुआ है।

(ख) रूढ़ि—बिम्ब को असफल बनाने वाला दूसरा प्रमुख दोष रूढ़ि मात्र का परिपालन है। काव्य में कुछ वस्तुओं का बिम्बांकन बहुत प्राचीन काल से विशिष्ट

---

1. चित्राधार (उर्वशी), पृ० 13
2. आंसू, पृ० 11

शैली में होता आ रहा है। अत्यधिक प्रयोग के कारण ऐसे बिम्बों की संवेदना जगाने की क्षमता समाप्त हो गई है और उसमें ताजगी का नितान्त अभाव हो गया है। इस प्रकार के प्रयोगों के लिए ही अज्ञेय जी है और उसमें ने लिखा है—

ये उपमान मेले हो गये हैं।
देवता इन प्रतीकों के कर गये हैं कूँच।
कभी वासन अधिक घिसने से मुलम्मा छूट जाता है।[1]

इस प्रकार के रूढ़िगत प्रयोग बिम्ब को असफल बना देते हैं। प्रसाद-काव्य में इस प्रकार के प्रयोग मुख्यतः आरम्भ में ही दृष्टिगत होते हैं और वे मात्रा में बहुत अधिक नहीं है।

मुख के लिए चन्द्रमा का उपमान भारतीय काव्य में रूढ़ हो गया है। प्रसाद के आरम्भिक काव्य में कई स्थानों पर इस उपमान को प्रस्तुत किया गया है। जहाँ प्रसंग और नवीनता है वहाँ तो वह प्रभावित करता है किन्तु उसका रूढ़ प्रयोग प्रभावहीन प्रतीत होता है और सफल बिम्ब की रचना करने में असमर्थ है, जैसे—

कंचन कंकन किंकिन को कल नाद सुनावत।
नन्दन-कानन-कुसुमदाम सौरभ सो छावत॥
निज अमन्द सुचिचन्द-बदन सोभा दिखरावत।
जगमगात जाहिरहि जवाहिर को चमकावत॥[2]

यहाँ तृतीय पंक्ति में प्रस्तुत 'अमन्द सुचिचन्द-बदन' कोई इन्द्रिय संवेद्य रूप खड़ा करने में असमर्थ रहता है और उर्वशी का मुख केवल आभूषणों की चमक दमक में खो जाता है। बालक भरत के मुख के लिए भी चन्द्र का उपमान रूढ़ रूप में प्रस्तुत होने के कारण असफल बिम्ब की ही सृष्टि करता है—

भरत-चन्द्रमुख चूमि भई वह हिय सों हरषित
प्रियंवदा-अनुसूया सिर कीन्हों कर परसित।[3]

भारतीय काव्य में दाँतों के लिए मोती का उपमान भी रूढ़ हैं। प्रसाद-काव्य में इसका प्रयोग भी कई स्थानों पर हुआ है। जैसे—

सुघर दन्त की पाँति, मनो मुकुता चुनि राखे
विमल कान्ति विधु माँहि, सुधा के बिन्दुहि राखे।[4]

---

1. अज्ञेय : हरी घास पर क्षण भर (कलगी बाजरे की), पृ० 57
2. चित्राधार (वन मिलन), पृ० 69
3. वही, पृ० 70
4. चित्राधार (प्रेमराज्य), पृ० 80

यहाँ दूसरी पंक्ति में सुधा के बिन्दु का बिम्ब तो रूढ़ नहीं है किन्तु प्रथम पंक्ति में 'चुने हुए मोती' का बिम्ब रूढ़ है। 'आँसू' में कवि ने प्रियतमा के रूप-वर्णन में केवल दाँत के लिए मोती का ही नहीं वरन् मसूढ़ों के लिए विद्रुम का और नासिका के लिए शुक का उपमान भी सँजोकर कवि ने रूढ़ि का पालन किया है—

विद्रुम सीपी सम्पुट में मोती के दाने कैसे
है हंस न, शुक यह, फिर क्यों चुगने को मुक्ता ऐसे ।[1]

किन्तु बिम्ब की दृष्टि से ऐसे रूढ़ प्रयोग सफल नहीं होते। यहाँ कवि ने नासिका के लिए शुक और दाँतों के लिए मोती की कल्पना करने के पश्चात् उनमें जो असंगति दिखाई है उससे भी बिम्ब का कोई उपकार नहीं हुआ है।

प्रसाद जी ने आरम्भ में पुरुष के अंगों के लिए भी कुछ रूढ़ उपमानों का प्रयोग किया है, जैसे कन्धों के लिए वृषभ, नेत्रों के लिए कमल (राजीव), मुख के लिए विधु और कलेवर के लिए कलम का—

आयत उज्ज्वल भाल, करिकर गंजन कर युगल
विलुलित कुन्तल जाल, वृषभ-कन्ध राजीव चख ।
अति ही सुभग सरूप, राजत केहिहुँ मार-छवि,
मुख विधु को प्रतिरूप, मिश्रित वीर श्रृंगार रस ।
देखत जन हरषाहिं, कलित कलेवर कलम सम,
अरिगण हिये डराहि विकट भृकुटि तट लखे जेहि ।[2]

कमल और भ्रमर का बिम्ब भी रूढ़ है। तुलसी ने 'मन मधुकर पन कै तुलसी रघुपति पद कमल वसैहौं'[3] कहकर चरणों के लिए कमल का और मन के लिए भ्रमर का बिम्ब उपस्थित किया है। ऐसा ही बिम्ब प्रसाद जी ने चित्राधार में अंकित किया है—

मधुप ज्यों कंज देखि मँडरावे ।
वैसेहि क्यों न होत मन-मधुकर, चरण कमल चित लावे ॥[4]

1. आँसू, पृ० 23
2. चित्राधार (बभ्रुवाहन), पृ० 29-30
3. तुलसीदास : विनयपत्रिका, संपा० देव नारायण द्विवेदी, ज्ञानमण्डल वाराणसी, 2019 वि०, पद संख्या 105, पृ० 196
4. चित्राधार (मकरन्द बिन्दु), पृ०187

यह विनिमय है या परिवर्तन,
बन रहा तुम्हारा ऋण अब धन,
अपराध तुम्हारा वह बन्धन—
लो बना मुक्ति, अब छोड़ स्वजन—
निर्वासित तुम, क्यों लगे डंक ?
दो लो प्रसन्न, यह स्पष्ट अंक।[1]

यहाँ ऋण, धन और अंक—गणित के इन तीन शब्दों की योजना बौद्धिक प्रयास का परिणाम है जिसके कारण अनुभूति की तीव्रता में कमी आ गयी है।

विचार बोझिलता के भी कुछ उदाहरण प्रसाद काव्य में देखे जा सकते हैं। विचाराधिक्य के कारण ऐसे स्थलों पर बिम्ब उलझ गये हैं फलतः उनकी सफलता सन्दिग्ध हो उठी है। उदाहरणार्थ—

चाँदनी सदृश खुल जाय कहीं,. अवगुण्ठन आज सँवरता सा,
जिसमें अनन्त कल्लोल भरा लहरों में मस्त विचरता सा—
अपना फेनिल फन पटक रहा मणियों का जाल लुटाता सा,
उन्निद्र दिखाई देता हो उन्मत्त हुआ कुछ गाता सा।[2]

यहाँ चाँदनी से भरे आकाश को देखकर आलोक की अक्षय निधि को लहरों में मस्त विचरण करते हुए, अपना फेनिल फन पटकते हुए, मणियों का जाल लुटाते हुए और उन्मत होकर गाते हुए अंकित किया गया है। शैव ग्रन्थों में शिव की कल्पना आनन्द-सागर के रूप में की गई है। ऊपर के बिम्ब के मूल में यही प्रेरणा है। फलतः 'लहरों में विचरण' और 'फेनिल फन पटकना'—जैसी विरोधी क्रियाएँ आयोजित हो गई हैं। 'फेनिल फन पटकने' का उल्लेख करके कवि ने पुनः उसे उन्मत्त हुआ कुछ गाता सा अंकित किया है। वस्तुतः इन छन्दों के मूल अर्थ तक पहुँचने के लिए बुद्धि का इतना सहारा लेना पड़ता है कि बिम्ब का भाव तत्त्व और उसकी इन्द्रिय-संवेद्यता क्षीण हो जाती है।

(च) अनौचित्य—औचित्य के समान ही अनौचित्य शब्द भी बहुत व्यापक है। इसमें बिम्ब के अधिकांश दोष अन्तर्भुक्त हो जाते हैं। फिर भी बिम्ब के कुछ ऐसे दोष हैं जिनकी चर्चा हमने नहीं की है। उनमें सबसे प्रमुख है वस्तुगत अनौचित्य। कवि जब दो

---

1. कामायनी (दर्शन), पृ० 199
2. कामायनी (काम), पृ० 56

वस्तुओं को समता के लिए उपस्थित करता है तो उनमें ऐसा बाह्य और आन्तरिक साम्य होना चाहिए कि वे कवि की अनुभूति का सम्प्रेषण भली-भाँति कर सकें। इसमें असावधानी होने पर बिम्ब की शक्ति बहुत क्षीण हो जाती है।

प्रसाद-काव्य-बिम्बों में वस्तुगत अनौचित्य के उदाहरण अत्यन्त विरल हैं। कवि ने प्रायः किसी वस्तु, व्यापार अथवा स्थिति के चित्रण के लिए उसके अनुकूल बिम्ब की योजना की है। फिर भी अनौचित्य के कारण असफल होने वाले कुछ बिम्बों के उदाहरण यहाँ देखे जा सकते हैं—

प्यारी उषा के सुकेश कलाप में सोहत भूषण कैधों मनी को।
कै रति कामिनी को भर्‌यो लाल सुहालाते प्याला है नीलमनी को।
प्राची दिशा बर बाल के भाल में लाग्यो गुलाल को मंगल टीको।
खेलि कै होरी निशंक निशा ते मयंक कढ़चो हुलसाइ कै जी को।[1]

प्रातःकालीन सूर्य के लिए यहाँ चार पंक्तियों में चार बिम्ब उपस्थित किये गये हैं जिनमें प्रथम तीन में वस्तुगत औचित्य का पालन हुआ है किन्तु चौथे बिम्ब में नहीं। निःशंक हो निशा से होली खेलकर मन में प्रसन्न होकर निकलते हुए चन्द्र का बिम्ब उपस्थित किया गया है। सूर्य के लिए चन्द्रमा का बिम्ब वस्तु की दृष्टि से उचित नहीं है। क्योंकि दोनों के ही सम्बन्ध में जन-मानस में विरोधी भावनाएँ बद्धमूल हैं।

ऐसा ही एक उदाहरण 'आँसू' से लिया जा सकता है जहाँ आलिंगन के लिए अमरबेलि का बिम्ब उपस्थित किया गया है—

तेरा आलिंगन कोमल मृदु अमर-बेलि-सा फैले
धमनी के इस बन्धन में जीवन ही न हो अकेले।[2]

अमर बेलि शीघ्र ही वृच्च को आच्छादित कर उसके सम्पूर्ण रस को चूस कर उसे सुखा डालती है। अतः आलिंगन के व्यापक शीतल प्रभाव के साथ ही उसके घातक प्रभाव की व्यंजना भी इसमें अनजाने ही होने लगती है। इस दृष्टि से इस बिम्ब में वस्तुगत अनौचित्य का अस्तित्व स्वीकार करना पड़ेगा। किन्तु, जैसा हम कह चुके हैं प्रसाद जी के बिम्बों में इस प्रकार के अधिक उदाहरण नहीं मिलते।

सारांश यह है कि प्रसाद जी के बिम्बों में सभी दोष नहीं मिलते। भावापकार, बौद्धिकता और अनौचित्य दोषों के उदाहरण भी इतने कम हैं कि उनको केवल अपवाद

---

1. चित्राधार (उर्वशी), पृ० 15
2. आँसू, पृ० 73

उधर पराजित काल रात्रि भी
जल में अन्तर्निहित हुई ।[1]

प्रसाद जी ने उषा का चित्रण करते समय परम्परा का अनुसरण मात्र नहीं किया है। उनकी अन्तर्वृत्ति उस परम्परा से प्रेरणा ग्रहण करती हुई उन्मुक्त कल्पना का सहारा लेकर अनुभूतिपूर्ण बिम्बों का सृजन करती चलती है। केवल उषा ही नहीं रात्रि के बिम्बांकन में भी अनेक स्थलों पर इस वैदिक परम्परा की प्रेरणा विद्यमान प्रतीत होती है। ऋग्वेद का मन्त्रद्रष्टा ऋषि रात्रि को इस रूप में देखता है—

रात्री व्यख्यदायती
पुरुत्रा देव्यऽक्षभिः ।
विश्वा अधि श्रियोऽधित ॥[2]

सम्पूर्ण श्री को धारण किये, अपने नेत्रों से सब ओर देखती हुई रात्रि का जो मानवीकृत रूप इस मन्त्र में अंकित हुआ है उससे प्रसाद के इस बिम्ब में अद्‌भुत सादृश्य है—

घूंघट उठा देख मुसक्याती
किसे ठिठकती सी आती,
विजन गगन में किसी भूल सी
किसको स्मृतिपथ में लाती ॥[3]

घूंघट उठाकर मुसक्याने में जिस प्रसन्न विकास का मानस साक्षात्कार होता है वैसा ही साक्षात्कार 'विश्वा अधि श्रियोऽधित' से होता है। घूंघट उठाकर देखने और ठिठकती सी आने में जो बिम्ब उभरता है उससे बहुत मिलता-जुलता बिम्ब 'रात्री व्यख्यदायती पुरुत्रा देव्यऽक्षभिः' से जगता है। इसी 'रात्रि' सूक्त का तीसरा मन्त्र इस प्रकार है—

निरु स्वसारमस्कृतो—
षसं देव्यायती ।
अपेदु हासते तमः ॥[4]

इस मन्त्र में रात्रि और सन्ध्या के बीच बहिन का सम्बन्ध बताकर रात्रि के द्वारा सन्ध्या को हटा देने का उल्लेख किया गया है और अन्धकार के भागने का भी उल्लेख है। कामायनी में अंकित रात्रि के निम्नलिखित बिम्ब में इससे पर्याप्त सादृश्य है—

---

1. कामायनी (आशा), पृ० 25
2. ऋग्वेद 10/127/1 (ए० ए० मैक्डानल : ए वैदिक रीडर, पृ० 203)
3. कामायनी (आशा), पृ० 39
4. ऋग्वेद 10/127/3 (ए० ए० मैक्डानल : ए वैदिक रीडर पृ० 204)

जब कामना सिन्धु तट आई
ले सन्ध्या का तारादीप,
फाड़ सुनहली साड़ी उसकी,
तू क्यों हँसती अरी प्रतोप।[1]

इन दोनों ही स्थलों में रात्रि और सन्ध्या पर नारी भाव का आरोप है। प्रसाद की पंक्तियों में रात्रि के हँसने में प्रकाश की जैसी व्यंजना है कुछ उसी प्रकार की व्यंजना मन्त्र की अन्तिम पंक्ति 'अपेदु हासते तमः' में भी है।

हरिऔध जी ने प्रिय प्रवास में रात्रि के रोने का बिम्ब उपस्थित किया है और प्रसाद जी ने कामायनी में। वस्तुतः यह प्राचीन परम्परा का ही परिणाम है। दोनों बिम्बों में कवि-व्यक्तित्व के अनुसार अन्तर भी है।

रोई थी जो रजनि दुख से नन्द की भामिनी के
ये बूंदें हैं निपतित हुई या उसी के दृगों से ?[2]

रात्रि में बिखरे ओस बिन्दुओं में आँसू की कल्पना ही हरिऔध जी के इस बिम्ब का मूख्य आधार है। इसी आधार पर प्रसाद जी ने रात्रि का निम्नलिखित बिम्ब अंकित किया है—

रजनी की भींगी पलकों से ओस बिन्दु कण-कण बरसे[3]

प्रसाद जी की इस पंक्ति में विशेषीकरण की प्रवृत्ति हरिऔध जी की पंक्ति की अपेक्षा अधिक है। यहाँ भींगी पलकों से टपकते हुए आँसुओं का बिम्ब विशेष रूप से उभरता है किन्तु अन्ततोगत्वा इसमें भी रात्रि का मानवीकृत चित्र ही है।

भारतीय काव्य में लता और पवन के मध्य नायक-नायिका-भाव का आरोप करते हुए चित्र अंकित करने की परम्परा भी उपलब्ध होती है। प्रसाद जी ने भी इस प्रकार के परम्परागत बिम्ब उपस्थित किये हैं। उदाहरण के लिए नैषधीय चरित में यह बिम्ब इस प्रकार आया है—

नवा लता गन्धवहेन चुम्बितका
करम्बितांगी मकरन्दसीकरैः।
दृशा नृपेण स्मितशोभिकुड्मला
दरादराभ्यां दर कम्पिनीपपे ॥[4]

---

1. **कामायनी (आशा)**, पृ० 38
2. **अयोध्यासिंह उपाध्याय 'हरिऔध' : प्रिय-प्रवास** 5/5, पृ० 46
3. **कामायनी (स्वप्न)**, पृ० 147
4. **श्री हर्ष : नैषधीयचरितम्** 1/85, पृ० 22

प्रसाद जी ने लता से लिपट कर प्रमत्त बने हुए पवन का निम्नलिखित बिम्ब प्रस्तुत किया है—

मधुर मलयानिल महक की मौज में मदमत्त है
लता लतिका से लिपटकर ही महान प्रमत्त है ।[1]

लता पर नारी भाव का आरोप करने की परम्परा बहुत प्राचीन रही है । कालिदास-प्रणीत रघुवंश में भी वायु द्वारा प्रेरित बाल लताएँ नन्दिनी के पीछे-पीछे वन में घूमने वाले राजा दिलीप पर इस प्रकार पुष्पवर्षा करती हैं जिस प्रकार पौरकन्याएँ लाजाएँ (खीले) बिखेरती हैं—

मरुत्प्रयुक्ताश्च मरुत्सखाभं
तमर्च्यमारादभिवर्तमानम् ।
अवाकिरन्बाललताः प्रसूनै—
राचारलाजैरिव पौरकन्याः ।[2]

प्रसाद जी को भी लताएँ किसी के स्वागत के लिए कुसुम की माला लिये खड़ी दिखाई देती हैं—

हैं लताएँ सब खड़ी क्यों कुसुम की माला लिये ।[3]

इस प्रकार रघुवंश और कानन कुसुम दोनों में ही लताओं को किसी के स्वागत में तत्पर दिखाया गया है । किन्तु लताओं ही नहीं सूर्य की रश्मियों (अथवा सूर्य प्रभा) के सप्राण बिम्बों की परम्परा भी प्राचीन भारतीय साहित्य में दृष्टिगत होती है । कालिदास के रघुवंश में पल्लवरागताम्रा पतंग-प्रभा दिशाओं में विचरण करने के पश्चात् दिन के अन्त में अपने निवास स्थान की ओर जाने लगती हैं—

संचारपूतानि दिगन्तराणि
कृत्वा दिनान्ते निलयाय गन्तुम्
प्रचक्रमे पल्लवरागताम्रा
प्रभा पतंगस्य मुनेश्च धेनुः ।[4]

प्रसाद की कामायनी में भी रश्मियाँ दिन भर की थकान के पश्चात् नीलनिलय में जा छिपती हैं—

दिवा-श्रान्त आलोकरश्मियाँ नील निलय में छिपी कहीं ।[5]

1. कानन कुसुम (नव वसन्त), पृ० 24
2. कालिदास : रघुवंशम् 2/10, पृ० 23
3. कानन कुसुम (महाक्रीड़ा), पृ० 16
4. कालिदास : रघुवंशम् पृ० 2/17, पृ० 24
5. कामायनी (स्वप्न), पृ० 148

और कहीं ये रश्मियाँ नींद-सेज पर सोने के लिए विहग-बालिका के समान स्वप्न लोक को चली जाती हैं—

नील गगन में उड़ते-उड़ते विहग-बालिका सी किरनें,
स्वप्न-लोक को चलीं थकी सी नींद सेज पर जा गिरने ।[1]

कालिदास द्वारा अंकित पतंग-प्रभा और प्रसाद द्वारा चित्रित आलोक-रश्मियों के ये बिम्ब निश्चय ही एक परम्परा के बिम्ब हैं जिनमें थकान, विश्राम की कामना, घर के लिए प्रस्थान आदि अनेक बातें समान हैं ।

प्रसाद-काव्य में अंधकार के लिए अंजन का बिम्ब प्रस्तुत करने की परम्परा का भी अनुसरण हुआ है । मृच्छकटिक में चारुदत्त को अन्धकार ऐसा प्रतीत होता है जैसे आकाश से अंजन की वर्षा हो रही हो—

लिम्पतीव तमोङ्गानि वर्षतीवाञ्जनं नभः
असत्पुरुषसेवेव दृष्टिः विफलतां गता ।[2]

प्रसाद जी ने अन्धकार का बिम्बांकन इस रूप में किया है—

वह शून्य सतत या अन्धकार,
अवकाश पटल का वार-पार,
बाहर भीतर उन्मक्त सधन,
था अचल महा नीला अंजन,
भूमिका बनी वह स्निग्ध मलिन
थे निर्निमेष मनु के लोचन
इतना अनन्त था शून्य सार,
दीखता न जिसके वार-पार ।[3]

दोनों ही स्थलों में अन्धकार की सघनता, गहनता, कालिमा और उसके कारण दृष्टि की विफलता साकार हो उठी है ।

किसी व्यक्ति अथवा वस्तु की लघुता द्योतित करने के लिए बौने का बिम्ब प्रस्तुत किया जाता है । जब किसी दूरी को तय करने में अथया किसी कार्य को करने में सामान्य से अधिक लम्बा मनुष्य भी असफल हो जाता हो तो एक बौना व्यक्ति उसको करने में किस प्रकार समर्थ हो सकता है ? अतः भारतीय काव्य में ऐसी अक्षमता का

1. कामायनी (स्वप्न) पृ० 144
2. शूद्रक : मृच्छकटिक, 1/34, पृ० 24
3. कामायनी (दर्शन), पृ० 201

बोध कराने के लिए बौने का वर्णन प्रतीक और बिम्ब दोनों ही रूपों में हुआ है। कालिदास ने रघुवंश-वर्णन के लिए स्वयं को अयोग्य बताते हुए भी उस रघुवंश का वर्णन किया। इस विरोधी स्थिति को बोधगम्य बनाने के लिए उन्होंने भुजाएँ उठए हुए बौने का बिम्ब अंकित किया है—

मन्दः कवियशः प्रार्थी गमिष्याम्युपहास्यताम्
प्रांशुलभ्ये फले लोभादुद्बाहुरिव वामन ।[1]

प्रसाद जी ने सागर की लघुता और शशि को स्पर्श करने में उसकी असमर्थता का बोध कराने के लिए उठ-उठ कर गिरते और हाहाकार मचाते हुए बौने का बिम्ब अंकित किया है—

देखा बौने जलनिधि का शशि छूने को ललचाना
वह हाहाकार मचाना फिर उठ-उठ कर गिर जाना ।[2]

इस प्रकार कालिदास और प्रसाद दोनों के ही बिम्बों में लघुता और अभीष्ट-प्राप्ति में असमर्थता की अनुभूति इन्द्रिय-संवेद्य हो गयी है।

भारतीय काव्य में विरहिणी की व्याकुलता और श्रीहीन अवस्था के द्योतन के लिए मुरझाये हुए पुष्प का बिम्ब प्रस्तुत करने को परिपाटी रही है। प्राचीन काव्य में अनेक कवियों ने इस परम्परा का अनुसरण किया है। अभिज्ञान शाकुन्तलम् में कालिदास ने शकुन्तला की विरह-विधुरा अवस्था की ओर संकेत करने के लिए अन्योक्ति पद्धति का सहारा लेते हुए शशि से वियुक्त होकर मुरझाई कुमुदिनी का बिम्ब अंकित किया है—

अन्तर्हिते शशिनि सैव कुमुद्वती मे
दृष्टि न नन्दयति संस्मरणीयशोभा
इष्टप्रवासजनितान्यबलाजनस्य
दुःखानि नूनमतिमात्र सुदुःसहानि ।[3]

प्रसाद जी ने विरहिणी श्रद्धा को मुरझाये हुए पुष्प के रूप में चित्रित किया है—

कामायनी कुसुम वसुधा पर पड़ी, न वह मकरन्द रहा ।[4]

कुसुम का यह रूप उसके सुगन्ध, वर्ण और ताजगी से भरे विकसित रूप के स्मरण के कारण करुणा जनक बन जाता है। शकुन्तला और श्रद्धा का वियोगिनी का रूप पाठक के मन

---

1. **कालिदास : रघुवंशम्**, 1/3, पृ० 2
2. **आंसू**, पृ० 77
3. **कालिदास : अभिज्ञानशाकुन्तलम्** 4/3, पृ० 376
4. **कामायनी (स्वप्न)**, पृ० 143

में वेदना की अनुभूति इसीलिए जगाता है क्योंकि उनका जीवन संयोग-सुख सम्पूर्ण हो—यह पाठक की आशा और आकांक्षा रहती है। इस आशा के विपरीत विरह अवस्था देख कर दुख की अनुभूति होना स्वाभाविक ही है। वस्तुतः मुरझाये हुए पुष्प के ऐसे बिम्ब का सौन्दर्य अवस्थाओं के विरोध (कन्ट्रास्ट) के कारण है। यह विरोध कालिदास के बिम्ब में भी है और प्रसाद के बिम्ब में भी।

विरहिणी नारी के नेत्रों के लिए प्यासी मछली के बिम्ब भारतीय काव्य में प्रभूत मात्रा में उपलब्ध है। हिन्दी के मध्यकालीन कवियों से लेकर भारतेन्दु काल तक के कवियों ने इस बिम्ब का प्रयोग किया है। प्रसाद जी ने भी 'आँसू' में इसका चित्रण किया है—

प्यासी मछली सी आँखें
थीं विकल रूप के जल में।[1]

किन्तु नेत्रों के सौन्दर्य की व्यंजना के लिए भारतीय साहित्य में नेत्रों से कमल की सृष्टि का उल्लेख किया गया है। जायसी ने लिखा है—

नैन जो देखे कँवल भए निरमर नीर सरीर।[2]

तुलसी ने भी सीता के सौन्दर्य की व्यंजना के लिए ऐसा ही बिम्बांकन किया है—

जहँ विलोक मृग सावक नैनी।
जनु तहँ बरसि कमल सित सेनी॥[3]

ऐसे स्थलों पर नेत्रों से कमल की उत्पत्ति दिखाने से नेत्रों की श्रेष्ठता स्वतः सिद्ध हो जाती हैं। प्रसाद जी ने इसको स्मृति का विषय बना कर और प्रलयंकर वृष्टि की तुलना में लाकर प्रस्तुत किया है—

देवकामिनी के नयनों से
जहाँ नील नलिनों की सृष्टि
होती थी, अब वहाँ हो रही
प्रलयकारिणी भीषण वृष्टि।[4]

भारतीय साहित्य में मानव की दशा को प्रकृति के परिप्रेक्ष्य में देखने की परम्परा

---

1. आँसू, पृ० 10
2. जायसी : पदमावत (संपा० वासुदेव शरण अग्रवाल, चिरगांव, 2012 वि०), मानसरोदक खण्ड, 4/8 पृ० 65
3. तुलसी : रामचरितमानस, बालकाण्ड 231/1, पृ० 225
4. कामायनी (चिन्ता), पृ० 17

रही है। यह परम्परा विशेषतः विरह के आँसुओं और मेघ-वर्षा को समानान्तर प्रस्तुत करने में दृष्टिगत होती है। ऐसे स्थलों पर प्रकृति के सादृश्य के कारण विरहानुभूति अधिक व्यापक हो जाती है और दोनों सम्मिलित स्वरूप अधिक सहज-संवेद्य बिम्ब की सृष्टि करते हैं। सूरदास का निम्नलिखित पद अत्यन्त प्रसिद्ध है—

निसदिन बरसत नैन हमारे।
सदा रहत पावस रितु हमपै जबते स्याम सिधारे।

अन्य कवियों ने भी वर्षा और आँसुओं के समानान्तर चित्र उपस्थित किये हैं। प्रसाद ने इस परम्परागत बिम्ब को एक नयी भंगिमा के साथ लहर में इस प्रकार रखा है—

वे कुछ दिन कितने सुन्दर थे ?
जब सावन-घन-सघन बरसते इन आँखों की छाया भर थे![1]

यहाँ सूर के समान प्रसाद ने आँसुओं और वर्षा में तुल्य-बल नहीं दिखाया, फिर भी दोनों का यह सादृश्य परम्पराप्राप्त अवश्य है।

भारतीय साहित्य में असामान्य सौन्दर्य के चित्रण के लिए सामान्यतः दृष्टिगत होने वाले उपमानों की योजना न कर ललित कल्पना का आश्रय लिया गया है। इस परम्परा का निर्वाह बहुत प्राचीन काल से किया जाता है। तुलसी दास ने भी सीता के सौन्दर्यांकन के लिए इसी पद्धति का अनुसरण किया है—

जो छवि सुधा पयोनिधि होई। परम रूपमय कच्छप सोई॥
सोभा रज्जु मंदरु सिंगारू। मथै पानि पंकज निज मारू॥
एहि विधि उपजै लच्छि जब, सुन्दरता सुख मूल।
तदपि सकोच समेत कवि, कहहिं सीय समतूल॥[2]

यद्यपि यहाँ तुलसी ने समुद्र मंथन की घटना को आधार बनाया है, तथापि पयोनिधि, रज्जु, मंदर और मंथन करनेवालों को ललित कल्पना के आधार पर एकत्र किया है और इस प्रकार सामान्य पयोनिधि के स्थान पर छवि-सुधा के पयोनिधि को, शेष की रज्जु के स्थान पर शोभा की रज्जु को, मंदर पर्वत के स्थान पर श्रृंगार को, देवता और दानवों के स्थान पर कामदेव को स्थापित कर उन्होंने सम्पूर्ण परुषता का परिहार कर कोमलता की प्रतिष्ठा की है। कठोर उपकरणों के द्वारा मंथन किये जाने पर जब

1. लहर, पृ० 27
2. रामचरितमानस, बालकाण्ड, दोहा 247, पृ० 238

इतनी सुन्दर लक्ष्मी का जन्म हुआ था तब इतने कोमल सम्भार से मथकर निकाली गयी लक्ष्मी कितनी सुन्दर और कोमल होगी, यह ललित कल्पना का ही विषय है—

प्रसाद जी ने भी श्रद्धा के अपार्थिव सौन्दर्य का चित्रण करने के लिए ललित कल्पना का आश्रय लिया—

> कुसुम कानन-अंचल में मन्द पवन प्रेरित सौरभ साकार,
> रचित परमाणु पराग शरीर खड़ा हो ले मधु का आधार।
> और पड़ती हो उस पर शुभ्र नवल मधु-राका मन की साथ,
> हँसी का मद विह्वल प्रतिबिम्ब मधुरिमा खेला सदृश अबाध।[1]

श्रद्धा के सौन्दर्यांकन के लिए कवि ने मधु से सने परमाणु पराग के जिस शरीर का चित्र उपस्थित किया है वह वास्तविक जगत में यथावत् उपलब्ध नहीं होता। ललित कल्पना द्वारा ही उसका मानस-साक्षात्कार सम्भव है। अतः हम इस निष्कर्ष पर पहुँच सकते हैं कि रूप चित्रण की यह पद्धति कवि ने परम्परा से ग्रहण की है।

भारतीय काव्य में रूप चित्रण के प्रसंग में शरीर के विभिन्न अंगों के लिए विभिन्न उपमानों को प्रस्तुत करने की परम्परा रही है। मुख के लिए चन्द्रमा और कमल, नासिका के लिए शुक, दाँतों के लिए मोती, वेणी के लिए सर्पिणी कुछ ऐसे ही प्रसिद्ध उपमान हैं। प्रसाद जी ने भी रूप-चित्रण के प्रसंग में इनका उपयोग किया है। जहाँ कबि ने इनको रूढ़ परिवेश में प्रस्तुत किया है वहाँ ये प्रभावहीन हो गये हैं, किन्तु जहाँ परिवेश, प्रसंग और भंगिमा की नवीनता है वहाँ ये प्रभावशाली हैं। उदाहरण के लिए कवि ने हँसी के सम्पर्क में चन्द्रमा को इस प्रकार अंकित किया है—

> चन्द्रोज्ज्वल मुख मधुर विमल हाँसी को धारत।[2]

यहाँ कवि ने मुख की उज्ज्वलता के चित्रण से लिए चन्द्रमा के उपमान का उपयोग किया है। हँसी भी कवि परम्परा में उज्ज्वल मानी गई है। दोनों का सम्मिलन इस परम्परागत बिम्ब को भी इन्द्रिय संवेद्य बना देता है। 'भरत चन्द्रमुख चूमि भई वह हिय सों हरषित'[3] सदृश प्रयोग में वह अनुभूति नहीं जगती।

प्रसाद जी ने रूपकातिशयोक्ति का सहारा लेकर निम्नलिखित पंक्तियों में मुख के लिए विधु और बालों के लिए काली जंजीरों एवं फणियों के उपमानों का प्रयोग किया है—

---

1. **कामायनी (श्रद्धा)**, पृ० 44
2. **चित्राधार (प्रेम राज्य)**, पृ० 73
3. **चित्राधार (वन मिलन)**, पृ० 70

बाँधा था विधु को किसने इन काली जंजीरों से
मणि वाले फणियों को मुख क्यों भरा हुआ हीरों से ?[1]

भारतीय साहित्य में मुख को विधु के रूप में अंकित करने के साथ ही प्रेमी को चकोर के रूप में प्रस्तुत करने की परिपाटी रही है। इस परम्परा को प्रसाद जी ने आँसू में अपने ढंग से प्रस्तुत किया है—

है चन्द्र हृदय में बैठा उस शीतल किरण सहारे
सौन्दर्य सुधा बलिहारी चुगता चकोर अंगारे।[2]

चकोर का अंगारे चुगना, यह साहित्यिक परम्परा से प्राप्त मान्यता है। यहाँ कवि ने 'पीड़ा को सहन करने' की व्यंजना के लिए इस परम्परागत बिम्ब की योजना की है।

सम्पूर्ण प्रसाद-काव्य में दो तीन स्थलों पर पुरुष के चित्रण में भी परम्परा प्राप्त उपमानों—जैसे वृषभ कन्ध, राजीव-चख, कलम-कलेवर आदि का प्रयोग किया है।[3] ऐसे स्थलों पर उपमान प्रायः कोई मूर्ति उभारने अथवा अनुभूति जगाने में अक्षम रहे हैं। किन्तु ये प्रयोग अत्यन्त विरल हैं और आरम्भिक काव्य तक समिति हैं।

समग्र रूप से कहा जा सकता है कि प्रसाद-काव्य में परम्परागत बिम्बों का चित्रण पर्याप्त मात्रा में हुआ है, किन्तु ये बिम्ब परम्परा से इतने बँधे हुए नहीं हैं कि केवल रूढ़िगत बिम्ब बन कर रह जायें। अधिकांश परम्परागत बिम्ब आंशिक रूप में ही परम्परागत हैं। उनमें नवीनता और ताजगी भी विद्यमान है।

4. नवीन बिम्ब

केवल परम्परागत बिम्बों की योजना कवि को सफल कवि नहीं बना सकती। नवीन बिम्बों की रचना करके ही कोई कवि सफल बिम्ब स्रष्टा बन सकता है। प्रसाद जी युग प्रवर्तक कवि थे। उन्होंने भारतीय साहित्य की गौरवपूर्ण परम्पराओं को स्वीकार किया। किन्तु वे केवल उनकी सीमा में आबद्ध नहीं हुए। उन परम्पराओं को उन्होंने आगे बढ़ाया; उनको नये सन्दर्भों, नयी अर्थच्छवियों, नयी भंगिमाओं से मण्डित करके नवीनता प्रदान की। यही नहीं उन्होंने अनेक सर्वथा नवीन और अछूते बिम्बों का सृजन किया। इस प्रकार हम मोटे रूप से उनके नवीन बिम्बों को दो वर्गों में

1. आँसू, पृ० 21
2. आँसू, पृ० 43
3. उदाहरणार्थ देखिए—चित्राधार (बभ्रुवाहन) पृ०29-30

विभाजित कर, उनका अध्ययन कर सकते हैं—(क) वस्तु की दृष्टि से नवीन बिम्ब और (ख) प्रयोग की दृष्टि से नवीन बिम्ब।

(क) **वस्तु की नवीनता**—वस्तु की दृष्टि से नवीन बिम्ब वे होते हैं जिनको उस कवि से पूर्व किसी नेबिम्ब के रूप में काव्यबद्ध न किया हो। वस्तुतः जिनको परम्परागत बिम्ब कहा जाता है वे भी जब किसी कवि द्वारा प्रथम बार प्रस्तुत हुए होंगे तो नवीन बिम्ब ही रहे होंगे। उनमें भी इन्द्रिय संवेद्यता और अनुभूति प्रवणता का गुण रहा होगा।

प्रसाद जी के काव्य में वस्तु की दृष्टि से नवीन बिम्बों की योजना प्रभूत मात्रा में हुई है। इस प्रकार के बिम्ब उनकी अधिकांश काव्य कृतियों में विद्यमान हैं, फिर भी प्रौढ़ काव्य में इनकी संख्या अधिक है। उनके ऐसे बिम्बों में मानस को स्पन्दित करने की अपूर्व क्षमता निहित है। उदाहरणार्थ झरना में कवि उदीयमान सूर्य की रश्मि को सम्बोधित करता है—

सुदिन मणि-वलय विभूषित उषा—
सुन्दरी के कर का संकेत—
कर रही हो तुम किसको मधुर
किसे दिखलाती प्रेम निकेत।[1]

यहाँ उषा के कर को मणि-वलय से विभूषित बताते हुए कवि ने उसे किसी को संकेत करते हुए देखा है। 'करके संकेत' का यह बिम्ब सर्वथा अछूता और नवीनबिम्ब है।

लहर की निम्नलिखित प्रसिद्ध कविता में भी कवि ने वस्तु की दृष्टि से नवीन दो बिम्बों की योजना की है—

बीती विभावरी जाग री!
\+ + +
अधरों में राग अमन्द पिये,
अलकों में मलयज बन्द किये—
तू अब तक सोई है आली।
आँखों में भरे विहाग री।[2]

'अलकों में बन्द मलयज' और 'आँखों में भरा विहाग'—ये दो सर्वथा अछूते बिम्ब हैं।

---

1. झरना (किरण), पृ० 27
2. लहर, पृ० 19

'अलकों में बन्द मलयज' से केशों की सुगन्धि की व्यंजना तो होती ही हैं, साथ ही सचिक्कणता, शीतलता, मादकता आदि की अनेक अर्थच्छवियाँ भी इसके माध्यम से प्रस्फुटित होती हैं। प्रिय की प्रतीक्षा में रात बिता देने वाली 'आली' के केशों की सज्जा यथावत् है, वे शिथिल नहीं हुई हैं—पाठक को यह बोध भी हो जाती है। 'विहाग' देर रात में गाया जाने वाला राग है। अतः 'आँखों में भरे विहाग' से रात्रि जागरण, आलस्य, खुमारी, हल्के करुण संगीत के मादक प्रभाव आदि की व्यंजना अत्यन्त सघनता के साथ हो जाती है। अम्बर और वनस्पति (लतिका-मुकुल) में व्याप्त जागरण के समानान्तर आने के कारण ये बिम्ब और भी प्रभावशाली हो गये हैं।

कामायनी में वस्तु की दृष्टि से अनेक नवीन बिम्ब आये हैं जिनमें से कुछ को हम यहाँ उदाहरण रूप में देखेंगे। श्रद्धा के चित्रण में कवि ने सूक्ष्म-संवेदना से युक्त नवीन बिम्ब की रचना की है—

कुसुम कानन-अंचल में मन्द पवन प्रेरित सौरभ साकार,
रचित परमाणु पराग शरीर खड़ा हो ले मधु का आधार।
और पड़ती हो उस पर शुभ नवले मधु-राका मन की साध,
हँसी का पद विह्वल प्रतिबिम्ब मधुरिमा खेला सदृश अबाध।[1]

कवि ने यहाँ जिस 'साकार सौरभ' का बिम्ब उपस्थित किया है इसकी शरीर रचना मधु में पराग परमाणुओं को घोल कर की गई है, उस पर वासन्ती पूर्णिमा की ज्योत्स्ना बिछल रही है। मन की साध के रूप में बिछलने वाली यह ज्योत्स्ना ही श्रद्धा के मुख पर मदविह्वल हंसी के रूप में प्रतिबिम्बत हो रही है। यहाँ समग्र रूप से जिस संश्लिष्ट बिम्ब की योजना हुई है वह वर्ण और गन्ध की सूक्ष्म संवेदनाओं से परिपूर्ण है, अन्तर की मादकता, निश्छलता और भोलेपन को व्यंजित करता है तथा सम्पूर्ण भारतीय काव्य में वस्तु की दृष्टि से अपूर्व है। अपूर्व सौन्दर्य की अभिव्यक्ति के लिए नियोजित होने के कारण इसमें ललित कल्पना का प्रयोग तो हुआ है, जैसी कि भारतीय काव्य में परम्परा मिलती है और जिसकी चर्चा हम ऊपर 'परम्परागत बिम्ब' के अन्तर्गत कर चुके हैं, किन्तु इसकी तुलना में हमने तुलसी की जिन पंक्तियों (जो छवि सुधा पयोनिधि होई....) को देखा है उसमें दृष्टि पौराणिकता और परम्परा से बँधी हुई है और वस्तु भी परम्परागत है। प्रसाद जी की इन पंक्तियों में बिम्ब की जौ वस्तु ग्रहण की गई है वह स्वच्छन्द और नवीन है। अतः वस्तु की नवीनता के कारण समग्र बिम्ब सर्वथा नवीन प्रतीत होता है और नवीन प्रभाव की सृष्टि करता है।

1. कामायनी (श्रद्धा), पृ० 44

भारतीय काव्य में हिमालय का वर्णन संस्कृत कवियों से लेकर आज तक के कवियों ने न जाने कितनी बार किया है। इन वर्णनों में उसके अनेक रूपों का उद्घाटन हुआ है, किन्तु प्रसाद जी ने इसके लिए एक सर्वथा अछूता बिम्ब प्रस्तुत किया है—

दृष्टि जब जाती हिम गिरि और प्रश्न करता मन अधिक अधीर,
धरा की यह सिकुड़न भयभीत आह कैसी है ? क्या है पीर ?[1]

हिमालय के लिए यहाँ 'धरा की भयभीत सिकुड़न' का बिम्ब उपस्थित हुआ है, जो उसकी बाह्य आकृति और अन्तर की व्याकुलता एवं भीति को एक साथ अंकित कर देता है। भयभीत व्यक्ति के मुख पर सिकुड़न आ जाती है, पर्वतों की रचना भी पृथ्वी के ठंडा होकर सिकुड़ने से हुई है। दोनों में अद्भुत अर्थ-संगति है। 'आह कैसी है ? क्या है पीर ?'—श्रद्धा के जिज्ञासु मन का यह प्रश्न 'सिकुड़न' की बाह्य आकृति की सीमा को पार कर हृदय की संवेदनशीलता को प्रभावित करता है।

प्रसाद जी के नवीन बिम्बों में प्रायः कोमलता का गुण समन्वित है। यह कोमलता वस्तु की, नारी हृदय की या भावना की—किसी की भी हो सकती है। श्रद्धा का अप्रत्याशित आगमन मनु के हृदय में इसी कोमल प्रभाव की सृष्टि करता है। कवि ने इसके लिए 'कोमल कवि की सुन्दर कल्पना की छोटी-सी लहर' का बिम्ब प्रस्तुत किया है—

नखत की आशा किरण समान, हृदय के कोमल कवि की कान्त
कल्पना की लघु लहरी दिव्य कर रही मानस हलचल शान्त।[2]

मनु के उद्वेलित मानस को श्रद्धा की वाणी शीतलता और सान्त्वना प्रदान करती है—इस भाव को यह बिम्ब कलात्मकता के साथ अभिव्यक्त कर देता है। इस बिम्ब से स्पर्श की सूक्ष्म अनुभूति जाग्रत होती है। लघु-लहरी स्वयं में कोमल स्पन्दनों की सृष्टि करने वाली होती है, पुनः लहरी सुन्दर कल्पना की है और यह कल्पना कोमल-हृदय कवि की कल्पना है। यह सर्वथा नवीन बिम्ब है।

लज्जा के वर्णन में भी कवि ने ऐसे अनेक सूक्ष्म अनुभूतिपूर्ण नवीन बिम्बों की रचना की है। लज्जा स्वयं इतना कोमल भाव है कि स्थूल वर्णन द्वारा उसकी अभिव्यक्ति सम्भव नहीं हैं। कोमल बिम्बों की योजना ही इस अभिव्यक्ति में समर्थ हो सकती है। निम्नलिखित पंक्तियों में नीली किरणों से बने हुए अंचल के ऐसे ही नवीन बिम्ब की योजना हुई है—

1. कामायनी (श्रद्धा), पृ० 46
2. वहीं, पृ० 46

वरदान सदृश हो डाल रही नीली किरणों से बुना हुआ,
यह अंचल कितना हलका सा कितने सौरभ से सना हुआ।[1]

वर्ण, गन्ध और स्पर्श की इतनी कोमल समन्वित अनुभूति को सम्प्रेषित करने वाले बिम्ब अत्यन्त दुलर्भ होते हैं। नीला वर्ण शान्ति और शीतलता प्रदान करता है। नीली किरणों से बुने हुए अंचल का जो बिम्ब उभरता है उसमें स्थूलता नाम मात्र के लिए भी नहीं रहने पाई है। वह बहुत ही हलका है और सौरभ से सना हुआ है। यहाँ एक एक शब्द का चयन बहुत सावधानी से हुआ है। 'सना हुआ' कहने से सुगन्ध की बहुत ही तीव्र संवेदना जगती है, जो किसी अन्य शब्द से नहीं जग सकती थी। इस अंचल के डाले जाने से जिस सुख, सन्तोष और तृप्ति का अनुभव होना चाहिए उसकी अभिव्यक्ति के लिए कवि ने 'वरदान सदृश हो डाल रही'—इस वाक्यांश का प्रयोग किया है। बरदान भावी जीवन के लिए कल्याणकर होता है। इस नीली किरणों के अंचल के डाले जाने से श्रद्धा के मन में ऐसे ही कल्याण का विश्वास है।

प्रसाद जी ने कुछ ऐसे नवीन बिम्बों की भी योजना की है जिनमें व्यापकता और उदारता निहित हैं। मृत्यु, जीवन, आकाश से टूटकर गिरने वाली बिजलियाँ आदि ऐसे विषय हैं जिनके लिए इस प्रकार के बिम्बों की ही योजना अपेक्षित होती है। इनके लिए प्रसाद जी ने भी प्रायः विस्तार की अनुभूति कराने वाले सशक्त नवीन बिम्बों का सृजन किया है। उदाहरणार्थ मृत्यु के लिए उन्होंने अन्धकार में गूंजने वाले अट्टहास का बिम्ब प्रस्तुत किया है—

अन्धकार के अट्टहास सी मुखरित सतत, चिरन्तन सत्य।[2]

इसी प्रकार प्रलयकाल में आकाश से गिरने वाली बिजलियों के लिए कवि प्रसाद ने एक नया, व्यापकता की अनुभूति कराने वाला बिम्ब प्रस्तुत किया है—

पंचभूत का भैरव मिश्रण शम्पाओं के शक्ल निपात,
उल्का लेकर अमर शक्तियाँ खोज रहीं ज्यों खोया प्रात।[3]

यहाँ अन्तिम दो पंक्तियों में 'उल्का लेकर खोये हुए प्रात को खोजती हुई अमर शक्तियों' का बिम्ब एक व्यापक चित्र फलक उपस्थित करता है।

---

1. कामायनी (लज्जा), पृ० 79
2. कामायनी (चिन्ता), पृ० 23
3. वहीं, पृ 19

इड़ा सर्ग में 'जीवन निशीथ के अन्धकार'[1] का बिम्ब भी नवीन है। अन्धकार स्वयं तो अत्यन्त परिचित प्राकृतिक उपादान है किन्तु 'जीवन-निशीथ' के साथ संयुक्त होकर वह एक नया ही प्रतीकात्मक बिम्ब बनाता है। पुनः कवि ने 'अभिलाषा के नव ज्वलन धूम' के बिम्ब द्वारा इस अन्धकार के बिम्ब को परिपुष्ट किया है। यहाँ भी नये (कच्चे) धुएँ का बिम्ब नवीनता लिये हुए है। यहीं अन्धकार को पुष्ट करने वाला एक और नवीन बिम्ब नियोजित हुआ है—

कुहुकिनि अपलक दृग के अंजन। हँसती तुझमें सुन्दर छलना।[2]

जादूगरनी की आँखों में लगा हुआ काजल अन्धकार के समान काला तो होता ही है, वह सम्मोहक और छलने वाला भी होता है। जीवन निशीथ का अन्धकार भी ऐसा ही सम्मोहक और छलपूर्ण है।

अंजन के लिए प्रसाद-काव्य में एक और नवीन बिम्ब मिलता है जिस पर कवि के युग का प्रभाव स्पष्ट झलकता है किन्तु जिसे कवि ने इस रूप में काव्य में प्रथम बार लिया है—

कालापानी वेला सी है अंजन रेखा काली।[3]

'कालापानी' के साथ जो ऐतिहासिक अनुषंग जुड़ा हुआ है वही इस बिम्ब का मुख्य आधार है। ब्रिटिश सरकार ने कितने ही आन्दोलनकारी देशभक्तों को कालापानी का दण्ड दिया और उनके जीवन का स्वर्णिम अंश उस बन्धन में ही समाप्त हो गया। इन पंक्तियों में भी 'कालापानी वेला' के बिम्ब में काले वर्ण की अपेक्षा 'अपने में बाँध लेने' का बोध कहीं अधिक प्रमुख है।

प्रसाद जी के नवीन बिम्बों में अमूर्तगर्भ बिम्बों का स्थान भी महत्त्वपूर्ण है। उन्होंने अनेक अमूर्त भावों को मूर्तरूप प्रदान किया है। इस प्रकार के नवीन बिम्बों की रचना दो प्रकार से हुई है—कुछ में केवल क्रिया का सहारा लिया गया है और 'कुछ को सचेतन प्राणियों के अंगों से जोड़ दिया गया है। उदाहरण के लिए 'विराग' एक अमूर्त भाव है किन्तु 'फेंक देते' क्रिया का कर्म बना दिये जाने से वह मूर्त और साकार हो उठा है—

मैं ? कहाँ मैं ? ले लिया करते सभी निज भाग
और देते फेंक मेरा प्राप्य तुच्छ विराग।[4]

---

1. कामायनी (इड़ा), पृ० 130
2. वही, पृ० 130
3. आँसू, पृ० 29
4. कामायनी (वासना), पृ० 70

'स्फूर्ति' अमूर्त भाव है। किन्तु प्रसाद जी ने 'लहर' में उसे बहुवचन में प्रयोग कर तथा उसे कुछ क्रियाओं का कर्ता बना कर बिम्ब के रूप में ढाल दिया है—

नृत्यशीला शैशव की स्फूर्तियाँ
दौड़कर दूर जा खड़ी हो हँसने लगी।[1]

निम्नलिखित पंक्तियों में 'प्यार' को भी विशेषण और क्रिया की सहायता से मूर्त रूप दिया गया है—

राशि राशि बिखर पड़ा है शान्त संचित प्यार,
रख रहा है उसे ढोकर दीन विश्व उधार।[2]

यहाँ पर 'प्यार' को बिखरना क्रिया का कर्ता बनाया गया है और ढोकर रखना क्रिया का कर्म। इसमें राशि-राशि विशेषण है। इन सबसे संयुक्त होकर प्यार का अमूर्त भाव भी बिम्ब में बँध गया है। इसी प्रकार प्रसाद जी ने मुख्यतः क्रियाओं के सहारे आह्लाद, साधना, तृप्ति, अभिलाषा आदि अनेक अमूर्त भावों के नवीन बिम्ब प्रस्तुत किये हैं।

अमूर्त-गर्भ नवीन बिम्बों में दूसरे प्रकार के बिम्ब वे हैं जिनमें अमूर्त भाव को सचेतन प्राणी के किसी अंग से संपृक्त कर दिया गया है। उदाहरण के लिए 'चेतना' अमूर्त भाव है, किन्तु प्रसाद जी जब लिखते हैं—

खुली उसी रमणीय दृश्य में अलस चेतना की आँखें।[3]

तो 'आँखों' से संपृक्त होकर और अलस विशेषण से मण्डित होकर यह चेतना साकार हो जाती है। इसी प्रकार निम्नलिखित पंक्तियों में 'विचार' में 'पंख' लग जाने से दृश्य-नाद संवेद्य बिम्ब की रचना हो गई है—

निशिचारी भीषण विचार के पंख भर रहे सर्राटे।[4]

प्रसाद जी के नवीन बिम्बों में इस प्रकार के अमूर्त भावों के बिम्बों का महत्त्वपूर्ण स्थान है।

समग्रतः कहा जा सकता है कि प्रसाद जी के काव्य में वस्तु की दृष्टि के नवीन बिम्बों की पर्याप्त संख्या है। उनका चयन विभिन्न क्षेत्रों से हुआ है। उनमें कोमल और

---

1. लहर (प्रलय की छाया), पृ० 60
2. कामायनी (वासना), पृ० 71
3. कामायनी (आशा), पृ० 36
4. कामायनी (निर्वेद) पृ० 167

मधुर, उदात्त और व्यापक सभी प्रकार के बिम्ब हैं।

(ख) **प्रयोग की नवीनता**—नवीन बिम्ब की रचना केवल नवीन वस्तु द्वारा ही नहीं होती, प्रसिद्ध और परम्परागत वस्तु को नवीन रूप में प्रयुक्त करके भी नवीन बिम्ब की सृष्टि होती है। जिन वस्तुओं का प्रयोग पहले इस प्रसंग में किया गया है, उसी वस्तु का दूसरे प्रसंग में प्रयोग बिम्ब को नवीन बना देता है। इसी प्रकार किन्हीं वस्तुओं के सम्बन्ध में चली आती हुई धारणा में परिवर्तन करने से प्रभाव बदल जाता है और बिम्ब में नवीनता आ जाती है। प्राचीन शब्दों को नये अर्थ देकर भी नये बिम्ब की रचना हो सकती है। इस प्रकार के बिम्ब प्रयोग की दृष्टि से नवीन बिम्ब कहलाते हैं।

प्रसाद-काव्य में इस प्रकार के नवीन बिम्ब भी प्रभूत मात्रा में हैं। जैसा हम देख चुके हैं प्रसाद प्राचीन गौरवपूर्ण परम्पराओं के प्रेमी होने पर भी केवल परम्पराओं से बँध कर चलने वाले नहीं थे। इस सम्बन्ध में श्रद्धा के विचारों में स्वयं उनके विचार हो प्रस्फुटित हुए हैं—

> पुरातनता का यह निर्भीक सहन करती न प्रकृति पल एक
> नित्य नूतना का आनन्द किये है परिवर्तन में टेक।[1]

प्रसाद जी ने प्रसिद्ध वस्तुओं को भी जहाँ बिम्बों में बाँधा है वहाँ प्रायः नये सन्दर्भ, नये अर्थ, नये प्रभाव और नयी भंगिमा के साथ ही बाँधा है। उदाहरण के लिए हथेली के लिए पल्लव का उपमान काफी प्रसिद्ध है। किन्तु प्रसाद जी ने उसे एक नये सन्दर्भ में प्रस्तुत किया है—

> जलदागम मारुत से कम्पित पल्लव सदृश हथेली
> धीरे से श्रद्धा की, मनु ने अपने कर में ले ली।[2]

काँपती हुई हथेली के लिए काँपते हुए पल्लव के इस बिम्ब में पल्लव की कोमलता और अरुणिमा के साथ 'जलदागम मारुत' का सम्पर्क शीतलता की अनुभूति भी जगाता है। यहाँ सन्दर्भ की नवीनता के कारण पल्लव के बिम्ब में नवीनता का समावेश हो गया है।

चरण के लिए सरसिज का उपमान अत्यधिक प्रसिद्ध हो चुका है। किन्तु प्रसाद जी ने उसे एक नये सन्दर्भ में इस प्रकार प्रस्तुत किया है—

---

1. **कामायनी (श्रद्धा)**, पृ० 50
2. **कामायनी (कर्म)**, पृ० 104

रविकर-सदृश हेमाभ उंगली से चरण-सरसिज हुआ
उन्निद्र होने से लगे दृग-कंज, कम्प सहज हुआ।[1]

यहाँ सोते हुए राम को सीता द्वारा चरण छूकर जगाने की क्रिया के लिए रविरश्मियों के स्पर्श से उन्निद्र होने वाले कमल का बिम्ब उपस्थित किया गया है। परम्परागत रूप में चरण या नेत्र के लिए कमल का उपमान देकर कवि सन्तुष्ट नहीं हो गया 'रविकर-सदृश हेमाभ उंगली' का स्पर्श इस बिम्ब में स्पर्श संवेदना के साथ-साथ वर्ण-संवेदना तो जगाता ही है साथ ही उसे मांसल भी बना देता है। उन्निद्र होते हुए 'दृग-कंज' में भी कंज परम्परागत है, किन्तु सन्दर्भ की नवीनता के कारण इसमें भी नवीनता आ गई है। इसमें 'रविकर-सदृश हेमाभ उंगली से चरण-सरसिज' छूने का प्रभाव अंकित हुआ है। इस प्रकार सन्दर्भ की नवीनता के कारण यह सम्पूर्ण बिम्ब नवीन बन गया है।

भारतीय काव्य में नेत्रों के उपमान के रूप में और विरह-व्याकुलता की अभिव्यक्ति के लिए मछली का चित्रण प्रायः प्रत्येक युग में हुआ है। किन्तु प्रसाद जी ने इसके प्रसंग को बदल कर 'किसी आशा में अटकी हुई साँस' के लिए सफरी के बिम्ब की व्यंजना की है—

बां'र ले चला है—
काल-धीवर अनन्त में,
साँस, सफरी सी अटकी है किसी आशा में।[2]

प्रसंग-परिवर्तन के साथ ही सम्पूर्ण परिवेश के साथ प्रस्तुत होने के कारण यह बिम्ब प्रयोग की दृष्टि से नवीन और प्रभावशाली बन गया है।

किसी वस्तु के सम्बन्ध में जो धारणा अथवा उसकी जो छवि जन मानस में बनी हुई है, उसे परिवर्तित करने से भी बिम्ब में नवीनता आ जाती है। प्रसाद-काव्य में ऐसे बिम्ब भी दृष्टिगत होते हैं। उदाहरण के लिए ज्वालामुखी जनमानस के लिए आतंककारी प्राकृतिक उपादाब है। सामान्यतः गरम लावा उगलते ही वह प्रलयं-कारी दृश्य उपस्थित कर देता है। किन्तु प्रसाद जी ने श्रद्धा के रूप चित्रण के प्रसंग में ज्वालामुखी की दीप्ति मात्र को ग्रहण करते हुए उसका आकर्षक कोमल बिम्ब अंकित किया है—

---

1. कानन कुसुम (चित्रकूट), पृ० 106
2. लहर (पेशोला की प्रतिध्वनि), पृ० 58

या कि, जब इन्द्रनीललघुश्रृंग फोड़कर धधक रही हो कान्त,
एक लघु ज्वालामुखी अचेत माधवी रजनी में अश्रान्त।[1]

ज्वालामुखी के प्रभाव को परिवर्तित करने के लिए कवि ने माधवी रजनी का विशेष परिवेश प्रस्तुत किया है और ज्वालामुखी के रूप में भी परिवर्तन किया है। यह ज्वालामुखी लघु है, उसका श्रृंग इन्द्रनीलमणियों का बना हुआ है और वह अश्रान्त एवं अचेत है। इन परिवर्तनों के कारण ज्वालामुखी सम्बन्धी भयंकर धारणा के स्थान पर उसका दीप्तिमान और ओजस्वी रूप ही सामने आया है।

प्रसाद जी ने अनेक प्राचीन शब्दों को नया अर्थ देकर उन्हें बिम्ब के रूप में नियोजित किया है। उदाहरण के लिए 'इन्द्रजाल' सामान्यतः बुद्धि को चमत्कृत कर देने वाली मिथ्या सृष्टि के अर्थ में प्रस्तुत होता रहा है, किन्तु जब प्रसाद जी ने 'नयन का इन्द्रजाल' कहा तो उसका अर्थ ही जैसे बदल गया और उसमें बिम्बांकन की क्षमता आ गयी—

और देखा वह सुन्दर दृश्य नयन का इन्द्रजात अभिराम[2]

'क्षितिज' भी एक ऐसा ही शब्द है। इसका अर्थ होता है आकाश। किन्तु जब प्रसाद जी ने 'मेरा चितिज' कहा तो उसके अर्थ की दिशा बदल गयी—

तुम हो कौन और मैं क्या हूँ? इसमें क्या है धरा, सुनो।
मानस जलधि रहे चिर चुम्बित मेरे क्षितिज उदार बनो।[3]

ऐसे ही अनेक शब्दों को अर्थ-भंगिमा में परिवर्तन कर प्रसाद जी ने उन्हें मूर्तता प्रदान की है। इनमें से कुछ ऐसे शब्द भी हैं जिनमें अपना ऐतिहासिक और सांस्कृतिक अनुषंग लिपटा चला आया हैं। उदाहरण के लिए आदि कवि के प्रथम छन्द के साथ कुछ विशेष भावनाएँ लिपटी हुई हैं। कालिदास ने 'निषादविद्धाण्डजदर्शनोत्थः श्लोकत्वमापद्यत यस्य शोकः'[4] कह कर उसका स्मरण किया है। भवभूति ने भी उत्तररामचरित[5] में उसकी चर्चा की है। किन्तु छायावादी कवि प्रसाद ने प्रथम कवि के छन्द का बिम्ब एक दूसरी ही अर्थच्छवि के साथ प्रस्तुत किया है—

1. कामायनी (श्रद्धा), पृ० 43
2. वही, पृ० 42
3. लहर, पृ० 10
4. कालिदास रघुवंशम्, 41/70, पृ० 474
5. देखिए—भवभूति : उत्तररामचरित, 25/5 के पूर्व आत्रयी का कथन, पृ० 54

सुना यह मनु ने मधु गुंजार मधुकरी का सा जब सानन्द,
किये मुख नीचा कमल समान प्रथम कवि का ज्यों सुन्दर छन्द ।[1]

निर्जन प्रदेश में एकाकी मनु द्वारा पहली बार श्रद्धा की वाणी सुन कर इस प्रकार की कल्पना करना स्वाभाविक ही है । इस प्रकार के ही ऐतिहासिक अनुषंग को लपेटे चलने वाला उल्लेखनीय शब्द है—'स्तूप', जो सामान्यतः बौद्ध मत से जुड़ा है । किन्तु प्रसाद जे निराश मनु के लिए इसका बिम्ब उपस्थित किया है—

एक विस्मृति का स्तूप अचेत[2]

जिसमें ऐतिहासिक अनुषंग के साथ एक नवीन अर्थभंगिमा है ।

पारिजात देवताओं का वृक्ष है । इसके वर्ण और ग्रन्थ के साथ एक सांस्कृतिक चेतना भी जुड़ी हुई है । जब प्रसाद जी ने घनीभूत गन्ध संवेदना के सम्प्रेषण के लिए पारिजात कानन का बिम्ब उपस्थित किया तो उसके साथ यह सांस्कृतिक चेतना भी संयुक्त हो गई है—

स्मिति मधु राका थी, श्वासों में
पारिजात कानन खिलता ।[3]

'पारिजात' वृक्ष से प्रसाद के पूर्ववर्ती कवि भी परिचित थे और उन्होंने उसका उल्लेख भी किया है किन्तु प्रसाद ने इस 'पारिजात कानन के खिलने' का बिम्ब नयी भंगिमा के साथ प्रस्तुत किया है । श्रद्धा के मिल जाने से मनु के जीवन में जो परिवर्तन हुआ था उसका स्मरण करते हुए मनु ने ये पंक्तियाँ कही हैं । इन पंक्तियों से मनु की भावनाओं की भी समुचित अभिव्यक्ति हुई है ।

अभिप्रायः यह है कि प्रसाद जी ने जिन बिम्बों के लिए प्राचीन कवियों से अथवा काव्य परम्पराओं से प्रेरणा ग्रहण की है उनमें उनका अपना प्रदेय भी पर्याप्त मात्रा में रहा है । सन्दर्भ-परिवर्तन, नवीन अर्थ-भंगिमा, प्रभाव-परिवर्तन आदि के द्वारा उन्होंने इन बिम्बों को प्रयोग की दृष्टि से नवीन बना दिया है ।

●

1. कामायनी (श्रद्धा), पृ० 41
2. वही, पृ० 45
3. कामायनी (निर्वेद), पृ० 181

पंचम अध्याय

प्रसाद के विचारों से बिम्ब का सम्बन्ध एवं कामायनी का रूपक तत्त्व

काव्य में केवल कवि की अनुभूति ही नहीं, उसके विचारों एवं सिद्धान्तों का भी प्रकाशन होता है। विचारों की सर्वोत्तम काव्यानुरूप अभिव्यक्ति बिम्बों के माध्यम से सम्भव है क्योंकि तत्त्वतः सिद्धान्त प्रतिपादन शास्त्रों का विषय है और कवि जब अपने काव्य में विचारों का प्रकाशन अथवा सिद्धान्तों का प्रतिपादन करता है तो उन्हें सरस और मूर्त बना कर करता है। सरस और मूर्त बन कर विचार भी काव्य के अविभाज्य अंग बन जाते हैं। इस दृष्टि से प्रसाद काव्य का अध्ययन करने के लिए हम यहाँ दो बातों पर विचार करेंगे—(1) बिम्बों द्वारा प्रसाद के सिद्धान्तों एवं विचारों का प्रकाशन और (2) कामायनी के रूपक तत्त्व में बिम्ब का स्थान।

1—बिम्बों द्वारा प्रसाद के सिद्धान्तों एवं विचारों का प्रकाशन

प्रसाद जी कोरे भावुक कवि नहीं थे, वे चिन्तक और विचारक भी थे। अतः उनके काव्य में अनुभूति और चिन्तन का सुन्दर समन्वय हुआ है। मुक्तिबोध के शब्दों में प्रसाद जी का काव्य 'भावुक संवेदनात्मक चिन्तन है। उनके प्रत्येक संवेदन में चिन्तन के कण विद्यमान हैं।'[1] वंश परम्परा से प्राप्त शैव दर्शन सम्बन्धी विचारों, निगम, आगम, उपनिषद् आदि ग्रन्थों के अध्ययन तथा स्ववं के गम्भीर चिन्तन-मनन ने प्रसाद की विचार परम्परा को व्यापक, गहन और सुनिश्चित रूप प्रदान किया था। चिन्तन का जो विकसित रूप कामायनी में व्यक्त हुआ है उसके बीज प्रसाद के आरम्भिक काव्य से ही दृष्टिगत होने लगते हैं। प्रसाद के चिन्तन की यह महत्त्वपूर्ण विशेषता है कि वह एक निश्चित दिशा में बढ़ा है। उसमें भटकाव नहीं है। कवि के काव्य में अनेक सिद्धान्तों एवं विचारों की स्पष्ट अभिव्यक्ति हुई है। किन्तु उनके अधिकांश विचार और सिद्धान्त

---

1. **गजानन माधव मुक्तिबोध : कामायनी एक पुनर्विचार, हिमांशु प्रकाशन, जबलपुर** 1961, पृ० 176

अनुभूति से समन्वित होकर काव्य में बिम्बों के माध्यम से प्रकाशित हुए हैं।

प्रत्यभिज्ञादर्शन

प्रसाद जी के विचारों पर शैव दर्शन का सर्वाधिक प्रभाव है। आरम्भ में शिव के प्रति भक्तिभाव की प्रधानता है, यद्यपि दार्शनिक विचारों की अभिव्यक्ति स्थान-स्थान पर होती रही है। आगे चल कर, विशेषतः कामायनी में, दार्शनिक विचार भक्ति की अपेक्षा प्रबल दिखाई देते हैं।

यद्यपि शैवों की दार्शनिक विचार धारा का अस्तित्व वैदिक काल से ही मिलता है तथापि इसका विकास शिव को परात्पर ब्रह्म मानते हुए आगम ग्रन्थों के आधार पर हुआ है। भारत में मुख्यतया चार शैव दर्शनों का विकार हुआ—(1) नकुलीश पाशुपत दर्शन, (2) शैव दर्शन, (3) लिंगायत दर्शन और (4) प्रत्यभिज्ञा दर्शन। इनमें से प्रथम नकुलीश पाशुपत दर्शन का विकास शैवों के पाशुपत सम्प्रदाय में हुआ। दूसरे शैवदर्शन का विकास तमिल प्रदेश में हुआ और इसे 'शैव सिद्धान्त' के नाम से भी अभिहित किया गया। तीसरे 'लिंगायत दर्शन' का विकास वीर-शैव सम्प्रदाय में हुआ और यह 'शक्ति-विशिष्टाद्वैत' भी कहलाता है। चौथे प्रत्यभिज्ञा दर्शन का विकास कश्मीर में हुआ अतः यह 'कश्मीर शैव दर्शन' भी कहलाया।[1]

प्रसाद जी के दार्शनिक विचारों में प्रत्यभिज्ञादर्शन के विचारों का प्राधान्य है। यह दार्शनिक विचारधारा उनको वंशपरम्परा से प्राप्त हुई, गहन शास्त्रीय अध्ययन से परिपुष्ट हुई और स्वतन्त्र चिन्तन से उसमें यत्र-तत्र परिवर्तन हुआ। प्रत्यभिज्ञादर्शन के प्रवर्तक आचार्य वसुगुप्त माने जाते हैं। इन्होंने 77 शिवसूत्रों का उद्धार कर अपनी 'स्पन्दकारिका' में उनका संग्रह किया। आचार्य वसुगुप्त के दो शिष्यों में से कल्लट ने 'स्पन्द सर्वस्व' लिखकर स्पन्दशास्त्र का प्रवर्तन किया और सोमानन्द ने 'शिवदृष्टि' लिखकर प्रत्यभिज्ञादर्शन का। प्रत्यभिज्ञाशास्त्र के अनुसार जीव द्वारा 'शिवोऽहम्' का प्रत्यभिज्ञान होते ही शिवसाक्षात्कार की स्थिति उत्पन्न हो जाती है।[2] 'कश्मीर प्रत्यभिज्ञादर्शन' पूर्णतया अभेदवादी दर्शन है, जो ईश्वराद्वयवाद अथवा ईश्वराद्वैत भी कहालता है।[3]

प्रत्यभिज्ञादर्शन के अनुसार आत्मा को चैतन्यस्वरूप, चिति, स्वतन्त्ररुपा, परमानन्दमय, प्रकाशैकघन, परमशिव, परासंवित् आदि माना गया है। यह आत्मा

1. देखिए—डा० द्वारिका प्रसाद सक्सेना : कामायनी में काव्य संस्कृति और दर्शन, पृ० 423 से 425
2. देखिए—वही, पृ० 426
3. प्रसाद-दर्शन, पृ० 248

अपनी इच्छा से शिव से लेकर धरणि पर्यन्त छत्तीस तत्वों में अभेदता के साथ स्फुटित होती है। यह सर्वथा स्वतन्त्र और विश्व की निष्पत्ति का कारण है। यह अपने अन्तर्गत ही विश्व का उन्मीलन करती है। निरन्तर सृष्टि, स्थिति, संहार विलय और अनुग्रह—ये पाँच कार्य करती रहती है। विश्व के उन्मीलन के सन्दर्भ में इस आत्मा को 'शक्ति' के नाम से भी पुकारा जाता है जो उस परमात्मा या परमशिव से पूर्णतया अभिन्न है। इसके पाँच प्रमुख रूप हैं जो चित्, आनन्द, इच्छा, ज्ञान और क्रिया कहलाते हैं।

जब यह चैतन्यस्वरूप आत्मा तीन मलों और षट् कंचुकों से आवृत हो जाती है तो जीव कहलाती है। ये मल हैं आणव, कार्य और मायीय। इन मलों को ही पाश और उनसे आबद्ध जीव को पशु भी कहा गया है। यद्यपि जीव आत्मा होने के कारण स्वतन्त्र, व्यापक, सूक्ष्म निर्गुण आदि है तथापि मलों से आवृत्त होने के कारण मलिन, अस्वतन्त्र, अशक्तिमान और अशुद्ध आदि हो जाती है। यह जीव षट्कुंचकों से आवृत होने के कारण प्रमाता, अणु, पुमान् आदि भी कहा जाता है। प्रत्यभिज्ञादर्शन में जीव की मुक्ति के लिए तीन उपाय बताये गये हैं जो शाम्भव, शाक्त और आणव कहलाते हैं। इनमें शाम्भव उपाय सर्वश्रेष्ठ है क्योंकि इससे जीव को स्वरूप ज्ञान होता है। त्रिक् दर्शन में जीव की पाँच अवस्थायें मानी गई हैं—जाग्रत, स्वप्न, सुषुप्ति, तुरीय एवं तुर्यातीत।

जिस प्रकार मूलतः आत्मा अथवा परमशिव और जीव एक ही हैं उसी प्रकार यह सृष्टि भी चिति का ही स्वरूप है। चिति अपनी इच्छा से ही इसका उदय या उन्मेष करती है। यद्यपि दार्शनिक पदावली में विश्व के उन्मेष को 'आभास' या 'आभासन' कहा है तथापि प्रत्यभिज्ञादर्शन में वेदान्त के समान विश्व को 'विवर्त' न मान कर सत्य माना गया है। अभिनवगुप्ताचार्य के अनुसार जिस प्रकार दर्पण में भूमि जल आदि पदार्थ प्रतिबिम्बित होते हैं, वैसे ही पूर्ण संविद् रूप परमेश्वर में यह विश्व भी अभिन्न रूप से अवभासित होता है।[1] तन्त्रालोक के अनुसार शिव सागर के तुल्य है और यह सारा विश्व उस सागर की ऊर्मियों के तुल्य है। अतः यहाँ कार्य-कारण सम्बन्ध नहीं है वरन् ब्रह्म या आत्मा और विश्व में अभेद है।[2] प्रत्यभिज्ञादर्शन में सम्पूर्ण सृष्टि की रचना माया द्वारा मानी गयी है। किन्तु यह माया वेदान्त की माया के समान 'सदसद्भ्यामनिर्वचनीय' नहीं है। अभिनवगुप्ताचार्य ने उसे 'तदवभासकारिणी च परमेश्वरस्य माया नाम शक्तिः' कहा है जिससे वह परमेश्वर की एक शक्ति सिद्ध

---

1. अभिनवगुप्त : ईश्वर प्रत्यभिज्ञाविमर्शिनी (भाग 2), 1922, पृ० 152
2. अभिनवगुप्त : तन्त्रालोक (भाग 2), 1921, पृ० 147

होती है। किन्तु यह स्वतन्त्र नहीं है, परमेश्वर पर आश्रित है। इसके अतिरिक्त जिस आनन्द रूपा शक्ति से यह विश्व उत्पन्न होता है उसे कामकला कहा गया है। यही मूल शक्ति है। यहाँ शिव ही काम हैं और शक्ति ही कला है। अतः कामकला के रूप में शिव-शक्ति के सामरस्य से ही सृष्टि का विकास होता है।

प्रत्यभिज्ञादर्शन में भी 36 तत्त्व माने गये हैं—(1) शिव (2) शक्ति (3) सदाशिव (4) ईश्वर (5) सद्विद्या (6) माया (7) कला (8) विद्या (9) राग (10) काल (11) नियति (12) पुराण (13) प्रकृति (14) बुद्धि (15) अहंकार (16) मन (17-21) पाँच ज्ञानेन्द्रियाँ (22-26) पाँच कर्मेन्द्रियाँ (27-31) पाँच तन्मात्राएँ और (32-36) पाँच महाभूत। विश्वोत्तीर्ण, परम स्वतन्त्र परम शिव जब सृष्टि की कामना करते हैं तो विश्वरूप बन जाते हैं और उन्हें शिवतत्व कहा जाता है। इसी शिवतत्व से सृष्टि का उन्मेष होता है। परमेश्वर की पाँच शक्तियाँ हैं—चित्, आनन्द, इच्छा, ज्ञान और क्रिया। परमेश्वर चित् शक्ति की प्रधानता होने पर शिव, आनन्द की प्रधानता होने पर शक्ति, इच्छा की प्राधानता होने पर सदाशिव, ज्ञान की प्रधानता होने पर ईश्वर और क्रिया की प्रधानता होने पर सद्विद्या कहलाता है। माया, कला, विद्या, राग, काल और नियति षटकुंचुक कहलाते हैं। इनमें माया भेद-सृष्टि की द्योतक है और तीनों पाशों को जन्मदात्री है। कला तत्त्व माया से उत्पन्न होता है और किंचित्कर्तृत्व वाला है! बुद्धि में जितने भाव गोचरीभूत होते हैं उन सभी को उत्पन्न करने वाला तत्त्व विद्या है। सभी भोग्य पदार्थों एवं चित् शक्ति के लिए अभिलाषा उत्पन्न करने वाला तत्व राग है। विशिष्ट कार्य-कारणों की योजना करने वाला और प्रत्येक जीव को अपने-अपने कर्म में लगाने वाला तत्व नियति है। इन षट कुंचकों से आवृत आत्मा को 'अणु' कहते हैं। यही 'अणु' पुराण कहलाता है। सत्व, रज, तम की साम्यावस्था प्रकृति होती है। चिति की इच्छानुसार प्रकृति के इन गुणों में क्षोभ उत्पन्न होता है जिससे बुद्धितत्त्व की सृष्टि होती है। बुद्धितत्त्व से अहंकार, अहंकार से मन, पाँच ज्ञानेन्द्रियाँ (श्रवण, त्वक् चक्षु, जिह्वा, नासिका) पाँच कर्मेन्द्रियों (वाक, पाणि, पाद, वायु, उपस्थ) और पाँच तन्मात्राओं (शब्द, स्पर्श, रूप, रस, गन्ध) की उत्पत्ति होती हैं। पाँच तन्माओं से क्रमशः पाँच महाभूतों (आकाश, वायु, अग्नि, जल, पृथ्वी) की उत्पत्ति होती है।[1]

प्रसाद-काव्य में प्रत्यभिज्ञादर्शन के अधिकांश सिद्धान्तों को अभिव्यक्ति मिली है, किन्तु प्रसाद जी ने अन्य दर्शनों का भी अध्ययन किया था तथा स्णतन्त्र चिन्तन-मनन

---

1. विस्तृत विवरण के लिए देखिए डा० द्वारका प्रसाद सक्सेना : कामायनी में काव्य संस्कृति और दर्शन, पृ० 427-441

भी। फलतः उसके काव्य में हुई प्रत्यभिज्ञादर्शन की विचारधारा में कुछ संशोधन-परिवर्तन भी दृष्टिगत होते हैं। उदाहरणार्थ प्रत्यभिज्ञादर्शन के छत्तीस तत्वों में से प्रथम पाँच तत्व शिव, शक्ति, सदाशिव, ईश्वर और सद्विद्या माने गये हैं, परन्तु प्रसाद जी ने इनको अलग-अलग न मान कर एक ही माना है और उसे चिति, महाचिति आदि नामों से पुकारा है। नियति तत्व को उन्होंने अधिक व्यापक अर्थ प्रदान किया है और समरसता के सिद्धान्त को आध्यात्मिक क्षेत्र के साथ ही सामाजिक, पारिवारिक आदि क्षेत्रों तक विस्तृत कर दिया है। प्रसाद जी ने प्रत्यभिज्ञादर्शन के सिद्धान्तों को बिम्ब के माध्यम से किस प्रकार प्रकाशित किया है, इसे हम देखेंगे।

आनन्दवाद

शैवदर्शन आनन्दवादी दर्शन है। उसकी मान्यता है कि विश्व का स्वाभाविक स्वरूप आनन्दमय है क्योंकि इस विश्व का उन्मीलन चितिशक्ति से हुआ है। प्रसाद जी इस आनन्दवाद के समर्थक हैं। 'काव्य और कला तथा अन्य निबन्ध' में उन्होंने आनन्दवाद के उद्गम की चर्चा की है "आगम के अनुयायियों ने निगम के आनन्दवाद का अनुसरण किया, विचारों में भी और क्रिया में भी। निगम ने कहा था—

आनन्दाद्धयेव खल्विमानि भूतानि जायन्ते, आनन्देन जातानि जीवन्ति।
आनन्दं प्रयन्त्यभिसंविशन्ति ॥

आगमावदियों ने दोहराया—

आनन्दोच्छलिता शक्तिः सृजत्यात्मनमात्मना।

आगम के टीकाकारों ने भी इस अद्वैत आनन्द को अच्छी तरह पल्लवित किया—

विगलित भेद संस्कारमानन्दरसप्रवाहमये पश्यति (क्षेमराज)"[1]

प्रसाद जी ने आनन्दवाद पर केवल विचार ही नहीं किया, उसका चित्रण भी किया है। उन्होंने चित्राधार से लेकर कामयानी तक अनेक काव्य-ग्रन्थों में आनन्द को लहर, सागर, मन्दिर, भूमि, आसन, नृत्य आदि बिम्बों के माध्यम से व्यक्त किया है। चित्राधार की विनय नामक कविता में उन्होंने परमात्मा का नमन करते हुए उसकी विशेषता का उल्लेख किया है—

जो पुण्य छीर पय पापन को विचारे
आनन्द के तरल वीचिन में विहारे।[2]

---

1. काव्य और कला तथा अन्य निबन्ध (रहस्यवाद), पृ० 55
2. चित्राधार, (विनय), पृ० 155

यहाँ द्वितीय पंक्ति में आनन्द के लिए 'तरल वीचियों' का बिम्ब उपस्थित किया गया है। 'विहारे' क्रिया के द्वारा यह बिम्ब साकार हो गया है।

प्रेम पथिक में प्रेम के मार्ग और उसके गन्तव्य की चर्चा करते हुए 'आनन्द-भूमि' का उल्लेख हुआ है—

इस पथ का उद्देश्य नहीं है श्रान्त-भवन में टिक रहना
किन्तु पहुँचना उस सीमा पर जिसके आगे राह नहीं
अथवा उस आनन्द-भूमि में जिसकी सीमा कहीं नहीं।[1]

आनन्द की यह भूमि असीम है। 'आनन्द भूमि' कहने से भूमि के विस्तार का मानस-साक्षात्कार है। प्रेम पथिक में ही दूसरे स्थान पर आनन्द के लिए अम्बुनिधि का बिम्ब उपस्थित किया गया है—

उस सौन्दर्य सुधा सागर के क्या हैं हम तुम दोनों ही
मिलो उसी आनन्द अम्बुनिधि में मन से प्रमुदित होकर
यह जो क्षणिक वियोग वहाँ पर नहीं फटकने पावेगा।[2]

परम शिव आनन्द के सागर हैं। जब जीव परमशिव में मिल जाते हैं तो जीव और जीव का भेद समाप्त हो जाता है, केवल आनन्द की ही सत्ता सर्वत्र विद्यमान रहती हैं। यहाँ आनन्द के लिए 'अम्बुनिधि का बिम्ब तो प्रस्तुत हुआ ही है, 'उसी में मिलो' के प्रयोग से सागर में नदी के मिलने का स्वच्छन्द बिम्ब भी उभरता है। 'बोधसार' में नरहरि स्वामी ने भी शम्भु को आनन्द-सागर ही कहा है—'आनन्द-सागरः शम्भुस्तच्छक्तिर्द्रव उच्यते'।[3] ठीक इसी प्रकार का चित्रण कामायनी में भी हुआ है जहाँ पुरातन पुरुष को आनन्द-सागर और उसकी शक्ति को तरंगें बताया गया है—

चरमिलित प्रकृति से पुलकित
वह चेतन पुरुष पुरातन,
निज शक्ति तरंगायित था
आनन्द अम्बुनिधि शोभन।[4]

1. प्रेमपथिक, पृ० 22-23
2. वही, पृ० 31
3. बोधसार, पृ० 575 (कामायनी में काव्य संस्कृति और दर्शन, पृ० 457 पर उद्धृत)
4. कामायनी (आनन्द), पृ० 227

शैवदर्शन के अनुसार केवल शिव ही नहीं यह विश्व भी आनन्दमय है। इसके लिए ही प्रसाद जी ने श्रद्धा सर्ग में कहा है—'कर रही लीलामय आनन्द महाचित्ति सजग हुई सी व्यक्त।[1] कानन कुसुम में आनद के लिए 'मन्दिर' का उपमान लाया गया है—

वह मूर्ति बोली—भक्तवर ! क्यों यह परिश्रम हो रहा
क्यों विश्व का आनन्द-मन्दिर आह ! तू यों खो रहा ?[2]

इसी कविता में कवि ने परमात्मा, जीव और जगत—तीनों को ही आनन्दमय बताया है। साधक आराध्य और अपने बीच दूरी नहीं देखता। ऐसे स्थल पर कवि ने आनन्द के लिए आसन का बिम्ब अंकित किया है—

आनन्द-आसन पर सुधामन्दाकिनी में स्नात हो
हम और वह बैठे हुए हैं प्रेम पुलकित गात हो।[3]

यहाँ 'हम' से अभिप्राय साधक से है और 'वह' से अभिप्राय है साध्य (परमात्मा) से। जैसे कोई दो व्यक्ति मंदाकिनी में स्नान कर एक ही आसन पर बैठ जाएं उसी प्रकार जीव और परमात्मा दोनों का आधार एक ही है, वह है आनन्द।

इसी कविता में पुनः कवि ने आनन्द के लिए जल की घनी झड़ी का बिम्ब अंकित किया है। जैसे वर्षा की झड़ी लग जाने पर सारी तपन समाप्त होकर शीतलता का साम्राज्य हो जाता है और सब ओर उल्लास और प्रसन्नता का वातावरण बन जाता है, वैसे ही वातावरण की सृष्टि यहाँ भी हुई है—

यह सुन हँसी वह मूर्ति करुणा की हुई कादम्बिनी
फिर तो झड़ी सी लग गई आनन्द के जल की घनी।[4]

वातावरण के ऐसे ही उल्लास के माध्यम से आनन्द की अभिव्यक्ति कामायनी में भी हुई है। तन्मय होकर नृत्य करते समय जिस प्रकार आनन्द की अनुभूति होती है उसी प्रकार शत-शत रूप बदलने वाले नित्य जगत के कणों में विरह-मिलनमय नृत्य हो रहा है और सतत उल्लासपूर्ण आनन्द इस जगत में व्याप्त है—

चिति का स्वरूप यह नित्य जगत
यह रूप बदलता है शत शत

1. कामायनी (श्रद्धा), पृ० 48
2. कानन कुसुम (भक्तियोग), पृ० 36
3. वही, पृ० 37
4. वही, पृ० 38

कण विरह मिलनमय नृत्य निरत
उल्लासपूर्ण आनन्द सतत
तल्लीनपूर्ण है एक राग
झंकृत है केवल जाग जाग ।[1]

यहाँ नृत्य से सम्बद्ध हो जाने के कारण 'आनन्द' केवल अमूर्त धारणा अथवा सिद्धान्त नहीं रह गया है वरन् वह बिम्ब के रूप में उपस्थित होकर मन में 'उल्लासपूर्ण थिरकन' उत्पन्न कर देता है ।

कामायनी के आनन्द सर्ग में परमाणु पराग के मचलने, समीर के इठलाने, उच्छवासों के दल बनाकर चल पड़ने, वल्लरियों के नाचने, मधुकरों के गूँजने, काकली के परिमल से नहाने, विश्व सुन्दरी के तन पर कौशेय वसन की सिकुड़न होने, जीवन की मुरली बजने, रश्मियों के अप्सरो बन कर नाचने, हिमवती प्रकृति के रास-लास में विह्वल होने आदि के बिम्बों के माध्यम से 'आनन्द' की अवस्था की काव्यात्मक अभिव्यक्ति हुई है[2] जहाँ विचार और अनुभूति मिलकर एकाकार हो गये हैं ।

अभेदवाद

अभेदवाद का अर्थ है द्वैत या भेद का अभाव । शैवदर्शन में आत्मा (परमशिव), जीव और सृष्टि में अभेद माना जाता है । यह सम्पूर्ण सृष्टि परम शिव का ही शरीर है । शिव से धरणी पर्यन्त छत्तीसों तत्वों में वह एक परमशिव अभेद रूप से स्फुटित होता है । सृष्टि के रूप में महाचिति ही व्यक्त होती है और आनन्दमयी क्रीड़ा में संलग्न रहती है । प्रसाद जी ने अभेदवाद के सिद्धान्त को पूर्णतः स्वीकार किया है । कवि ने कानन-कुसुम में 'फिर वह हमारा, हम उसी के, वह हमी, हम वह हुए; तब तुम न मुझसे भिन्न हो, सब एक ही फिर हो गये'[3] साधक के इस कथन के माध्यम से इसी अभेदवाद का प्रतिपादन किया है । कामायनी में इसी बात को मनु के द्वारा इस प्रकार कहलवाया गया है—'हम अन्य न और कुटुम्बी, हम केवल एक हमी हैं; तुम सब मेरे अवयव हो, जिसमें कुछ नहीं कमी है ।'[4] कामायनी तक आकर कवि ने इस अभेदवाद की समुचित अभिव्यक्ति की । हिमालय के नीचे और ऊपर जल और हिम के प्रसार को देखकर जड़ और चेतन में एक तत्त्व की प्रधानता का प्रतिपादन करके उसने इस अभेदवाद की ओर ही संकेत किया है—

---

1. कामायनी (दर्शन), पृ० 193-94
2. देखिये—कामायनी (आनन्द), पृ० 232-235
3. कानन-कुसुम (भक्तियोग), पृ० 38
4. कामायनी (आनन्द), पृ० 229

नीचे जल था ऊपर हिम था एक तरल था एक सघन,
एक तत्व की ही प्रधानता कहो उसे जड़ या चेतन।[1]

सागर और लहरों के उपमान द्वारा भी अभेदवाद के सिद्धान्त का प्रतिपाद किया गया है—

चेतन समुद्र में जीवन लहरों सा बिखर पड़ा है
कुछ छाप व्यक्तिगत, अपना निर्मित आकार खड़ा है।[2]

चिति समुद्र है और जीवन लहरें हैं। समुद्र और लहरें एक ही होती हैं। लहरों का केवल बाह्य रूप अपनी व्यक्तिगत छाप लिए रहता है। इसी प्रकार चिति और जीव में तत्त्वतः कोई भेद नहीं है।

सागर का उपर्युक्त उपमान परम्परागत है। किन्तु इससे आगे कवि ने जलधि और बुलबुलों पर ज्योत्स्ना और नक्षत्र का आरोप कर एक नवीन बिम्ब की सृष्टि की है और उसी के माध्यम से उसने अभेदवाद की पुष्टि कर दी है—

इस ज्योत्स्ना के जलनिधि में बुद्बुद सा रूप बनाये,
नक्षत्र दिखायी देते अपनी आभा चमकाये।
वैसे अभेद सागर में प्राणों का सृष्टिक्रम है,
सब में घुल मिल कर रसमय रहता यह भाव चरम है।[3]

सागर में जैसे बुलबुले उठते हैं और ज्योत्स्ना में जैसे तारे बुलबुलों के समान अलग-अलग दिखाई देते हैं, किन्तु जैसे सागर और बुलबुलों में एक ही जल होता है और जैसे ज्योत्स्ना और तारों में एक ही प्रकाश होता है उसी प्रकार महाचिति और सृष्टि में कोई तात्त्विक भेद नहीं है। वस्तुतः उनमें अभेद और अद्वयता है। यहाँ कवि ने ज्योत्स्ना के जलनिधि का और बुलबुलों के समान ज्योत्स्ना के बीच झाँकते हुए तारों का सुन्दर बिम्ब उरेहा है।

समरसता

जब जीव के सम्पूर्ण भेद नष्ट हो जाते हैं और वह पूर्णपरमात्म-भाव को प्राप्त कर लेता है तो वह स्थिति प्रत्यभिज्ञादर्शन में समरसता की स्थिति कहलाती है। जब तक जीव तीन मलों और षट्कंचुकों से आवृत रहता है, तब तक विषमता की स्थिति

1. कामायनी (चिन्ता), पृ० 9
2. कामायनी (आनन्द), पृ० 229
3. वही, पृ० 229

रहती है और जीव का भेद बना रहता है। यह सृष्टि इस विषमता के कारण ही सृष्टि के रूप में दिखाई देती है। इसी विषमता के कारण वह स्पन्दित होती है। विषमता की स्थिति में सुख और दुःख दोनों का अस्तित्व रहता है। जीव संकुचित अवस्था में रहता है। किन्तु जिस प्रकार नदी सागर से मिलकर उससे एकाकार हो जाती है, समुद्र में और नदी में कोई भिन्नता नहीं रह जाती, उसी प्रकार जब जीव आनन्दरूप परमशिव से एकाकार हो जाता है तो केवल सुख या केवल आनन्द रह जाता है और जीव की संकुचित अवस्था समाप्त हो जाती हैं। यह समरसता की अनुत्तरावस्था है।

प्रसाद जी ने अपने काव्य-ग्रन्थों में इस समरसता को अधिक व्यापक रूप में चित्रित किया है। उन्होंने उसे केवल आध्यात्मिक क्षेत्र में ही नहीं व्यावहारिक क्षेत्र में भी स्थापित किया है। प्रेम-पथिक में सागर और नदी के रूपक द्वारा उन्होंने जीव के परम शिव में मिलकर समरस होने का चित्रण किया है—

मिलो उसी आनन्द-अम्बुनिधि में मन से प्रमुदित होकर
यह जो क्षणिक वियोग, वहाँ पर नहीं फटकने पावेगा

आओ गले नहीं प्रत्युत हम हृदय-हृदय से मिल जायें
जीवन पथ में सरिता होकर उस सागर तक दौड़ चलें।[1]

हृदय-हृदय से मिलने में वाह्य भेद को छोड़कर आन्तरिक मिलन का अर्थ बोधित होता है। 'सागर तक दौड़ चलें' से 'आनन्द-सागर' में मिलने की झलक का बोध होता है।

कानन-कुसुम की 'गंगा सागर' नामक कविता में भी नदी और सागर के माध्यम से इस समरसता की ओर संकेत किया गया है—

न घटते बढ़ते निज सीम से तुम कभी, वह बाड़व रूप की
लपट में लिपटी फिरती नदी, प्रिय, तुम्हीं उसके प्रिय लक्ष्य हो।[2]

प्रसाद जी ने 'लहरों के परिणत जीवन' के बिम्ब द्वारा भी इस समरसता की स्थिति की व्यंजना की है—

विच्छेद बाह्य था, आलिंगन वह हृदयों का अति मधुर मिलन
मिलते आहत होकर जलकन लहरों का यह परिणत जीवन।[3]

1. प्रेम पथिक, पृ० 31-32
2. कानन-कुसुम (गंगा सागर), पृ० 81
3. कामायनी (दर्शन), पृ० 196

लहरें जिस प्रकार अन्ततः जलाशय, नदी, सागर आदि के जल में ही विलीन हो जाती हैं और उनका पृथक् स्वरूप समाप्त हो जाता है उसी प्रकार अनेक प्राणियों के जीवन की भिन्नता केवल बाह्य भिन्नता है। उनकी परिणति लहरों के समान ही होती है। वे परमशिव में मिलकर एकाकार हो जाते हैं।

मानस में गहरे धँसने के बिम्ब द्वारा भी प्रसाद जी ने समरसता की ओर बढ़ते हुए जीवन का सुन्दर चित्रण किया है—

चेतन का साक्षी मानव, हो निर्विकार हँसता सा,
मानस के मधुर मिलन में गहरे-गहरे धँसता सा।[1]

मानव तत्वतः चिति का ही रूप है अतः परमात्म-भाव को प्राप्त करने के लिए उसे स्वयं को जानने की आवश्यकता होती है। मानसरोवर में जैसे कोई आदमी प्रवेश करे उसी प्रकार जब मनुष्य अपने मानस में प्रवेश करता है तो उसे अपनी वास्तविकता से साक्षात्कार होता है।

समरसता की स्थिति होने पर एकमात्र चेतनता रह जाती है और अखण्ड आनन्द का सर्वत्र प्रसार हो जाता है, प्रसाद जी ने उस स्थिति का चित्रण कामायनी के अन्त में किया है।[2]

प्रसाद जी ने समरसता को नित्य माना है—'नित्य समरसता का अधिकार, उमड़ता कारण जलधि समान।'[3] इसी प्रकार वे पुरुष और नारी के बीच तथा अधिकार और अधिकारी के बीच समरसता को बात कह कर[4] 'समरसता' को व्यावहारिक जीवन के लिये भी आवश्यक मानते हैं। श्रद्धा भी मानव से यही कहती है—'सबकी समरसता का प्रचार, मेरे सुन सुन माँ की पुकार'।[5]

नियतिवाद

प्रत्यभिज्ञादर्शन में नियति को छत्तीस तत्वों में से ग्यारहवाँ तत्त्व माना गया है।

---

1. कामायनी (आनन्द), पृ० 230
2. समरस थे जड़ या चेतन सुन्दर साकार बना था
   चेतनता एक विलसती आनन्द अखण्ड घना था।
   कामायनी (आनन्द), पृ० 235
3. कामायनी (श्रद्धा), पृ० 49
4. तुम भूल गये पुरुषत्व मोह में कुछ सत्ता है नारी की।
   समरसता है सम्बन्ध बनी अधिकार और अधिकारी की।
   कामयनी (इड़ा), पृ० 333
5. कामायनी (दर्शन), पृ० 195

यह विशिष्ट कार्यों को लिए विशिष्ट कारणों की योजना करती है और प्रत्येक जीव को अपने-अपने कार्य में नियोजित करती है। वह आत्मा की नित्यत्व शक्ति को संकुचित बना देती है। किन्तु यह संकुचित आत्मा का ही नियन्त्रण करती है। जब जीव परमात्मभाव को प्राप्त करने के लिए आगे बढ़ता है तो नियति के नियन्त्रण से वह मुक्त होने लगता है। प्रसाद जी ने भी मनु की इन अवस्थाओं का चित्रण किया है। वे उस एकान्त नियति शासन में विवश होकर धीरे-धीरे चलते हैं।[1] रहस्य सर्ग में पहुँचकर वे नियति के शासन से मुक्त होने लगते हैं। किन्तु प्रसाद जी ने नियति को प्रत्यभिज्ञादर्शन की नियति से कुछ अधिक स्वच्छन्द ओर अधिक प्रभावशाली चित्रित किया है।

प्रसाद जी ने नियति को बिम्ब में अंकित करने के लिए उसे अधिकांशतः नटी के रूप में प्रस्तुत किया है। इस दृष्टि से नियति नटी के दो प्रकार के बिम्ब उपलब्ध होते हैं—एक, उसके मुग्ध और मधुर रूप के बिम्ब और दूसरे, उसके भयंकर एवं त्वरायुक्त रूप के बिम्ब। आँसू में नियति के मुग्धभाव का बिम्बांकन हुआ है—

> नचती है नियति नटी सी कन्दुक क्रीड़ा सी करती
> इस व्यक्त :विश्व आंगन में अपना अतृप्त मन भरती।[2]

यहाँ नियति को केवल कंदुक क्रीड़ा में संलग्न ही नहीं दिखाया है अपितु इस दुखी विश्व के आँगन में अपने अतृप्त मन को तृप्ति देते हुए भी दिखाया है। अभिप्राय यही है कि नियति शान्तभाव से विश्व का संचालन कर रही है।

किन्तु निर्यात के प्रभाव से विश्व में अनेक अकाण्ड ताण्डव होते हैं। जीवन दुःखमय हो जाता है। जीव जिनको कलियाँ समझता है वे काँटे सिद्ध होते है। नियति के इस रूप के चित्रण के लिए भी कवि ने नटी का ही बिम्ब अंकित किया है—

> इस नियति नटी के अति भीषण अभिनय की छाया नाच रही।[3]

अभिनय तो दोनों ही रूपों में होता है—मधुर रूप में भी और भीषण रूप में भी। ये दो प्रकार के अभिनय दर्शक के मन-मस्तिष्क को दो भिन्न रूपों में प्रभावित करते हैं। यहाँ 'भीषण अभिनय' वस्तुतः नियति के भीषण प्रभाव का ही व्यंजक सिद्ध होता है।

बिम्ब की दृष्टि से लहर में निरूपित नियति का भीषण रूप अधिक प्रभावशाली बन पड़ा है—

1. कामायनी (आशा), पृ० 35
2. आँसू, पृ० 51
3. कामायनी (इड़ा), 129

और परिवर्तन वह !
क्षितिज पटी को आन्दोलित करती हुई
नील-मेघ-माला सी
नियति-नटी थी आई सहसा गगन में
तड़ित विलास सी नचाती भौंहें अपनी ।[1]

यहाँ नियति-नटी का सरल बिम्ब नहीं है। नील मेघ माला का एक और बिम्ब उससे संलग्न कर दिया गया है। फलतः एक जटिल बिम्ब की रचना हुई। नटी के उग्र अभिनय के साथ ही मेवमाला की व्यापकता को अनुभूति भी ही जाती है। फलतः पाठक के मानस ने नियति का अत्यन्त विकराल और विराट रूप उभरता है। क्षितिज-पटी को आन्दोलित करने और तड़ित विलास के समान भौंहें नचाने से सम्पूर्ण गुजरात में उसके व्यापक प्रभाव की व्यंजना बहुत सफलतापूर्वक हुई है।

प्रसाद जी के काव्य में नियति के इन शान्त और उग्ररूपों के अतिरिक्त उसके तटस्थ-भाव से कार्यरत होने का चित्र भी अंकित किया गया है।

नियति चलाती कर्म चक्र यह [2]

जैसे कोई कर्मचारी मशीन के किसी पहिये को चलाता है उसी प्रकार यहाँ कर्म-चक्र को चलाने वाली किसी स्त्री के रूप में नियति का बिम्ब उभरता है। यहाँ नियति का तटस्थ भाव से कर्मलीन रूप सामने आता है।

'लहर' में नियति का एक और रूप उभरा है, वह है उसका व्यंग्य-हास करने वाला रूप। मनुष्य अब स्वयं को ही कार्य का कर्त्ता मान कर किसी में लग जाता है और नियति की प्रेरणा के कारण उस कार्य का परिणाम अनुकूल न होकर प्रतिकूल होता है तो उसे नियति व्यंग्य करती प्रतीत होती है। गुर्जरेश्वरी कमला भी जब पद्मिनी के मार्ग का अनुसरण न कर, 'दावानल की ज्वाला' में सुलतान को जलाने का दम्भ लिए गुजरात में युद्ध की घोषणा करवा देती है, किन्तु अन्ततः पराजित होकर और देश से निर्वासित होकर 'बन्दी' बना ली जाती है तो उसे भी नियति व्यंग्य-हास करती हुई दिखाई देती है—

वाह री नियति !
उस उज्ज्वल आकाश में

1. लहर (प्रलय की छाया), पृ० 62-63
2. कामायनी (रहस्य), पृ० 213

पद्मिनी की प्रतिकृति-सी किरणों में बन कर
व्यंग-हास करती थी।[1]

इस प्रकार प्रसाद-काव्य में नियति के अनेक रूपों के बिम्ब अंकित हुए हैं। इनमें से अधिकांश स्थानों पर नियति को 'नटी' के रूप में बिम्बांकित किया गया है।

छत्तीस तत्त्व

प्रत्यभिज्ञादर्शन में सृष्टि के विकास-क्रम में छत्तीस तत्वों का विवेचन किया जाता है। इनमें से अधिकांश तत्त्वों को प्रसाद-काव्य में बिम्ब-रूप में विकसित किया गया है। छत्तीस तत्वों में से प्रथम पाँच तत्त्व हैं—शिव, शक्ति, सदाशिव, ईश्वर और सद्‌विद्या। किन्तु प्रसाद जी ने इनका पृथक्-पृथक् निरूपण नहीं किया। इसके लिए उन्होंने चिति, महाचिति, चेतन आदि नामों का प्रयोग किया है। सम्पूर्ण सृष्टि में यही महाचिति या चेतन व्याप्त है—

कर रही लीलामय आनन्द
महाचिति सजग हुई सी व्यक्त।[2]

यहाँ कवि ने महाचिति का मानवीकरण किया है। जैसे कोई बाला नींद से जाग कर क्रीड़ाओं में लग जाये उसी प्रकार महाचिति विश्व के रूप में व्यक्त होकर आनन्दमयी कीड़ाओं में संलग्न है। अन्यत्र कवि ने चेतन को समुद्र के रूप में अंकित किया है—

चेतन समुद्र में जीवन
लहरों का सा बिखर पड़ा है।[3]

यहाँ तरंगित समुद्र का बिम्ब अंकित है। यहाँ समुद्र को तरंगों से पूर्ण अंकित किया गया है। समुद्र में जो स्थिति तरंगों की होती है, चेतन में वही स्थिति जीव की है। जैसे तरंगें समुद्र से भिन्न नहीं होती हैं उसी प्रकार जीव चेतन से भिन्न नहीं होते।

छत्तीस तत्वों में छठा तत्त्व 'माया' है। माया भेद सृष्टि की द्योतक है। तीन पाशों की रचना भी यही करती है। प्रसाद जी ने माया को इसी रूप में चित्रित किया है। माया पाशों की निर्मात्री है, इस तथ्य को प्रकट करने के लिए उन्होंने पाश बिछाकर पशुओं को फांसने का बिम्ब उपस्थित किया है—

मायाराज्य यही परिपाटी
पाश बिछाकर जीव फाँसना।[4]

---

1. लहर (प्रलय की छाया), पृ० 67
2. कामायनी (श्रद्धा), पृ० 48
3. कामायनी (आनन्द), पृ० 229
4. कामायनी (रहस्य), पृ० 211

यहाँ 'पाश' और 'जीव' शब्दों से जाल और पशु का बोध बोध तो होता ही है जिससे बिम्ब की सृष्टि होती है, साथ ही पाश से तीन मलों की और जीव से मल-कंचुकावृत जीवात्मा की भी व्यंजना होती है।

प्रत्यभिज्ञादर्शन में माया को शिव की ऐसी शक्ति माना गया है जो शिव से अभिन्न है और भेदपूर्ण सृष्टि को उत्पन्न करती है। माया ऐसी विमोहिनी शक्ति मानी गई है जो चेतन के प्रकाश को आच्छादित कर लेती है और जीवात्मा उसे हृदयंगम नहीं कर पाती।[1] प्रसाद जी ने माया के स्वरूप और उसके कार्यों का बोध कराने के लिए चल-चित्र के बिम्ब का सहारा लिया है—

घूम रही है यहाँ चतुर्दिक्
चलचित्रों सी संसृति छाया
जिस आलोक बिन्दु को घेरे
वह बैठी मुसक्याती माया।[2]

चलचित्रों में पर्दे पर छाया चलती फिरती है। वह छाया वास्तविक नहीं होती। वास्तव में वह प्रकाश ही होता है। आलोक के केन्द्र को किस प्रकार की 'फिल्म' आच्चादित कर लेती है उस प्रकार के चित्र पर्दे पर दिखाई देते हैं। इसी प्रकार माया प्रकाश के केन्द्र चित्‌शक्ति को आच्छादित कर लेती है जिसके कारण संसृति की यह छाया दिखाई देती है। इस प्रकार चलचित्र का यह बिम्ब माया के स्वरूप को स्पष्ट करता है।

सातवें से ग्यारहवें तक पाँच तत्त्व हैं—कला, विद्या, राग, काल और नियति। प्रसाद काव्य में काल और नियति को छोड़ कर शेष तीन तत्त्वों का बिम्बात्मक निरूपण नहीं हुआ है। कामायनी के इड़ा सर्ग में इन पाँच तत्त्वों का एक साथ उल्लेख है।[3] आशा सर्ग में कवि ने जाल बुनने (फैलाने) के बिम्ब द्वारा 'काल' का स्वरूप प्रस्तुत किया है—

ग्रहपथ के आलोकवृत्त से काल जाल बुनता अपना।[4]

---

1. ईश्वर प्रत्याभिज्ञाविमर्शिनी, (भाग 1) 1911, पृ० 37
2. कामायनी (रहस्य), पृ० 210
3. या कभी अपूर्ण अंहता में हो रागमयी सी महाशक्ति,
व्यापकता नियति प्रेरणा बन अपनी सीमा में रहे बन्द,
सर्वज्ञ ज्ञान का शुद्ध अंक विद्या बन कर कुछ रचे छन्द,
कर्तृत्व सकल बन कर आवे नश्वर छाया सी ललित कला
—कामायनी (इड़ा), पृ० 137
4. कामायनी (आशा), पृ० 35

काल जीवात्मा को परिमित बनाने वाला तत्त्व है। निमेष, मुहूर्त आदि का ज्ञान भी इसी तत्त्व के कारण होता है। 'ग्रहपथ के आलोकवृत्त से अपना जाल बुनने' के द्वारा काल की विशेषता का बोध सम्यक् रूप से हो जाता है।

बारहवाँ तत्त्व पुरुष है। तीन मलों और षट् कुंकुकों से आवृत आत्मा को पुरुष कहा गया है। पुरुष से अभिप्राय जीव या प्राणी से है। मनुष्यों और पशुओं का जो चित्रण प्रसाद जी ने किया है, उसका विशद् विवेचन हम द्वितीय अध्याय में कर चुके हैं।

तेरहवाँ तत्त्व प्रकृति है। प्रकृति के विभिन्न उपादानों का जो बिम्बांकन हुआ है हमने उसका विवेचन द्वितीय अध्याय में किया है। किन्तु कहीं-कहीं प्रकृति का समग्र रूप से भी बिम्बांकन हुआ है—

दे के ऊषा-पट प्रकृति को हो बनाते सहचरी
भाल के कुंसुम-अरुण की दे दिया बिन्दी खरी। [1]

यहाँ प्रकृति को नारी के सदृश और परमात्मा को पुरुष के सदृश प्रस्तुत किया गया है। इसी प्रकार रास-लास में संलग्न, हँसती हुई प्रकृति का यह बिम्ब है—

मांसल सी आज हुई थी हिमवती प्रकृति पाषाणी
उस रासलास में विह्वल थी हँसती सी कल्याणी। [2]

अन्य तत्त्वों में से पंच तन्मात्राओं का बिम्बाँकन उल्लेखनीय है। एक स्थान पर प्रसाद जी ने उनको आस्वादन का विषय बना कर प्रस्तुत किया है—

पीता हूँ, हां मैं पीता हूँ यह स्पर्श रूप रस गन्ध भरा,
मधु, लहरों के टकराने से ध्वनि में है क्या गुंजार भरा। [3]

किन्तु अन्यत्र सभी तन्मात्राओं को दृश्य बनाकर उनकी वर्ण संवेदना को जगाया गया है। उनको सुघड़ पुतलियों के रूप में प्रस्तुत करते हुए तितलियों से उनकी समानता बताई गई है—

शब्द, स्पर्श, रस, रूप, गन्ध की पारदर्शिनी सुघड़ पुतलियां,
चारों ओर नृत्य करती ज्यों रूपवती रंगीन तितलियाँ। [4]

---

1. कानन-कुसुम (महाक्रीड़ा), पृ० 17
2. कामायनी (आनन्द), पृ० 235
3. कामायनी (काम), पृ० 60
4. कामायनी (रहस्य), पृ० 209

यहाँ 'पारदर्शिनी' शब्द से उनके सूक्ष्म रूप का और 'चारों ओर नृत्य करतीं' से उनकी चंचलता का बोध होता है।

पंच महाभूतों में आकाश, वायु, अग्नि, जल और पृथ्वी—ये पाँच तत्त्व आते हैं। ये स्थूलतम तत्त्व हैं। सम्पूर्ण मौलिक सृष्टि इन्हीं पंचभूतों से निर्मित है। फलतः ये पंचभूत ही व्यापक रूप में काव्य-बिम्बों के विषय बने हैं। प्रसाद-काव्य में आकाश, वायु, अग्नि, अल और पृथ्वी तथा उनसे सम्बद्ध वस्तुओं के जो बिम्ब अंकित किये गये हैं उनका विवेचन द्वितीय अध्याय में 'उपात्तवस्तु के आधार पर वर्गीकरण' के अन्तर्गत किया जा चुका है।

इस प्रकार प्रसाद-काव्य में प्रत्यभिज्ञादर्शन में उल्लिखित छत्तीस तत्त्वों में से अधिकांश के बिम्ब उपस्थित हुए हैं।

प्रसाद जी के विचारों पर प्रत्यभिज्ञादर्शन के अतिरिक्त बौद्ध दर्शन का भी कुछ प्रभाव रहा है। इसीलिए प्रसाद-काव्य में दुःखवाद, क्षणिकवाद और करुणावाद को भी यत्र-तत्र अभिव्यक्ति मिली है। किन्तु यह प्रभाव स्थायी नहीं रहा है अतः यह अभिव्यक्ति भी यत्र-तत्र ही हुई है। शैव दर्शन के अनुसार यह संसार आनन्दमय परमशिव का ही व्यक्त रूप होने के कारण तत्त्वतः आनन्दमय और नित्य है। प्रसाद जी इस आनन्दवादी विचार धारा के समर्थक रहे हैं अतः यद्यपि उन्होंने संसार में दुःख का अस्तित्व स्वीकार किया है और काव्य में उसको बिम्बात्मक अभिव्यक्ति भी दी है तथापि उसे स्थायी तत्त्व नहीं माना। इसके अतिरिक्त जीवन, मृत्यु, सुख, दुःख, सृष्टि, सत्य, प्रेम आदि विषयों से सम्बन्धित विचारों को भी उन्होंने विभिन्न बिम्बों की सहायता से प्रकाशित किया है। इन विचारों में किसी एक दार्शनिक विचारपरम्परा के प्रभाव की अपेक्षा प्रसाद जी का स्वतन्त्र चिन्तन ही अधिक झाँकता है। इस प्रकार के विचाराभिव्यंजक बिम्बों में प्रायः चिन्तन के साथ साथ अनुभूति का भी समुचित समन्वय हुआ है।

सुख-दुःख

जीवन में सुख-दुःख दोनों होते हैं किन्तु प्रधान कौन है—सुख या दुख, यह महत्त्वपूर्ण प्रश्न है। या ऐसा भी हो सकता है कि सुख और दुख दोनों ही किसी एक के ही प्रतिबिम्ब हों। प्रसाद जी ने इस प्रश्न को कामायनी में उठाया है और तारे और बुद्बुद् को क्रमशः सुख और दुख का प्रतीक मानते हुए उनका बिम्बांकत किया है—

जीवन में सुख अधिक या कि दुख, मन्दाकिनि कुछ बोलोगी ?
नभ मे नखत अधिक, सागर में या बुद्बुद् हैं गिन दोगी ?
प्रतिबिम्बित हैं तारा तुम में :सिन्धु मिलन को जाती हो,
ये दोनों प्रतिबिम्ब :एक के इस रहस्य को खोलोगी।[1]

---

1. कामायनी (स्वप्न), पृ० 144

प्रसाद जी के काव्य में अधिकांशतः सुख-दुख के समन्वित स्वरूप को चित्रित किया गया है, किन्तु कहीं-कहीं उन्होंने दुःख की प्रधानता भी प्रदर्शित की है। एक स्थान पर उसकी प्रधानता को प्रकट करने के लिए उन्होंने घन और बिजली का बिम्ब उपस्थित किया है—

इस नील विषाद गगन में—सुख चपला सा दुख-घन में
चिर विरह नवीन मिलन में, इस मरु मरीचिका वन में
उलझा है चंचल मन-कुरंग।[1]

जैसे घन की अपेक्षा बिजली अत्यन्त क्षणिक होती है, उसी प्रकार दुःख की अपेक्षा सुख अत्यधिक क्षणस्थायी होता है। मिलन की अपेक्षा विरह ही स्थायी है। सुख और मिलन तो केवल मरुमरीचिका हैं। इस प्रकार यहाँ कवि ने दो बिम्बों की सहायता से दुःख और विरह के स्थायित्व का प्रतिपादन किया है।

सुख कहीं नहीं है, उच्छ्वास और आँसू की प्रधानता है, इस विचार की अभिव्यक्ति के लिए प्रसाद जो ने 'आँसू' में मानवीकरण का आश्रय लेकर अमूर्तगर्भ बिम्बों की रचना की है—

वेदना विकल फिर आई मेरी चौदहों भुवन में
सुख कहीं न दिया दिखाई विश्राम कहाँ जीवन में ?
उच्छ्वास और आँसू में विश्राम थका सोता है,
रोई आँखों में निद्रा बनकर सपना होता है।[2]

यहाँ वेदना और विश्राम का मानवीकरण हुआ है और दुःख की प्रमुखता प्रतिपादित की गई है। किन्तु प्रसाद अधिकांशतः सुख और दुख का समान अस्तित्व स्वीकार करते हैं। मानव जीवन में विरह-मिलन और सुख-दुःख दोनों मिलकर रहते हैं, इसके लिए प्रसाद जी ने इनके मानवीकरण द्वारा अमूर्तगर्भ बिम्ब की योजना की है—

मानव जीवन वेदी पर परिणय हो विरह-मिलन का
दुख-सुख दोनों नाचेंगे है खेल आँख का मन का।[3]

अन्यत्र दुख-सुख के सहअस्तित्व का बोध कराने के लिए चन्द्रिका और अँधेरी के दृश्य-बिम्ब और पति-पत्नी के स्वच्छन्द बिम्ब की योजना की गई है—

---

1. लहर (अशोक की चिन्ता), पृ० 48
2. आंसू, पृ० 53
3. आँसू, पृ० 46

लिपटे सोते थे मन में दुख-सुख दोनों ही ऐसे
चन्द्रिका अँधेरी मिलती मालती कुञ्ज में ऐसे ।[1]

जीवन में सुख और दुख इस प्रकार घुले मिले होते हैं कि उनको सरलता से अलग नहीं किया जा सकता। इस विचार के प्रकाशनार्थ ये दोनों बिम्ब अत्यन्त समर्थ और सफल हैं।

जीवन में सुख और दुख क्रम से आते हैं, इस क्रम का बोध कराने के लिए कवि ने दिन और रात के बिम्ब को उपस्थित किया है—

दुःख की पिछली रजनी बीच विकसता सुख का नवल प्रभात
एक परदा यह झीना नील छिपाये है जिसमें सुख गात ।[2]

यहाँ कवि दुख की अपेक्षा सुख पर अधिक बल देना चाहता है क्योंकि वह आनन्दवादी दर्शन से प्रभावित है। रजनी के पश्चात् नवल प्रभात की योजना से यह तथ्य सरलता से बोधगम्य हो गया है।

सुख-दुख की एक और स्थिति का चित्रण कामायनी में उस समय हुआ है, जब श्रद्धा के सम्पर्क में आने से दुःख भाग जाता है और केवल सुख शेष रह जाता है। इसके लिए कवि ने नाटक के नेता और विदूषक का बिम्ब अंकित किया है—

सुख सहचर दुःख विदूषक परिहासपूर्ण कर अभिनय
सब की विस्मृति के पट में छिप बैठा था अब निर्भय ।[3]

भारतीय नाट्यशास्त्र में विदूषक को नायक का सहचर कहा गया है। जिस प्रकार विदूषक थोड़ी ही देर के लिए मंच पर आता है और परिहासपूर्ण अभिनय कर पर्दे के पीछे चला जाता है उसी प्रकार जीवन में दुःख कुछ ही समय के लिए आता है और वास्तविकता का साक्षात्कार होने पर वह विस्मृति के गर्भ में चला जाता है।

जीवन

प्रसाद-काव्य में बिम्ब के माध्यम से जीवन की अस्थिरता और उसके स्वरूप पर कई स्थानों पर प्रकाश डाला गया है। जहाँ कवि पर बौद्ध दर्शन का किंचिन्मात्र भी प्रभाव है वहाँ उसने जीवन की क्षणभंगुरता को रूपायित किया है। 'अशोक की चिन्ता' में इस क्षणभंगुरता के लिए कवि ने 'पतंग' के बिम्ब का आश्रय लिया है—

---

1. **आँसू**, पृ० 48
2. **कामायनी (श्रद्धा)**, पृ० 48
3. **कामायनीं (आनन्द)**, पृ० 234

जलता है यह जीवन पतंग
जीवन कितना ? अति लघु क्षण, ये शलभपुंज से कण कण,
तृष्णा वह अनलशिखा बन—दिखलाती रक्तिम यौवन।
जलने की क्यों न उठे उमंग ?[1]

ऐसे स्थलों पर कवि ने जीवन की परिणति दुःखपूर्ण मानी है। इसी कविता में निर्जन उत्सवशाला के बिम्ब द्वारा जीवन की इस दुःखद परिणति की सुन्दर व्यंजना हुई है—

फिर निर्जन उत्सव-शाला, नीरव नूपुर श्लथ माला,
सो जाती है मधु बाला, सूखा लुढ़का है प्याला,
बजती वीणा न वहाँ मृदंग[2]

यहाँ उत्सवशाला के बिम्ब द्वारा कवि ने अत्यन्त कलात्मक लाघव के साथ जीवन के उत्साहपूर्ण रूप और उसकी विषादमय परिणति का तुलनात्मक चित्र उपस्थित किया है। कामायनी में भी जीवन की अस्थिरता की व्यंजना हुई है। एक स्थान पर कवि ने स्फुलिंग के नृत्य के चित्रण द्वारा इसको सुन्दर ढंग से व्यक्त किया है—

यह स्फुलिंग का नृत्य एक पल आया बीता
टिकने को कब मिला किसी को यहाँ सुभीता।[3]

जलती हुई अग्नि में से जैसे कोई चिनगारी निकलकर तेजी से नाचती हुई-सी अन्धकार में विलीन हो जाती है यह जीवन भी इसी प्रकार विलीन हो जाता है, इसमें स्थिरता नहीं है।

एक अन्य स्थान पर प्रसाद जी ने जीवन की क्षणिकता का बोध कराने के लिए नीलघन में बिजली का बिम्ब उपस्थित किया है। मृत्यु को सम्बोधित करते हुए मनु कहते हैं—

जीवन तेरा क्षुद्र अंश है व्यक्त नील घन-माला में
सौदामिनी-सन्धि सा सुन्दर क्षणभर रहा उजाला में।[4]

नील घन-माला में सौदामिनी सन्धि के समान मृत्यु के बीच 'व्यक्त' होने वाले जीवन सम्बन्धी विचार का भगवद्गीता के इस विचार से पर्याप्त साम्य प्रतीत होता है—

---

1. लहर (अशोक की चिन्ता), पृ० 46
2. वही, पृ० 48
3. कामायनी (संघर्ष), पृ० 156
4. कामायनी (चिन्ता), पृ० 24

अव्यक्तादीनि भूतानि व्यक्तमध्यानि भारत।
अव्यक्तनिधनान्यव तत्र का परिदेवना ॥[1]

जीवन के स्वरूप को स्पष्ट करने के लिए कवि ने अन्यत्र कमल-दल पर जल-शिशु की चंचल क्रीड़ा के मनोहर बिम्ब की योजना की है—

वसुधा के अंचल पर
यह क्या कन कन सा गया बिखर ?
जल-शिशु की चंचल क्रीड़ा-सा,
जैसे सरसिज दल पर ।
× × ×
यह क्या है रे मानव जीवन ?[2]

सरसिज-दल पर जल-शिशु की क्रीड़ा जीवन की सुन्दरता और अस्थिरता—दोनों को साथ व्यक्त कर देती हैं। पृथ्वी पर मानव-जीवन की स्थिति कुछ वैसी ही है जैसे आँचल पर कुछ बिखरे हुए कण ।

जीवन कहाँ से आया है यह ज्ञात नहीं है, यह जीवन प्रायः दूसरों के लिए भयावह सिद्ध होता है। इस विचार को व्यक्त करने के लिए प्रसाद जी ने जीवन की समता झंझा-प्रवाह से की है—

किस गहन गुहा से अति अधीर
झंझा प्रवाह सा निकला यह जीवन विक्षुब्ध महा समीर
ले साथ विकल परमाणु पुंज नभ, अनिल, अनल, क्षिति और नीर ।[3]

झंझा प्रवाह जिस प्रकार धूल के कणों आदि को साथ लिये चलता है उसी प्रकार जीवन पंचभूतों से निर्मित शरीर को लेकर चलता है ।

किन्तु प्रसाद के विचार में जीवन का दृप्त, उच्छृंखल रूप वास्तविक नही है। जीवन के इस रूप की अभिव्यक्ति के लिए उन्होंने निर्झरिणी का चित्र उपस्थित किया है—

प्रवल वेग से उठते हैं जब वर्षा की नदियों में दृप्त—
तुमुल तरंग, गरजते-फिरते किसी कूल को प्लावित कर,
वह स्वरूप वास्तविक नहीं है इस जीवन-निर्झरिणी का ।[4]

---

1. भगवद्गीता 2/28
2. लहर, पृ० 30
3. कामायनी (इड़ा), पृ० 128
4. प्रेम-पथिक, पृ० 30

मृत्यु

प्रसाद-काव्य में जीवन के साथ ही मृत्यु सम्बन्धी विचार भी बिम्बों की सहायता से हुए हैं। कामायनी के चिन्तासर्ग में कवि ने मृत्यु को निद्रा कहा है और उसको शीतल बताया है—

मृत्यु अरी चिर निद्रे ! तेरा अंक हिमानी सा शीतल,
तू अनन्त में लहर बनाती काल-जलधि की सी हलचल ।[1]

यहाँ मृत्यु की गोद के स्पर्श-दृश्य-संवेद्य बिम्ब के साथ ही अनन्त की लहरों का छायात्मक बिम्ब और जलधि की हलचल का दृश्य बिम्ब भी प्रस्तुत हुआ है। इससे आगे कवि ने संगीत पर आधारित श्रवणपरक बिम्ब के द्वारा मृत्यु-सम्बन्धी अपना विचार प्रकट किया है—

महानृत्य का विषय सम, अरीं अखिल स्पन्दनों की तू माप[2]

जीवन महानृत्य के समान है जो एक लय पर चलता है। जैसे संगीत में संगीतकार लय समाप्त कर ताल पर आ जाता है, जीवन में उसी प्रकार का परिवर्तन मृत्यु द्वारा उपस्थित होता है। संगीत की परिभाषा में इसको 'सम' कहा जाता है। मृत्यु के आगमन के साथ ही जीवन की सम्पूर्ण स्पन्दनशीलता समाप्त हो जाती है। इसीलिए 'विषय सम' है।

इसी स्थल पर, अन्त में, प्रसाद जी ने मृत्यु का अत्यन्त प्रभावशाली ध्वनि-दृश्य संवेद्य बिम्ब प्रस्तुत किया है—

अन्धकार के अट्टहास सी मुखरित सतत चिरन्तन सत्य
छिपी सृष्टि के कण कण में तू यह सुन्दर रहस्य है सत्य[3]

जैसे अन्धकार में कुछ दिखाई नहीं देता, फिर भी यदि कोई अट्टहास करे तो वह सुनाई देता है, उसी प्रकार मृत्यु आती हुई अनुभव होती है, दीखती नहीं। जिस प्रकार अन्धकार में अट्टहास भयावह प्रतीत होता है, उसी प्रकार मृत्यु का अगमन भी भयावह होता है। जिस प्रकार कोई व्यक्ति अन्धकार में छिपा रहता है उसी प्रकार यह मृत्यु कण कण में छिपी हुई है और उसके अट्टहास की गूंज निरन्तर सुनाई देती है। इस प्रकार यहाँ कवि ने 'अन्धकार के अट्टहास' के अकेले बिम्ब द्वारा भी मृत्यु की अनेक

---

1. कामायनी (चिन्ता), पृ० 23
2. वही, पृ० 23
3. वही, पृ० 23

विशेषताओं की व्यंजना कर दी है। जीवन और मृत्यु का सम्बन्ध स्पष्ट करने के लिए प्रसाद जी ने घन और बिजली से भी उनका सादृश्य स्थापित किया है—

जीवन में मृत्यु बसी है
जैसे बिजली हो घन में[1]

परमाणु

परमाणु किसी पदार्थ का वह सबसे छोटा भाग है जिसमें उस पदार्थ के गुण विद्यमान रहते हैं। आज का विज्ञान यह मानता है कि सम्पूर्ण भौतिक पदार्थों की रचना परमाणुओं से हुई है। न्याय-वैशेषिक दर्शन में भी परमाणु सिद्धान्त का विवेचन हुआ है और सृष्टि की रचना परमाणुओं से मानी गई है। प्रसाद जी ने भी सृष्टि की रचना परमाणुओं से मानी है। किन्तु मुख्य अन्तर यह है कि उन्होंने सुन्दर बिम्बों के माध्यम से इस तथ्य की अभिव्यक्ति की है—

वह मूलशक्ति उठ खड़ी हुई अपने आलस का त्याग किये
परमाणु बाल सब दौड़ पड़े जिसका सुन्दर अनुराग लिये।
कुंकुम का चूर्ण उड़ाते से मिलने को गले ललकते से
अन्तरिक्ष के मधु उत्सव में विद्युत्कण मिले झलकते से।[2]

यहाँ परमाणुओं को बालकों के रूप में अंकित किया गया है। 'कुंकुम का चूर्ण उड़ाते से' में एक सुन्दर वातावरण का चित्रण तो हुआ ही है साथ ही इस तथ्य की ओर भी संकेत है कि पिण्ड आरम्भ में गैसीय रूप में थे और धीरे-धीरे इन गैसों का संघनन हुआ। परमाणुओं के मिलने के लिए कवि ने एक सुन्दर बिम्ब दिया—'मिलने को गले ललकते से'। प्रसाद-जी ने यहीं 'विद्युत्कण' के झलकते हुए मिलने का भी चित्र अंकित किया है। आधुनिक विज्ञान यह मानता है कि परमाणु की रचना विद्युत्कण से हुई है। ये 'इलैक्ट्रोन' 'न्यूट्रोन' 'प्रोटोन' और 'पोजीट्रोन' के नाम से पुकारे जाते हैं। प्रसाद जी ने अन्यत्र भी इन विद्युत्कणों का उल्लेख किया है।[3]

अन्य विचार

प्रसाद-काव्य में यत्र-तत्र अन्य विचारों की भी बिम्बात्मक अभिव्यक्ति हुई है।

---

1. आंसू, पृ० 50
2. कामायनी (काम), पृ० 62-63
3. उहाहरणार्थ—शक्ति के विद्युत्कण, जो व्यस्त विकल बिखरे हैं हो निरुपाय,
   समन्वय उनका करे समस्त विजयिनी मानवता हो जाय।
   —कामायनी (श्रद्धा), पृ० 53

'सत्य' क्या है इसको जानना बहुत ही कठिन है, ऐसा मत प्राचीनकाल से रहा है। किन्तु प्रसाद जी ने सत्य के सम्बन्ध में दूसरा ही विचार प्रस्तुत किया है। बुद्धि अपने अनुसार किसी भी विचार को 'सत्य' नाम दे देती है। किन्तु जब इसे तर्क की कसौटी पर कसा जाता है तो यह स्थिर नहीं रहता। प्रसाद जी ने इस तथ्य को पिंजड़े में पाले गये तोते और छुई-मुई के बिम्बों द्वारा व्यक्त किया है—

> और सत्य ! यह एक शब्द तू कितना गहन हुआ है,
> मेधा के क्रीड़ा-पंजर का पाला हुआ सुआ है।
> सब बातों में खोज तुम्हारी रट सी लगी हुई है,
> किन्तु स्पर्श से तर्क करों के बनता छुई मुई है।[1]

जिस प्रकार तोता पालने वाला तोते को अपनी इच्छानुसार बोलना सिखाता है और उससे खिलवाड़ करता है, उसी प्रकार बुद्धि सत्य को अपने अनुसार परिचालित करती और उससे खिलवाड़ करती है। सत्य स्वतन्त्र नहीं रहता।

परिवर्तन प्रकृति का ध्रुव सत्य है। प्रकृति को प्राचीनता सहन नहीं होती। इस तथ्य की अभिव्यक्ति के लिए प्रसाद जी ने 'बासी फूलों से शृंगार' और 'पुरातनता का निर्मोक'—इन दो बिम्बों की सहायता ली है। कोई नारी जिस प्रकार बासी फूलों से शृंगार नहीं करती, शृंगार के लिए उसे ताजे फूलों की आवश्यकता होती है, उसी प्रकार प्रकृति को प्राचीनता के स्थान पर नवीनता ही प्रिय है—

> प्रकृति के यौवन का शृंगार करेंगे कभी न बासी फूल
> मिलेंगे वे जाकर अति शीघ्र आह उत्सुक है उनकी धूल।[2]

बासी फूलों की परिणति धूलिसात होने में होती है उसी प्रकार प्रकृति में प्राचीनता का स्थान नवीनता ले लेती है। साँप पुरानी केंचुल को नहीं ढोता, उसे छोड़ देता है, उसी प्रकार प्रकृति भी पुरातनता को छोड़ देती है—

> पुरातनता का यह निर्मोक सहन करती न प्रकृति पल एक[3]

मनुष्य का विकास आत्म-केन्द्रित रह कर नहीं हो सकता, इसके लिए प्रसाद जी ने पुष्पों का उदाहरण लिया है। श्रद्धा मनु को समझाती हुई कहती है—

> ये मुद्रित कलियाँ दल में सौरभ को बन्दी कर लें
> सरस न हो मकरन्द विन्दु से खुलकर, तो ये मर लें
> सूखें, झड़ें और तब कुचले सौरभ को पाओगे।[4]

---

1. कामायनी (कर्म), पृ० 90
2. कामायनी (श्रद्धा), पृ० 50
3. वही, पृ० 50
4. कामायनी (कर्म), पृ० 110

'अपने में सब कुछ भर कैसे व्यक्ति विकास करेगा',[1] इस तथ्य की अभिव्यक्ति उपर्युक्त पंक्तियों में भलीभाँति हो जाती है।

बुद्धिवाद के सम्बन्ध में प्रसाद जी के अपने विचार हैं और ये विचार मुख्यतः कामायनी में व्यक्त हुए हैं। बुद्धि के बल पर निर्मित अधिकार धीरे-धीरे अपनी सीमाएँ तोड़ने लगते हैं, इसके लिए प्रसाद जी ने निर्झर का बिम्ब उपस्थित किया है—

अधिकार न सीमा में रहते पावस निर्झर से वे बहते[2]

वर्षाकाल में निर्झर अपनी सीमाओं को तोड़कर बहने लगते हैं, इसी प्रकार अधिक से अधिक सुख का संग्रह करने के लिए व्यक्ति अपने अधिकारों को बढ़ाने के लिए प्रयत्नशील रहता है।

नियम बनाने वाले अपने नियमों को तोड़ते है इसके लिए कवि ने मद्यप का बिम्ब उपस्थित किया है—

नियमों की करनी सृष्टि जिन्हें
विप्लव की करनी दृष्टि उन्हें
सब पिये मत्त लालसा घूँट[3]

नित्य बनते और टूटते नियमों के लिए कवि ने घिरते और हटते मेघों की उपमा दी है—

टूटते, नित्य बन रहे नियम
नाना केन्द्रों में जलधर सम
फिर, हट बरसे ये उपलोपम[4]

बुद्धि द्वारा निर्मित नियम समाज के लिए कभी कभी इसी प्रकार विनाशकारी सिद्ध होते हैं जिस प्रकार जल की वर्षा कर समाज का कल्याण करने वाले मेघ उपल-वर्षा कर देते हैं।

इस विवेचन से हम इस निष्कर्ष पर पहुँचते हैं कि प्रसाद जी के काव्य में विचार तत्त्व आरम्भ से ही विद्यमान हैं, किन्तु बिम्ब-रूप में उसकी सफल अभिव्यक्ति की क्षमता का विकास धीरे-धीरे हुआ है। आरम्भ में विचारों का संप्रेषण प्रायः अर्थ-

1. कामायनी (कर्म), पृ० 109
2. कामायनी (दर्शन), पृ० 191
3. वही, पृ० 191
4. वही, पृ० 191

बोध के धरातल तक सोमित रहता है। उसमें विचारों के प्रकाशन के लिए जिस प्रकार की अप्रस्तुत-योजना का सहारा लिया गया है वह प्रायः मानस छवियाँ अंकित करने में समर्थ नहीं होती। मानस छवियाँ अंकित करने की यह क्षमता उनके परवर्ती काव्य में आ सकी है। दूसरे, प्रसाद जी के दार्शनिक विचारों की बिम्बात्मक अभिव्यक्ति की अपनी एक सीमा है। वे ऐसे विचारों की अभिव्यक्ति में, कहीं न कहीं, दार्शनिक ग्रन्थों में निरूपित उपमानों से बँधे रहते हैं। इनकी अभिव्यक्ति में बिम्बों का वह वैविध्य और वैभव दृष्टिगत नहीं होता जो उनकी स्वच्छन्द अनुभूति के प्रकाशन में दिखाई देता है। इसीलिए 'आनन्द' और 'चेतन' के लिए सर्वत्र सागर का बिम्ब प्रस्तुत हुआ है और 'नियति' के लिए नटी का। किन्तु सुख, दुःख, जीवन, मृत्यु आदि के जो विचार पूरी तरह किसी दार्शनिक मतवाद से बँधे हुए नहीं हैं, उनके प्रकाशन में नियोजित बिम्बों का ऐश्वर्य एवं वैविध्य आकर्षक है। इस सबके पीछे मुख्य कारण यह है कि जहाँ कवि के विचार केवल बौद्धिक धरातल तक सीमित रहे हैं वहाँ वह सुन्दर बिम्ब-योजना नहीं कर सका है, किन्तु जहाँ ये विचार बौद्धिक धरातल से उठकर अनुभूति के धरातल का भी स्पर्श कर सके हैं वहीं मानस को आन्दोलित करने वाले, इन्द्रिय-संवेद्य, सशक्त बिम्बों की रचना हो गई है। इन स्थलों पर एक ओर तो नये बिम्बों की योजना हुई है और दूसरी ओर शास्त्रों में उल्लिखित उपमान रूप और क्रिया से समन्वित होकर नवीन और प्रभावोत्पादक बन गये हैं। जीवन, मृत्यु, सुख, दुःख आदि से सम्बन्धित, इस अध्याय में विवेचित, बिम्बों की सुन्दर योजना विचार और अनुभूति के समन्वय से ही सम्भव हुई है। दार्शनिक विचारों की अभिव्यक्ति में भी जहाँ कवि अपने विचारों को रागात्मकता से सभन्वित कर सका है, वहाँ सुन्दर बिम्बों का सृजन हुआ है। प्रभाव-साम्य पर आधारित 'आनन्द' के जल की घनी झड़ी का बिम्ब[1] क्षितिज पटी को आन्दोलित करती हुई, तड़ित् विलास सी भौंहें नचाती हुई, सहसा गगन में आ जाने वाली, नील मेघमाला-सी नियति नटी का बिम्ब[2] या रूपवती रंगीन तितलियों के समान चारों ओर नृत्य करती हुई शब्द, स्पर्श, रूप, रस, गंध (तन्मात्राओं) की सुघड़ पुतलियों का बिम्ब[3]—ये सभी बिम्ब दार्शनिक मतवाद से सम्बद्ध हो कर भी इसीलिए प्रमाता के मानस में सुन्दर छवियाँ अंकित करने में समर्थ हैं क्योंकि कवि के विचार यहाँ रागात्मकता को साथ लेकर चले हैं।

1. कानन कुसुम, पृ० 38
2. लहर, पृ० 62-63
3. कामायनी (रहस्य), पृ० 209

संक्षेप में, जहाँ कवि केवल किसी दार्शनिक मतवाद से बँधा रहा है और साथ ही उसके विचार केवल बौद्धिक धरातल तक सीमित रहे हैं, ऐसे स्थलों को छोड़ कर सर्वत्र कवि प्रसाद को अपने विचारों की बिम्बात्मतक अभिव्यक्ति में सफलता मिली है।

2—बिम्ब और कामायनी का रूपक तत्व

आदि पुरुष मनु का जो इतिहास वेदों से लेकर पुराणों तक बिखरा हुआ मिलता है, प्रसाद जी ने उसका अध्ययन और संशोधन कर कामायनी की रचना की है। कामायनी की यह कथा मुख्यतः ऐतिहासिक है। किन्तु इस ऐतिहासिक कथा के साथ रूपक तत्त्व का भी निर्वाह हुआ है। स्वयं प्रसाद जी ने कामायनी की भूमिका में लिखा है—'यह आख्यान इतना प्राचीन है कि इतिहास में रूपक का भी अद्‌भुत मिश्रण हो गया है। इसीलिए मनु, श्रद्धा और इड़ा इत्यादि अपना ऐतिहासिक अस्तित्व रखते हुए, सांकेतिक अर्थ की भी अभिव्यक्ति करें तो मुझे कोई आपत्ति नहीं। मनु अर्थात् मन के दोनों पक्ष हृदय और मस्तिष्क का सम्बन्ध क्रमशः श्रद्धा और इड़ा से भी सरलता से लग जाता है।'[1] और 'यदि श्रद्धा और मनु अर्थात् मनन के महयोग से मानवता का विकास रूपक है, तो भी बड़ा ही भावमय और श्लाघ्य है। यह अनुष्यता का मनोवैज्ञानिक इतिहास बनने में समर्थ हो सकता है।'[2] इन कथनों के आधार पर हमको निम्नलिखित तथ्य उपलब्ध होते हैं—

1—कामायनी में इतिहास प्रमुख है।

2—इसमें इतिहास में रूपक का मिश्रण हो गया है।

3—मनु, श्रद्धा और इड़ा इत्यादि अपना ऐतिहासिक अस्तित्व रखते हुए सांकेतिक अर्थ की भी अभिव्यक्ति करते हैं। इनका सम्बन्ध क्रमशः मन, हृदय और बुद्धि से लग जाता है।

4—यह रूपक मनुष्यता का मनोवैज्ञानिक इतिहास बनाता है। कामायनी पर विचार करने वाले अधिकांश विद्वानों ने कामायनी के इस रूपक तत्व की ओर ध्यान दिया है। महादेवी जी के शब्दों में कामायनी महाकाव्य 'ऐतिहासिक धरातल पर भी प्रतिष्ठित है और सांकेतिक अर्थ में मानव विकास का रूपक भी कहा जा सकता है।'[3] दिनकर जी भी लिखते हैं 'कामायनी की कहानी एक अनगढ़ मनुष्य की सिद्धि-यात्रा की

---

1. **कामायनी (आमुख), पृ० 7**
2. **कामायनी (आमुख), पृ० 4**
3. **महादेवी वर्मा : 'कामायनी एक परिचय' की भूमिका, ग्रन्थ लेखक गंगा प्रसाद पाण्डेय, इलाहाबाद, 1949 पृ० 8**

कहानी हैं ।'[1] और 'इस स्थूल कथा से सूक्ष्म कथा ध्वनित होती है'[2] डॉ० सम्पूर्णानन्द ने कामायनी सम्मेलन में अध्यक्ष पद से दिये गये भाषण में भी कामायनी के रूपक तत्त्व की चर्चा की और योग के आधार पर उसकी व्याख्या की ।[3] डा० नगेन्द्र के शब्दों में 'मूल रूप से नहीं तो गौणरूप से कामायनी में रूपक तत्त्व निश्चय ही विद्यमान है ।'[4]

कामायनी में इस रूपक-तत्त्व के निर्वाह का अध्ययन करने से पूर्व रूपक-तत्त्व के अभिप्राय को संक्षेप में समझ लेना आवश्यक है ।

इस समय हिन्दी में रूपक शब्द का मुख्यतः तीन अर्थों में प्रयोग होता है जिनमें से इसका दो अर्थों में प्रयोग भारतीय साहित्य-शास्त्र में प्राचीन काल से होता रहा है—एक तो दृश्य-काव्य के अर्थ में और दूसरे साम्यमूलक अलंकार के एक भेद के अर्थ में । दृश्य-काव्य को रूपक इसलिए कहा जाता है क्योंकि इसमें अभिनेता किसी पात्र-विशेष की अवस्था का स्वयं पर आरोप करके तदनुरूप अभिनय करता है—'रूपकं तत्समारोपात् ।'[5] अर्थालंकार के रूप में रूपक वहाँ माना जाता है जहाँ प्रस्तुत पर अप्रस्तुत का निषेधरहित आरोप किया जाता है ।[6] रूपक का तीसरा अर्थ आधुनिक है । हिन्दी में इस अर्थ में रूपक काव्य, कथारूपक, अध्यवसित रूपक आदि कई शब्दों का प्रयोग हो रहा है । ये सभी शब्द अंग्रेजी शब्द 'एलिगरी' के पर्याय हैं । इस अर्थ में रूपक वहाँ माना जाता है जहाँ एक कथा पर दूसरी कथा का आरोप होता है । डॉ० नगेन्द्र के शब्दों में इस 'विशिष्ट अर्थ में रूपक से तात्पर्य एक ऐसी द्व्यर्थक कथा से है जिसमें किसी सैद्धान्तिक अप्रस्तुतार्थ अथवा अन्यार्थ का प्रस्तुत अर्थ पर अभेद आरोप रहता है ।'[7] अभिप्राय यह है कि इस अर्थ में रूपक में दो कथाएँ होती हैं, एक मुख्य और दूसरी गौण । मुख्य कथा स्थूल और बाह्य-घटनापूर्ण होती है और गौण कथा सूक्ष्म और सैद्धान्तिक । इसकी सिद्धि के लिये रचनाकार प्रायः प्रतीकात्मक पात्रों का सृजन करता है।

---

1. रामधारी सिंह दिनकर : पन्त, प्रसाद और मैथिलीशरण, पटना, 1958 पृ० 41
2. वही, पृ० 42
3. देखिए निर्मल तालवार द्वारा सम्पादित 'प्रसाद' नामक में संकलित 'कामायनी दर्शन'—पृ० 80-82
4. डॉ० नगेन्द्र : कामायनी के अध्ययन की समस्याएँ, दिल्ली, 1965 पृ० 42
5. धनंजय : दशरूपक 1/7, पृ० 4
6. राम दहिन मिश्र : काव्य दर्पण, पृ० 465
7. डा० नगेन्द्र : कामायनी के अध्ययन की समस्याएँ, पृ० 42

डॉ० शम्भूनाथ सिंह ने इस विशिष्ट अर्थ में रूपक के चार भेदों का उल्लेख किया है—

1—जिसमें पात्र सूक्ष्म भावनाओं या वस्तुओं के मानवीकृत रूप होते हैं।

2—जिसमें पात्र मानवीकृत तो नहीं होते, पर प्रतीकात्मक अवश्य होते हैं।

3—जिसमें पात्र मानवेतर जीवित प्राणी या जड़ पदार्थ होते हैं। वे पात्र मानव भाषा बोलते, समझते और मानवों से बातचीत भी करते हैं।

4—जिसमें पात्र तो स्वाभाविक होते हैं, घटनाएँ भी यथार्थ और कभी-कभी ऐतिहासिक होती हैं, पर उसका समिष्ट प्रभाव गूढ़ार्थ-व्यंजक होता है। उसमें रचनाकार पात्रों का ऐसा मनोवैज्ञानिक और यथार्थ चरित्र चित्रित करता है और ऐसी घटनाओं और परिस्थितियों का चुनाव करता है कि पूरी कथा मानव-जीवन के किसी चिरन्तन सत्य की ओर भी संकेत करती है।

रूपक-कथा के रूपों में विभिन्नता होते हुए भी उनमें यह एक बात सामान्य रहती है कि प्रस्तुत कथा में कोई गूढ़ार्थ अवश्य निहित रहता है।[1]

डा० शम्भूनाथ सिंह द्वारा निरूपित रूपक कथा के चार भेदों में से कामायनी को उन चौथे भेद के अन्तर्गत रखा जायेगा। किन्तु उसमें एक ऐसी विशेषता है जो सामान्यतः चौथे भेद के अन्तर्गत रखे जाने वाली रूपक कथाओं से उसे अलग कर देती है। उसके तीनों प्रमुख पात्रों मनु, श्रद्धा और इड़ा का व्यक्तित्व दुहरा है। एक ओर तो वे ऐतिहासिक व्यक्ति हैं और दूसरी ओर वे अन्तःकरण की तीन वृत्तियों—मन, हृदय एवं बुद्धि—के मूर्त और मानवीकृत रूप भी हैं।

कामायनी में रूपक तत्त्व का निर्वाह किस प्रकार हुआ है, इसका अध्ययन बिम्ब की दृष्टि से भी किया जा सकता है। कामायनी के प्रमुख पात्रों के ऐतिहासिक व्यक्तित्व तो बिम्ब के माध्यम से प्रस्तुत हुए ही हैं, साथ ही अन्तःकरण की वृत्तियों के मानवीकृत रूपों को भी बहुत सीमा तक बिम्ब के माध्यम से अभिव्यक्त किया गया है। इस प्रकार कामायनी के 'आमुख' में प्रसाद जी ने जिस रूपक की सम्भावना व्यक्त की है—'यह (रूपक) मनुष्यता का मनोवैज्ञानिक इतिहास बनने में समर्थ हो सकता है[2]—कामायनी में उस रूपक तत्त्व का निर्वाह बिम्बों की सहायता से भी हुआ है। मनु, श्रद्धा, इड़ा

1. देखिए—डा० शम्भूनाथ सिंह : **हिन्दी महाकाव्य का स्वरूप विकास**, पृ० 181-82

2. **कामायनी (आमुख)**, पृ० 4

आदि के अप्रस्तुत पक्षों को क्रमशः देखकर इस तथ्य को भलीभाँति समझा जा सकता है।

मनु

कामायनी में मनु एक ओर तो आदि पुरुष हैं जो देव-सृष्टि एवं मानव-सृष्टि के सन्धिस्थल पर विद्यमान हैं ओर दूसरी और वे मन के मानवीकृत रूप हैं। 'मन्यते अनेन इति मनुः—जिसके द्वारा मनन किया जाये वह मन है; वही मनु हैं।'[1] मन अन्तःकरण की संकल्पात्मक-विकल्पात्मक वृत्ति है। प्रसाद जी ने कामायनी में मनु को जिस रूप में अंकित किया है, वह चिन्ता सर्ग से निर्वेद सर्ग तक मन के इस रूप का प्रतिनिधित्व करता है। दर्शन से आनन्द सर्ग तक अन्तःकरण की विश्वासमयी रागात्मिका वृत्ति का प्रतिनिधित्व करने वाली श्रद्धा के प्रभाव से मन के प्रतिनिधि मनु क्रमशः संकल्प-विकल्पजन्य अस्थिरता और क्लेश से मुक्त होकर धीरे-धीरे आनन्द की स्थिति में पहुँचते हैं। अतः अस्थिरता और क्लेश से स्थिरता और आनन्द तक की मनु की यात्रा सांकेतिक रूप में मन की ही यात्रा है।

आरम्भ में (चिन्ता सर्ग में) मन की निराश दशा का चित्रण हुआ है। मृत्यु का आतंक मन को अभिभूत किये हुए है। एकाकीपन, विराट प्रकृति की उपेक्षावृत्ति और सुखद अतीत की स्मृतियाँ मन की हताशा को और गहरा बना देती हैं। आशा सर्ग में प्रकृति के अनुकूल परिवर्तन से मन में उत्साह जगता है, मन के अहं भाव का उदय होता है, जिजीविषा उसे कर्म की प्रेरणा देती है किन्तु साथ ही रिक्तता, परवशता और उलझन उसके उत्साह को मन्द कर देती है। श्रद्धा सर्ग में रागात्मिका वृत्ति के सम्पर्क में आकर निराश मन यद्यपि उत्साह-तरंगे उठती हुई अनुभव करता है तथापि निराशा और मृत्यु-भय उसे आंतकित किये रहते हैं तथा शून्यता और भटकन की गहरी अनुभूति मन को अभिभूत किये रहती है।

काम सर्ग में मन पर रागात्मिका वृत्ति का कुछ प्रभाव पड़ता है और वह मधुर-भाव का अनुभव करता है। उस पर छाया हुआ मृत्यु का आतंक यहाँ आकर कुछ क्षीण होता हुआ प्रतीत होता है। किन्तु वासना सर्ग में एक बार मन का अहं पुनः जगता है। रागात्मिका वृत्ति को दूसरे की (पशु की) ओर झुकता देखकर मन ईर्ष्या और जलन का अनुभव करता है। किन्तु अब मन पर उस रागात्मिकता का प्रभाव पहले की अपेक्षा अधिक है, फलतः उसकी ईर्ष्या शान्त हो जाती है और वह उसके सम्मुख आत्म-समर्पण कर देता है, जलन में भी उसे सुख की अनुभूति होती है। किन्तु यह समर्पण अपने सुख की

1. डा० नगेन्द्र : कामायनी के अध्ययन की समस्याएँ, पृ० 43

इच्छा से ही प्रेरित है और मन आत्म-सुख के लिए ही जागरुक है। अतः कर्म सर्ग में तरल वासना और मादकता का अनुभव करता हुआ मन सुख को पाने के लिए कभी तो क्रूर हिंसा कर्म की ओर जाता है और कभी नर्ममय उपचार और आत्म-समर्पण की ओर।

ईर्ष्या सर्ग में मन का अहंभाव पुनः प्रखर हो उठता है। वह अपने सुख के मार्ग की सम्पूर्ण बाधाओं को कुचलने का 'संकल्प' कर लेता है। अहं की इस प्रबलता और आत्म-सुख-प्राप्ति के संकल्प से प्रेरित होकर वह रागात्मिका वृत्ति से भी अपना सम्बन्ध-विच्छेद कर लेता है। किन्तु यह विच्छेद मन के लिए न तो सुखकर होता है और न कल्याणकर। मन पुनः हीनता, एकाकीपन, पश्चात्ताप और ग्लानि से भर उठता है। उसके अचेतन स्तर में यह अनुभव होता है कि उसने प्राणमयी और आलोकमयी ज्वाला से आलोक नहीं वरन् जलन को चुना है और उसने अब तक वेग एवं ज्वलनशीलता की आकांक्षा की है, स्थिरता की नहीं। मन की यह अवस्था इड़ा सर्ग में चित्रित हुई है। किन्तु जब मन व्यवसायात्मिका बुद्धि के सम्पर्क में आता है तो उसे पुनः कर्म और व्यवस्था की प्रेरणा मिलती है। उसकी निराशा दूर होती है। स्वप्न सर्ग में व्यवसायात्मिका बुद्धि की प्रेरणा से मन में दृढ़ता आती है, फिर भी उसे पूर्ण सन्तोष का अनुभव नहीं होता। वह किसी अभाव का अनुभव करता है और उसको पूरा करने के लिए बुद्धि पर भी अपने पूर्ण नियन्त्रण और पूर्ण स्वेच्छाचार की कामना करता है। वह बुद्धि-व्यभिचार के प्रयत्न में ऊपर के स्तर (चेतन स्तर) पर दृढ़ बने रहने का प्रयास करता है किन्तु भीतर से (अचेतन अथवा अवचेतन स्तर पर) आतंकित रहता है। मन को बुद्धि या हृदय के सम्पर्क से ही स्थिरता प्राप्त होती है, स्थिरता उसका अपना नैसर्गिक गुण नहीं है। आगे संघर्ष सर्ग में भी मन की इसी ऊपरी दृढ़ता की व्यंजना हुई है। मन की चरम स्वेच्छाचारिता और उसका अतिचार अन्ततः उसके लिए पराजय का कारण बनता है।

निर्वेद सर्ग में पराजित और निराश होकर मन में निर्वेद का स्फुरण होता है। पुनः रागात्मिका वृत्ति का सम्पर्क पाकर ऐसा पराजित और निराश मन रागात्मिका वृत्ति के प्रति कृतज्ञता से और साथ ही अपनी पराजय की कारणभूत व्यवसायात्मिका वृत्ति के प्रति जुगुप्सा से भर उठता है। किन्तु अस्थिरता और प्रतिशोध भाव से उद्वेजित मन विश्वासमयी रागात्मिका वृत्ति को भी कैसे अपना सकता है? वह बुद्धि और हृदय दोनों से ही दूर भागता है। दर्शन सर्ग में मन को अन्ततः पुनः रागात्मिका वृत्ति का सम्पर्क मिलता है। धीरे धीरे उसमें परिवर्तन होता है और फिर रहस्य सर्ग में उसी

विश्वासमयी रागात्मिका वृत्ति के सम्पर्क से इच्छा, ज्ञान और क्रिया की एकता की वास्तविकता का अनुभव होने पर मन आनन्द सर्ग में स्थिरता और आनन्द को प्राप्त कर लेता है।

कामायनी में, मन की इस प्रतीकात्मक यात्रा में उसकी विभिन्न अवस्थाओं का निरूपण बिम्बों के द्वारा भी होता गया है। जैसा हम देख चुके हैं, मन अन्तःकरण की संकल्पात्मक-विकल्पात्मक वृत्ति है। मन की इस अवस्था का चित्रण चिन्ता सर्ग से रहस्य सर्ग के आरम्भ तक हुआ है। उदाहरण के लिए चिन्ता सर्ग में मन एक ओर तो मृत्यु का वरण करने के लिए इच्छुक प्रतीत होता है और दूसरी ओर वह मृत्यु से आतंकित है। मन की इन दो अवस्थाओं की व्यंजना निद्रा के बिम्बों द्वारा हुई है—

मृत्यु अरी चिर-निद्रे ! तेरा अंक हिमानी सा शीतल,[1]

'हिमानी के समान शीतल अंक' के इस बिम्ब में शीतलता की स्पर्श संवेदना मृत्यु के प्रति मन के आकर्षण को अभिव्यक्त करती है, चाहे वह आकर्षण कितना भी अस्पष्ट और क्षीण क्यों न हो। किन्तु इसके तुरन्त बाद ही 'अन्धकार के अट्टहास' के बिम्ब में मृत्यु के प्रति मन के विकर्षण की व्यंजना हुई है—

अन्धकार के अट्टहास सी मुखरित सतत चिरन्तन सत्य[2]

घने अन्धकार में उठने वाला अट्टहास जिस प्रकार आतंक उत्पन्न करता है उसी प्रकार के मृत्यु के आतंक की व्यंजना इस बिम्ब में हुई है।

मन की संकल्प-विकल्प की इस अवस्था के उदाहरण वासना सर्ग में भी देखे या सकते हैं। मन सम्पूर्ण स्नेह और आदर-भाव अपने प्रति केन्द्रित देखना चाहता है। उसे बँटता हुआ देख कर उसमें ईर्ष्या का जन्म होता है—

यह विराग-विभूति ईर्ष्या पवन से हो व्यस्त
बिखरती थी; और खुलते ज्वलन कण जो अस्त[3]

किन्तु अपने प्रति थोड़ा सा स्नेह देख कर उसकी यह ईर्ष्या समाप्त हो जाती है—

नत हुआ फण तृप्त ईर्ष्या का विलीन उमंग[4]

यही नहीं मन आत्म-समर्पण भी कर देता है—

---

1. कामायनी (चिन्ता), पृ० 23
2. वही, पृ० 23
3. कामायनी (वासना), पृ० 70
4. वही, पृ० 71

'मैं तुम्हारा हो रहा हूँ यही सुदृढ़ विचार;
चेतना का परिधि बनता घूम चक्राकार ।[1]

इन तीन उदाहरणों में संकल्पात्मक-विकल्पात्मक मन की तीन अवस्थाओं का चित्रण है और यह चित्रण बिम्ब के माध्यम से हुआ है । प्रथम में कवि ने ईर्ष्या और जलन के लिए राख से ढके अंगारों पर से हवा के कारण राख के हटने और चिन्गारियों के बिखरने का दृश्य उपस्थित किया है, द्वितीय में ईर्ष्या-शान्ति के बोध के लिए क्रुद्ध (सर्प के) फन के नत होने का बिम्ब है और तृतीय में चक्राकार घूमती हुई चेतना की परिधि का छायात्मक बिम्ब ।

मन की यह विशेषता होती है कि वह अनुकूल परिस्थितियाँ देखकर उत्साह और उमंग से भर उठता है और प्रतिकूल स्थितियों में कुंठा, घुटन, निराशा, पश्चात्ताप आदि से भर जाता है । व्यवसायात्मिका बुद्धि और विश्वासमयी रागात्मिका वृत्ति में यह विशेषता नहीं मिलती । कामायनी के मनु में मन की इन दो विरोधी स्थितियों का सुन्दर बिम्बांकन हुआ है । प्रकृति को अपने अनुकूल पाकर कर्मलीन होकर मनु जिस प्रकार उठते हैं उसमें मन की उठान या उसके उत्साह का भी चित्रण हो गया है—

उठे स्वस्थ मनु ज्यों उठता है क्षितिज बीच अरुणोदय कान्त[2]

इसी प्रकार इड़ा की प्रेरणा से मनु के कर में जिस दृढ़ता का और मुख पर लालिमा का चित्रण हुआ है वह भी प्रतीक रूप में व्यवसायात्मिका वृत्ति द्वारा मन को प्राप्त होने वाली दृढता का ही चित्रण है—

और सामने देखा उसने निज दृढ़ कर में चषक लिये
मनु, वह क्रतुमय पुरुष ! वही मुख सन्ध्या की लालिमा पिये ।[3]

दूसरी ओर असफलता और प्रतिकूल परिस्थितियाँ मन को हताश और कुंठित कर देती हैं । जब मनु आगन्तुक को अपना परिचय देते हैं तो वस्तुतः मन की इसी हताशा की स्थिति का चित्रण हुआ है—

क्या कहूँ क्या हूँ मैं उद्भ्रान्त ? विवर में नील गगन के आज
वायु की भटकी एक तरंग, शून्यता का उजड़ा सा राज ।[4]

'नील गगन के विवर में वायु की एक भटकी तरंग' के बिम्ब से मन की अस्थिरता

1. कामायनी (वासना), पृ० 74
2. कामायनी (आशा), पृ० 33
3. कामायनी (स्वप्न), पृ० 151
4. कामायनी (श्रद्धा), पृ० 45

और भटकन का तथा 'शून्यता के उजड़े से राज' के बिम्ब से उसकी असहायता की अनुभूति का बोध होता है। पश्चात्ताप की स्थिति में मन कितना दयनीय हो जाता है, इस अवस्था के लिए दो बिम्ब दृष्टव्य हैं—

लू सा झुलसाता दौड़ रहा, कब मुझसे कोई फूल खिला।[1]

इसमें लू के बिम्ब द्वारा मन के पश्चात्ताप का ही चित्रण हुआ है जो कि मुख्य है किन्तु निम्नलिखित बिम्ब के द्वारा मन की असहाय और दयनीय स्थिति का निरूपण हुआ है—

शापित सा मैं जीवन का यह ले कंकाल भटकता हूँ।[2]

मन का मुख्य लक्षण है 'अहंकार', 'मैं हूँ' की भावना। मन का यही अहं भाव संकल्प-विकल्पों में अपनी अभिव्यक्ति करता है। इसी 'मैं हूँ' की अभिव्यक्ति आशा सर्ग 'में मैं हूँ' यह वरदान सदृश क्यों लगा गूँजने कानों में। मैं भी कहने लगा 'में रहूँ' शाश्वत नभ के गानों में'[3] इस छन्द में हुई है। प्रसाद जी ने मनु में 'मैं' की इस चेतना को प्रखर रूप में दिखाकर मनु के रूप में मन का ही चित्रण किया है। मन का यह 'अहंकार' अनेक स्थलों पर बिम्ब के रूप में उपस्थित हुआ है—

यही तो, मैं ज्वलित बाड़व वह्नि नित्य अशान्त
सिन्धु लहरों सा करें शीतल मुझे सब शान्त।[4]

इसमें ज्वलित बाड़व, वह्नि और लहरों द्वारा उसकी शान्ति के बिम्ब से मनु के जिस 'अहं' की चेतना का निरूपण हुआ है वह मन के 'अहं' का भी निरूपण है। अन्यत्र भी जहाँ मनु केवल 'मैं' और 'मेरा' की ही चिन्ता करते हैं और जहाँ 'मैं' केवल एक व्यक्ति का बोध कराता है वहाँ प्रायः 'मैं' मन का ही लक्षण है। इस 'अहं' भाव की विश्रान्ति आनन्द सर्ग में पहुँचकर होती है[5] जब विश्वासमयी रागात्मिका शक्ति द्वारा इच्छा, ज्ञान और क्रिया का भेद दूर कर दिया जाता है।

मन का अन्य प्रमुख लक्षण है उसकी चंचलता और स्वच्छन्दता,[6] कामायनी

---

1. कामायनी (इड़ा), पृ० 129
2. कामायनी (निर्वेद), पृ० 183
3. कामायनी (आशा), पृ० 29
4. कामायनी (वासना), पृ० 70
5. मनु ने कुछ-कुछ मुसक्याकर कैलास और दिखलाया
   बोले देखो कि यहाँ पर कोई भी नहीं पराया।
   हम अन्य न और कुटुंबी हम केवल एक हमी हैं—कामायनी (आनन्द), पृ० 229
6. मनो दुर्निग्रहम् चलम्—भगवद्गीता 6/35

में मनु इसी प्रकार स्वच्छन्द, चंचल और अनियन्त्रित हैं। उनकी स्वच्छन्दता उस समय चरम सीमा पर पहुँचती है जब वे इड़ा पर भी अपना अधिकार करने का प्रयत्न करते हैं। वे स्वच्छन्द वृत्ति के कारण ही श्रद्धा का परित्याग करते हैं। वे श्रद्धा से कहते हैं—

तुम दानशीलता से अपनी बन सजल जलद वितरो न बिन्दु
इस सुख नभ में मैं बिचरूँगा बन सकल कलाधर शरद इन्दु।[1]

शरद के पूर्ण चन्द्र के नभ में स्वच्छन्द विचरण के बिम्ब द्वारा कवि ने मन की इस स्वच्छन्दता का चित्रण किया है। मन जब इन्द्रियों के विषयों की ओर दौड़ता है तो उसे रोकना अत्यन्त दुष्कर होता है। 'नर पशु कर हुँकार उठा'[2] में नर-पशु (पशु के समान अनियन्त्रित पुरुष) की हुँकार के चित्र में मन के दुर्निग्रह रूप का भी निरूपण है।

इस प्रकार कामायनी में मनु के रूप में बिम्ब के माध्यम से चंचल, स्वच्छन्द संकल्प-विकल्पात्मक अहंकारयुक्त मन का निरूपण हुआ है।

श्रद्धा

श्रद्धा एक ओर तो काम की पुत्री और मनु की पत्नी के रूप में ऐतिहासिक पात्र है, जिसके लिए प्रसाद जी ने कामायनी के 'आमुख' में कामगोत्रजा श्रद्धानामर्षिका, 'श्रद्धादेवो वै मनुः[3] आदि प्रमाण दिये हैं, दूसरी ओर उसका सम्बन्ध हृदय से है।[4] वह विश्वासमयी रागात्मिका वृत्ति का प्रतीक है। यास्काचार्य के निर्वचन के अनुसार सत्य का धारण करने वाली वस्तु-श्रद्धा है—'श्रद्धा श्रद्धानात्' (सत्यमस्यां धीयते इतिश्रद्धा)[5] श्रद्धा से युक्त मनुष्य ही ज्ञान प्राप्त करता है—'श्रद्धावांल्लनते ज्ञानम्'[6] और श्रद्धावान् ही कर्मबन्धन से मुक्त होता है—'श्रद्धावन्तोऽनुसूयते मुच्यन्ते तेऽपि कर्मभिः'।[7] ऋग्वेद में श्रद्धा को अन्तःकरण की एक वृत्ति मानते हुए उससे समृद्धि प्राप्त होने का उल्लेख है—

---

1. कामायनी (ईर्ष्या), पृ० 126
2. कामायनी (स्वप्न), पृ० 152
3. कामायनी का 'आमुख', पृ० 4-5
4. वही, पृ० 7
5. निरुक्त, दैवतकाण्ड 3/9 (श्री वेदज्ञ आर्य द्वारा 'कामायनी की पारिभाषिक शब्दावली के पृ० 429 पर उद्धृत)
6. भगवद्गीता 4/39
7. वही, 3/31

श्रद्धां देवा यजमाना वायुगोपा उपासते
श्रद्धां हृदय्याकूत्या श्रद्धया विन्दते वसुः ।[1]

प्रसाद जी ने स्वयं इसका उल्लेख कामायनी के आमुख[2] में किया है। तैत्तिरीय ब्राह्मण में भी दिव्य गुणों की प्राप्ति का साधन श्रद्धा को ही बताया गया है—'श्रद्धया देवो देवत्वमश्नुते'।[3] त्रिपुरा रहस्य में बताया गया है कि श्रद्धा ही संसार को धारण करती है और वही सबका जीवन है—'श्रद्धा हि जगतां धात्री श्रद्धा सर्वस्य जीवनम्।[4] इस प्रकार प्राचीन ग्रन्थों में श्रद्धा को उस अंतर्वृत्ति के रूप में स्वीकार किया गया है जिससे रागपूर्ण अटूट विश्वास की व्यंजना होती है। कामायनी में बिम्बों के माध्यम से इस अन्तर्वृत्ति के रूप में श्रद्धा की व्यंजना अनेक स्थानों पर हुई है।

भाव के रूप में श्रद्धा संकीर्णता के विरुद्ध अन्तःकरण की उदार वृत्ति है। प्रसाद जी ने आरम्भ में श्रद्धा के बाह्य आकार के चित्रण में इस उदारता की व्यजना की है—

हृदय की अनुकृति बाह्य उदार एक लम्बी काया, उन्मुक्त
मधुपवन क्रीड़ित ज्यों शिशु साल सुशोभित हो सौरभ संयुक्त।[5]

मन संकल्प-विकल्पात्मक अन्तर्वृत्ति है अतः वह हलचल से पूर्ण होता है। इस हलचल को शान्त करने वाली श्रद्धा ही है। श्रद्धा के इस स्वरूप की अभिव्यक्ति के लिए कोमल-हृदय कवि की सुन्दर कल्पना की तरंग का बिम्ब उपस्थित किया गया है—

नखत की आशा किरन समान, हृदय के कोमल कवि की कान्त—
कल्पना की लघु लहरी दिव्य कर रही मानस हलचल शान्त।[6]

श्रद्धा ही वह वृत्ति है जो मन की भूलों का सुधार करती है और उसकी उलझनों को सुलझाती है—जड़ चेतनता की गांठ वही सुलझन है भूल-सुधारों को।[7]

सम्पूर्ण छल और कपट इस विश्वासमयी रागात्मिका वृत्ति के सम्मुख व्यर्थ हो जाते हैं। आकुलि कहता है—

---

1. ऋग्वेद 10/151/4
2. कामायनी का 'आमुख', पृ० 7
3. तैत्तिरीय ब्राह्मण 3/12/3/1
4. त्रिपुरारहस्य, ज्ञानखण्ड 6।25
5. कामायनी (श्रद्धा), पृ० 42
6. कामायनी, श्रद्धा पृ० 46
7. कामायनी (काम), पृ० 66

अन्धकार को दूर भगाती
वह आलोक किरन सी;
मेरी माया बिंध जाती है
जिसके हलके घन सी।[1]

हलके घन को जिस प्रकार आलोक किरन भेद देती है उसी प्रकार आकुलि (आसुरी वृत्ति) की माया को हृदय की वह वृत्ति भेद देती है, उसे माया की वास्तविकता का ज्ञान हो जाता है। यही कारण है कि मन के प्रतीक मनु पर तो इन आसुरी वृत्तियों का प्रभाव पड़ता है किन्तु श्रद्धा पर नहीं।

व्याकुल मन को शान्ति और सन्तोष भी श्रद्धा से ही प्राप्त होता है। श्रद्धा के इस शान्तिदायी स्वरूप की अभिव्यक्ति अनेक बिम्बों के माध्यम से हुई है। इसके लिए कवि ने प्रायः तुलनात्मक बिम्ब उपस्थित किये हैं। निम्नांकित पंक्तियों में पतझड़ और बसन्त के दूत, घने अन्धकार और चपला की रेखा तथा तपन और शीतल बयार की तुलना की है—

कोन हो तुम बसन्त के दूत विरस पतझड़ में अति सुकुमार
घन तिमिर में चपला की रेख तपन में शीतल मन्द बयार।[2]

निर्वेद सर्ग में श्रद्धा के द्वारा गाये गये गीत में भी इसी प्रकार के तुलनात्मक बिम्बों की योजना द्वारा शान्तिदायी प्रतीकात्म स्वरूप की ओर संकेत किया गया है। नींद के लिए व्याकुल और थकी हुई चेतना और मलय बात, अन्धकार पूर्ण वन और उषा की ज्योति रेखा, मरु ज्वाला और बरसात, निराशा के बादलों से घिरा अश्रु-सरोवर और सजल जलजात — इन बिम्बों के द्वारा श्रद्धा की शान्तिदायी प्रतीकात्म स्वरूप की अच्छी व्यंजना हुई है। इसकी कुछ पंक्तियाँ देखी जा सकती हैं, जिनमें दृश्य स्पर्श संवेदना जगाने वाले बिम्बों की योजना हुई है—

जहाँ मरु ज्वाला धधकती चातकी घन को तरसती;
उन्हीं जीवन घाटियों की मैं सरस बरसात रे मन!
चिर निराशा नीरधर से प्रतिच्छायित अश्रुसर में;
मधुप मुखर मरन्द मुकुलित मैं सजल जलजात रे मन![3]

---

1. कामायनी (कर्म), पृ० 91
2. कामायनी (श्रद्धा), पृ 45
3. कामायनी (निर्वेद), पृ० 176

श्रद्धा के लिए वर्षा के बिम्बों की योजना करके अन्यत्र भी कवि ने उसकी इस विशेषता की व्यंजना की है।[1]

श्रद्धा रागात्मिका वृत्ति की प्रतीक है; अतः स्नेह, ममता, मृदुलता आदि ऐसी विशेषताएँ हैं जिनके व्यंजक बिम्बों से उसके प्रतीकात्म रूप का संकेत मिलता है; जैसे—

एक मृदुलता को, ममता की छाया रहती हँस के।[2]

श्रद्धा को हँसी और मुस्कान के चित्रण में प्रायः सांकेतिकता के चिह्न दृष्टिगत होते हैं—

श्याम नभ में विधु किरन सा फिर वही मृदु हास
सिन्धु की हिलकोर दक्षिण का समीर विलास[3]

यहाँ श्रद्धा के मृदु हास के लिए तीन बिम्बों की योजना हुई है—काले मेघों में चन्द्रमा की किरण, सागर की हिलोर और दक्षिण-पवन का विलास। ये तीनों ही बिम्ब श्रद्धा की मुस्कान के स्पन्दनशील और शीतल प्रभाव की व्यंजना करते हैं जो रागात्मिका वृत्ति का एक प्रधान लक्षण है। मुरली का बिम्ब प्रस्तुत करते हुए श्रद्धा की हँसी और उसके प्रभाव का जो वर्णन है वह भी रागवृत्ति का द्योतक है—

जिस मुरली के निस्वन से यह शून्य रागमय होता;
वह कामायनी विहँसती अग जग था मुखरित होता।[4]

मुरली की ध्वनि जिस प्रकार मधुर होती है वैसी ही मधुर श्रद्धा की हँसी है। इससे आगे कवि ने श्रद्धा की हँसी के प्रभाव के फलस्वरूप वातावरण में होने वाले परिवर्तन के चित्रण के लिए पिंगल पराग के मचलने, परिमल बूंदों से सिंचे हुए और मुकुलों के अछूत अधरों का चुम्बन भर लाने वाले गन्धवह के रुक-रुक कर इठलाने, हेमकूट के हिमजल में परछाईं झलकाने, मधुर मिलन के उच्छ्वासों द्वारा दल बनाकर अभिनव मंगल गाते हुए चल पड़ने, वल्लरियों के नृत्यनिरत होने, सुगन्ध की लहरों के बिखरने आदि के जो बिम्ब[5] प्रस्तुत किये हैं वे रागात्मिका वृत्ति के प्रभाव के सफल व्यंजक हैं। जब हृदय में अनुराग होता है तो बाहर की प्रकृति भी इसी प्रकार उल्लासपूर्ण दृष्टिगत होती है।

---

1. देखिए—कामायनी निर्वेद, पृ० 181 और 182
2. कामायनी (कर्म), पृ० 91
3. कामायनी (वासना), पृ० 75
4. कामायनी (आनन्द), पृ० 231
5. देखिए—कामायनी (आनन्द), पृ० 232-33

श्रद्धा के सन्दर्भ में विश्वास का निम्नांकित बिम्ब भी विचारणीय है—

श्रद्धा नीरव सिर सहलाती आँखों में विश्वास भरे।[1]

'आँखों में विश्वास भरे' के द्वारा आँखों की ऐसी आकृति-विशेष का बिम्ब उद्घृत होता है जिसमें न तो चिन्ता और खेद की अवस्था के समान आँखें संकुचित होती है और न आश्चर्य की अवस्था के समान अधिक फैली हुई। यह विश्वास श्रद्धा के प्रतीकात्मक स्वरूप का प्रधान लक्षण है। विश्वासमयी वृत्ति में गम्भीरता होती है। इस गम्भीरता के लिए कवि ने विमल जल से भरे गम्भीर महाहृद का बिम्ब अंकित किया है—

वह विश्वचेतना पुलकित थी पूर्ण काम की प्रतिमा
जैसे गम्भीर महाहृद हो भरा विमल जल महिमा।[2]

इस प्रकार के माध्यम से निश्वासमयी रागात्मिका वृत्ति का जो रूप उभरता है उसमें एक ओर कोमलता, ममता, शीतलता और सरसता है तो दूसरी और उदारता और गम्भीरता आदि।

इड़ा

इड़ा एक ओर सारस्वत नगर की जनपदकल्याणी है और दूसरी ओर बुद्धि की प्रतीक। प्रसाद जी ने कामायनी के 'आमुख' में ऋग्वेद के 'इडामकृण्व न्मनुष्यस्य शासनीम्' आदि ऋचाओं का उद्धरण देते हुए यह सिद्ध किया है कि 'ऋग्वेद में इड़ा को धी, बुद्धि का साधन करके बालो, मनुष्य को चेतना प्रदान करने वाली कहा है[3] इस प्रकार प्रसाद जी ने कामायनी में इड़ा को बुद्धि का प्रतिनिधि माना है। इस सम्बन्ध में श्री वेदज्ञ आर्य का मत है कि 'वैदिक तथा लौकिक संस्कृत में कहीं भी इड़ा का बुद्धि-परक अर्थ ग्रहण नहीं हुआ।[4] किन्तु वे भी इस बात को स्वीकार करते हैं कि 'प्रसाद जी का मत भी निराधार नहीं है·······उनकी तलस्पर्शी सृष्टि शास्त्रों तक सीमित न रहकर अवश्य ही भाषा और ज्ञान की गंगोत्री का स्पर्श करके आई होगी[5] और वेदों में प्रायः इड़ा, सरस्वती एवं भारती के नाम से जिन तीन देवियों का वर्णन एक साथ किया गया है, उन्हें क्रमशः बुद्धि, विद्या और वाणी की अधिष्ठात्री के रूप में माना जा सकता

1. कामायनी (निर्वेद), पृ० 177
2. कामायनी (आनन्द), पृ० 231
3. कामायनी का आमुख, पृ० 6
4. वेदज्ञ आर्य : कामायनी की पारिभाषिक शब्दावली, पृ० 464
5. वही, पृ० 465

है।'[1] इसमें कोई सन्देह नहीं है कि प्रसाद जी ने कामायनी में जिस रूपक का निर्वाह किया है उसमें उन्होंने इड़ा को बुद्धि का प्रतिनिधि माना है और उनकी यह मान्यता निराधार नहीं है।

कामायनी में मनु, श्रद्धा और इड़ा तीनों प्रमुख पात्रों के प्रतीकात्मक स्वरूपों में इड़ा की प्रतीकात्मकता सर्वाधिक मुखर है। उसके रूप-चित्रण और व्यवहार दोनों में उसका प्रतीकात्मक स्वरूप बहुत स्पष्ट होकर उभरा है। कवि प्रसाद ने 'रम्य फलक पर नवल चित्र' के समान प्रकट होने वाली इड़ा को 'नयनमहोत्सव की प्रतीक, अम्लान नलिन की नव माला' कह कर तथा उसके आगमन से 'जीवन के तम विराग' के सोने का उल्लेख करके उसके प्रतीकात्मक स्वरूप का संकेत किया है। पुनः अलकों से लेकर चरणों तक के वर्णन में भी कवि ने उसका ऐसा ही स्वरूप प्रस्तुत किया है। तर्कजाल, अनुराग-विराग ढालने वाले चषक, संसृति के विज्ञान ज्ञान, जीवन रस के सार से पूर्ण कर्म कलश, विचारों के नभ का अवलम्बन, त्रिगुण आदि से उसके विभिन्न अंगों का सम्बन्ध स्थापित कर दिये जाने से समग्र रूप से उसका ऐसा बिम्ब बनता है जो बुद्धि के साथ उसकी संगति भली-भाँति बैठा देता है—

बिखरी अलकें ज्यों तर्क जाल
वह विश्व मुकुट सा उज्ज्वलतम शशिखण्ड सदृश था स्पष्ट भाल
दो पद्म पलास चषक से दृग देते अनुराग विराग ढाल
गुंजरित मधुप से मुकुल सदृश वह आनन जिसमें भरा गान
वक्षस्थल पर एकत्र धरे संसृति के सब विज्ञान ज्ञान
था एक हाथ में कर्म कलश वसुधा जीवन रस सार लिये
दूसरा विचारों के नभ को था मधुर अभय अवलम्ब दिये
जिवली थी त्रिगुण तरंगमयी, आलोक वसन लिपटा अराल
चरणों में थी गतिभरी ताल।[2]

प्रसाद जी ने इड़ा के लिए कई स्थलों पर ज्वाला का बिम्ब उपस्थित किया है। ये बिम्ब प्रायः उन स्थलों में आये हैं जहाँ वह मनु को उत्साह अथवा कर्म की प्रेरणा देती है। अग्नि में जो भास्वरता और तेजस्विता होती है वही बुद्धि में भी होती है। अतः ऐसे स्थलों पर उसके व्यवसायात्मिका वृत्ति के रूप की ओर भी सहज संकेत हो जाता है—

---

1. वेदज्ञ आर्य : कामायनी की पारिभाषिक शब्दावली, पृ० 467
2. कामायनी (इड़ा), पृ० 139

इड़ा अग्नि ज्वाला सी आगे जलती है उल्लास भरी[1]

अथवा—

वह वैश्वानर की ज्वाला सी मंचवेदिका पर बैठी[2]

बुद्धि के कारण मन की जड़ता दूर होती है। बुद्धि ही अज्ञानांधकार के कारण किंकर्त्तव्यविमूढ़ मन का मार्ग दर्शन करती है। बुद्धि की इस प्रेरणा से मन सफल होता है। मन का यह अन्धकार बुद्धि उसी प्रकार दूर करती है जिस प्रकार कोई आलोक-किरन तम को भेद देती है, इड़ा के लिए ऐसी ही आलोक किरन के उपमान का प्रयोग करते हुए कवि ने उसकी हृदयभेदिनी दृष्टि का चित्रण किया है—

वह सुन्दर आलोक किरन सी हृदय भेदिनी दृष्टि लिये
जिधर देखती, खुल जाते हैं तम ने जो पथ बन्द किये।[3]

बुद्धि के सम्पर्क में आते ही मन की तन्द्रा दूर हो जाती है। मन पर बुद्धि के इस प्रभाव का चित्रण 'इड़ा' सर्ग में हुआ है—

आलोकमयी स्मिति चेतनता आयी वह हेमवती छाया
तन्द्रा के स्वप्न तिरोहित थे बिखरी केवल उजली माया।[4]

प्रभात काल में स्वर्णिम अरुण-रश्मियों के प्रभाव से स्वप्नभंग हो जाता है, तन्द्रा दूर हो जाती है और चारों ओर माया का साम्राज्य छा जाता है। इड़ा के आगमन मात्र से मनु पर भी यही प्रभाव पड़ा है और बुद्धि के सक्रिय होने पर यही प्रभाव जीवन पर भी पड़ता है।

बुद्धि का मुख्य कार्य विश्लेषण करना है। बुद्धि भौतिक दृष्टि से विचार करती है अतः वह जीवन में व्याप्त एकात्मकता के स्थान पर विभेद को ही देखती है। तर्क के द्वारा उस अन्तर्वर्तिनी एकता को देखना सम्भव नहीं है। बुद्धि के इस विश्लेषण-व्यापार की व्यंजना के लिए कवि ने सतत प्रवाहमयी धारा में उठने वाली लहरों का बिम्ब प्रस्तुत किया है—

---

1. कामायनी (स्वप्न), पृ० 149
2. वही, पृ० 151
3. वही, पृ० 149
4. कामायनी (इड़ा), पृ० 140

जीवन धारा सुन्दर प्रवाह, सत, सतत, प्रकाश सुखद अथाह;
ओ तर्कमयी ! तू गिने लहर, प्रतिबिम्बित धारा पकड़, ठहर ।[1]

जैसे कोई व्यक्ति धारा के सातत्य पर ध्यान नदेकर उसकी लहरें गिनता रहे और नदी में प्रतिबिम्बित ताराओं को पकड़ने का प्रयास करे, उसी प्रकार बुद्धि जीवन के मूल तत्व को समझने में असमर्थ रहती है ।

बुद्धि को प्रेरणा से जीवन में मादकता और भौतिक सुख तो मिलता है किन्तु उससे तृप्ति और सच्चा आनन्द नहीं मिलता । कवि ने इड़ा का ऐसा ही रूप कामायनी में अंकित किया है । उसे 'नयन महोत्सव की प्रतीक'[2] कहा है— केवल ऐन्द्रिय धरातल पर प्रसन्नता देने वाली । इसी प्रकार श्रद्धा के शब्दों में वह मादकता उत्पन्न करने वाला, जल के कारण झुका हुआ मेघ है—

तुम आशामयि ! चिर आकर्षण,
तुम मादकता की अवनत घन;[3]

इसी प्रकार पी-पी कर भी जिससे कभी तृप्ति नहीं मिलती उस आसव के माध्यम से इढ़ा के इस प्रतीकात्मक स्वरूप की अभिव्यक्ति हुई है—

इड़ा ढालती थी वह आसव जिससे बुझती प्यास नहीं
तृषित कण्ठ को पी-पी कर भी, जिसमें है विश्वास नहीं ।[4]

प्रसाद जी ने कामायनी के आमुख में रूपक की चर्चा करते हुए इन तीन प्रमुख पात्रों के ही प्रतीकात्मक स्वरूप का स्पष्ट उल्लेख किया है । यद्यपि प्रसाद जी ने 'मनु, श्रद्धा और इड़ा इत्यादि अपना ऐतिहासिक अस्तित्व रखते हुए....'[5] में 'इत्यादि' शब्द का प्रयोग किया है जिसके कारण प्रसाद जी के अभिमत में अन्य पात्रों की प्रतीकात्मकता से इन्कार नहीं किया जा सकता । फिर भी यह स्पष्ट नहीं है कि वे किस पात्र को किसका प्रतीक मानते हैं । डा० नगेन्द्र के अनुसार आकुलि किलात आसुरी प्रवृत्तियों के, कुमार नवमानवता का, देव इन्द्रियों के, श्रद्धा का पशु जीवदया और करुणा का थता वृषभ धर्म का प्रतीक है ।[6] इनके व्यवहार और कथानक में इनके स्थान को देखते हुए

1. कामायनी (दर्शन), पृ० 193
2. कामायनी (इड़ा), पृ० 139
3. कामायनी (दर्शन), पृ० 189
4. कामायनी (स्वप्न), पृ० 151
5. कामायनी का आमुख, पृ० 7
6. देखिए-कामायनी के अध्ययन की समस्याएं, पृ० 43-46

इनकी यह प्रतीकात्मकता उचित ही प्रतीत होती है, कामायनी में इनके प्रतीकात्मक रूपों की बिम्बात्मक अभिव्यक्ति नहीं हुई है। ऐसा प्रतीत होता है कि प्रसाद जी का ध्यान मुख्यतः मनु, श्रद्धा और इड़ा के प्रतीकात्मक रूपों पर ही था अतः उन्होंने इन तीनों का स्वरूप चित्रित करते समय रूपक तत्व का निर्वाह करने वाले बिम्बों की योजना की है।

संक्षेप में, कामायनी के रूपक का निर्वाह प्रमुखतः मनु, श्रद्धा और इड़ा के स्वरूप और व्यापार की प्रतीकात्मकता पर आधारित है और इस प्रतीकात्मकता का संकेत करने में बिम्ब भी एक सीमा तक सहायक रहे हैं।

———

षष्ठ अध्याय

छायावादी बिम्ब योजना और प्रसाद का व्यक्तित्व

किसी कवि की बिम्ब-योजना का महत्त्व उसे उसके समकालीन:कवियों की बिम्ब-योजना के सन्दर्भ में देखकर भली-भाँति समझा जा सकता है। दूसरी ओर कवि का अपना व्यक्तित्व भी काव्य बिम्बों में अभिव्यक्ति पाता है। कवि-विशेष के काव्य-बिम्बों का अध्ययन इन दो पक्षों के विवेचन के अभाव में अपूर्ण रह जाता है। अतः हम यहाँ छायावादी काव्य की बिम्ब योजना का संक्षिप्त विवेचन और प्रसाद-काव्य की बिम्ब-योजना में प्रतिफलित प्रसाद के व्यक्तित्व का सिंहावलोकन करेंगे।

(1) छायावादी बिम्ब-योजना और उसमें प्रसाद का स्थान

छायावादी काव्य में बिम्बों की सुन्दर योजना हुई है। स्वता स्फूर्त बिम्बों के लिए जिस स्वच्छन्द कल्पना और व्यक्ति स्वातन्त्र्य के आधार की आवश्यकता होती है वह आधार हिन्दी में पहली बार समुचित रूप से छायावादी युग में दिखाई दिया। प्राचीन परिपाटी के अलंकार प्रायः सामूहिक चेतना को लेकर चलते हैं और बिम्ब जब होता है तब 'विशेष' का ही होता है। छायावादी काव्य भाव और उसकी अभिव्यक्ति दोनों के ही क्षेत्रों में पूर्व युग से नवीनता लेकर अवतरित हुआ। छायावादी बिम्ब-योजना के अध्ययन के लिए हम बिम्ब की उपात्त वस्तु, बिम्बगत संवेदना, बिम्ब की मूर्तता एवं अमूर्तता तथा बिम्बगत गुणों का संक्षिप्त विवेचन करेंगे।

(क) बिम्ब की उपात्त वस्तु

छायावादी कवियों का मुख्य विषय है प्रकृति। किन्तु उन्होंने उसके साथ ही मानव-जीवन को भी देखा और उसे अपने काव्य का विषय बनाया है। इस प्रकार छायावादी काव्य में प्रकृति और मानव-जीवन दोनों ही से बिम्ब की सामग्री गृहीत हुई है।

प्रकृति

छायावादी काव्य मुख्यतः प्रकृति का काव्य है। इसके बिम्बों की अधिकांश सामग्री प्रकृति से गृहीत है। यद्यपि इसमें प्रकृति के कोमल और कठोर दोनों ही रूप बिम्बांकित हुए हैं तथापि छायावादी कवियों की वृत्ति उसके कोमल पक्ष के रूपांकन में ही अधिक रमी है। उन्होंने जलीय, आकाशीय, वनस्थलीय, पर्वतीय, खनिजीय, ऋतुसम्बन्धी, समय-सम्बन्धी, जीव-जन्तु सम्बन्धी, पृथ्वी और अग्नि सम्बन्धी आदि प्रकृति के सभी उपादानों से सम्बद्ध बिम्बों का सृजन किया है।

जलीय बिम्ब

जल का उद्वलन छायावादी कविषों के लिए आकर्षण का विषय रहा है। उन्होंने सागर, नदियों, सरोवर, झरनों, लहरों आदि अनेक जलीय उपादानों से सामग्री लेकर बिम्ब-योजना की है।

छायावादी काव्य में सागर क्षुब्ध और शान्त दोनों ही रूपों में बिम्बबद्ध हुआ है। निराला जी ने उसका क्षुब्ध रूप इस प्रकार प्रस्तुत किया–

उठा उच्च ऊर्मि भंग, सहसा शत-शत तरंग
क्षुब्ध लुब्ध नील अंग, अवगाहन स्नान
किया वहाँ भी दुर्दम, देख तरी विघ्न विषम
उलट दिया अर्धागम बन कर तूफान।[1]

किन्तु दूसरी ओर महादेवी जी ने उसका तरल और कोमल रूप बिम्बायित किया—

अवनि अम्बर की रुपहली सीप में
सरल मोती सा जलधि जब काँपता
तैरते घन मृदुल हिम के पुंज से
ज्योत्स्ना के रजत पारावार में।[2]

छायावादी कवियों ने नदियों के बिम्बों में गंगा, यमुना आदि विशेष नदियों के विम्ब भी चित्रित किये हैं और सामान्य रूप से नदी के भी। पन्त जी को 'नौकाविहार' कविता में गंगा की 'ग्रीष्म विरल धार' का यह विम्ब अत्यन्त प्रसिद्ध है—

1. निराला : अनामिका (मित्र के प्रति), प्रयाग, 2005 वि०, पृ० 16
2. महादेवी वर्मा : यामा (रश्मि), इलाहाबाद, 1947, पृ० 76

दो बाहों से दूरस्थ तोर
धारा का कृश कोमल शरीर
आलिंगन करने को अधीर ।[1]

छायावादी कवियों ने प्रायः नदी पर नारी भाव का आरोप किया है। यद्यपि उन्होंने नदी के सौम्य रूप को प्रमुखता दी है तथापि उसके उग्र रूप भी उनसे अछूते नहीं हैं। झरने भी छायावादी कवियों के लिए आकर्षण का विषय रहे हैं। पन्त जी को झरना अपने तरंगों के हाथ फैला कर सरस सरिता से प्यार करता प्रतीत होता है,[2] और निराला जी टेढ़े-मेढ़े भागों को पार करने वाले झरने का चित्र अंकित करने के साथ अससे उपदेश भी ग्रहण करते हैं।[3] छायावादी काव्य में सरोवरों के बिम्ब भी हैं और लहरों के भी। पन्त जी को पर्वत के नोचे फैला हुआ ताल विशाल दर्पण जैसा दिखाई देता है—

जिसके चरणों में पला ताल
दर्पण सा फैला है विशाल ।[4]

इसमें ताल की विशालता और स्वच्छता :दोनों का बिम्बांकन हुआ है। छायावादो कवियों ने लहरों के अत्यन्त मनोहारी बिम्बों का चित्रण किया है। सरकती हुई लहर का पन्त द्वारा अंकित निम्नलिखित व्यापार-विधायक बिम्ब अत्यन्त आकर्षक है—

नवोढा बाल लहर,
अचानक उपकूलों के प्रसूनों के ढिंग रुक कर
सरकती है सत्वर ।[5]

महादेवी जी ने लहर का उग्र रूप इस प्रकार अंकित किया है—

तरंगें उठीं पर्वताकार, भयंकर करतीं हाहाकार,
अरे उनके फेनिल उच्छ्वास, तरी का करते है उपहास ।[6]

---

1. पन्त : गुंजन (नौकाविहार), प्रयाग, 2008 वि०, 103
2. देखिए—पन्त : गुंजन, पृ० 101
3. देखिए—निराला : गीतिका, इलाहाबाद, 1922 ई०, पृ० 105
4. पन्त : रश्मिबन्ध (पर्वत प्रदेश में पावस), दिल्ली, तेरहवां संवर्धित संस्करण, 1970 ई०, पृ० 39
5. पन्त : पल्लव
6. महादेवी वर्मा : यामा (नीहार), 1947 ई०, पृ० 18

इस प्रकार छायावादी काव्य में जलीय उपादानों को विविध रूपों में बिम्बांकित किया गया है। प्रसाद काव्य में भी जल के ऐसे रूप दृष्टिगत होते हैं। उन्होंने अधिकांश जलीय उपादानों के कोमल-कठोर दोनों रूपों को लिया है। उनमें से अधिकांश में मानवीय भावनाओं का समावेश किया है।

आकाशीय बिम्ब

छायावादी काव्य में सूर्य, चन्द्र, चाँदनी, नक्षत्र, बादल, वर्षा, बिजली, पवन आदि प्रायः सभी आकाशीय उपादानों को लेकर बिम्ब-रचना हुई है। इनमें से चाँदनी और बादल ने इन कवियों को सर्वाधिक रूप से आकृष्ट किया है। पन्त जी ने चाँदनी को मानवीय मुद्राओं में देखा और अंकित किया है—

नीले नभ के शतदल पर, बैठी वह शारदहासिनि
मृदु करतल पर शशिमुख धर, नीरव अनिमिष एकाकिनि।[1]

महादेवी जी ने चन्द्रमा के पीले मुख को बिम्ब बद्ध किया है—

आँखों में रात बिता जब विधु ने पीला मुख फेरा
आया फिर चित्र बनाने प्राची में प्रात चितेरा।[2]

इन दोनों ही स्थलों में क्रमशः चाँदनी और चन्द्रमा का मानवीकरण किया गया है। प्रथम में वर्ण और मुद्रा दोनों इन्द्रिया-संवेद्य हैं और दूसरे में मुख्यतः वर्ण। बादलों के विविध रूपों को छायावादी काव्य-बिम्बों में महत्वपूर्ण स्थान मिला है। निराला तो बादलों के कवि कहे जाते हैं। बादलों का यह गर्जनयुक्त बिम्ब द्रष्टव्य है—

झूम झूम मृदु गरज गरज घन घोर
राग अमर! अम्बर में भर निज रोर
झर-झरझर निर्झर गिरि-सर में,
घर, मरु, तरु, मर्मर, सागर में[3]

पन्त जी ने बादल के मृदुल रूपों के अत्यन्त सुन्दर बिम्बों की योजना की है। इसके लिए उनकी 'बादल' नामक कविता देखी जा सकती है।[4] महादेवी जी ने भी नैश तम में शून्य नभ पर दुख भार के समान छाने वाली घटा[5] के या इसी प्रकार के अन्य चित्र

---

1. पन्त : गुंजन, छठा संस्करण 2008 वि०, पृ० 87
2. महादेवी वर्मा : यामा (नीहार), पृ० 9
3. निराला: परिमल (बादल राग), लखनऊ, 1954 ई०, पृ० 175
4. पन्त : रश्मिबन्ध, 1970, पृ० 43-46
5. महादेवी वर्मा : यामा (रश्मि), पृ० 79

खींचे हैं। छायावादी कवियों ने सूर्य के विभिन्न रूपों में से प्रातःकालीन या सन्ध्या-कालीन रूप का चित्रण अधिक किया है। महादेवी जी ने सूर्य की कल्पना 'दिन के बाल' के रूप में की है—

पोंछती जब होले से बात, इधर निशि के आँसू अवदात,
उधर क्यों हँसता दिन का बाल, अरुणिमा से रंजित कर गाल।[1]

अन्य आकाशीय बिम्बों में नक्षत्र, पवन तुषार आदि से सम्बन्धित बिम्ब हैं। इनमें से नक्षत्रों और पवन से अनेक बिम्बों में इनका मानवीकृत रूप प्रस्तुत हुआ है। महादेवी जी के उपर्युक्त पंक्तियों के सूर्य के साथ ही 'बात' का भी मानव-व्यापाररस-मन्वित बिम्ब अंकित हुआ है। निराला जी की प्रसिद्ध कविता 'जुही की कली,[2] में जुही की कली नायिका रूप में और वायु नायक के रूप में बिम्बांकित हुए हैं। टिमटिमाते नक्षत्र को देखकर पन्त जी प्रश्न करते हैं—

रे उडु, क्या जलते प्राण विकल ! क्या नीरव नीरव नयन सजल[3]

प्रसाद जी ने जो आकाशीय बिम्बों की योजना की है उसका छायावादी काव्य में महत्व-पूर्ण स्थान है। इन बिम्बों में व्यापकता, विविधता और मानवीकरण की प्रवृत्ति पाई जाती है।

वनस्थलीय बिम्ब

छायावादी कवियों ने वन-उपवन और उसके विभिन्न अवयवों के सजीव और सुन्दर बिम्बों की रचना की है। कहीं ये बिम्ब सम्पूर्ण वन या उपवन के संश्लिष्ट बिम्ब हैं और कहीं पुष्प, वृक्ष, लता, कली आदि किसी एक या एकाधिक अवयवों के बिम्ब। अधिकांश वनस्थलीय बिम्बों में मानवीय क्रियाओं और भावनाओं का आरोप किया गया है। उदाहरण के लिए निम्नलिखित पंक्तियों में निराला जी ने 'शेफालिका' को एक सजीव संवेदनशील युवती के रूप में अंकित किया है—

बन्द कंचुकी के सब खोल दिये प्यार से
यौवन उभार ने
पल्लव-पर्यंक पर सोती शेफालिके।
मूक-आह्वान-भरे लालसी कपोलों के
व्याकुल विकास पर
झरते हैं शिशिर से चुम्बन गगन के।[4]

---

1. महादेवी : यामा (रश्मि), पृ० 71
2. निराला : अपरा, प्रयाग, 2009 वि० पृ० 4-5
3. पन्त : रस्मिबन्ध (एक तारा), 1970 ई०, पृ० 69
4. निराला : परिमल (शेफालिका) लखनऊ, 1954 ई० पृ० 196

इसी प्रकार राम कुमार वर्मा के शब्दों में 'मर मर' शब्दों में हँस कर, पत्ते हो जाते मौन ।[1]

महादेवी जी ने सूखे पुष्प को सम्बोधित करते हुए उनका चित्र अंकित किया है—

> सो रहा अब तू धरा पर शुष्क बिखराया हुआ
> गन्ध कोमलता नहीं मुख मंजु मुरझाया हुआ ।[2]

वनस्पतियों के हरे-भरे प्रफुल्लित स्वरूप के साथ इस प्रकार सूखे रूप का चित्रण प्रायः करुणा की अनुभूति जगाने और जीवन की परिणति की ओर संकेत करने के लिए हुए हैं । इस प्रकार का सूखे ठूंठ का निराला द्वारा अंकित बिम्ब भी महत्त्वपूर्ण है ।[3] प्रसाद जी ने भी वनस्पतियों के कोमल और शुष्क दोनों ही रूपों का अंकन किया है ।

पर्वतीय बिम्ब

छायावादी कवियों के काव्य में पर्वतों, उनके शृङ्गों, चट्टानों आदि के सुन्दर बिम्बों की रचना हुई है । कहीं ये बिम्ब प्रस्तुत रूप में हैं, कहीं अप्रस्तुत रूप में । पन्त जी पर्वत का मानवीकरण करते हुए प्रस्तुत रूप में उसका बिम्ब अंकित करते हैं—

> मेखलाकार पर्वत अपार, अपने सहस्र दृग सुमन फाड़
>
> अवलोक रहा है बार बार, नीचे जल में निज महाकार ।[4]

पन्त जी का जन्म ही पर्वतीय प्रदेश में हुआ था और उनको कविता की प्रेरणा भी उस पर्वतीय अंचल के मिली थी । अतः उन्होंने पर्वत के कुछ सुन्दर बिम्ब अंकित किये हैं । निराला जी ने पर्वत के बिम्ब अधिकांशतः अप्रस्तुत रूप में काव्य-निबद्ध किये हैं । राम की खुली हुई, पृष्ठ, बाहुओं एवं वक्ष पर फैली हुई जटाओं के लिये उन्होंने पर्वत का बिम्ब उपस्थित किया है—

> उतरा ज्यों दुर्गम पर्वत पर नैशान्धकार,
> चमकती दूर ताराएँ ज्यों हों कहीं पार,।[5]

---

1. रामकुमार वर्मा : आधुनिक कवि, प्रयाग तृतीय संस्करण, पृ० 117
2. महादेवी वर्मा : यामा (नीहार), पृ० 29,
3. देखिए—निराला : अनामिका (ठूंठ), 2005 वि०, पृ० 139
4. पन्त : रस्मिबन्ध, 1970 ई०, पृ० 39
5. निराला : अपरा (राम की शक्ति-पूजा), 2009 वि०, पृ० 34

किन्तु डा० राम कुमार वर्मा ने पर्वत के लिए एक और ही कल्पना की है—

नभ छूने को पर्वत स्वरूप, है उठा धरा का नवल गात।[1]

महादेवी जी ने पर्वत का जो बिम्बांकन किया है उसका एक उदाहरण सान्ध्यगीत में देखा जा सकता है।[2] किन्तु प्रसाद जी ने पर्वतीय बिम्बों की जैसी योजना की है वह सभी छायावादी कवियों के पर्वतीय बिम्बों से विशिष्ट है। कामायनी में प्रसाद जी ने हिमालय का गौरवपूर्ण, सप्राण बिम्बांकन किया है उसका विवेचन द्वितीय अध्याय में हो चुका है।

खनिजीय और समकक्ष बिम्ब

इस कोटि के पदार्थों में छायावादी कवियों द्वारा, मोती, हीरा, माणिक्य, स्वर्ण, रजत आदि के बिम्ब प्रस्तुत किये गये हैं। छायावादी कवियों ने इन पदार्थों को केवल ठोस ही नहीं तरल रूप में भी अंकित किया है। ये पदार्थ प्रायः अप्रस्तुत बिम्ब के रूप में आये हैं। महादेवी जी ने मोती को तरल बना दिया है—

अवनि अम्बर की रुपहली सीप में
तरल मोती सा जलधि जब काँपता।[3]

पन्त जी ने उसे निम्नलिखित पंक्ति में वायवी रूप प्रदान किया है—

सिकता की सस्मित सीपी पर
मोती की ज्योत्स्ना रही विचर।[4]

रश्मियों से प्रतिबिम्बित लहरों के लिए पन्त जी ने चाँदी के साँपों का बिम्ब चित्रित किया है—

चाँदी के साँपों सी रलमल
नाचतीं रश्मियाँ जल में चल।[5]

प्रसाद जी ने भी हीरे, स्वर्ण आदि को तरल रूप में कई स्थानों पर चित्रित किया है। उन्होंने छायावादी कवियों द्वारा अंकित लगभग सभी खनिज पदार्थों के बिम्ब अंकित किये हैं।

---

1. रामकुमार वर्मा : आधुनिक कवि, तृतीय संस्करण, पृ० 73
2. देखिए—महादेवो वर्मा : यामा (सान्ध्यगीत), पृ० 253
3. महादेवी वर्मा : यामा (रश्मि), पृ० 79
4. पंत : गुंजन (नौका विहार), 2008 वि०, पृ० 102
5. वही, पृ० 104

ऋतु सम्बन्धी बिम्ब

छायावादी कवियों ने यद्यपि सभी ऋतुओं का बिम्बांकन किया है तथापि उनकी सबसे प्रिय ऋतु वसन्त है। उसके पश्चात् वर्षा की गणना की जायेगी और तदन्तर अन्य ऋतुओं का। वसन्त का चित्रण सभी छायावादी कवियों ने बड़े मनोयोग से किया है। कहीं उसकी शीतलता का बिम्बांकन है कहीं बिखरे वर्ण वैभव का। डा० रामकुमार वर्मा ने वसन्त के वर्ण-वैभव की प्रखरता को एक पंक्ति में ही साकार कर दिया है—

यह नव वसन्त है ? नहीं यहाँ रंगों में छिपकर लगी आग।[1]

वर्षा ऋतु का बिम्बांकन प्रस्तुत और अप्रस्तुत—दोनों ही रूपों में हुआ है। आँसुओं से इसके सादृश्य को लेकर भी छायावादी कवि इसका बिम्ब अंकित करते हैं—

ताप जर्जर विश्व उर पर—
तूल से घन छा गये भर,
दुःख से तप हो मृदुलतर
उमड़ता करुणा भरा उर !
सजनि मैं उतनी सजल जितनी सजल बरसात।[2]

ग्रीष्म के ताप को और शिशिर के शीत को छायावादी कवियों ने अपने अनेक बिम्बों में बाँधा है। हेमन्त प्रायः उपेक्षित रहा है। हम देख चुके हैं कि प्रसाद जी ने भी वसन्त और वर्षा के सबसे अधिक बिम्ब अंकित किये हैं। शिशिर और शरद का स्थान दूसरा है। हेमन्त और ग्रीष्म के बिम्ब अत्यन्त विरल हैं।

समय सम्बन्धी बिम्ब

उषा से रात्रि के अन्तिम प्रहर तक के विभिन्न कालों में से छायावादी कवियों को सामान्यतः उषा, सन्ध्या और रात्रि ने अधिक आकृष्ट किया है। छायावादी कवियों ने इन सभी को नारी भाव से पूर्ण देखा और तदनुरूप अंकित किया है। डॉ० राम कुमार वर्मा को उषा तारों के फूल तोड़ कर बादल में खेलती प्रतीत होती है[3] महादेवी जी उषा के कपोलों का मांसल बिम्ब प्रस्तुत करती हैं—

उषा के छू आरक्त कपोल, किलक पड़ता तेरा उन्माद ![4]

---

1. राम कुमार वर्मा : आधुनिक कवि, पृ० 50
2. महादेवी वर्मा : यामा (सान्ध्यगीत), पृ० 233
3. देखिए—रामकुभार वर्मा : आधुनिक कवि, पृ० 92
4. महादेवी वर्मा : यामा (नीहार), पृ० 63

निराला जी द्वारा प्रस्तुत सन्ध्या का यह बिम्ब अत्यन्त प्रसिद्ध है—

दिवसावसान का समय
मेघमय आसमान से उतर रही है
वह सन्ध्या सुन्दरी परी-सी
धीरे धीरे धीरे[1]

इसी प्रकार छायावादी कवियों ने रात्रि के भी विभिन्न नारी रूपों का बिम्बांकन किया है। प्रसाद जी ने ब्राह्ममुहूर्त अर्धरात्रि पर्यन्त सम्पूर्ण समय चक्र के बिम्ब उपस्थित किये हैं जिनमें उषा, सन्ध्या और रात्रि के बिम्ब प्रमुख और अत्यन्त आकर्षक हैं।

जीव जन्तुओं के बिम्ब

छायावादी कवियों ने सामान्य रूप के विहग, विहगी के अतिरिक्त कोयल, चातक, शलभ, तितलियों आदि उड़ने वाले जीवों का और कुछ जलचरों का बिम्बांकन किया है। पशुओं में मार्जार, श्वान, बृषभ आदि के बिम्ब मिलते हैं। रेंगने वाले जीवों में मुख्यतः सर्प के बिम्ब हैं। प्रसाद जी ने इनमें से पशुओं को छोड़कर सभी जीव-जन्तुओं का बिम्बांकन किया है। उनमें जीवों के अधिकतर सहज क्रिया-व्यापारों को ही रूपायित किया गया है।

संक्षेप में, छायावादी काव्य में प्रकृति के विविध उपादानों को लेकर सुन्दर बिम्बों की सृष्टि हुई है। इनमें प्रसाद के प्रकृति सम्बन्धी बिम्बों का विशिष्ट स्थान है। उनमें प्रसाद जी ने प्रकृति के कोमल और कठोर दोनों रूपों को लिया है।

मानव-जीवन

छायावादी काव्य विशुद्ध प्रकृति काव्य नहीं है। उसमें प्रकृति मानव-सापेक्ष्य है। छायावादी कवियों ने मानव के, उसकी उपलब्धियों के और उसकी विभिन्न अवस्थाओं के बिम्ब अंकित किये हैं, जिनको हम इसी क्रम से देखेंगे।

मानव के बिम्ब

मानव से अभिप्राय है पुरुष और नारी। छायावादी कवियों ने इन दोनों का ही बिम्बांकन किया है। उनके काव्य में नारी-बिम्ब प्रमुख है। साथ ही उनकी स्वच्छन्द कल्पना ने नारी बिम्बों की सृष्टि में अपना कौशल अधिक दिखाया है।

पुरुष बिम्बों में हम प्रसाद जी के बिम्बों को द्वितीय अध्याय में देख चुके हैं। अन्य कवियों ने भी यत्र तत्र पुरुषों के बिम्ब अंकित किये हैं; जैसे निराला की भिक्षुक कविता में भिक्षुक का यह दयनीय रूप—

---

1. निराला : अपरा, पृ० 12

वह आता
दो टूक कलेजे के करता पछताता पथ पर आता ।
पेट पीठ दोनों मिलकर हैं एक,
चल रहा लकुटिया टेक
मुट्ठी भर दाने को—भूख मिटाने को
मुँह फटी-पुरानी झोली को फैलाता—[1]

महादेवी जी के काव्य में विराट पुरुष की झाँकी प्रायः सर्वत्र मिलती है। पर्वत आदि विभिन्न प्राकृतिक उपादानों के मानवीकरण में भी पुरुष रूप की झलक मिल जाती है।

छायावादी काव्य में नारी के अनेक रूपों को प्रस्तुत किया गया है। 'वह तोड़ती पत्थर...'[2] कविता में अंकित नारी के यथार्थ रूप का चित्रांकन छायावादी काव्य में कम ही हुआ है। किन्तु छायावादी कवियों ने नारी को विशेष गौरव प्रदान किया है जो इससे पूर्व हिन्दी साहित्य में उसे प्राप्त नहीं हुआ था। उसका सौन्दर्य स्पन्दन-कम्पन से पूर्ण और तरल है। निराला जी अपनी पुत्री सरोज के यौवनागम का व्यापार-विधायक बिम्ब प्रस्तुत करते है—

धीरे-धीरे फिर बढ़ा चरण
बाल्य की केलियों का प्रांगण
कर पार, कुञ्ज तारुण्य सुधर
आई, लावण्य-भार थर-थर
काँपा कोमलता पर सस्वर
ज्यों मालकोश नव वीणा पर;[3]

पन्त जी ने तरुणी के लज्जानुरंजित रूप का चित्र उपस्थित किया है—

लाज की मादक-सुरा-सी लालिमा
फैल गालों में नवीन गुलाब से,
छलकती थी बाढ़-सी सौन्दर्य की
अधखुले सस्मित गढ़ों से, सीप-से ।[4]

1. निराला : अपरा (भिक्षुक), पृ० 57
2. निराला : अपरा (तोड़ती पत्थर), पृ० 19
3. निराला : अनामिका (सरोज स्मृति), पृ० 126
4. पन्त : बीणा-ग्रन्थि (ग्रन्थि), इलाहाबाद, 1942 पृ० 68

प्रसाद जी ने नारी का जो सरल और मादक सौन्दर्य बिम्बों में बाँधा है उसमें छायावादी दृष्टि पूर्णतः सार्थक हो गई है। उनके बिम्बों में नारी का बाह्य रूप और उसका अन्तःकरण मिलकर एकाकार हो गया है।

मानव की उपलब्धियाँ

छायावादी कवियों ने चित्र, संगीत, शिल्प, अभिनय इत्यादि कलाओं के क्षेत्र से सामग्री ग्रहण करते हुए अनेक बिम्बों की सृष्टि की है। प्रकृति के पदार्थों और क्रिया-व्यापारों पर रेखांकन, रंगभरना आदि क्रियाओं का आरोप किया है। चित्रकला के क्षेत्र से सम्बद्ध बिम्ब सबसे अधिक महादेवो वर्मा और प्रसाद जी के काव्य में उपलब्ध हैं। दिन और रात के बदलते रंगों को देख कर महादेवी जी ने यह बिम्ब प्रस्तुत किया है—

कनक से दिन मोती सी रात, सुनहली साँझ गुलाबी प्रात
मिटाता रंगता बारम्बार, कौन जग का यह चित्राधार।[1]

निराला जी ने भी चितवन की तूलिका का यह चित्र खींचा है—

उठा तूलिका मृदु चितवन की, भर मन की मदिरा में मौन,
निर्निमेष नभ-नील-पटल पर, अटल खींचती छवि, यह कौन ?[2]

संगीत के क्षेत्र से लिये गये बिम्बों में से कुछ में वीणा, वंशी आदि वाद्ययन्त्रों को विशेष भंगिमा के साथ प्रस्तुत किया गया है, कुछ में स्वर, लय, मूर्च्छना आदि संगीत के विभिन्न व्यापारों को और कुछ में दोनों को। निम्नलिखित पंक्ति में डा० रामकुमार वर्मा ने और उसके स्वर दोनों को साकार किया है—

वंशिका के शून्य रन्धों मध्य स्वर के सिन्धु संचित।[3]

संगीत के साथ नृत्य और अभिनय से सम्बन्धित बिम्बों की योजना भी अधिकांश छायावादी कवियों ने की है। पन्त जी ने परिवर्तन के अभिनय का चित्रण इस प्रकार किया है—

परिवर्तित कर अगणित नूतन दृश्य निरन्तर
अभिनय करते विश्व मंच पर तुम मायाकर।[4]

---

1. महादेवी वर्मा यामा (रश्मि), पृ० 71
2. निराला : अपरा (यमुना के प्रति), पृ० 92
3. डा० राम कुमार वर्मा : आधुनिक कवि, तृतीय संस्करण, पृ० 20
4. पन्त : रश्मिबन्ध (परिवर्तन), 1970, पृ० 65

निराला की 'एक बार बस और नाच तू श्यामा'[1] में नृत्य का भयानक रूप साकार हुआ है।

छायावादी कवियों ने इतिहास और पुराणों से भी सामग्री ग्रहणकर बिम्ब रचना की है। प्रसाद, रामकुमार वर्मा, निराला आदि इनमें प्रमुख हैं। निराला जी ने 'दिल्ली'[2] नामक कविता में दिल्ली के माध्यम से इतिहास की अनेक स्मृतियों को जगाया है, रामकुमार वर्मा ने 'एकलव्य'[3] में पौराणिक प्रसंग को उठाया है और 'रूपराशि' की बारहवीं कविता[4] में शाहजहाँ के अन्तिम काल का चित्रण किया है। पन्त जी ने बादल के प्रसंग में दमयन्ती[5] का बिम्ब अंकित किया है। इसी प्रकार परियों और परियों के बच्चों के बिम्ब भी अनेक छायावादी कवियों ने चित्रित किये हैं।

मानव जीवन को विभिन्न अवस्थाओं के बिम्ब

मानव ने प्रगति की ओर पग बढ़ाते हुए वन्य जीवन से नागरिक जीवन तक की यात्रा सम्पन्न की है। यह यात्रा जीवन की सरल प्राकृतिक अवस्था से भौतिक सम्पन्नता की ओर अग्रसर हुई है। वन्य और ग्रामीण जीवन में लोक संस्कृति और प्रकृति-साहचर्य का विशेष महत्त्व रहा है। नागरिक जीवन इनसे दूर होता गया है। उसमें नियम और व्यवस्था पर ध्यान रहने के कारण जीवन की सरलता खण्डित हो गई। छायावादी कवियों की अन्तर्मुखी प्रवृत्ति और उनके प्रकृति प्रेम के कारण उनके काव्य में नागरिक जीवन की अपेक्षा लोक जीवन की ही अधिक अभिव्यक्ति हुई हैं। किन्तु उसमें इस लोक-जीवन का सांगोपांग चित्रण नहीं हुआ, वरन् छोटे-छोटे चित्र ही अधिकांशतः यत्र तत्र बिखरे हुए मिलते हैं। नागरिक जीवन का, विशेषतः उसके औद्योगिक रूप का, चित्रण प्रसाद जी द्वारा ही हुआ है।

छायावादी काव्य-बिम्बों में लोक जीवन की जो झाँकी मिलती है वह अत्यन्त गरिमामयी है। नारी की सहज लज्जा, शालीनता, सहनशीलता, ममता, समर्पण आदि में भारत की संस्कृति की झलक देखी जा सकती है। कामायनी की श्रद्धा इस दृष्टि से, छायावादी कवियों की प्रतिनिधि नारी मानी जा सकती है। 'सरोज-स्मृति' में निराला

---

1. **निराला : अपरा (आह्वान), पृ०** 107
2. **निराला : अनामिका, पृ०** 58-63
3. **राम कुमार वर्मा : आधुनिक कवि, पृ०** 31-39
4. **वही, पृ०** 100-111
5. **पन्त : रश्मिबन्ध (बादल), पृ०** 44

जी ने सरोज के लज्जालु रूप का चित्रण किया है[1] पन्त जी ने भी ग्रन्थि में 'एक पल मेरे प्रिया के दृग-पलक, थे ऊपर, सहज नीचे गिरे'[2] में नारी-पुरुष के प्रथम दर्शन के लज्जा-संकोच का चित्रण किया है।

पन्त जी ने अपनी कविताओं में मछुओं, धोबियों, कहारों आदि के जीवन के जो चित्र उपस्थित किये हैं उनमें भी लोक जीवन मुखरित हो उठा है। निराला जी ने 'भिक्षुक'[3] आदि कविताओं के माध्यम से जीवन के पीड़ित और विषण्ण रूप को अंकित किया है। उनके द्वारा चित्रित भारतीय विधवा के रूप में भी उसी लोक जीवन की झलक प्रस्तुत हुई है जो औद्योगिक जोवन से कुछ पूर्व की अवस्था है—

वह इष्टदेव के मन्दिर की पूजा सी
वह दीप-शिखा-सी शान्त भाव में लीन
वह क्रूर-काल-ताण्डव की स्मृति-रेखा-सी
वह टूटे तरु की छुटी-लता-सी दीन।[4]

यहाँ कवि ने चार बिम्बों की सहायता से भारतीय विधवा के शान्त, सहिष्णु, असहाय और पवित्र रूप को साकार कर दिया है; साथ ही इसमें भारतीय लोक-जीवन का भी एक खण्ड-चित्र प्रस्तुत हो गया है। छायावादी काव्य में लोक जीवन की झलक प्रस्तुत करने वाली अनेक वस्तुओं, जैसे दीपक, झोंपड़ी आदि के बिम्ब भी मिलते हैं। घरेलू जीवन, के नित्य व्यवहार की वस्तुओं के सबसे अधिक बिम्ब महादेवी जी के काव्य में अंकित हुए हैं। उन्होंने चन्द्रमा और मेघों के लिए भी थाली का त्रिम्ब प्रस्तुत किया है।[5]

नागरिक जीवन के चित्र मुख्यतः प्रसाद जी के काव्य में उपलब्ध हैं। कामायनी का स्वप्न[6] और रहस्य सर्ग[7] द्रष्टव्य हैं। इसमें नगर की साज-सज्जा, कृषि, उद्योग आदि का चित्रण हुआ है।

अभिप्राय यह है कि छायावादी काव्य-बिम्बों की अधिकांश उदात्त वस्तु प्रकृति

1. देखिए—निराला : अनामिका (सरोज स्मृति), पृ० 126
2. पन्त : आधुनिक कवि, प्रयाग, 2013 वि, पृ० 20
3. निराला : अपरा (भिक्षुक), पृ० 57
4. निराला : अपरा (विधवा), पृ० 47
5. देखिए—यामा (नीहार) क्रमशः पृ० 16 और पृ० 52
6. कामायनी (स्वप्न), पृ० 149-151
7. कामायनी (रहस्य) पृ० 21 3-215

में गृहीत है; किन्तु यह प्रकृति मानव-सापेक्ष्य है। उनमें प्रायः प्रकृति के माध्यम से मानवीय क्रिया-व्यापारों और मानवीय भावनाओं को अभिव्यक्ति मिली है। उनमें नारी को उदात्त रूप में अंकित किया गया है और नागरिक जीवन की अपेक्षा लोक जीवन का चित्रण अधिक हुआ है।

प्रसाद जी के बिम्बों की उदात्तवस्तु भी इन्हीं क्षेत्रों से ली गई है किन्तु उसमें नागरिक जीवन का भी चित्रण हुआ है।

(ख) बिम्बगत संवेदना

संवेदना की दृष्टि से बिम्बों के छः भेद किये जाते हैं—दृश्य, ध्वनि, स्पर्श गन्ध, स्वाद और मिश्र बिम्ब। छायावादी कवियों ने स्वाद बिम्बों के अतिरिक्त सभी का समुचित चित्रण किया है।

दृश्य संवेदना

ऐन्द्रिय संवेदनाओं में सबसे प्रमुख दृश्य संवेदना होती है। इसके अन्तर्गत आकृति और वर्ण दोनों आते हैं। छायावादी काव्य में दृश्य-बिम्बों की प्रधानता है। उसमें विभिन्न वर्णच्छवियों को अलगाने का जो प्रयास हुआ है वह हिन्दी में अपूर्व है। पन्त जी ने आम्र-बौर की श्वेत-पीतिमा को और भौंरों के रंग को इस प्रकार अंकित किया है—

रुपहले सुनहले आम्र-बौर, नीले पीले और ताम्र भौंर।[1]

महादेवी जी ने भी सन्ध्या की विभिन्न वर्णच्छवियों को अलगाकर सुन्दर रूप में बिम्बबद्ध किया है—

गुलालों से रवि का पथ लीप, जला पश्चिम में पहला दीप,
विहँसती सन्ध्या भरी सुहाग, दृगों से झरता स्वर्ण पराग।[2]

यद्यपि सभी छायावादी कवियों ने प्रायः सभी वर्णों के बिम्ब प्रस्तुत किये हैं तथापि रुचिभेद से विभिन्न कवियों के बिम्बों में भिन्न-भिन्न वर्णों की प्रधानता है। निराला के परवर्ती काव्य में श्याम वर्ण के प्रति अधिक रुझान लक्षित होती है। महादेवी जी को श्वेत वर्ण अधिक प्रिय है। पन्त में कला के साथ-साथ वर्ण-रुचि में भी परिवर्तन हुआ है। स्वर्ण-किरण स्वर्णधूलि आदि में स्वर्णिम वर्ण की प्रधानता है, रजतशिखर में स्वेत वर्ण की और वाणी में हरित वर्ण की। छायावादी कवियों ने केवल इकहरे वर्णों का ही चित्रण नहीं किया, अपितु वर्ण-मिश्रण, वर्ण-परिवर्तन, विरोधी-वर्ण-योजना आदि

---

1. पन्त : गुंजन, प्रयाग, 2008 वि० पृ० 10
2. महादेवी वर्मा : माया (रश्मि), इलाहाबाद, 1947 ई०, पृ० 72

को भी अपने बिम्बों में स्थान दिया है। वर्ण-परिवर्तन का सर्वाधिक कौशल पन्त जी ने दिखाया है—

लहरों पर स्वर्ण रेख सुन्दर, पड़ गई नील, ज्यों अधरों पर
अरुणाई प्रखर शिशिर से डर।[1]

विरोधी वर्ण-योजना सबसे अधिक प्रसाद-काव्य में उपलब्ध होती है।

ध्वनि संवेदना

छायावादी काव्य में वर्ण के समान ही ध्वनि की भी सूक्ष्म चेतना परिलक्षित होती है। प्रत्येक शब्द का अपना एक ध्वन्यात्मक प्रभाव होता है। अधिकांश छायावादी कवियों ने इस प्रभाव को पहचाना और बिम्ब-रचना में उसका समुचित सन्निवेश किया है। महादेवी जी के 'झुक-झुक झूम-झूम कर लहरें झरतीं बूँदों के मोती'[2] निराला जी के 'कड़-कड़ सन्-सन् बन्दूकें, अरर-अरर-अरर तोप, धूम-धूम है है भीम रणस्थल'[3] प्रसाद जी के 'कंकण क्वणित रणित नूपुर'[4] और पन्त झूम-झूम झुक-झुक कर, भीम नीम तरु निर्भर, सिहर सिहर थर् थर् थर्, करता सर् मर्, चर् मर्'[5] आदि में इसी ध्वनि संवेदना की योजना हुई है। इस प्रकार के अनुरणनात्मक ध्वनि बिम्बों की सर्वाधिक प्रवृत्ति पन्त जी में है और सम्भवतः सबसे कम प्रसाद जी में। परन्तु ध्वनि बिम्बों का एक दूसरा रूप भी है, जिसके द्वारा पाठक की कल्पना में ध्वनि का चित्र उपस्थित किया जाता है। इसमें शुद्ध संवेदना की अपेक्षा कल्पना की प्रधानता होती है। प्रसाद-काव्य के इस प्रसार की योजना समृद्ध रूप में मिलती है।

स्पर्श संवेदना

स्पर्श संवेदना ध्वनि संवेदना की अपेक्षा स्थूल मानी जाती है। छायावादी काव्य में स्पर्श बिम्बों की संख्या नगण्य नहीं है; किन्तु उसमें मांशल स्पर्श की अपेक्षा लाक्षणिक स्पर्श संवेदना का सम्प्रेषण अधिक हुआ है, जिसमें कवियों ने विभिन्न प्राकृतिक पदार्थों के बीच तो स्पर्श का चित्रण किया ही है, साथ ही अमूर्त भावों में भी स्पर्श-संवेदना जगा दी है—

---

1. पन्त : गुंजन, पृ० 84
2. महादेवी वर्मा : यामा (नीहार), पृ० 14
३. निराला : अनामिका, पृ० 107
4. कामायनी : (चिन्ता), पृ० 16
5. पन्त : तारापथ (झंझा में नीम), इलाहाबाद, 1968 ई०, पृ० 131

चाह की मृदु उँगलियों ने छू.हृदय के तार
जो तुम्हीं में छेड़ दी, मैं हूँ वही झंकार।[1]

महादेवी जी की इन पंक्तियों में 'चाह की उँगलियों' से उँगलियों का बिम्ब उभर कर चाह में स्पर्श संवेदना उत्पन्न कर देता है। स्पर्श का मांसल मानवपरक रूप यौन बिम्बों में सबसे प्रखर रूप से उभरता है। इस प्रकार के सर्वाधिक बिम्ब निराला जी के काव्य में मिलते हैं। 'प्रिय-कर-कठिन-उरोज-परस कस कसक मसक गई चोली'[2] 'मली मुख चुम्बन रोली[3] आदि पंक्तियों में स्पर्श का ऐसा ही रूप अंकित हुआ है। कामायनी में भी इस प्रकार के कुछ बिम्ब उपलब्ध होते हैं।[4]

छायावादी कवियों में कोमलता, शीतलता आदि को स्पर्श संवेदना अधिक बिम्ब-बद्ध की है, कठोरता, रुक्षता आदि के स्पर्श की कम। उनके रुक्ष स्पर्श की संवेदना में भी प्रायः हल्का सा मार्दव होता है—

शिशिर सा झर नयनों का नीर
झुलस देता गालों के फूल।[5]

प्रसाद-काव्य में स्पर्श संवेदना के मांसल, लाक्षणिक आदि प्रायः सभी रूप मिल जाते हैं।

गन्ध संवेदना

गन्ध संवेदना अत्यन्त सूक्ष्म संवेदना है। छायावादी कवियों ने गन्ध संवेदना के चित्रण में सूक्ष्म पर्यवेक्षण शक्ति का परिचय दिया है। उन्होंने मधुर और प्रिय गन्ध का ही चित्रण किया है, अप्रिय और अरुचिकर गन्धों का नहीं। पुष्पों की सुगन्ध का चित्रण हिन्दी में पहले भी हुआ था, किन्तु छायावादी कवियों ने स्मृतियों में भी गन्ध का अनुभव किया। महादेवी जी की ऐसी ही पंक्तियाँ हैं :—

लाता भर श्वासों का समीर
जग से स्मृतियों का गन्ध धीर
सुरभित है जीवन-मृत्यु तीर।[6]

---

1. महादेवी वर्मा : यामा (रश्मि) पृ० 90
2. निराला : गीतिका, इलाहाबाद, 1922 ई०, पृ० 49
3. वही, पृ० 49
4. देखिए कामायनी के कर्म सर्ग का अन्तिम भाग।
5. पन्त : रश्मिबन्ध, पृ० 52
6. महादेवी वर्मा : यामा (सान्ध्यगीत) पृ० 302

सुमित्रानन्दन पन्त ने भी कहीं-कहीं गन्ध-बिम्वों का सृजन किया है—

तुम्हारी पी मुख वास तरंग
आज बौरे भौंरे सहकार ।[1]

पन्त जी ने नारी के शरीर में सहज चन्दन की गन्ध का अनुभव किया है—

तप्त कनक द्युति देह, सहज चन्दन सी वासित ।[2]

महादेवी जी ने ज्वाला में भी सुगन्ध का अनुभव किया है—

आज ज्वाला से बरसता, क्यों मधुर घनसार सुरभित ।[3]

छायावादी कवियों में गन्ध की सबसे तीव्र संवेदना निराला के गन्ध-बिम्बों में है । पन्त जी ने गन्ध संवेदना का चित्रण अपेक्षाकृत कम किया है । प्रसाद जी में गन्ध की बहुत सूक्ष्म चेतना है । उन्होंने गन्ध की गाढ़ी और सूक्ष्म सभी प्रकार की संवेदनाओं को अंकित किया है ।

स्वाद संवेदना

स्वाद संवेदना सबसे स्थूल होती है । छायावादी काव्य में स्वाद संवेद्य बिम्बों की योजना का प्रायः अभाव है । स्वाद-संवेदना के जो उदाहरण छायावादी काव्य में उपलब्ध हैं, उनमें से अधिकांश लाक्षणिक स्वाद संवेदना के उदाहरण हैं । ऐसे उदाहरणों में या तो इतर-इन्द्रिय-संवेद्य पदार्थ के लिए स्वाद बोधक विशेषण का प्रयोग हुआ है, जैसे मधुर झंकार, मधुर गान आदि या किसी खाद्य, पेय आदि पदार्थ को उपमान के रूप में नियोजित किया गया है; जैसे गल गया मन मिश्री का कन'[4] 'मिश्रीका सा घुल जाता था मन छूते ही आँसू कन'[5] इसके अतिरिक्त खाने-पीने आदि की क्रिया के माध्यम से भी कहीं-कहीं स्वाद का अभाव हो जाता है—

देखते निमेषहीन नयनों से तुम मुझे
रखने को चिरकाल बाँधकर दृष्टि से
....
पीने को अमृत अंगों से झरता हुआ ।[6]

---

1. पन्त : गुंजन, 2008 वि०, पृ० 57
2. पन्त : स्वर्ण किरन, भारती भंडार, इलाबाद, 2004 वि० पृ० 61
3. महादेवी वर्मा : यामा (नीरजा), पृ० 130
4. पन्त : पल्लव (आँसू), चतुर्थावृत्ति, 1940, पृ० 11
5. महादेवी वर्मा : यामा (रश्मि), पृ० 85
6. निराला : अनामिका (प्रेयसी) पृ० 5

प्रसाद जी के काव्य में भी अधिकांशतः इसी प्रकार के स्वाद-संवेद्य बिम्ब उपलब्ध होते हैं। 'पीता हूँ, हाँ मैं पीता हूँ यह स्पर्श, रूप, रस 'गन्ध भरा मधु[1] आदि उदाहरणों में यह देखा जा सकता है।

मिश्र संवेदना

छायावादी कवियों ने इकहरी संवेदनाओं की अपेक्षा मिश्र संवेदनाओं का चित्रण अधिक किया है। उन्होंने एक ही बिम्ब में दो, तीन और कभी-कभी चार विभिन्न संवेदनाओं को मिला दिया है। यह प्रवृत्ति प्रायः सभी छायावादी कवियों में मिलती है। पन्त जी की निम्नलिखित पंक्तियों में गन्ध, ध्वनि और दृश्य संवेदनाओं का मिश्रण हुआ है—

कनक छाया में जबकि सकाल
खोलती कलिका उर के द्वार
सुरभि-पीड़ित मधुपों के बाल
तड़प बन जाते हैं गुंजार।[2]

निराला जी की निम्नलिखित पंक्तियों में ध्वनि और स्पर्श को दृश्य बना दिया गया है—

खोल बहुरंगी पंख विहग से
सो गया सुरा-स्वर
प्रिया के मौन अधरों में
क्षुब्ध एक कम्पन सा निद्रित सरोवर में।[3]

महादेवी जी ने निम्नलिखित-पंक्तियों में गन्ध, दृश्य, स्वाद और स्पर्श संवेदनाओं का समन्वय किया है—

सौरभ का फैला केश-जाल, करतीं समीर-परियाँ विहार
गीली केसर-पद झूम-झूम, पीते तितली के नव कुमार।[4]

छायावादी काव्य-बिम्बों में उपलब्ध मिश्र-संवेदना में कहीं तो एकाधिक संवेदनाओं को एकत्र किया गया है; कहीं एक की परिणति दूसरी संवेदना में हो जाती है

---

1. **कामायनी (काम)** पृ० 60
2. **पन्त : पल्लव (मौन निमन्त्रण)** 1942, पृ० 33
3. **निराला : अपरा (जागृत में सुप्ति थी)** पृ० 28
4. **महादेवी वर्मा : यामा (रश्मि)** पृ० 69

और कहीं इन संवेदनाओं का परस्परावलम्बन हो जाता है। प्रसाद जी ने भी प्रभूत मात्रा में मिश्र-बिम्बों की रचना की है।

संक्षेप में, छायावादी काव्य बिम्बों में दृश्य संवेदना की प्रमुखता है और प्रत्यक्ष स्वाद संवेदना प्रायः उपेक्षित रही है। ध्वनि संवेदना का दूसरा स्थान निर्धारित किया जा सकता है। स्पर्श और गंध संवेदना की गणना उसके पश्चात् होती है। उनमें इकहरी सँवेदनाओं की अपेक्षा मिश्र संवेदनाओं का चित्रण अधिक हुआ है। प्रसाद के काव्य-बिम्बों में वर्ण, गन्ध और स्पर्श संवेदनाओं के सूक्ष्म स्तरों का उद्घाटन हुआ है। उन्होंने मिश्र संवेदनाओं का चित्रण भी अनेक रूपों में किया है।

(ग) मूर्त और अमूर्त बिम्ब

छायावादी काव्य में मूर्त को अधिक मूर्त बनाने की अपेक्षा सूक्ष्म या अमूर्त बनाने का प्रयास अधिक हुआ है। उसमें अमूर्त भावों को संवेदना का विषय बनाने का भी सफल प्रयास हुआ है, और अमूर्त भावों के लिए अमूर्त उपमानों की योजना भी हुई है। इस प्रकार मूर्तता और अमूर्तता की दृष्टि से छायावादी कवियों ने चार दिशाओं में कार्य किया है—

मूर्त को अधिक मूर्त बनाने का कार्य,
अमूर्त का मूर्तीकरण,
मूर्त का अमूर्तीकरण और
अमूर्त के लिए अमूर्त उपमानों की योजना

इनमें से अमूर्त के लिए अमूर्त की उपमान योजना से प्रायः बिम्ब-सृजन नहीं होता क्योंकि उसमें ऐन्द्रियता का नितान्त अभाव रहता है। बिम्ब की दृष्टि से प्रथम तीन दिशाओं में किये गये छायावादी कवियों के कार्य को हम देखेंगे।

मूर्त को अधिक मूर्त बनाने का कार्य

छायावादी कवयों ने अन्य दिशाओं की अपेक्षा इस दिशा में कम कार्य किया है। फिर भी इस प्रकार के कुछ बिम्ब उपलब्ध होते हैं। उदाहरण के लिए क्षितिज शब्द को लीजिये। प्रसाद जी ने जब कहा—

मानस जलधि रहे चिर चुम्बित—
मेरे क्षितिज उदार बनो।[1]

तो क्षितिज में विशेषीकरण भी हुआ और वह अधिक मूर्त हो गया। जब महादेवी जी

---

1. लहर, पृ० 10

तो अमूर्त विराग किसी रोटी के टुकड़े आदि के समान चक्षु-संवेद्यता प्राप्त कर लेता है। इसी प्रकार—

जड़े नयनों में स्वप्न[1]

निराला जी की इस पंक्ति में स्वप्नों की मूर्त संवेदना रत्न आदि के रूप में जागती है। 'फेंक देने' या 'जड़े जाने' की क्रिया का कर्म कोई निर्जीव पदार्थ ही बन सकता है। उपर्युक्त दोनों उदाहरणों में 'विराग' और 'स्वप्न' को क्रमशः इन क्रियाओं से सम्बद्ध कर दिया गया है। इसी प्रकार महादेवी जी ने भी स्वप्न को अन्य क्रिया का कर्म बना कर साकार बनाया है—

सपनों से बाँध डुबोना
मेरा छोटा सा जीवन।[2]

यहाँ 'बाँध कर डुबोना' क्रिया की सहायता से स्वप्न और जीवन दो ठोस पदार्थों के रूप में इन्द्रिय-संवेद्य बन गये हैं।

किसी मूर्त पदार्थ से सम्बद्ध कर अमूर्त भाव में मूर्तता के समावेश की चौथी पद्धति का अनुसरण छायावाद काल में कहीं-कहीं दृष्टिगोचर हो जाता है। डा० रामकुमार वर्मा ने 'कन्धों' से सम्बद्ध करके जीवन को मूर्त बना दिया हैं—

जीवन के कन्धों पर रख कर,
दुहरी साँसों का शून्य भार
मैं आज यहाँ तक आया हूँ
करने भविष्य का नव सिंगार।

इसी प्रकार प्रसाद जी ने पंखों की सहायता से 'विचार' को सप्राण बनाया है—

निशिचारी भीषण विचार के पंख भर रहे सर्राटे।

इस प्रकार मुख्यतः इन चार पद्धतियों का अनुसरण करते हुए छायावादी कवियों ने अमूर्त भावो के मूर्त बिम्बों की योजना की है। ये बिम्ब मूर्त होते हुए भी पूर्णतः मूर्त नहीं होते। अतः हमने वर्गीकरण के प्रकरण में इनको 'अमूर्तगर्भ' अभिधान प्रदान किया है।

---

1. निराला : अपरा (जागृति में सुप्ति थी), पृ० 28
2. यामा (नीहार), पृ० 26
3. डा० राम कुमार वर्मा : आधुनिक कवि, पृ० 18
4. कामायनी (निर्वेद), पृ० 167

मूर्त का अमूर्तीकरण

छायावादी कवियों ने मूर्त वस्तुओं के लिए अमूर्त उपमानों की योजना करके मूर्त और अमूर्त की समन्वित अनुभूति जगाने का प्रयास भी किया है। उदाहरणार्थ पन्त की इन पंक्तियों को लें—

विधुर उर के से मृदु उद्गार
कुसुम जब खिल पड़ते सोच्छ्वास[1]

उक्त पंक्तियों से कुसुम के जिस बिम्ब का उद्भव होता है वह पूर्णतः मूर्त नहीं है। मृदु उद्गार के सम्पर्क से उसमें हल्की अमूर्तता आ जाती है। इसी प्रकार अनामिका का कवि कहता है—

तुम विमल हृदय उच्छ्वास और मैं कान्त कामिनी कविता।[2]

तो कवि और उसके प्रिय का बिम्ब कुछ अमूर्तता धारण कर लेता है।

इस प्रकार छायावादी काव्य में पूर्णतः स्थूल बिम्बों की रचना कम हुई है जिससे सम्पूर्ण ध्यान उसके बाह्य रूप में अटक जाये। उसमें मूर्त पदार्थों में कुछ अमूर्तता और अमूर्त भवानाओं में कुछ मूर्तता लाकर उनकी बिम्ब-योजना की गई है। यह प्रवृत्ति प्रसाद काव्य में भी मिलती है। उन्होंने मूर्त वस्तुओं के लिए अमूर्त उपमानों की योजना कम की है।

(घ) बिम्बगत गुण

बिम्बगत गुणों की चर्चा चतुर्थ अध्याय में सफल बिम्बों के सन्दर्भ में की जा चुकी है। ये बिम्बगत गुण हैं—(1) भावोद्बोधकता, (2) तीव्रता या गहना, (3) ताजगी, (4) परिचितता (5) व्यंजकता और (6) औचित्य।

(1) भावोद्बोधकता

छायावादो बिम्बों में विशेषतः छायावाद के प्रमुख कवियों के बिम्बों में भावोद्बोधकता का गुण सामान्यतः विद्यमान है। छायावादी कवियों ने प्रायः किसी अनुभूति से प्रेरित होकर बिम्बों की रचना की है फलतः उनमें भावोद्बोधकता का गुण स्वतः ही आ गया है। महादेवी जी द्वारा अंकित नाश के हिम अधरों से लगे जीवन के आसव का निन्नांकित बिम्ब जीवन की दुखद परिणति की अनुभूति करा कर मानस में विषाद को हल्की रेखा खींच देता है—

---

1. पन्त : पल्लव (मौन निमन्त्रण), पृ० 32
2. निराला : अनामिका, पृ० 88

काल के प्याले में अभिनव, ढाल जीवन का मधु आसव,
नाश के हिम अधरों से मौन, लगा देता है आकर कौन ?[1]

(2) तीव्रता

भाव की तीव्र अभिव्यक्ति के लिए बिम्ब में संक्षिप्तता अपेक्षित होती है। छायावादी कवियों के अधिकांश बिम्बों में यह गुण पाया जाता है। इन कवियों ने अधिकांशतः अपनी कविताओं में प्रकृति और जीवन के छोटे-छोटे चित्र अंकित किये हैं। उदाहरण के लिये—पन्त जी ने निम्नलिखित पंक्तियों में एक डाल के दो रूपों को एक साथ चित्रित किया है—एक उसका वसंत का हरा भरा रूप है, जब उस पर भौंरे गुंजार करते हैं और दूसरा पतझड़ में उसका अकिंचनता से सिहरता हुआ रूप—

वही मधु ऋतु की गुंजित डाल, झुकी थी जो यौवन के भार;
अकिंचनता में निज तत्काल, सिहर उठती जीवन है भार[2]

यहाँ इन दो रूपों को मिला देने से जीवन की अकिंचनता और विषाद की अत्यन्त तीव्र अनुभूति जाग्रत होती है।

(3) ताजगी

बिम्ब में ताजगी का गुण नवीनता के कारण आता है। यह नवीनता वस्तु की भी हो सकती है और प्रयोग की भी। छायावादी बिम्बों में वस्तु और प्रयोग दोनों ही दृष्टियों से पर्याप्त नवीनता है। छायावादी कवियों ने मानव के बँधे हुए रूप के स्थान पर प्रकृति की प्रतिष्ठा की और मानव का भी उदात्त रूप अंकित किया। इन कवियों की काव्य-दृष्टि में भी नवीनता मिलती है जिससे उनके बिम्बों में ताजगी आ गई है। उदाहरण के लिए रामकुमार वर्मा ने वसन्त के वर्ण-वैभव को एक नई भंगिमा के साथ प्रस्तुत किया है—

यह नव वसन्त है ? नहीं यहाँ—
रंगों में छिपकर लगी आग।[3]

नव वसन्त का वर्णन भी इससे पूर्व हुआ है और इस सन्दर्भ में आग का भी; किन्तु यहाँ 'रंगों में छिपकर लगी आग' के कारण यह बिम्ब ताजा प्रतीत होता है।

1. यामा (रश्मि), पृ० 82
2. पन्त : रश्मिबन्ध (परिवर्तन), पृ० 52
3. रामकुमार वर्मा : आधुनिक कवि, पृ० 50

(4) परिचितता

छायावादी काव्य-बिम्बों में नवीनता के साथ परिचितता का गुण भी मिलता है। छायावादी कवियों ने बिम्बों के लिए प्रायः उन विषयों को चुना है जो प्रत्येक भारतीय के लिए प्रत्यक्ष रूप में या संस्कार रूप में परिचित हैं। प्रकृति के विषय तो इस प्रकार के हैं ही, मानव जीवन के बिम्ब भी जीवन के परिचित्त रूपों को लेकर अंकित किये गये हैं; उदाहरणार्थ—

अभी तो मुकुट बँधा था माथ, हुए कल ही हलदी के हाथ,
खुले भी न थे लाज के बोल, खिले भी चुम्बन शून्य कपोल,
हाय ! रुक गया यहीं संसार, बना सिन्दूर अँगार।[1]

इन पंक्तियों में पन्त जी ने भारतीय जीवन के दो अत्यन्त परिचित चित्रों को प्रस्तुत किया है जिससे यह बिम्ब पाठक के मर्म पर शीघ्र आघात करता है।

(5) व्यंजकता

बिम्ब केवल किसी एक अर्थ का बोध नहीं कराता। उसमें अनेक भावों और विचारों की व्यंजना की क्षमता होनी चाहिए। छायावादी काव्य-बिम्बों में व्यंजकता का यह गुण प्रायः विद्यमान है। प्रायः सभी प्रमुख छायावादी कवियों में जहाँ एक ओर गहन अनुभूति और विस्तृत कल्पना शक्ति रही है वहाँ दूसरी ओर जीवन और जगत के विभिन्न रूपों पर उन्होंने तात्विक चिन्तन भी किया है। फलतः उनका यह चिन्तन अनुभूति से समन्वित होकर और कल्पना का सहारा लेकर व्यंजकतापूर्ण बिम्बों में परिणत हुआ है। महादेवी जी ने दर्पण के बिम्ब द्वारा जगत सम्बन्धी वेदान्ती विचारों की समर्थ व्यंजना की है—

टूट गया वह दर्पण निर्मम
अपने दो आकार बनाने, दोनों का अभिसार दिखाने
भूलों का संसार बसाने, जो झिलमिल झिलमिल सा तुमने
हँस हँस दे डाला था निरूपम
टूट गया वह दर्पण निर्मम।[2]

दर्पण के इस बिम्ब द्वारा अमेभदवाद और आभासवाद की सुन्दर व्यंजना हुई है।

(6) औचित्य

यद्यपि औचित्य के अन्तर्गत बिम्ब के अधिकांश गुण आ जाते हैं तथापि औचित्य

---

1. पन्त : रश्मिबन्ध, पृ० 58
2. यामा (नीरजा), पृ० 167

के दो मुख्य पक्ष हैं—संतुलन और अनुरूपता। उपलक्षित बिम्ब प्रस्तुत विषय के अनुरूप हों यह आवश्यक होता है। लक्षित बिम्बों में भी विषय के अनुरूप संतुलन आवश्यक है। छायावादी कवियों के बिम्बों में औचित्य का गुण भरपूर मात्रा में है। यद्यपि इन कवियों ने कल्पना की स्वच्छन्द उड़ान के सहारे भी बिम्ब-सृष्टि की है तथापि उनमें सामान्यतः औचित्य का उल्लंघन नहीं हुआ।

प्रसाद जी के बिम्बों में इन गुणों का विवेचन करते समय हम चतुर्थ अध्याय में देख चुके हैं कि उनके बिम्बों में इन सभी गुणों का पूर्ण समावेश है।

समग्र रूप में हम देखते हैं कि छायावादी काव्य में उपलब्ध होने वाले सभी प्रकार के बिम्बों की योजना प्रसाद जी के काव्य में हुई। फिर भी बिम्ब की दृष्टि से छायावादी कवियों में उनका विशिष्ट स्थान है। उनकी यह विशिष्टता मुख्यतः उनके ऐतिहासिक पौराणिक बिम्बों में तथा उनके बिम्बों में उपलब्ध सांस्कृतिक गरिमा में दृष्टिगत होती है। उनके काव्य में छोटे-छोटे सरल बिम्ब-पुजों के स्थान पर संश्लिष्ट बिम्बों की प्रवृत्ति प्रधान है। उन्होंने जीवन और प्रवृत्ति के गम्भीर और मधुर, कोमल और परुष सभी पक्षों का बिम्बांकन किया है। फलतः प्रसाद जी की बिम्ब-योजना में गरिमा के साथ व्यापकता भी विद्यमान है।

2—प्रसाद का व्यक्तित्व और बिम्ब योजना

कवि का व्यक्तित्व उसके कृतित्व में प्रतिफलित होता है। कवि के बिम्बों में उसका स्वभाव, उसकी रुचि, जीवन के आरम्भ से उसके मन पर पड़े हुए संस्कार ज्ञात और अज्ञात रूप से अभिव्यक्ति का मार्ग खोजते हैं। प्रसाद के काव्य-बिम्बों में भी उनके व्यक्तित्व की अभिव्यक्ति हुई है।

प्रसाद जी की जिन पारिवारिक परिस्थितियों एवं घटनाओं ने उनके बिम्बों को प्रभावित किया उनमें से उनका वैभवपूर्ण पारिवारिक वातावरण, वंशानुगत 'शैव-संस्कार, अल्पायु में ही क्रमशः पिता, माता और भाई की मृत्यु, पुनः एक-एक कर दो पत्नियों का निधन, ग्यारह वर्ष की अवस्था में अपनी माता के साथ धाराक्षेत्र, ओंकारेश्वर, पुष्कर, उज्जैन आदि विभिन्न स्थानों की यात्रा, सुगन्ध और सुंघनी का पैत्रिक व्यवसाय आदि प्रमुख हैं। परिस्थितियों एवं घटनाओं ने प्रसाद के व्यक्तित्व का निर्माण किया और वह व्यक्तित्व उनके बिम्बों में प्रतिबिम्बित हुआ। वैभवपूर्ण पारिवारिक वातावरण के प्रभाव से प्रसाद जी के व्यक्तित्व में एक आभिजात्य-पूर्ण गरिमा आ गई थी। उनका यह आभिजात्य उनके बिम्बों में भी प्रतिफलित हुआ है, जो उन बिम्बों को अन्य अनेक कवियों के बिम्बों से कुछ अलग कर देता है।

प्रसाद जी ने अपने जीवन में एक ओर तो अनेक भयंकर आघात सहे थे जिनके

कारण उनको दुःख की व्यापकता को स्वीकार करना पड़ा और दूसरी ओर उनको वंशानुक्रम से आनन्दवादी शैव दर्शन के संस्कार मिले थे जिसके कारण वे आनन्द को नित्य मानते थे। उनके ये दोनों ही विश्वास उनके बिम्बों में व्यक्त हुए हैं। आँसू में पहले प्रसाद जी लिखते हैं—

वेदना विकल फिर आई, मेरी चौदहों भुवन में
सुख कहीं न दिया दिखाई, विश्राम कहाँ जीवन में।[1]

इसमें ऐसा प्रतीत होता है मानो प्रसाद जी वेदना को ही शाश्वत मान रहे हों, किन्तु वे निराश नहीं हैं—

हैं पड़ी हुई मुँह ढक कर, मन की जितनी पीड़ाएँ
वे हँसने लगें सुमन-सी, करती कोमल क्रीड़ाएँ।[2]

कामायनी के श्रद्धा सर्ग में भी मनु के कथनों में जिन बिम्बों की योजना[3] हुई है वे उनके दुःखवादी स्वर के व्यंजक हैं किन्तु श्रद्धा के कथनों में निबद्ध बिम्बों में सुख और आनन्द की नित्यता का भाव व्यक्त हुआ है।[4]

प्रसाद जी 'आदिम आर्यों की तरह सौन्दर्य पूजक हैं और उससे शक्ति, आनन्द व उल्लास ग्रहण करते हैं।[5] प्रसाद जी की इस सौन्दर्य-पूजा का समुचित प्रतिफलन उनके बिम्बों में हुआ है। कामायनी के 'लज्जा सर्ग' में प्रसाद जी ने नारी के सहज सौन्दर्य के स्वरूप को कुछ बिम्बों की सहायता से अंकित भी किया है जिनमें उसका शक्तिदायी और आनन्ददायी रूप प्रकट हुआ है—

नयनों की नीलम की घाटी, जिस रसघन से छा जाती हो
वह कौंध कि जिससे अन्तर की शीतलता ठंडक पाती हो।[6]

नीलम की घाटी में रसघन की इस शीतलदायी कौंध के बिम्ब में सौन्दर्य का आनन्दमय रूप प्रस्फुटित हुआ है। एक बिम्ब में उसका शक्तिदायी रूप भी है—

---

1. आँसू, पृ० 53
2. वही, पृ० 73
3. जैसे—'एक विस्मृति का स्तूप अचेत ज्योति का धुँधला सा प्रतिबिम्ब'—कामायनी (श्रद्धा) पृ० 45
4. जैसे—'नित्य समरसता का अधिकार...., आदि—वही, पृ० 49
5. डा० रामेश्वर लाल खण्डेलवाल : जयशंकर प्रसाद, वस्तु और कला, दिल्ली 1968, पृ० 286
6. कामायनी (लज्जा), पृ० 82

अम्बर-चुम्बी हिम शृंगों से
कलरव कोलाहल साथ लिये;
विद्युत की प्राणमयी धारा
बहती जिसमें उन्माद लिये।[1]

किन्तु प्रसाद जी बाह्य सौन्दर्य की अपेक्षा आन्तरिक सौन्दर्य को अधिक महत्व देते थे। अनिन्द्य सुन्दरी कमला के बाह्य सौन्दर्य की कारुणिक परिणति से यह बात भलीभाँति सिद्ध हो जाती है। इसी को प्रसाद जी के बिम्बों से भी समझा जा सकता है—

ढुलक रही है हिम-बिन्दु-सी
सत्ता सौन्दर्य के चपल आवरण की।
हँसती है वासना की छलना पिशाची-सी
छिपकर चारों ओर व्रीड़ा की उँगलियाँ
करती संकेत हैं व्यंग्य उपहास में।[2]

वस्तुतः प्रसाद जी वासना से पंकिल सौन्दर्य को जीवन के लिए कल्याणकर नहीं मानते थे। वासनाहीन सौन्दर्य और प्रणय प्रसाद जी की एक बड़ी प्रेरक शक्ति थी। डा० सूर्य प्रकाश दीक्षित के शब्दों में 'प्रणय और सौन्दर्य का वातावरण 'प्रसाद' की कला का सर्वप्रिय सुन्दर रंगस्थल है।'[3]

प्रसाद जी की रुचियों का ज्ञान उनके बिम्बों के माध्यम से किया जा सकता है। प्रसाद जी उत्सवप्रिय व्यक्ति थे, यह तथ्य उनके बिम्बों से परिपुष्ट होता है। उनके चित्राधार[4] में तो होलो आदि के बिम्ब आये ही हैं कामायनी के काम सर्ग में भी सृष्टि-क्रम का चित्रण करते हुए उन्होंने मधु उत्सव का बिम्ब उपस्थित किया है—

वह मूल शक्ति उठ खड़ी हुई, अपने आलस का त्याग किये
परमाणु बाल सब दौड़ पड़े—जिसका सुन्दर अनुराग लिये
कुंकुम का चूर्ण उड़ाते से, मिलने को गले ललकते से
अन्तरिक्ष के मधु उत्सव के विद्युत्कण मिले झलकते से।[5]

---

1. कामायनी (लज्जा), पृ० 81
2. लहर (प्रलय की छाया), पृ० 80
3. डा० सूर्य प्रकाश दीक्षित : प्रसाद का गद्य, दिल्ली, 1968, पृ० 39
4. देखिए—चित्राधार, पृ० 181
5. कामायनी (काम), पृ० 62-63

अपने हृदय की वेदना के लिए भी प्रसाद जी जलती हुई 'मृदु होली' का बिम्ब अंकित करते हैं ।[1] कमला के रूप की विजय के प्रसंग में नृत्यशाला और उत्सव का बिम्बाकंन किया गया है ।[2] किन्तु प्रसाद जी उत्सव के बाद की निर्जनता को भी समझते थे । उनके काव्य में खाली उत्सवशाला का भी चित्रण हुआ है—

फिर निर्जन उत्सवशाला, नीरव नूपुर, श्लथ माला,
सो जाती है मधुबाला, सूखा लुढ़का है प्याला
बजती वीणा न यहाँ मृदंग ।[3]

वस्तुतः प्रसाद जी प्रत्येक वस्तु के दोनों पक्षों को जानते और समझते थे ।

शास्त्रीय संगीत में प्रसाद जी की विशेष रुचि रही है । वे शिवरात्रि आदि के उत्सवों पर शास्त्रीय संगीत का आयोजन भी किया करते थे । उनकी इस रुचि का ज्ञान उनके बिम्बों से भी हो सकता है । उन्होंने भारतीय संगीत की विभिन्न राग-रागिनियों तथा अन्य पारिभाषिक शब्दों के भी सुन्दर बिम्ब अंकित किये हैं । 'तू अब तक सोई है आली आँखों में भरे विहाग री'[4] 'मुखरित था कलरव, गीतों में स्वर लय का होता अभिसार'[5] में क्रमशः विहाग और स्वर-लय का बिम्बांकन हुआ है । उन्होंने वीणा, मृदंग, नूपुर, दुंदुभि, तूर्य, वंशी आदि भारतीय वाद्यों की सहायता से भी बिम्बों की सृष्टि की है जो उनके संगीत-प्रेम का बोध कराते है ।

चित्रकला में भी प्रसाद जी की रुचि थी, यह बात उनके बिम्बों से प्रमाणित होती है । उनके समय में चित्रकला के पुनर्जागरण काल के वाश पद्धति के चित्रों का अधिक प्रचलन था, जिनमें छायावादी कविताओं के समान एक धूमिल वातावरण की सृष्टि प्रायः की जाती थी ।

नारी जीवन का चित्र यही, क्या विकल रंग भर देती हो,
अस्फुट रेखा की सीमा में आकार कला को देती हो ।[6]

इसमें चित्रण की पद्धति का ज्ञान भी प्रकट होता है । प्रसाद जी ने चाहे स्वयं चित्रकारी न की हो परन्तु उनको चित्रकारी के सम्बन्ध में जानकारी थी और रुचि भी । उनके

1. देखिए—आँसू, पृ० 61
2. देखिए—लहर, पृ० 76
3. वही, पृ० 48
4. लहर, पृ० 19
5. कामायनी (चिन्ता), पृ० 16
6. कामायनी (लज्जा), पृ० 86

समय में रंगों को पीस कर कपड़े में छानकर तैयार किया जाता था। उन्होंने इस क्रिया का बिम्बांकन प्रकृति के माध्यम से किया है—

इस अवकाश पटी पर कितने चित्र बिगड़ते बनते हैं
उनमें कितने रंग भरे जो सुरधनु-पट से छनते हैं।[1]

चलचित्र में भी प्रसाद जी को कुछ रुचि अवश्य थी। वे कभी-कभी चलचित्र देखने जाया भी करते थे। उनके बिम्बों में भी इसको स्थान मिला है। चित्रपट पर आने वाले छायाचित्र मूलतः प्रकाश की ही सृष्टि है इस तथ्य को लेकर उन्होंने 'माया' तत्व के स्वरूप को बिम्बांकित किया है—

घूम रही है यहाँ चतुर्दिक चलचित्रों सी संसृति छाया
जिस आलोक बिन्दु को घेरे वह बैठी मुसक्याती माया।[2]

प्रसाद जी की गन्ध-चेतना अत्यन्त सूक्ष्म थी। उनके गन्ध-बिम्बों से उनकी इस विशेषता का समर्थन हो जाता है। उन्होंने गन्ध के एक-एक परमाणु के समन्वय में अपनी इस सूक्ष्म चेतना का परिचय दिया है—

कुसुम कानन अंचल में मन्द
पवन प्रेरित सौरभ साकार;
रचित परमाणु पराग शरीर
खड़ा हो ले मधु का आधार....[3]

यहाँ श्रद्धा के रूपचित्रण में 'परमाणु पराग' के माध्यम से इसी सूक्ष्म चेतना का बोध होता है। प्रसाद जी के पुत्र रत्नशंकर जी ने 'प्रसाद जी की दिनचर्या' नामक लेख में इस बात का उल्लेख किया है कि वे गन्ध सम्मिश्रण के कार्य में कितने पटु थे और बहुमूल्य यन्त्रों की 'लेबोरेटरी' का काम गन्ध तन्मात्राओं से निकाल लेते थे।[4] प्रसाद जी ने जहाँ गन्ध-बिम्बों का चित्रण किया है वहाँ गन्ध की मात्रा का भी ध्यान रखा है। कमला के शरीर की भीनी गन्ध का यह बिम्ब देखिए—

शतशत दलों की
मुद्रित मधुर गन्ध भीनी-भीगी रोम में
बहाती लावण्य धारा।[5]

---

1. कामायनी (स्वप्न), पृ० 145
2. कामायनी (रहस्य), पृ० 210
3. कामायनी (श्रद्धा), पृ० 44
4. निर्मल तालवार (संपा०) : प्रसाद पृ० 4
5. लहर, पृ० 62

प्रसाद जी ने यहाँ शरीर के गन्ध की व्यापकता और हल्केपन—दोनों को एक साथ व्यंजित करने के लिए 'दलों' के साथ 'शत-शत' और 'मुद्रित'—इन दो विशेषणों का प्रयोग किया है और 'बहाती लावण्य धारा' से गन्ध की तरलता को भी संवेद्य बना दिया है।

प्रसाद जी सूक्ष्म-दृष्टि के धनी थे। वर्णों के सूक्ष्म-स्तरों को उनकी दृष्टि अच्छी तरह पकड़ लेती था। उनके वर्ण-बिम्बों से यह बात भली भाँति जानी जा सकती है। उनके बिम्बों में निरूपित अनुकूल वर्ण-योजना, प्रतिकूल वर्ण-योजना, वर्ण-परिवर्तन आदि से यह ज्ञात होता है कि उनकी दृष्टि बहुत पैनी थी।

प्रसाद जी के बिम्बगत वर्णों की प्रधानता के आधार पर भी उनके व्यक्तित्व के सम्बन्ध में जाना जा सकता है। हम द्वितीय अध्याय में देख चुके हैं कि प्रसाद जी के वर्ण-बिम्बों में नीले, सुनहरी और पिंग वर्णों की प्रधानता है। प्रसाद जी ने जहाँ भी वस्त्रों की कल्पना की है, वहाँ उनको प्रायः नीले रूप में देखा है। स्वर्णिम और पिंग वर्ण उन्होंने प्रायः प्रकृति में देखे हैं। नीला रंग शान्त और अन्तर्मुखी स्वभाव का द्योतक होता है और स्वर्णिम रंग वैभव-विलास-प्रियता का। प्रसाद जी के व्यक्तित्व में इन दोनों का अद्भुत समन्वय था, यह बात उनके बिम्बों से प्रकट होती है। तथ्यों से भी इसका समर्थन होता है। एक और तो उनका जन्म वैभवसम्पन्न परिवार में हुआ और दूसरी ओर जीवन को विषम परिस्थितियों और आघातों ने उनको अन्तर्मुखी बना दिया था। इस प्रकार का विरोध प्रसाद जी के सम्पूर्ण जीनन में व्याप्त था। एक ओर काव्य-रचना ओर दूसरी और व्यवसाय—प्रसाद जी ने दोनों दायित्वों का निर्वाह समान रूप से किया। रायकृष्णदास जी के शब्दों में 'उन्होंने दोनों ही रकाबों पर बड़े ठाट और दृढ़ता से पाँव जमाये।'[1]

प्रसाद जी के मन में राष्ट्रीयता की प्रबल भावना थी जिसको उनके काव्य बिम्बों में अभिव्यक्ति मिली। इस सम्बन्ध में डा० ओमप्रकाश का मत द्रष्टव्य है कि किसी कवि का राष्ट्रप्रेम इस बात से जाना जा सकता है कि उसकी 'विचारधारा राष्ट्र की शाश्वत विचारधारा का कितना उद्घाटन करती है 'और' राष्ट्र के गौरव चिह्न—देश की प्राकृतिक स्थिति, नदी और पर्वत, ऋतु और जलवायु—राष्ट्र के उत्सव तथा त्यौहार व्यवस्था तथा प्रथाएँ कवि के हृदय को प्रभावित कर पाई हैं या नहीं, उसने राष्ट्र के इतिहास तथा दर्शन, साहित्य एवं जीवन के प्रति श्रद्धा दिखलाई है या

1. रायकृष्ण दास : प्रसाद की याद, महावीर अधिकारी द्वारा सम्पादित 'प्रसाद का जीवन-दर्शन कला और कृतित्व,' दिल्ली, 1955, पृ० 12

नहीं।'[1] प्रसाद जी के बिम्बों में राष्ट्रीय विचारधारा का उद्घाटन हुआ है। भारत के नदी-पर्वत, ऋतु-जलवायु आदि को उनके काव्य में विशद अभिव्यक्ति मिली है—

हिमाद्रि तुंग श्रृंग से प्रबुद्ध शुद्ध भारती—
स्वयंप्रभा समुज्ज्वला स्वतन्त्रता पुकारती—
अमर्त्य वीरपुत्र हो; दृढ़प्रतिज्ञ सोच लो,
प्रशस्त पुण्य पन्थ है, बढ़े चलो, बढ़े चलो।[2]

यहाँ हिमाद्रि तुंग श्रृंग से पुकारती हुई स्वतन्त्रता का बिम्ब प्रसाद जी के राष्ट्रप्रेम की समुचित व्यंजना करने में समर्थ है।

भारत के स्वर्णिम अतीत के प्रति प्रसाद जी के मन में अत्यधिक रागात्मक आकर्षण था। उनके ऐतिहासिक और पौराणिक बिम्बों से इस बात को जाना जा सकता है। प्रसाद जी ने इतिहास के अनेक पृष्ठों को अपनी कविताओं के रूप में बिम्बांकित किया है। स्कन्दगुप्त नाटक के गीत 'हिमालय के आंगन में उसे प्रथम किरणों का दे उपहार'....[3] में संजोये गये बिम्बों को देखकर प्रसाद जी के व्यक्तित्व के इस पक्ष को समझा जा सकता है।

संक्षेप में, यद्यपि किसी कवि ने व्यक्तित्व का समग्र और सही विश्लेषण अत्यन्त कठिन है, और वह भी बिम्ब के माध्यम से तथापि प्रसाद जी के काव्य-बिम्बों में उनके व्यक्तित्व के अनेक पक्षों की अभिव्यक्ति हुई है। जीवन के विविध दायित्व का एक साथ निर्वाह, सौन्दर्य और प्रणय के प्रति आकर्षण, उत्सवप्रियता, शास्त्रीय संगीत और चित्र-कला में रुचि, गन्ध, वर्ण आदि की सूक्ष्म चेतना, राष्ट्रप्रेम, स्वर्णिम अतीत के प्रति आकर्षण आदि उनके व्यक्तित्व की अनेक विशेषताओं का बोध उनके बिम्बों के अध्ययन से हो जाता है।

———

1. डा० ओमप्रकाश : आलोचना की ओर, दिल्ली, 1956, पृ० 110
2. चन्द्रगुप्त, अंक ४ पृ० 177
3. स्कन्दगुप्त, अंक 5, पृ० 162-63

सप्तम अध्याय

उपसंहार

प्रस्तुत अध्ययन के आधार पर हम काव्य-बिम्ब और प्रसाद-काव्य की बिम्ब-योजना के सम्बन्ध में जिन निष्कर्षों पर पहुँचते हैं, उन्हें संक्षेप में इस प्रकार प्रस्तुत किया जा सकता है :

काव्य कवि के मानस की अनुभूतियों, विचारों, कल्पनाओं आदि का व्यक्त रूप है और बिम्ब इस अभिव्यक्ति का महत्त्वपूर्ण साधन । काव्य-बिम्ब वह इन्द्रिय-संवेद्य भाव प्रेरित मानस-छवि है जो शब्दार्थ के माध्यम से कल्पना द्वारा निर्मित होती है । बिम्ब की चर्चा पाश्चात्य साहित्यशास्त्र में आरम्भ हुई किन्तु भारतीय साहित्य शास्त्र में भी अलंकार, वक्रोक्ति, ध्वनि आदि कुछ ऐसे सिद्धान्त हैं जिनका बिम्ब से आंशिक अथवा वैकल्पिक साम्य है । हिन्दी आलोचना में बिम्ब की धारणा मुख्यतः पाश्चात्य साहित्य-शास्त्र से गृहीत हुई है । काव्य के लिए बिम्ब की उपादेयता असन्दिग्ध है । भावों के सम्प्रेषण, अमूर्त भावों के मूर्तीकरण, विशृंखल भावों और अनुभूतियों में व्यवस्था-स्थापन, भाषा में नवीन शक्ति और कलात्मक संक्षिप्तता की क्षमता के समावेश आदि अनेक कार्यों द्वारा वह काव्य का उपकार करता है और उसका आवश्यक तत्त्व सिद्ध होता है । कल्पना बिम्ब का करण तत्व है । कल्पना को मूर्तिविधायिनी, पुनः सृष्टिविधायिनी और ऐक्यविधायिनी शक्तियाँ समर्थ बिम्ब की रचना करती हैं । बिम्ब और भाषा का घनिष्ट सम्बन्ध है । बिम्ब भाषा के मृत रूपकों को पुनर्जीवित कर, उसकी व्यंजकता को बढ़ाकर, अर्थ की नवीन सम्भावनाओं के द्वार खोल कर, भाषा की शक्ति को बढ़ाता है । काव्य की भाषा को शास्त्र की भाषा से अलग करने वाला मुख्य तत्त्व भी बिम्ब ही है ।

प्रसाद जी के काव्य में उनके व्यापक अनुभव, तीव्र अनुभूति, विशुद्ध कल्पना और समर्थ अभिव्यंजनक्षमता के कारण समृद्ध और वैविध्यपूर्ण बिम्बों की योजना हुई है । उन्होंने यद्यपि प्रकृति और मानव-जीवन दोनों क्षेत्रों से बिम्बों की उपात्तवस्तु ग्रहण

की है तथापि उनमें प्रकृति की प्रधानता है। प्रसाद के काव्य-बिम्बों में अंकित प्रकृति कहीं मधुर है, कहीं कठोर। वह प्रायः मानव-सुलभ व्यापारों में संलग्न और मानवसदृश संवेदनशील एवं स्पन्दनशील दृष्टिगत होती है। प्रकृति सम्बन्धी बिम्ब जल, आकाश, वन, पर्वत, खनिज, ऋतु, समय, जीव-जन्तु आदि प्रकृति के प्रायः सम्पूर्ण उपादानों से सम्बद्ध हैं। इन बिम्बों में विस्तार भी है और वैविध्य भी। मानव-जीवन के बिम्ब इनकी अपेक्षा संख्या में कम हैं। मानव-बिम्बों में पुरुषों की अपेक्षा नारी बिम्ब अधिक भी है तथा अधिक मनोहर भी। पुरुष के बिम्बों में उसके सुगठित शरीर और भीतर के ओज को मुख्यतः बिम्बबद्ध किया गया है जबकि नारी के बिम्बों में सुकोमल, सलज्ज, समर्पणशील नारी-रूप को। प्रसाद जी ने चित्र, संगीत और अभिनय के क्षेत्र से विषय ग्रहण करते हुए भी अनेक मनोहारी बिम्बों को योजना की है। उनके काव्य में अनेक ऐतिहासिक और पौराणिक बिम्बों की भी योजना हुई है किन्तु उनकी पौराणिक कल्पना विश्वासपरक और धार्मिक नहीं है। वह प्रतीकात्मक अर्थ ग्रहण करती हुई बिम्बों में अवतरित हुई है। प्रसाद जी ने वन्य जीवन, लोक जीवन और नागरिक जीवन, जीवन की इन सभी अवस्थाओं के बिम्ब कुशलतापूर्वक अंकित किये हैं। छायावादी कवियों में नागरिक यान्त्रिक जीवन के बिम्ब प्रस्तुत करने वाले वे प्रमुख समर्थ कवि हैं।

प्रसाद जी ने अपने बिम्बों में वर्णों के अनेक स्तरों का अत्यन्त संवेदनशाल चित्रण करते हुए अनुकूल-वर्ण-योजना, विरोधी वर्णयोजना और वर्ण-परिवर्तन के सुन्दर उदाहरण प्रस्तुत किये हैं। उनके सबसे प्रिय वर्ण हैं नील, स्वर्णिम और पिंग। उन्होंने एक ही वर्ण को अनेक छवियों का भी सुन्दर चित्रण किया है। प्रसाद जी के ध्वनि-बिम्बों में अनुरणनात्मक ध्वनि बिम्बों की अपेक्षा मानस में ध्वनि का कल्पना-चित्र प्रस्तुत करने वाले नाद-बिम्बों की प्रधानता है। उन्होंने स्पर्श बिम्बों में शीतल, कोमल आदि सुखकर स्पर्श संदना को अधिक जगाया है। प्रसाद जी में गन्ध की अत्यन्त सूक्ष्म चेतना थी। उन्होंने केवल पुष्पों की ही गन्ध को नहीं वरन् अंचल, श्वास, अलकों और शरीर के साथ-साथ अमूर्त भावों की भी गन्ध को मूर्तित किया है। उन्होंने स्वाद संवेदना के मांसल और लाक्षणिक दोनों ही रूपों को बिम्बों में प्रस्तुत किया है। प्रसाद जी ने सह-संवेदनात्मक बिम्बों की भी योजना की है जिनमें कहीं दो, कहीं तीन और कहीं उससे भी अधिक संवेदनाओं का एक साथ मिश्रण हुआ है। प्रसाद-काव्य में खण्डित बिम्ब नगण्य हैं, सरल बिम्बों की संख्या भी अपेक्षाकृत कम है। वस्तुतः प्रसाद जी संश्लिष्ट-बिम्बों के कवि हैं। उन्होंने बिम्बों का संश्लेषण अनेक रूपों में किया है—कहीं एक बिम्ब पर दूसरे का और दूसरे बिम्ब पर तीसरे का आरोप करके, कहीं उनको अंगामि-भाव से संग्रथित करके, कहीं उनको एक ही मुख्य व्यापार से सम्बद्ध करके और कहीं

उनको एक ही वातावरण की सृष्टि में नियोजित करके। मूर्तता की दृष्टि से विचार करने पर ज्ञात होता हैं कि प्रसाद जी के काव्य में मूर्त या स्थूल बिम्बों की अपेक्षा छायात्मक और अमूर्तगर्भ बिम्बों की प्रधानता है। प्रसाद जी प्रायः मूर्त वस्तु को मूर्तता को कुछ कम करके और अमूर्त वस्तु को इन्द्रिय-संवेद्य बनाकर ही बिम्ब के रूप में ढालते हैं। फलतः वर्ण्य-वस्तु की बाह्य आकृति प्रायः इतनी स्थूल नहीं रह जाती कि पाठक की दृष्टि उसमें अटक कर रह जाये और उनके अन्तर में प्रविष्ट न हो सके।

श्रेष्ठ काव्य की रचना सतत साधना का परिणाम होती है। प्रसाद जी के काव्य-बिम्ब भी समय के साथ-साथ विकास के सोपानों पर बढ़ते गये हैं। विकास की दृष्टि से प्रसाद जी का सम्पूर्ण काव्य तीन भागों में विभाजित किया जा सकता है—आरम्भिक काव्य, मध्यवर्ती काव्य और प्रौढ़ काव्य। आरम्भिक काव्य में भी दो सोपान स्पष्ट परिलक्षित होते हैं जिनमें से प्रथम में ब्रजभाषा काव्य की प्रधानता है और द्वितीय में खड़ी बोली का ही काव्य है। प्रसाद जी के आरम्भिक काव्य में एक ओर तो प्राचीन कोटि का अप्रस्तुत-विधान प्रमुख है और दूसरी ओर नवीन बिम्ब-योजना की दिशा में आगे बढ़ने का प्रयास भी हुआ है। प्रथम सोपान के काव्य-बिम्बों में दूसरे सोपान के काव्य बिम्बों की अपेक्षा प्राचीन परिपाटी का प्रभाव अधिक है। मध्यवर्ती काव्य में आकर जैसे प्रसाद जी के सामने आगे बढ़ने का मार्ग स्पष्ट होने लगा है और वे भेदप्रधान आलंकारिक पद्धति के स्थान पर स्वतःस्फूर्त बिम्ब रचना की दिशा में बढ़ने में अधिक समर्थ हुए हैं। उनके मध्यकालीन काव्य-बिम्बों में विशेषीकरण, विभिन्न इन्द्रिय-संवेदनाओं के मिश्रण और विराट बिम्बों के चित्रण का भी आरम्भ हो गया है। किन्तु इनका पूर्ण विकास प्रौढ़ काव्य के बिम्बों में हुआ। इस काल में प्रसाद जी के बिम्ब प्राचीन प्रभाव से प्रायः मुक्त हो गये हैं। उनका सूक्ष्म-संवेदनापरक और अनुभूतिप्रवण स्वरूप सामने आया है और उनमें अनुभूति एवँ विचार के समन्वित स्वरूप को मूर्त अभिव्यक्ति मिली है। प्रसाद के नाटकों के गीतों में भी विकास की लगभग यही सारणी दृष्टिगत होती है। समग्रतः, प्रसाद जी का काव्य बाह्याकृति पर आधारित परिपाटीबद्ध उपमान योजना से आरम्भ होकर क्रमशः प्रभावसाम्य पर आधारित अप्रस्तुत योजना से होता हुआ सूक्ष्म अनुभूतिप्रवण बिम्बांकन की प्रौढ़ अवस्था तक पहुँचा है।

बिम्बगत गुणों का समुचित सन्निवेश होने के कारण प्रसाद जी के अधिकांश बिम्ब अपने उद्देश्य में सफल हैं। उनके बिम्बों में भावोद्‌बोधन की क्षमता है। अनुभूति के गहन स्तर पर सम्प्रेषित होने के कारण उनमें संक्षिप्तता, कसावट और तीव्रता का गुण भी प्रायः विद्यमान रहता है। मध्यकालीन काव्यदृष्टि से मुक्त होने के कारण

प्रसाद के अधिकांश बिम्बों में नवीनता और ताज़गी मिलती है। उनमें नवीनता के साथ परिचितता का गुण भी है। प्रकृति के परिचित स्वरूपों को नवीन भंगिमा के साथ प्रस्तुत कर प्रसाद जी ने अपने बिम्बों में इन दोनों ही गुणों का एक साथ समावेश कर दिया है। प्रसाद जी के बिम्ब कंकड़ी फेंकने से जलाशय में उठने वाली वृत्ताकार लहरों की दीर्घ परम्परा के समान पाठक के मानस में अर्थों के विभिन्न स्तरों का उद्घाटन करते हैं। इसके साथ ही वस्तु, अनुभूति, प्रसंग, पात्र, काव्य-विधा आदि के अनुरूप होने के कारण इन बिम्बों में औचित्य का समुचित निर्वाह हुआ है। प्रसाद जी के बिम्बों में सफलता के बाधक तत्त्व बहुत कम हैं। भावापकार, अतिबौद्धिकता और अनौचित्य के दोष उनमें बहुत ढूँढने पर ही कहीं मिलते हैं। रूढ़िगतता का दोष उनके आरम्भिक काव्य-बिम्बों में मिलता है। किन्तु उनके बिम्बों में न तो कहीं अति-नवीनता का आग्रह है और न उनमें सन्दर्भ की उपेक्षा ही हुई है।

प्रसाद जी ने प्राचीन भारतीय साहित्य का गहन अध्ययन किया था और उसकी गौरवपूर्ण परम्पराओं पर उनको गर्व था। फलतः उनके काव्य में परम्परागत बिम्बों का चित्रण पर्याप्त मात्रा में हुआ है। किन्तु ये बिम्ब परम्परा से इतने बँधे हुए नहीं हैं कि वे केवल रूढ़िगत बिम्ब बन कर रह जायें। उनमें प्रायः आंशिक रूप में नवीनता और ताजगी भी विद्यमान है। प्रसाद के काव्य में नवीन बिम्बों की प्रधानता है। उनके कुछ बिम्बों में वस्तु की नवीनता है और कुछ परम्पराप्राप्त बिम्बों को उन्होंने नये सन्दर्भों, नयी अर्थच्छवियों और नयी भंगिमाओं से इस प्रकार मण्डित किया है कि वे परम्परा से अलग सर्वथा नवीन जैसे प्रतीत होते हैं।

प्रसाद जी के बिम्बों में उनके सिद्धान्त और विचारों का भी प्रकाशन हुआ है। प्रत्यभिज्ञा दर्शन से प्रभावित होने के कारण प्रसाद जी ने आनन्दवाद; समरसता, अभेदवाद, नियतिवाद, और प्रत्यभिज्ञा दर्शन के छत्तीस तत्त्वों में से अधिकांश को बिम्ब के माध्यम से व्यक्त किया है। किन्तु इनमें प्रसाद जी की दृष्टि पूर्णतः साम्प्रदायिक नहीं है। उन्होंने बिम्बों के द्वारा सुख-दुःख, जीवन-मृत्यु आदि से सम्बन्धित विचारों का भी प्रकाशन किया है। इसके साथ ही मनु, श्रद्धा, इड़ा आदि के प्रतीकात्मक रूप का चित्रण कर उन्होंने बिम्बों की सहायता से कामायनी के रूपक तत्त्व का निर्वाह किया है।

छायावादी काव्य-बिम्बों में प्रसाद जी के बिम्बों का महत्त्वपूर्ण स्थान है। छायावादी कवियों ने अधिकांश बिम्बों की सामग्री ली है। प्रकृति से उन्होंने नागरिक जीवन

का चित्रण प्रायः नहीं किया। प्रसाद जी ने प्रकृति और मानव के अन्य रूपों के साथ ही नागरिक विशेषकर औद्योगिक जीवन का भी चित्रण किया है। वर्ण और गन्ध के सूक्ष्म स्तरों का चित्रण करने में वे अन्य सभी छायावादी कवियों से आगे प्रतीत होते हैं। छायात्मक और अमूर्तगर्भ बिम्बों के चित्रण में भी वे किसी छायावादी कवि से पीछे नहीं हैं। उनके बिम्बों में एक आभिजात्य और सांस्कृतिक गरिमा है जो उनको अन्य छायावादी कवियों के बिम्बों से कुछ अलग कर देती है। प्रसाद जी के बिम्बों में उनके व्यक्तित्व की भी अभिव्यक्ति हुई है। विरोधी कर्त्तव्यों का एक साथ निर्वाह, उत्सव-प्रियता, सौन्दर्य के अकलुषित रूप के प्रति आकर्षण, राष्ट्रप्रेम, गौरवपूर्ण अतीत के प्रति उनकी महत्त्वबुद्धि आदि उनके व्यक्तित्व के अनेक पक्षों का प्रकाशन उनकी बिम्ब-योजना में हुआ है।

इस प्रकार प्रसाद जी की बिम्ब-योजना का अध्ययन उनके काव्य-सौन्दर्य के अनेक पक्षों का उद्घाटन करते हुए उसके महत्त्व को और अधिक बढ़ा देता है।

परिशिष्ट

ग्रन्थ-सूची

प्रसाद-साहित्य

[आधार-ग्रन्थ]

1—अजातशत्रु, भारती भंडार, इलाहाबाद, उन्नीसवाँ संस्करण सं० 2019 वि०

2—आँसू, भारती भंडार, इलाहाबाद, पंद्रहवाँ संस्करण, सं० 2023 वि०

3—एक घूंट, भारती भंडार, इलाहाबाद, सप्तम संस्करण, सन् 1970

4—करुणालय, भारती भंडार, इलाहाबाद, तृतीय संस्करण, सं० 2018 वि०

5—कानन कुसुम, भारती भंडार, इलाहाबाद, सप्तम संस्करण सं० 2023 वि०

6—कामना, भारती भंडार, इलाहाबाद, अष्टम आवृत्ति, सं० 2025 वि०

7—कामायनी, भारती भंडार, इलाहाबाद, सं० 2006 वि०

8—काव्य और कला तथा अन्य निबन्ध, भारती भंडार, इलाहाबाद, छठी आवृत्ति, सं० 2026 वि०

9—चन्द्रगुप्त, भारती भंडार, इलाहाबाद, उन्नीसवाँ संस्करण, सन् 1970

10—चित्राधार, भारती भंडार, इलाहाबाद, तृतीय संस्करण, सं० 2014 वि०

11—जनमेजय का नागयज्ञ, भारतीय भंडार, इलाहाबाद, तृतीय संस्करण, सं० 2005 वि०

12—झरना, भारती भंडार, इलाहाबाद, तृतीय संस्करण, सं० 2005 वि०

13—ध्रुवस्वामिनी, भारती भंडार, इलाहाबाद, चौदहवाँ संस्करण, सं० 2022 वि०

14—प्रेम पथिक, भारती भंडार, इलाहाबाद, चतुर्थ संस्करण, सं० 2016 वि०

15—महाराणा का महत्त्व, भारती भंडार, इलाहाबाद, पंचम संस्करण, सं० 2019 वि०

16—राज्यश्री, भारती भंडार, इलाहाबाद, तेरहवीं आवृत्ति, स० 2026 वि०

17—लहर, भारती भंडार, इलाहाबाद, सप्तम आवृत्ति, सं० 2021 वि०

18—विशाख, भारती भंडार, इलाहाबाद, सप्तम संस्करण, सं० 2022 वि०

19—स्कन्दगुप्त, भारती भंडार, इलाहाबाद, सप्तम संस्करण, सं० 2001 वि०

सहायक ग्रन्थ : हिन्दी

20—अतिमा, सुमित्रानन्दन पन्त, राजकमल प्रकाशन, दिल्ली 2015 वि०

21—अपरा, 'निराला,' साहित्यकार संसद, प्रयाग, 2009 वि०

22—अनामिका, 'निराला' भारती भण्डार, इलाहाबाद, 2005 वि०

23—आधुनिक कवि, रामकुमार वर्मा, साहित्य सम्मेलन, प्रयाग, तृतीय संस्करण

24—आलोचक की आस्था, डा० नगेन्द्र, नेशनल प० हाउस, दिल्ली, 1966

25—आधुनिक हिन्दी कविता में चित्र विधान, डा० रामयतन सिंह भ्रमर, नेशनल प० हाउस, दिल्ली, 1965 ई०

26—आलोचना की ओर, डा० ओम प्रकाश, भारती साहित्य मन्दिर, दिल्ली, 1956

27—आधुनिक हिन्दी कविता में बिम्ब-विधान, डा० केदार नाथ सिंह भारतीय ज्ञान पीठ, दिल्ली, 1971 ई०

28—आधुनिक हिन्दी कविता में बिम्ब विधान, डा० कान्ता शर्मा, (मूल शोध-प्रबन्ध—आगरा विश्वविद्यालय), 1970 ई०

29—कामायनी का प्रतिपाद्य, डा० जगदीश प्रसाद शर्मा, चिन्मय प्रकाशन, जयपुर, 1967

30—कामायनी में काव्य संस्कृति और दर्शन, डा० द्वारिका प्रसाद सक्सेना, विनोद पुस्तक मन्दिर, आगरा, 1963

31—काव्य-दर्पण, राम दहिन मिश्र, ग्रन्थमाला कार्यालय बांकीपुर, 1947

32—कामायनी एक पुनर्विचार, गजानन माधव मुक्तिबोध, हिमांशु प्रकाशन, जबलपुर, 1961

33—कामायनी एक परिचय, गंगा प्रसाद पाण्डेय, इलाहाबाद, 1949

34—कल्पना और छायावाद, केदार नाथ सिंह, हंस प्रकाशन, इलाहाबाद, 1957

35—काव्य-बिम्ब, डा० नगेन्द्र, नेशनल प० हाउस, दिल्ली, 1967

36—कामायनी की पारिभाषिक शब्दावली, वेदज्ञ आर्य, इकाई प्रकाशन इलाहाबाद, 1968

37—काव्यात्मक बिम्ब, अखौरी ब्रजनन्दन प्रसाद, ज्ञानलोक, पटना, 1965

38—कामायनी का पुनर्मूल्यांकन, रामस्वरूप चतुर्वेदी, लोकभारती प्रकाशन, इलाहाबाद, 1970

39—कामायनी के अध्ययन की समस्याएँ, डा० नगेन्द्र, नेशनल प० हाउस, दिल्ली, 1965

40—गीतिका, 'निराला', भारती भण्डार, इलाहाबाद, 2002 वि०

41—गुंजन, सुमित्रानन्दन पन्त, भारती भण्डार, इलाहाबाद, 2008 वि०

42—चिन्तामणि (भाग 1), रामचन्द्र शुक्ल; इण्डियन प्रेस, इलाहाबाद, 1958

43—चिन्तामणि (भाग 2), रामचन्द्र शुक्ल, सरस्वती मन्दिर, काशी, 2010 वि०

44—छायावाद का सौन्दर्यशास्त्रीय अध्ययन, डा० कुमार विमल, राजकमल प्रकाशन, दिल्ली, 1970

45—छायावाद, उदयभान सिंह (संपा०), सामयिक प्रकाशन, प्रथम संस्करण

46—छायावादोत्तर-काव्य में बिम्ब योजना, डा० उमा अष्टवंश, (मूल शोध-प्रबन्ध दिल्ली विश्वविद्यालय)

47—जायसी की बिम्ब-योजना, डा० सुधा सक्सेना, अशोक प्रकाशन, दिल्ली, 1966

48—जयशंकर प्रसाद, नन्ददुलारे वाजपेयी, भारती भण्डार, इलाहाबाद, 2007 वि०

49—जयशंकर प्रसाद, वस्तु और कला, डा० रामेश्वर लाल खण्डेलवाल, नेशनल प० हाउस, दिल्ली, 1968

50—तारापथ, सुमित्रानन्दन पन्त, लोकभारती, इलाहाबाद, 1968

51—पल्लव, सुमित्रानन्दन पन्त, भारती भण्डार, इलाहाबाद, पंचम संस्करण 2005 वि० और चतुर्थावृत्ति 1942

52—प्रसाद का पूर्ववर्ती काव्य, उषा मिश्र, साहित्य भवन, इलाहाबाद, 1970

53—प्रसाद का विकासात्मक अध्ययन, किशोरी लाल गुप्त, साहित्य-रत्न-माला कार्यालय, वाराणसी, 1971

54—प्रसाद की कविताएँ, सुधाकर पाण्डेय, हिन्दी प्रचारक पुस्तकालय, वाराणसी, 1967

55—प्रसाद साहित्य की सांस्कृतिक पृष्ठभूमि, डा० प्रेमदत्त शर्मा, जयपुर पुस्तक सदन, जयपुर 1968

56—प्रसाद के नाटकों का शास्त्रीय अध्ययन, डा० जगन्नाथ शर्मा, सरस्वती मन्दिर, बनारस, 2010 वि०

57—प्रसाद साहित्य कोश, डा० हरदेव बाहरी, भारती भण्डार, इलाहाबाद, 2014 वि०

58—प्रसाद दर्शन, डा० द्वारिका प्रसाद सक्सेना, विनोद पुस्तक मन्दिर, आगरा 1969

59—पन्त, प्रसाद और मैथिलीशरण, रामधारी सिंह दिनकर, उदयाचल पटना, 1958

60—प्रसाद, निर्मल तालवार (संपा०), बंगीय हिन्दी परिषद्, कलकत्ता, 1964

61—प्रिय-प्रवास, हरिऔध, हिन्दी साहित्य कुटीर, वाराणसी, 2016 वि०

62—प्रसाद का गद्य, डा० सूर्य प्रसाद दीक्षित, राधाकृष्ण प्रकाशन, दिल्ली, 1968

63—परिमल, 'निराला', गंगा पुस्तकमाला, लखनऊ, 1954

64—भाषा और संवेदना, डा० रामस्वरूप चतुर्वेदी, भारतीय ज्ञानपीठ प्रकाशन, 1964

65—भारतीय काव्य-शास्त्र की भूमिका, डा० नगेन्द्र, ओरिएण्टल बुक डिपो, दिल्ली, 1955

66—भारतीय साहित्य-शास्त्र (प्रथम खण्ड), बलदेव उपाध्याय, नन्द किशोर एण्ड सन्स, वाराणसी, 1963

67—युगकवि प्रसाद, डा० गणेश खरे, ग्रन्थम, कानपुर, 1970

68—यामा, महादेवी वर्मा, किताबिस्तान, इलाहाबाद, 1947

69—रस-सिद्धान्त : स्वरूप विश्लेषण, डा० आनन्द प्रसाद दीक्षित, राजकमल प्रकाशन, दिल्ली, 1960

70—रस मीमांसा, रामचन्द्र शुक्ल, काशी नागरीप्रचारिणी सभा, 2011 वि०

71—रामचरितमानस, तुलसीदास, गीताप्रेस, गोरखपुर

72—वीणा-ग्रन्थि, सुमित्रानन्दन पन्त, इण्डियन प्रेस, इलाहाबाद, 1942

73—विनय-पत्रिका, तुलसीदास, (संपा,—देव नारायण द्विवेदी), ज्ञानमण्डल वाराणसी, 2019 वि०

74—साहित्यकोश (भाग 1), डा० धीरेन्द्र वर्मा (प्रधान संपा०), ज्ञानमण्डल लि० वाराणसी, द्वितीय संस्करण

75—साहित्यकोश (भाग 2), डा० धीरेन्द्र वर्मा (प्रधान संपा०), ज्ञानमण्डल, लि० वाराणसी, द्वितीय संस्करण

76—सौन्दर्यशास्त्र के तत्त्व, डा० कुमार विमल, राजकमल प्रकाशन, दिल्ली, 1967

77—साकेत, मैथिलीशरण गुप्त, साहित्य सदन, चिरगांव

78—स्वर्णकिरण, सुमित्रानन्दन पन्त, भारती भण्डार, इलाहाबाद, 2004 वि०

79—हिन्दी की छायावादी कविता का कला-विधान, बलवीर सिंह रंग, नेशनल पब्लिशिंग हाउस, दिल्ली, 1964

80—हिन्दी साहित्य का इतिहास, रामचन्द्र शुक्ल, ग्यारहवाँ संस्करण, 2014 वि०

81—हिन्दी वक्रोक्तिजीवित, आचार्य विश्वेश्वर (व्याख्याकार), हिन्दी अनुसंधान परिषद्, दिल्ली, 1955

82—हरी घास पर क्षणभर, स० ही० वात्स्यायन 'अज्ञेय', प्रगति प्रकाशन, नई दिल्ली, 1949

सहायक ग्रन्थ : संस्कृत

83—अभिज्ञानशाकुन्तलम्, कालिदास (संपा० शारदा रंजन रे) कलकत्ता, पंद्रहवाँ संस्करण

84—उत्तररामचरित, भवभूति (संपा० टी० आर अय्यर), पांडुरंग जावजी, बंबई 1930

85—काव्यप्रकाश, मम्मट (संपा० सत्यव्रत सिंह) चौखम्बा विद्याभवन, वाराणसी, 1955

86—काव्यादर्श, दण्डी, मास्टर खेलाड़ी लाल एण्ड संस, बनारस, सं० 1988

87—काव्यालंकार, रुद्रट, निर्णय सागर प्रेस, बम्बई, 1928

88—काव्यालंकारसूत्र, वामन (संपा० डॉ० नगेन्द्र) आत्माराम एण्ड संस, दिल्ली, सं० 2011 वि०

89—दशरूपक, धनंजय (संपा० डॉ० भोलाशंकर व्यास) चौखम्बा विद्याभवन, वाराणसी 1955

90—ध्वन्यालोक, आनन्दवर्द्धन (संपा० डॉ० नगेन्द्र) गौतम बुक डिपो, दिल्ली, 1952

91—नैषधीयचरित, श्रीहर्ष, (संपा० शिवदत्त शर्मा), जावजी दादाजी, बंबई, 1907

92—भगवद्गीता, गीताप्रेस गोरखपुर, सं० 2009 वि०

93—मृच्छकटिक, शूद्रक (संपा० हीरा नंद मूल राज शर्मा), तुकाराम जावजी, बंबई, 1910

94—ध्वन्यालोक लोचन, अभिनवगुप्त, चौखम्बा संस्कृत सीरीज, 1940

95—मेघदूत, कालिदास (संपा० डॉ० सुशील कुमार डे), साहित्य अकादमी, नयी दिल्ली, 1957

96—रघुवंश, कालिदास (संपा० काशिनाथ पांडुरंग परब) पांडुरंग जावजी, बंबई, 1932

97—लोचन (ध्वन्यालोक की टीका), अभिनवगुप्त (संपा० रामसागर त्रिपाठी), मोती लाल बनारसी दास, 1973

98—ए वैदिक रीडर, संपा०-मैकडानल, आक्सफोर्ड यूनीवर्सिटी प्रेस, मद्रास, 1956

99- संस्कृत शब्दार्थ कौस्तुभ, संपा०-द्वारिका प्रसाद चतुर्वेदी, रामनारायण लाल, इलाहाबाद, 1957

100—साहित्य दर्पण, विश्वनाथ, मोती लाल बनारसी दास, वाराणसी, 1956

सहायक ग्रन्थ : अंग्रेजी

101—Biographia Literaria, Vol. I, S. T. Coleridge (eddited by J. Shawcross) Oxford Univ. Press, London, 1949

102—Coleridge on Imagination, I. A. Richards, London, 1934

103—The Development of Shakespeare's Imagery, Wolfgang H. Clemen, Methuen & Co. London, 1953

104—A Dictionary of Psychology, James Drever, Penguin Books Ltd., England, 1964

105—Feeling and Form, Susan K. Langer, Charls Scribner's Sons. New York, 1953

106—The Imagery of Keats and Shelley, Richard Harter Fogle, Chaple Hill, Univ. N. Carolina Press, 1949

107—Imagism, Stanley K. Coffman, Univ. of Oklahama Perss Norman, 1951

108—Imagism and Imagists, Glen Hughes, Oxford Univ. Press, 1931

109—Learning and Teaching, A. G. Hughes and E. H. Hughes, Longman Green & Co, London, 1957

110--Literature and Criticism, H. Coombe, Chotta and Windus, London, 1958

111—The Poetic Image, C. Day Lewis, Jonathan Cape, London, 1951 & 1955

112—The Poetic Pattern, Robin Skelton, Kegan Paul, London, 1956

113—Poetic Process, George Whalley, Routledge and Kegan Paul Ltd. London, 1953

114—Principles of Literary Criticism, I. A. Richards, Routledge and Kegan Paul Ltd., London, 1959

115—The Principles of Psychology, Vol. II, William James, Dover Publications Inc., New York, 1950

116—The Romantic Imagination, C. M. Bowra, Oxford Univ. Press London, 1949

117—Shakespeare's Imagery and What it Tells to us, Carolin F. E. Spurgeon, Univ. Press Cambridge, 1958

118—Webster's New International Dictionary, London, 1928

119—Chamber's Twentieth Century Dictionary, London, 1958